SONDERZAHL

Michael Ley

Abschied von Kakanien

Antisemitismus und Nationalismus im Wiener Fin de siècle

SONDERZAHL

Für Nora

Publiziert mit Unterstützung des Bundeskanzleramtes – Kunstsektion
und des Bundesministeriums für Bildung, Wissenschaft und Kultur

Satzbelichtung: VISCOM GmbH, Wien
Schrift: NewBaskerville
Druck: REMA*print*, Wien
ISBN 3 85449 178 6

Umschlag von Thomas Kussin

Inhalt

»Orvanyi: Die Flagge.
Vanini: Die erste Schaufel – Herr Rittmeister. Sie!
(Er reicht Orvanyi eine kleine Handschaufel voll Erde.)
Orvanyi: Erde aus Ungarn!
Kaminski: Erde aus Polen!
Ludolz: Erde aus Kärnten!
Zierowitz: Slowenische Erde!
Sokal: Tschechische Erde!
Vanini: Römische Erde!
Grün: Erde – aus – Erde aus – Österreich!«
Franz Theodor Csokor: *3. November 1918*

Vorwort

Die Utopie Kakaniens war vor allem diejenige der österreichisch-ungarischen Juden. Sie stand für eine träumerisch-reale, aber gleichzeitig wissend surrealistische Alternative zu den politischen Ideen Europas. Robert Musil war vielleicht einer der wenigen Autoren, die diese faszinierende Welt einer kulturellen und politischen Widersprüchlichkeit in Worte fassen konnten. Er beschreibt in seinem Roman *Der Mann ohne Eigenschaften* eine Gesellschaft, die den Hauch einer untergegangenen arkadischen Schönheit, einer modernen Bestialität und einer wehmütigen Hoffnungslosigkeit in sich trägt: Kakanien.

»Dort in Kakanien, diesem seither untergegangenen, unverstandenen Staat, der in so vielem ohne Anerkennung vorbildlich gewesen ist, gab es auch Tempo, aber nicht zuviel Tempo. So oft man in der Fremde an dieses Land dachte, schwebte vor den Augen die Erinnerung an die weißen, breiten, wohlhabenden Straßen aus der Zeit der Fußmärsche und Extraposten, die es nach allen Richtungen wie Flüsse der Ordnung, wie Bänder aus hellem Soldatenzwillich durchzogen und die Länder mit dem papierweißen Arm der Verwaltung umschlangen. Und was für Länder! Gletscher und Meer, Karst und böhmische Kornfelder gab es dort, Nächte an der Adria, zirpend von Grillenunruhe, und slowakische Dörfer, wo der Rauch aus Kaminen wie aus aufgestülpten

Nasenlöchern stieg und das Dorf zwischen zwei kleinen Hügeln kauerte, als hätte die Erde ein wenig die Lippen geöffnet, um ihr Kind dazwischen zu wärmen … Überhaupt, wie vieles Merkwürdige ließe sich über dieses versunkene Kakanien sagen! … Es war nach seiner Verfassung liberal, aber es wurde klerikal regiert. Es wurde klerikal regiert, aber man lebte freisinnig. Vor dem Gesetz waren alle Bürger gleich, aber nicht alle waren eben Bürger. Man hatte ein Parlament, welches so gewaltigen Gebrauch von seiner Freiheit machte, daß man es geschlossen hielt; aber man hatte auch einen Notstandsparagraphen, mit dessen Hilfe man ohne Parlament auskam, und jedesmal, wenn alles sich schon über den Absolutismus freute, ordnete die Krone an, daß nun doch wieder parlamentarisch regiert werden müsse. Solcher Geschehnisse gab es viele in diesem Staat, und zu ihnen gehörten auch jene nationalen Kämpfe, die mit Recht die Neugierde Europas auf sich zogen und heute ganz falsch dargestellt werden. Sie waren so heftig, daß ihretwegen die Staatsmaschinerie mehrmals im Jahr stockte und stillstand, aber in den Zwischenzeiten und Staatspausen kam man ausgezeichnet miteinander aus und tat, als ob nichts gewesen wäre … Ja, es war, trotz vielem, was dagegen spricht, Kakanien vielleicht doch ein Land für Genies; und wahrscheinlich ist es daran zugrunde gegangen.«[1]

Musil macht in seinem Essay auf ein wesentliches Merkmal des Fin de siècle aufmerksam: den kulturellen Ästhetizismus.[2] Doch ist dieser Ästhetizismus auch ein Ausdruck der politischen Schwäche und Unfähigkeit eines inhomogenen Bürgertums, das in nationalstaatlichen und nationalistischen Kategorien dachte und handelte. Während in klassischen Nationalstaaten der Nationalismus die bindendste Ideologie darstellte und deshalb den klassenkämpferischen Parolen sich überlegen zeigte, trugen im österreichisch-ungarischen Vielvölkerstaat die verschiedenen Nationalismen wesentlich zu dessen Untergang bei. Die Nationalismen und das damit verbundene Aufkommen der Massenparteien sind der Entstehungsort der politischen Religionen des 19. und 20. Jahrhunderts.[3] Diese politischen Bewegungen bzw. politischen Totalitarismen sind die Kehrseite der »fröhlichen Apokalypse« (Karl Kraus) des Wiener Fin de siècle.

Der Genialität des nervlich überreizten Intellektuellen oder

Künstlers der Jahrhundertwende stehen eine abstiegsgefährdete Mittelschicht und eine identitätslose Unterschicht gegenüber, die sich häufig in einem radikalen Antisemitismus politisch trafen.[4] Der totalitäre Antisemitismus und der Nationalismus bildeten die politische Kehrseite des kulturellen Ästhetizismus des Fin de siècle; beide sind nicht von einander zu trennen. Die Flucht in die Literatur, Künste und Wissenschaft war der bürgerliche Rückzug von der politischen Bühne. Beide Entwicklungen sind späte Erscheinungen der Romantik: auf der einen Seite der ästhetische Romantizismus der Avantgarde und auf der anderen Seite der politische Romantizismus der totalitären Parteien und Bewegungen. Beide Phänomene weisen einen ausgeprägten Antimodernismus auf – wenn auch in unterschiedlicher Ausrichtung.[5]

Man kann das Fin de siècle als Abschluß der liberalen Periode interpretieren, die der Historiker Schorske mit »der Krise des liberalen Ichs« umschreibt,[6] oder darin schon eine Vorwegnahme der Probleme der Postmoderne sehen.[7] Neben Le Rider weist Michael Pollak nachdrücklich darauf hin, daß die Wiener Kultur der Jahrhundertwende Ausdruck einer »verletzten Identität« sei.[8] Nationalismus und Antisemitismus sind sicherlich ein Epiphänomen einer beschädigten bzw. fragmentierten Identität. Unter politologischen Gesichtspunkten sind die Massenparteien und ihre Radikalismen die politische Konsequenz dieses individuellen und kollektiven Identitätsverlustes. In kollektiven Krisen werden absolute Werte und erlösende Heilsideologien gesucht, die das vermeintlich »Fremde« nicht nur ausgrenzen, sondern auch vernichten können. Diese Vorgänge sind regressive »Reinigungsrituale«, die sich in archaischen und traditionellen Gesellschaften als religiöses Ritual finden lassen.[9] Die völkischen Mythen drücken den Verlust traditioneller Werte und Gemeinschaften aus und setzen an ihre Stelle den Mythos einer imaginierten Gemeinschaft: einer »Volksgemeinschaft«. Dem Dualismus des bedrohlichen »Fremden« und der erlösenden »völkischen« Utopie entsprechen Antisemitismus und Nationalismus. Die Radikalität beider Bewegungen bezeugen die tiefe existentielle Krise und die versuchte Rückbindung (religio) an die Religion: die politischen Religionen.

Der politische Zionismus ist mitnichten eine Reaktion auf den russischen und mitteleuropäischen Antisemitismus. Er war mehr als nur eine Maßnahme zur Rettung vor dem bedrohlichen Antisemitismus; von Herzls wagnerianisch inspiriertem Gesamtkunstwerk eines »Judenstaates« bis zu den völkischen Vorstellungen eines neuen Zion waren alle Schattierungen des Zionismus ebenfalls politische Religionen und damit Erlösungsutopien.

Der junge Herzl bezeichnete sich noch als »ein deutscher Jude aus Budapest«, erst schmerzliche Erfahrungen mit dem Antisemitismus – vor allem – in Frankreich ließen ihn zum überzeugten Zionisten werden, der aber auch in Palästina die deutsche Kultur verbreiten wollte. Herzl wollte die liberale Utopie einer multikulturellen Gesellschaft nicht aufgeben, nur versuchte er diese in Palästina zu errichten und setzte damit die liberale Hoffnung der assimilierten Juden an einem anderen geographischen Punkt fort. Er sah klar das Scheitern des Liberalismus in der Monarchie und die Gefahr des Antisemitismus und des Nationalismus. In einer neuen Gesellschaft wollte er die Vielfalt der Religionen, der Kulturen und der Sprachen erhalten, auch wenn er hoffte, daß sich die deutsche Sprache als von allen akzeptierte Sprache in Palästina durchsetzen könnte. Gleichzeitig sah er im Zionismus auch die Überwindung des Antisemitismus, da er davon ausging, daß die Abwanderung der Juden zu einem Rückgang des Antisemitismus führen würde. Auf diese Weise glaubte er auf beiden Seiten einen Zivilisationsschub bewirken zu können: Ein Europa ohne Juden würde sich von dem antizivilisatorischen Antisemitismus erholen und in Palästina könnten sich die Juden ohne Beschränkungen entfalten und den Nahen Osten kultivieren und europäisieren.

Andere Zionisten – wie Nathan Birnbaum – machten den Weg von säkularen Theoretikern, die eine Alternative zu den Verfolgungen und Anfeindungen der Juden suchten, zum religiösen Zionismus. Ihre Entwicklung führte sie vom »rationalen« Nationalismus zur »organischen Volksthümlichkeit«, also zum jüdischen Mystizismus. Sie kehrten der europäisch-christlichen Kultur den Rücken und suchten in Zion die »wahre Thora-Treue«.

Eine heftig umstrittene Frage in der Literatur über die Wiener Moderne ist jene nach der Größe des jüdischen Anteils an dieser Kultur. Die einfache Gegenüberstellung christlicher und jüdischer Kultur greift bei der Beantwortung sicherlich zu kurz. Prägend für die Kultur der Jahrhundertwende waren die Einflüsse der deutschen Aufklärung, des barocken österreichischen Katholizismus und der jüdischen Religion. Die Juden Wiens waren von der deutschen Aufklärungskultur geprägt, sie rangen in deren Namen um ihre Emanzipation und Gleichstellung mit den christlichen Bürgern. Für viele jüdische Bürger und Intellektuelle war die Gleichstellung Ideen der Aufklärung und des »ethischen Monotheismus« der jüdischen Religion im Sinne Hermann Cohens von zentraler Bedeutung.[10] Die assimilierten Wiener Juden integrierten sich in die Gesellschaft als akkulturierte Deutsche. Natürlich machte sich die Wienerische Kultur des Barock in ihrer Mentalität und Identität bemerkbar. Ihr Anteil an der Kultur des Fin de siècle war natürlich sehr hoch, trotzdem wäre es verfehlt, sie als eine jüdische Kultur zu interpretieren. Die verschiedensten Einflüsse prägten die Wiener Kultur: katholische, protestantische, »reichsdeutsche« und slawische, jedoch sollte der hohe Anteil von Juden nicht unterschätzt werden.

Solange die Kultur im zisleithanischen Teil der Monarchie überwiegend von der deutschen Kultur geprägt war, konnten sich die Juden als Staatsvolk der Monarchie begreifen. Mit dem Auftreten nationaler Interessen und Ansprüche wurde natürlich die Hegemonie der deutschen Kultur bestritten. Die assimilierten Wiener Juden hielten strikt an der deutschen Kultur und deren Vorrang fest.[11] An diesem Punkt gerieten sie mitten in den Nationalitätenkampf und wurden zunehmend von zwei Lagern angegriffen. Die deutschen Nationalisten wurden mehr und mehr antisemitisch und die antideutschen Nationalismen griffen die Juden wegen ihres Deutschtums an.

Der aus Galizien stammende Rabbiner in Floridsdorf bei Wien,[12] Josef Samuel Bloch (1850–1923), warnte in vielen Schriften und bei öffentlichen und privaten Anlässen vor den Gefahren des Nationalismus und Antisemitismus für die Juden. Bloch machte sich in weiten Kreisen einen Namen als Widersacher des damals bekannten und berüchtigten Prager Theologieprofessors August Rohling. Dieser hatte in seinen Schriften und in der Öffentlichkeit immer behauptet, daß die jüdische Religion Ritualmorde an Christen verlange. Anfang der achtziger Jahre des 19. Jahrhunderts bezichtigte ihn Bloch öffentlich der Lüge und erreichte damit, daß Rohling ihn bei Gericht anzeigen mußte. Die Vorbereitungen des Prozesses waren umfangreich und zogen sich in die Länge. Nach der Kenntnisnahme der gerichtlich bestellten Gutachten mußte Rohling seine Anzeige zurückziehen, doch die antisemitische Agitation war damit nicht beendet. Sie nahm im Gegenteil gefährlich zu. Rohling fand in dem Wiener Pfarrer Josef Deckert einen wortgewaltigen Nachfolger, der in ähnlicher Weise das Judentum angriff. Deckert bediente sich in seinen antijüdischen Attacken bereits rassischer Argumente. An seiner Person läßt sich aufzeigen, daß rassischer Antisemitismus und theologischer Antijudaismus nicht unbedingt aus verschiedenen Quellen stammen, sondern daß der moderne Antisemitismus seine religiösen Wurzeln nicht verbergen kann. Der Auseinandersetzung Blochs mit dem Antisemitismus und dem Nationalismus ist ein umfangreicher Teil der vorliegenden Schrift gewidmet, da sich hier die politischen Auseinandersetzungen dieser Zeit beispielhaft nachvollziehen lassen. Die achtziger und neunziger Jahre des 19. Jahrhunderts bringen einen politischen Wendepunkt: Nach dem Scheitern des Liberalismus entstehen die modernen Massenparteien und damit auch die totalitären Bewegungen und Parteien. Dieser politische Umschlag zum Radikalismus und Totalitarismus wird theoretisch als der Beginn der politischen Religionen gedeutet, eine Interpretation, die Eric Voegelin schon in den späten dreißiger Jahren vorgeschlagen hatte. In den letzten Jahren nahm die politikwissenschaftliche Beschäftigung mit dem Konzept der politischen Religionen bzw. mit den Theorien der Totalitarismusforschung zu und wurde vertieft. An diese Untersuchungen knüpft der theoretische Teil an bzw. exemplifiziert diese Theorien an den Beispielen des Antisemitismus und Nationalismus.[13]

Die zionistischen Reaktionen auf die politischen Gefahren des Antisemitismus und Nationalismus werden anhand der Schriften der frühen zionistischen Theoretiker Leon Pinsker und Nathan Birnbaum analysiert und dargestellt. Von unterschiedlichen Voraussetzungen ausgehend, betreiben sie die »verspätete« theoretische und praktische Bildung einer »jüdischen Nation«. Pinsker hält das »Judenproblem« für nicht lösbar und fordert einen eigenen jüdischen Staat, den er aber nicht in Palästina verortet.

Der frühe Birnbaum sieht in seinen ersten Schriften das Problem Juden nur in einem jüdischen Palästina lösbar. In seinen späteren Jahren wandelt er sich zum religiösen Frommen, der in der Assimilierung die größte Gefahr für das Judentum sieht. Er gibt die Vorstellung eines jüdischen Palästina zugunsten einer territorialen Zusammenfassung der Juden in den verschiedenen Ländern auf. Mit dem Auszug aus den Städten sollten die Juden als Bauern wieder zu ihrer »ursprünglichen« Religiosität und Identität zurückfinden.

Josef Bloch befürwortete zwar eine jüdische Kolonisation in Palästina, aber nur in einem begrenzten Umfang für besonders vom Antisemitismus bedrohte Juden. Er sprach sich jedoch gegen die Errichtung eines Judenstaates aus, da er das Land für zu klein hielt, um alle Juden aufnehmen zu können. Da das

Land besiedelt war, sah er deshalb auch Konflikte mit den Arabern voraus.[14]

Grundsätzlich sah Bloch in der Bekämpfung des Nationalismus und Antisemitismus die wichtigste politische Aufgabe seiner Zeit. Da die Monarchie ein Vielvölkerstaat war, sah er für die Juden als logische Konsequenz deren Eintreten für ein supranationales Gemeinwesen. Die Juden definierte er als »Österreicher sans phrase«, da sie unter allen Völkern der Monarchie kein eigenes Territorium besaßen. Während die Zionisten gerade den Umstand, kein eigenes Land zu besitzen, zum größten Mangel des Judentums erklärten, definierte Bloch dies in einem gewissen Sinne als Vorteil. Er forderte einen österreichischen Nationenstaat von gleichberechtigten Völkern. Deshalb verurteilte er die assimilierten Juden, die am Deutschtum festhielten und so in Konflikt mit den anderen Völkerschaften gerieten. Er unternahm alles, um ein österreichisch-jüdisches nationales Bewußtsein zu erzeugen, weil er für die Anerkennung der Juden als ein Volk der Monarchie eintrat. Er gründete in den achtziger Jahren die »Österreichische Wochenzeitung« und die »Österreichische Union« als Organe zur Etablierung einer nationalen jüdischen Identität in den Bemühungen zur Umgestaltung der Monarchie und im Kampf gegen den Antisemitismus. Er sah die Aufgabe der Juden darin, daß sie eine gesellschaftliche und politische Avantgarde im Kampf um die Multinationalität spielen sollten. Er erkannte, daß jeder Nationenstaat dazu neigt, Minoritäten in unterschiedlichem Maße zu diskriminieren. Erst in einem postnationalen Staat sah er die Möglichkeit, einen wirklichen Rechtsstaat errichten zu können, der allen Bürgern und Völkern die gleichen Rechte garantiere. In einem multinationalen Österreich erblickte er auch die Zukunft der übrigen Staaten Europas. Österreich sollte bei der Umgestaltung Europas eine ähnliche Rolle spielen wie die Juden im österreichischen Vielvölkerstaat. Er sah damit die Möglichkeit, aus den Konflikten der Monarchie einen zukünftigen supranationalen Staat zu konstruieren – ein Vorbild für die anderen europäischen Staaten. Bloch wollte die »Judenfrage« mit der Überwindung des Nationalstaates lösen.

In seinem Kampf für einen österreichischen Nationenstaat stand Bloch nicht allein, vor allem in Adolf Fischhof erkannte er einen Gleichgesinnten. Fischhof hatte schon 1848 für ein erneuertes Österreich auf multinationaler Grundlage gekämpft und sich später immer wieder in vielfältiger Weise in einer langfristigen Perspektive für eine mitteleuropäische Föderation eingesetzt.

Die einzige Partei der Monarchie, die sich für eine multinationale Umgestaltung der Monarchie einsetzte, waren die Sozialdemokraten. Karl Renner und Otto Bauer waren theoretische Vorreiter in dieser Frage: Sie votierten für einen Bundesstaat Groß-Österreich, da auch sie in der Doppelmonarchie keine Lösung der Nationalitätenkonflikte sahen. Jedoch erkannten sie nicht die enge Verknüpfung zwischen der Lösung der Nationalitätenfrage und der »Judenfrage«.[15]

Da Bloch in den achtziger und neunziger Jahren des 19. Jahrhunderts Abgeordneter im Reichsrat in Wien war, hatte er eine Plattform für seine politischen Ansichten, und er war der einzige jüdische Abgeordnete, der sich vehement gegen den Antisemitismus wandte. Er sah seine Aufgabe darin, die Interessen der Juden zu vertreten, und wurde damit notwendig ein Gegner der Liberalen und der assimilierten Juden. Bloch war neben Fischhof sicherlich der wichtigste jüdische Politiker des 19. Jahrhunderts im zisleithanischen Österreich. In seinem Anliegen, den Nationalismus und Antisemitismus zu bekämpfen, sah er die einzige Möglichkeit, den Vielvölkerstaat zu erhalten. Indem er einem jüdischen Partikularismus das Wort sprach, kämpfte er bewußt für einen österreichischen und europäischen Universalismus.

Der Zusammenbruch der Monarchie und des Vielvölkerstaates ist nicht als ausschließliche Konsequenz der Nationalitätenkonflikte zu interpretieren, auch wenn sie wesentlich dazu beitrugen. Der Erste Weltkrieg verschärfte natürlich die Konflikte, und der Ruf nach nationaler Autonomie wurde lauter. Doch wurde in Versailles letztlich bewußt eine Nachkriegsordnung beschlossen, die Österreich-Ungarn unter dem Vorwand der Schaffung souveräner Staaten als Machtfaktor ausschloß.[16] Das zerstörte die politische Balance in Europa und die kleinen Staaten Mitteleuropas wurden durch deutsche und russische Interessen gefährdet.[17] Die Zerschlagung Mitteleuropas durch den Nationalsozialismus und durch die Aufteilung Europas nach 1945 in zwei politische Blöcke machte bis zum Zusammenbruch des Kommunismus jede Debatte über die Zukunft Mitteleuropas obsolet. Erst in der »Europäischen Union« und den anstehenden Erweiterungen der »Union« werden zwangsläufig Diskurse über eine zukünftige politische und kulturelle Identität des mitteleuropäischen Raumes entstehen. Ob die verschütteten mitteleuropäischen Traditionen unter geänderten politischen, ökonomischen und kulturellen Rahmenbedingungen wieder zu neuem Leben erwachen oder nur noch historische Bedeutung haben, wird sich in politischen Debatten und Entscheidungen der Zukunft zeigen. Vielleicht war der Entschluß, den habsburgischen Vielvölkerstaat zu zerschlagen, in hohem Maße für den Zweiten Weltkrieg – und damit für den Holocaust – und für die Ausdehnung des sowjetischen Totalitarismus auf Mitteleuropa mitverantwortlich.

»Man färbt jetzt die Bäume,
es welken die Träume,
wir treten durchs Tor.
Es welken die Wiesen,
es gibt Analysen,
uns macht man nichts vor.«
Karl Kraus

Die Juden im Fin de siècle

Zwei Kutscher, die jeweils einen jüdischen Fahrgast befördern, treffen an einer äußerst schmalen Stelle einer Gasse aufeinander und können sich nicht einigen, wem die Vorfahrt gebührt. Nach einigen Rangeleien droht einer der Kutscher: »Wenn Du meinen Juden schlägst, schlag' ich Deinen!« Diese Anekdote umreißt grob-sinnlich das Judenproblem um die Jahrhundertwende in der Donau-Monarchie.

Spätestens in den neunziger Jahren des 19. Jahrhunderts geraten die Juden in die Mahlsteine der mitteleuropäischen Nationalismen. Im »Völkerfrühling« der Nationalitäten in der Monarchie und seinen nationalistischen Konsequenzen zerstob der liberale Traum einer Vielvölkergemeinschaft, die politisch und kulturell von der deutschen Kultur dominiert wurde.

Diese liberal-nationalistischen Vorstellungen waren die Vorläufer des späteren Pangermanismus. Zu ihren Wortführern gehörten auch Juden: Ignaz Kundera und Moritz Hartmann waren 1848 Anhänger der großdeutschen Idee und seit den siebziger Jahren vertrat beispielsweise Heinrich Friedjung dieselben Vorstellungen.[18]

Die assimilierten Juden – vor allem Wiens und Prags – waren passionierte Vertreter der deutschen Kultur, sie identifizierten sich als »Deutsche«. Dabei übersahen sie, daß der aufkeimende Deutschnationalismus gerade den »Juden« aus der Konstruktion des »Deutschtums« verbannte.

»Wie während der Revolution von 1848 findet man noch zu Beginn der siebziger Jahre des 19. Jahrhunderts Juden und Nichtjuden in denselben nationalliberalen Burschenschaften vereint, die dem Pangermanismus vor der Treue zum eigenen Staat und zum Herrscherhaus den Vorzug gaben. Zu diesen Burschenschaften, die den katholischen und loyalistischen Korporationen feindselig gegenüberstanden, gehörten Victor Adler, Sigmund Freud, Gustav Mahler und später Theodor Herzl, zusammen mit Engelbert Pernersdorfer und Hermann Bahr – alle verbunden durch ihre gemeinsame Bewunderung der vermeintlich überlegenen deutschen Kultur. Zu Beginn der siebziger Jahre fand man dort die zukünftigen Begründer und Führer der Sozialdemokratie, des Zionismus und des pangermanischen Nationalismus Seite an Seite, zusammen mit den kulturellen Neuerern des auslaufenden Jahrhunderts. Diese Begeisterung der siebziger Jahre für alles Deutsche überrascht aus zwei Gründen: wegen ihrer Überschwenglichkeit und ihrer Kurzlebigkeit.«[19]

Als 1883 die Wiener Studenten eine Feier zum Gedenken des Todes von Richard Wagner veranstalteten, geriet diese zu einer Prozession eines aggressiven Deutschnationalismus und Antisemitismus. Carl Schorske beschreibt die Widersprüchlichkeit der österreichischen Liberalen treffend:

»Während des letzten Viertels des 19. Jahrhunderts verursachte das Programm, das die Liberalen gegen die höheren Klassen ersonnen hatten, die Explosion der unteren Klassen. Den Liberalen gelang es wohl, die politische Macht der Massen zu entfesseln, aber mehr gegen sich selbst als gegen ihre alten Gegner. Jeder Schuß gegen den Feind oben löste eine feindliche Salve von unten aus. Den deutschen Nationalismus, der sich gegen die aristokratischen Weltbürger artikulierte, beantworteten die slawischen Patrioten mit der Forderung nach Autonomie. Wenn sich die Liberalen mit ihrem Deutschtum im Interesse des Vielvölkerstaates leisetreterisch zurückhielten, wurden sie vom antiliberalen Kleinbürgertum als Verräter an der nationalen Sache gebrandmarkt. Das Laissez faire, das mit der Absicht proklamiert wurde, die Wirtschaft von den Fesseln der Vergangenheit zu befreien, rief die marxistischen Revolutionäre der Zukunft auf den Plan. Der Katholizismus, den man als Handlanger aristokratischer Unterdrückung aus Schule und Gerichten jagte, kehrte als Weltanschauung von Bauern und Handwerkern wieder, für die Liberalismus Kapitalismus und Kapitalismus Jude bedeutete. Am Ende des Jahrhunderts begannen selbst Juden, denen der österreichische Liberalismus Emanzipation, Chancen und die Assimilation an die Moderne geboten hatte, ihren Wohltätern den Rücken zu kehren. Der Fehlschlag des Liberalismus machte den Juden zum Opfer, und die überzeugendste Antwort auf diese Entwicklung war die Flucht in eine nationale Heimat, die der Zionismus nahelegte. Als andere Nationalisten den österreichischen Staat mit der Spaltung bedrohten, drohten die Zionisten mit dem Auszug.«[20]

Das Scheitern des Liberalismus hatte für den jüdischen Emanzipationsprozeß bedrohliche Konsequenzen: Die Assimilation geriet in eine Sackgasse mit kaum absehbaren Folgen. Diese Entwicklung bedrohte die jüdische Identität um die Jahrhundertwende nachhaltig. Die Juden der Monarchie hatten keine politischen, sozialen und ethnischen Verbündeten mehr. Selbst die Liberalen erwiesen sich als politisch ohnmächtige und unzuverlässige Vertreter jüdischer Interessen. Die Aufspaltung der Gesellschaft in soziale und politische – sprich: klassenkämpferische – und nationalistische und antisemitische Bürgerkriegsparteien verengten mehr und mehr den Handlungsspielraum der Juden.

Auf diesem politischen Hintergrund des Niedergangs der liberalen Bourgeoisie gab es jüdischerseits zwei Reaktionen:

»Erstens schuf politisches Engagement, zum Beispiel im Austromarxismus oder Zionismus, Bindungen als Ersatz für die immer schwächer werdende Identifikation mit der österreichischen Nationalität oder der Treue zur Monarchie. Zweitens bewirkten ästhetische und psychologische Projekte eine Stabilisierung des Selbst, indem sie die Identitätskriterien völlig von der sozialen Ebene und der einer bestimmten Gruppe wegverlagerten und an ihre Stelle der inneren Wirklichkeit und dem kritischen Bewußtsein seiner selbst zentrale Bedeutung einräumten.«[21]

Hugo von Hofmannsthal bemerkte in seinem *Buch der Freunde*:

»Es ist hart, sich mit einer herrschenden Klasse herumzuschlagen, aber härter, eine nicht vorhandene postulieren zu müssen.«[22]

Um die Jahrhundertwende war der Bestand der Monarchie hauptsächlich getragen von dem Bestand des Herrscherhauses. Im soziologischen Sinne gab es keine »herrschende Klasse« mehr, die z.B. mit der englischen oder französischen Bourgeoisie – die gemeinsame ökonomische und nationale Interessen hatten – vergleichbar gewesen wäre. Es gab keine »österreichisch-ungarische Bourgeoisie« mehr, die ein gemeinsames politisches, kulturelles und nationales Ziel im Kampf gegen die bestehenden feudalen Strukturen und gegen die aufsteigende Arbeiterbewegung hatte.

In anderen Ländern schuf der Nationalismus die Voraussetzung für die Durchsetzung moderner wirtschaftlicher, kultureller und politischer Verhältnisse. Der Mythos des Nationalen, die Erfindung einer traditionsreichen nationalen Geschichte des Volkes, brachte jene homogene Nationalkultur hervor, die gleichsam hinter dem Rücken der Akteure die modernen Nationen schuf.[23] Erst der Nationalismus schafft die homogene Gesellschaft, die trotz aller Widersprüche einen Nationalstaat im modernen Sinne hervorbringt. Der Zwang zur Homogenisierung der Gesellschaft unterdrückt notwendigerweise ethnische und häufig religiöse Minderheiten, die sich der Assimilierung an die Mehrheitskultur widersetzen. Eines der wesentlichsten Ziele der Nationalismen besteht in der Schaffung einer einheitlichen Hochsprache, die für alle Staatsbürger bindend ist. Eine gemeinsame Sprache und ein für alle Bürger verbindliches kulturelles und ethisches bzw. religiöses Wertesystem erzeugen einen Mythos der Nation, der in der Regel stärker ist als soziale Spannungen.

Die gescheiterte Revolution 1848 in der Habsburg-Monarchie verzögerte nicht nur die Etablierung eines modernen Nationalstaates wie etwa im Deutschen Reich, sondern markiert schon sein letztliches Scheitern. In der nachrevolutionären Epoche kam es zwar zu einer politischen Zusammenarbeit zwischen den Liberalen und dem monarchischen Staat, aber die Modernisierung führte nicht zu einer nationalen Gemeinschaft. Die ethnischen Nationalismen wurden zu einer Zentrifugalkraft, die den Bestand der Monarchie immer stärker gefährdete. Der Liberalismus vermochte diesen Tendenzen keinen Einhalt zu gebieten und somit hatte er zwar die Gesellschaft der Monarchie in vieler Hinsicht verändert, doch letztlich mehr Probleme geschaffen als gelöst:

»Die Liberalen hatten neue Kräfte und neue Gruppen heraufbeschworen, die Teilhabe an der politischen Gewalt beanspruchten: Slawische Nationalisten, Sozialisten, alldeutsche Antisemiten und christlich-soziale Antisemiten. Weder vermochten sie diese neuen Bewegungen in die rechtliche Ordnung zu integrieren, noch konnten sie deren Forderungen befriedigen. Die streitenden Gruppen mochten verschiedene Vorstellungen vom Himmel haben, aber die Hölle war für sie alle dieselbe: die Herrschaft des deutsch-österreichischen liberalen Bürgertums. In den neunziger Jahren bedienten sich die antiliberalen Bewegungen bald der Wahlurnen, bald der Obstruktion im Parlament, bald der Massendemonstrationen und Straßenunruhen, den Staat lahmzulegen, und vertrieben die Liberalen aus den Machtstellungen, die sie erst drei Jahrzehnte zuvor erobert hatten. Die Stellung des liberalen Bürgertums wurde damit in der Tat paradox. Selbst bei wachsendem Reichtum verlor es seine politische Macht. Sein Vorrang im wissenschaftlichen und kulturellen Leben des Reiches blieb grundsätzlich unangetastet, während es politisch ohnmächtig wurde.«[24]

In diesem Sinne konnte Hofmannsthal von einer fehlenden herrschenden Klasse sprechen, da der deutschsprachige Teil der Monarchie zu klein war, um zur dominierenden Majorität des Reiches aufzusteigen. Unter diesen Bedingungen konnte von einer sprachlichen und einer kulturellen Homogenisierung des Reiches keine Rede sein und mit dem Erstarken von nationalen Bewegungen und Massenparteien wurde der Bestand des Vielvölkerstaates immer gefährdeter.

Die literarischen und künstlerischen Vertreter der »Wiener Moderne« antworten in ihren ästhetischen Ausdrucksformen auf diese Vorboten der modernen Massenbewegungen, die demokratisch der Herrschaft der liberalen Bourgeoisie und insgesamt der bürgerlichen Demokratie den Todesstoß versetzen werden. Die Literaten des »Jung-Wien« stehen in der Verwandtschaft zur Romantik und entwickeln mit zunehmender Modernisierung rückwärtsgewandte Utopien, die sich im Unterschied zu Deutschland und anderen Ländern letztlich in Ästhetizismus und psychologischem Subjektivismus verlieren. Carl Schorske spricht in diesem Zusammenhang von der Krise des liberalen »Ichs« als Ausdruck des Identitätsverlustes der liberalen politischen Kultur des ausgehenden 19. Jahrhunderts.

Schorske sieht einen engen Zusammenhang zwischen dem Scheitern des politischen Liberalismus und einer Revolte der Söhne gegen die überkommene Kultur der liberalen Vatergeneration.

»Weithin in der österreichischen Mittelschicht begann eine kollektive ödipale Revolte um sich zu greifen. ›Die Jungen‹ wurde der gemeinsame Name, den die Rebellen nacheinander in den verschiedenen Bereichen sich wählten. Zuerst erschienen die ›Jungen‹ in der Politik, als junge Linke in der Verfassungspartei in den späten siebziger Jahren. ›Jung-Wien‹ war die literarische Bewegung, die um 1890 die moralische Einstellung der Literatur des 19. Jahrhunderts in die Schranken forderte, um für gesellschaftliche Wahrheit und seelische – besonders sexuelle – Offenheit zu kämpfen. Schnitzlers verspielte junge Männer und Hofmannsthals Ästheten sind gleicherweise Erzeugnisse der Auflösung des Glaubens der Söhne an die Aussichten und Werte der Väter.«[25]

In den neunziger Jahren erfaßte diese Aufbruchsstimmung auch die bildenden Künste, die ihren Ausdruck in der Ablehnung der akademischen Malerei und in der Gründung der »Wiener Secession« im Jahre 1897 fand. Die jungen Künstler brachen mit der Kunst des Historismus und suchten neue Ausdrucksformen, die sie bei den französischen Impressionisten, bei den belgischen Naturalisten, den englischen Präraffaeliten und den Malern des deutschen Jugendstils vorfanden.

Das Leitmotiv der Secessionisten, das auch der Titel ihrer Zeitschrift war, lautete: *Ver sacrum* (Frühlingsopfer). Schorske interpretiert diese Namensgebung folgendermaßen:

»Der Titel beruht auf einem römischen Ritual der Weihung der Jünglinge in Zeiten nationaler Gefahr. Während aber in Rom die Älteren ihre Kinder einer göttlichen Sendung weihten zur Rettung der Gesellschaft, weihten in Wien die Jungen sich selber, um die Kultur ihrer Vätergeneration zu retten.«[26]

Am Beispiel des Malers Gustav Klimt versucht Schorske seine These zu verdeutlichen. Nachdem der Künstler mit der Tradition des Historismus der Ringstraßenkultur gebrochen hatte, wandte sich Klimt – im Geiste der Romantik – den Symbolen des vorklassischen Griechenland zu. Die Wendung zu dionysischen Symbolen war die Überwindung eines erstarrten und ritualisierten Historismus und die Hinwendung zu einer Auseinandersetzung mit der triebhaften und »dunklen« menschlichen Natur. Klimts Beschäftigung mit psychologischen und vor allem sexuellen Dimensionen menschlichen Handelns zeigte sich exemplarisch in seinen Entwürfen für drei Wandgemälde für die Wiener Universität. Seine Auftraggeber gaben ihm für die Gemälde, die die Fakultäten »Philosophie«, »Medizin« und »Jurisprudenz« darstellen sollten, als Thema vor: »Der Sieg des Lichts über die Finsternis«. Man erwartete eine künstlerische Interpretation im Sinne der klassischen Aufklärungskultur.[27]

Klimts Entwürfe und seine späteren Ausführungen waren jedoch von einer pessimistischen und dionysischen Weltsicht getragen, die ihre philosophischen Väter Nietzsche, Wagner und Schopenhauer deutlich zum Ausdruck bringen. Seine Vision der Welt als traumhafte Phantasmagorie einer richtungslosen Gesellschaft, die gleichsam halb schlafwandlerisch vor sich hin treibt, rief natürlich die Kritiker auf den Plan und verursachte einen Skandal, der weit über den Bereich der ästhetischen Auseinandersetzung hinausragte.

Die Auseinandersetzung um die Kunst der Secessionisten und insbesondere um Klimt bewirkte einen Rückzug des Künstlers aus der Politik. Seine späteren Bilder – wie sein berühmtes Beethoven-Fries – transzendieren die gesellschaftliche Wirklichkeit und stellen mythische Traumbilder einer entrückten Kunst dar.

»Stellt die ›Jurisprudenz‹ den Höhepunkt von Klimts kritischer Herausforderung der Kultur des Gesetzes auf der Suche nach der Wahrheit der Moderne dar, so bekundet sein Beethoven-Fries am vollständigsten das Ideal der Kunst als Zuflucht vor dem modernen Leben. Im ›Beethoven‹ löst sich die Utopie des Träumenden völlig ab von der geschichtlichen Wirklichkeit dieses Lebens.«[28]

Die Krise des Liberalismus erzeugte Zweifel an der Fortschrittsgläubigkeit und am Szientismus, die moderne Subjektivität wird insgesamt in Frage gestellt: Die »Wiener Modernen« wenden sich der Romantik zu, die schon zu Beginn des 19. Jahrhunderts den Zerfall des »Ichs« und den Legitimationsverlust der Moderne postuliert hatte. Besonders die Schriftsteller des Fin de siècle interpretieren die politischen Konsequenzen des Modernisierungsprozesses und dessen psychologische Folgen als Untergang des Subjektes in der Krise der Moderne. Sie nehmen somit eine Zivilisationskritik auf, die Nietzsche vorwegnahm, als er dem wissenschaftlichen Denken vorwarf, daß es das Leben zunehmend seiner Substanz beraube und des Sinnes entleere. In seinem 1874 verfaßten Essay »Schopenhauer als Erzieher« drückt er seine Gedanken über die Zukunft Europas klar und unmißverständlich aus:

»Die Gewässer der Religion fluten ab und lassen Sümpfe und Weiher zurück; die Nationen trennen sich wieder auf das Feindseligste und begehren sich zu zerfleischen. Die Wissenschaften, ohne jedes Maß und im blindesten laisser faire betrieben, zersplittern und lösen alles Festgeglaubte auf, die gebildeten Stände und Staaten werden von einer großartig verächtlichen Geldwirtschaft fortgerissen. Niemals war die Welt mehr Welt, nie ärmer an Liebe und Güte. Die gelehrten Stände sind nicht mehr Leuchttürme oder Asyle, inmitten all dieser Unruhe der Verweltlichung, sie selbst werden täglich unruhiger, gedanken- und liebloser. Alles dient der kommenden Barbarei, die jetzige Kunst und Wissenschaft mitinbegriffen.«[29]

Nietzsche und die Romantiker sehen in der dionysischen Antike einen Ausweg aus der »Sackgasse« der Moderne. Sie greifen vor allem auf die Schriften Johann Jacob Bachofens über das

Mutterrecht und Friedrich Creuzers über die Symbole und Mythologien der Griechen zurück und lassen sich in ihrem Antimodernismus inspirieren. Diese Studien hatten nicht nur akademisches Interesse erzeugt, sondern wurden von den Romantikern als programmatische Schriften und Perspektiven gegen die Moderne angesehen. Die antiken Mythen dienten ihnen als literarische Vorbilder einer zu erneuernden Welt, in der Poesie, Kunst und eine Kunstreligion zu neuem Glanz kommen sollten und somit ein künstlich geschaffenes religiöses Gesamtkunstwerk sich entfalten sollte.

In der politischen und gesellschaftlichen Krise um die Jahrhundertwende greifen die Wiener Modernen auf dieses Gedankengut zurück, wobei natürlich der auch in Wien existierende Wagnerkult mit seiner Forderung nach einem Gesamtkunstwerk, einen hohen Stellenwert einnahm. »Seit den siebziger Jahren spielte Richard Wagner, der Barde deutscher Werte, die Rolle des Spalters des intellektuellen und künstlerischen Milieus von Wien.«[30] Die Künstler und Intellektuellen suchten in den archaischen Traditionen nach regenerierenden Kräften, um die reale Politik auszuschalten und sie durch Mythen zu ersetzen.

Die Wiener Modernen hatten ein ausgeprägtes Gespür für den Verlust von kollektivem und subjektivem Sinn, den sie vorschnell als den Zusammenbruch der bürgerlichen Welt interpretierten. Sie führten die Krise des Liberalismus nicht auf seine hauptsächlichen politischen Sachverhalte zurück, sondern interpretierten die Moderne ausschließlich in Begriffen der Ästhetik, der Ethik, der Psychologie und der Philosophie. Diese Herangehensweise erzeugte einen heroischen Individualismus, einen Geniekult, der gegen moderne Lebensformen gerichtet war, und auf der anderen Seite die Beschwörung eines archaischen Mythos, der das Individuum auflösen sollte. Herman Bahr beschreibt die Vorstellung eines nietzscheanischen Kultes in einer Tagebucheintragung:

»Der bärtige Dionysos. Ruhige Ekstase – Ekstase als Zustand, nicht bloß als vergängliches Moment – Dauer von Ekstase scheint mir das Genie. Jeder kann in Momenten zu seinem ganzen Gefühle, und das ist die Anschauung Gottes, getrieben werden. Jeder kann momentan All werden. Es immer zu sein, das ist Genie.«[31]

Die Wiener Modernen richteten sich insofern gegen den überholten Klassizismus der Gründer- und Vätergeneration, indem sie ihre Hoffnungen und Aspirationen im vorklassischen Mythos suchten; sie wandten sich aber damit gänzlich gegen die Moderne. Somit war die Wiener Moderne von einer antimodernen Einstellung getragen.

Ihre Ideen waren wesentlich von der Romantik – insbesondere von Friedrich Schlegel – geprägt. Seinem Geniekult, dessen radikalster Nachfolger wohl Otto Weininger war[32], entsprach der Hang zur christlichen Mystik in der Tradition Jacob Böhmes. Diese Mystik findet sich auch bei Robert Musil, der den »anderen Zustand« suchte, nämlich eine Ethik jenseits der konventionellen Moral und der gesellschaftlichen Zwänge. In seinem opus magnum *Der Mann ohne Eigenschaften* versucht er diese mythische Utopie zu beschreiben, die zwar keine politische Lösung der gesellschaftlichen Krise beinhaltet, aber die individuelle Überwindung der konventionellen Moral thematisiert und die absolute Persönlichkeit sucht.

Der Untergang des Subjektes ist das Thema von Hugo von Hofmannsthal. In seiner Schrift *Ein Brief* läßt er ein alter ego – Lord Chandos – einen Brief an Francis Bacon verfassen, in dem es seinen Rückzug aus der Gesellschaft begründet.[33] Hofmannsthal beschreibt seine persönliche Krise als eine Sprachkrise, Chandos kann mit den Begriffen seiner Umwelt nichts mehr anfangen. Sein Leben auf dem Lande ist durch eine Leere und das Gefühl der Sinnlosigkeit gekennzeichnet, die nur gelegentliche Anwandlungen der Verschmelzung seines Selbst mit der Natur und den einfachen Menschen seiner Lebenswelt unterbrochen wird. Offensichtlich beschreibt Hofmannsthal eine mythische Subjektivität, die in der Vereinigung mit der Natur gesucht wird und letztlich erst mit dem Tod beginnt. Hofmannsthal verbleibt jedoch nicht nur in jenem Todesnarzißmus, der auch Grillparzer eigen ist, sondern sucht nach neuen gesellschaftlichen Verhältnissen. Er erblickt sie in der rückwärtsgewandten und konservativen Utopie:

»Der Prozeß, von dem ich rede, ist nichts anderes, als eine konservative Revolution von einem Umfange, wie die europäische Geschichte ihn nicht kennt.«[34]

Die Modernisierung der Gesellschaft im Fin de siècle, der Verlust der politischen Macht der alten Herrschaftssäulen zugunsten moderner Massenparteien, die zentrifugalen Kräfte der Nationalismen, die Infragestellung der idealistischen Ethik durch Psychologie, positivistische Philosophie und Psychoanalyse, die Diskussion um Weiblichkeit und Sexualität erzeugen in der Literatur und der Kunst neoromantische Gegenentwürfe zur gesellschaftlichen Realität. Diese postrationalen Neomythen sind Ausdruck der Krise des liberalen Ich, das sich nun gleichsam in eine Kunstreligion zurückzieht und damit häufig die Realität nur noch defizient wahrnehmen kann.

Die Modernisierung in ihren widersprüchlichen gesellschaftlichen und politischen Formen hat in der Wiener Moderne literarische und künstlerische Resakralisierungen – sprich: Remythologisierungen – zur Folge. Der gesellschaftliche Strukturwandel wurde von vielen Schriftstellern nicht auf einer politischen Ebene thematisiert, sie sahen in den vielfältigen Veränderungen häufig eine apokalyptische Bedrohung, den Untergang einer vertrauten Welt.

Die Reaktionen auf die Modernisierung blieben jedoch nicht nur auf den ästhetischen Rückzug aus der Realität beschränkt, sondern zeigten sich in radikalen künstlerischen und politischen Gegenentwürfen zur bestehenden Gesellschaft. Die breite Unterstützung dieser antibürgerlichen und antimodernen Bewegungen – das Spektrum reicht vom Expressionismus bis zu völkisch-antisemitischen Gruppierungen – durch viele junge

Menschen muß wiederum auf dem Hintergrund eines tiefgehenden Generationskonfliktes gesehen werden.

Im literarischen und künstlerischen Expressionismus drücken sich die Anstrengungen um eine neue Subjektivität und eine Sinnkonstruktion jenseits von »instrumenteller Vernunft« und dem »Materialismus« der Vätergeneration aus.[35] Die Expressionisten lehnten zwar den Ästhetizismus ab, ihre Hoffnungen auf einen »neuen« Menschen widerspiegeln jedoch den religiösen und ästhetischen Rahmen einer weltimmanenten Erlösung. Vor allem im Frühexpressionismus stand die Thematisierung der Sexualität und des Geschlechterkampfes im Mittelpunkt. Kokoschkas Bühnenstück *Mörder – Hoffnung der Frauen* ist ein exemplarisches Beispiel für eine archetypische – an die Antike gemahnende – Sicht der Stellung der Geschlechter zueinander:

»Das Thema ist einfach: ›Der Mann‹ mit einer Schar von Kriegern trifft ›Frau‹ mit ihrem Gefolge von Mädchen vor einer Festung. Der Mann läßt sie mit Eisen brandmarken, sie schlägt ihm eine Wunde in die Seite und kerkert ihn ein. Verführt von einer Art Haßliebe, läßt sie ihn frei. Der Mann aber, dem Tode nahe, verfügt noch über unwiderstehliche Kraft: ›mit den Fingern der ausgestreckten Hand‹ berührt, stirbt sie. Kein Liebestod, sondern ein Liebestöten wird hier verkündet: eine Leidenschaft, worin Liebe und Töten unauflöslich miteinander verbunden sind. Tod ist nicht etwas, dem sich die Liebenden hingeben wie Tristan und Isolde, sondern das sie einander zufügen in der Bitterkeit einer Leidenschaft, deren ununterscheidbare Bestandteile Zerstörungswut und Liebe sind.«[36]

Die Thematisierung von Moderne und Weiblichkeit ist ein Thema, das die gesamte Literatur und Kunst des Fin de siècle durchzieht. Weiblichkeit assoziiert bei den meisten Autoren negative Konnotationen und die Angst vor dem Chaos, die mit der Diffusion der gängigen Geschlechterrollen befürchtet wird. Der von der Psychoanalyse in die Diskussion gebrachte Begriff der Bisexualität der Menschen beherrschte über weite Strecken die Diskussion um Weiblichkeit und Sexualität. Dieser von dem Berliner Psychoanalytiker Wilhelm Fließ stammende Begriff, der Sigmund Freud, den jungen Philosophen Otto Weininger und viele andere Autoren nachhaltig beschäftigte, brachte eine äußerst heftige Diskussion über männliche und weibliche Sexualität und Identität in Gang. Die Intensität der Auseinandersetzung um die veränderten Werte in den Geschlechterbeziehungen läßt erkennen, wie tief der Modernisierungsprozeß die traditionellen Rollenklischees unterminierte und welche Ängste der weibliche Emanzipationsprozeß hervorrief.

In dieser Diskussion über die Weiblichkeit werden von etlichen Autoren immer wieder Frauen und Juden gleichgesetzt. Der junge Philosoph Otto Weininger charakterisiert dies folgendermaßen:

»So wenig wie es in der Wirklichkeit eine ›Würde der Frauen‹ gibt, so unmöglich ist die Vorstellung eines jüdischen ›gentleman‹. Dem echten Juden gebricht es an jener inneren Vornehmheit, welche Würde des eigenen und Achtung des fremden Ich zur Folge hat ... Denn der echte Jude hat wie das Weib kein Ich und darum keinen Eigenwert ... Der echte Jude wie das echte Weib, sie leben nur in der Gattung, nicht als Individualitäten.«[37]

Die Angst vor dem »Weib« und die Inferiorisierung des »Juden« interpretierte Sigmund Freud als eine Erscheinung des Kastrationskomplexes:

»Der Kastrationskomplex ist die tiefste unbewußte Wurzel des Antisemitismus ... Auch die Überhebung über das Weib hat keine stärkere unbewußte Wurzel ... Weininger stand als Neurotiker völlig unter der Herrschaft infantiler Komplexe.«[38]

Beide Phänomene – Frauenfeindlichkeit und Antisemitismus – können als Teil einer Krise der Männlichkeit im Fin de siècle begriffen werden, die auf der politischen Ebene radikale Konsequenzen haben konnte.

Der deutschnationale Georg von Schönerer war Prototyp eines gescheiterten Ablöseprozesses von der Vatergeneration. Sein

Vater war ein gesellschaftlicher Aufsteiger, ein selfmade man, der es nicht nur zu Reichtum und Ansehen brachte, er erwarb das Rittergut »Rosenau« und einen Adelstitel. Der Sohn Georg wurde auf das Leben eines Landjunkers vorbereitet.

»Georg bemühte sich hartnäckig und entschieden, wenn auch schwerfällig, die Rolle des Grandseigneurs zu spielen. Doch im Rahmen der noblen Lebensart von Rosenau bereitete er nach und nach seinen Aufstand gegen alles das vor, worauf sein Vater sein Leben gebaut hatte: die Treue zum Hause Habsburg, den Kapitalismus, die Toleranz anderen Rassen gegenüber und die Finanzspekulation. Als enttäuschter Pseudoaristokrat rüstete Georg sich fast unbewußt, jene gesellschaftlichen Schichten zu führen, die gegen die Herrschaft der Industriebourgeoisie grollten, der er selbst entstammte. Aufrührerische Massen und ein rebellierender Sohn sollten einander auf dem bestimmten Weg treffen. Die Verwandlung des Ritters von Rosenau in einen nationalistischen Demagogen geschah langsam und kam erst nach seines Vaters Tod zum Abschluß.«[39]

Karl Lueger begann sein politische Karriere wie Schönerer, Theodor Herzl und Victor Adler in den Reihen der Liberalen. Er war in kleinbürgerlichen Verhältnissen aufgewachsen; sein Vater Hausmeister des k. u. k. Polytechnischen Instituts. Lueger scheint in hohem Maße von seiner willensstarken Mutter geprägt worden zu sein; daß er niemals heiratete, darf als Hinweis auf diese Abhängigkeit gewertet werden. Im Gegensatz zu Schönerer war Lueger an seine Mutter fixiert: »Während ein mächtiger Emporkömmling als Vater den Ritter prägte, formte eine zähe Kleinbürgerin die Zukunft des ›Herrgotts von Wien‹«.[40] Nach dem Abschluß eines Rechtsstudiums trat Lueger dem »Liberalen Bürgerclub« bei und betrat als Demokrat die politische Bühne. Er war im Gegensatz zu Schönerer kaisertreu und antipreußisch eingestellt und bekämpfte später den Liberalismus, den Kapitalismus und die Juden. Lueger bricht somit aus der bürgerlichen Welt des konservativen Liberalismus aus und verbindet den österreichischen politischen Katholizismus mit der neuen Massenbewegung des Sozialismus und wird damit zu einem der Gründer des christlichen Sozialismus in Österreich. Damit entfernte er sich immer mehr von der traditionellen Ordnung und verband sich mit antisemitischen und nationalistischen Radikalen. Schönerer und Lueger bedienten sich in unterschiedlichem Maße des politischen Antisemitismus, um ihre Ziele zu erreichen. Gemeinsam bekämpften sie den Liberalismus und den Kapitalismus.

Theodor Herzls Antwort auf die kommenden totalitären Massenbewegungen bestand darin, daß er die liberale Utopie im Rahmen eines jüdischen Nationalismus im nahen Osten verwirklichen wollte.

Er entstammte einer aufgeklärten ungarischen Familie, die politisch liberal und kulturell deutsch eingestellt war. In seinen Tagebüchern träumte er davon, ein »preußischer Altadliger« zu sein. Er war stark vom Deutschnationalismus angezogen, der sich durch seine Mitgliedschaft in der schlagenden deutschnationalen Verbindung »Albia« manifestierte. Er akzeptierte das negative Judenbild seiner Zeit, führte es jedoch auf den historischen Antijudaismus und die daraus resultierende Abschottung der Juden zurück. Die Lösung der »Judenfrage« sah er in der »Kreuzung« der Juden mit anderen »Rassen«:

> »Tritt erst diese (Rassenmischung) – zum hohen Vorteile der modernen Rassen, wie zum Vorteile der jüdischen – ungehindert ein, so wird auch die psychologische nicht auf sich warten lassen.«[41]

Der verstärkte Antisemitismus in den achtziger Jahren zwang ihn jedoch, sich aus der Studentenverbindung zurückzuziehen. Die Erfahrung des radikalen Antisemitismus verwandelte den Anhänger der völligen Assimilierung der Juden nachhaltig.

Seine Eindrücke als Journalist der *Neuen Freien Presse* in Frankreich machten seine Hoffnungen auf die Versprechungen des Liberalismus hinsichtlich der Emanzipation der Juden zunichte. Er verlor sein Vertrauen in die liberale Ordnung, in den sich anbahnenden Massendemokratien sah er die Gefahr des Terrors der »Straße«.

Während er noch 1893 davon träumte, bei einer Audienz beim Papst die Bedingungen eines Massenübertritts der Juden an einem bestimmten Tag im Wiener Stephansdom vorzuschlagen,[42] gab er später sämtliche assimilatorischen Überlegungen und Bestrebungen auf. Er konzentrierte sich von nun an auf sein Ziel der Errichtung eines Judenstaates als Antwort auf den Antisemitismus seiner Zeit. Seine Überzeugung, daß einzig die Lösung der »Judenfrage« in einem zionistischen Staat möglich sei, machte den ästhetisierenden Dandy und Liberalen zum charismatischen Führer der jüdischen Unterschichten, nachdem ihn die liberalen und assimilierten Juden abgewiesen hatten.

In diesen drei Personen verkörpert sich der Untergang des österreichischen Liberalismus paradigmatisch. Die schwer lösbaren gesellschaftlichen und nationalen Konflikte, aber auch ihre persönlichen Krisen und die Probleme mit der sie umgebenden Ordnung und den Werten der Vätergeneration verursachten letztlich den Bruch mit dem Liberalismus.

Die einen sahen im Antisemitismus eine Antwort auf die Wirren ihrer Zeit, die anderen wurden durch den Antisemitismus gezwungen, über Alternativen zum Modell der Assimilierung nachzudenken und suchten im politischen Zionismus ihr Heil.

Der »Modernisierungsschock« (Walter Benjamin) zeigt sich nicht nur in der Literatur des Fin de siècle im Impressionismus und Expressionismus, der eine religiös-literarische Radikalisierung des Antimodernismus und Neoromantizismus der »Wiener Modernen« beinhaltet, sondern hatte politisch vor allem den modernen Antisemitismus und den politischen Zionismus zum Resultat. Diese neuen politischen Ideologien tragen alle einen religiösen Charakter in sich.

Während die populären Schriftsteller des Fin de siècle mythischen Untergangsszenarien verfielen, war auf der politischen Ebene der politische Antisemitismus im Vormarsch. Die christlich-soziale Bewegung, die Deutschnationalen und auch die

Sozialdemokraten bedienten sich dieser politischen Religion bzw. dieser Ideologie.[43]

Das Vorbild des christlichen Antijudaismus im 19. Jahrhundert war der kaiserliche Hofprediger Abraham a Sancta Clara (1644–1709), der nicht müde wurde, in seinen Predigten die Juden rüde zu verunglimpfen. Anfang des 19. Jahrhunderts wurde Wien zum Zentrum der katholischen Romantik. Um Klemens Maria Hofbauer entstand ein Kreis romantischer Intellektueller, dem Franz von Baader, Adam Müller, Friedrich Schlegel und andere angehörten. Diese romantisch-katholischen Ideen wurden später zum Gemeingut der Sozialreformer und der Christlichsozialen. Über die Vorstellungen der katholischen Romantik, die antiliberal, antikapitalistisch und antisemitisch geprägt waren, setzt sich im deutschsprachigen Raum der Monarchie der moderne Antisemitismus als politische Theorie durch und wird zum nachhaltigsten Theorem der Gegner der Moderne. Der Theoretiker des sich konstituierenden Reformkatholizismus war Karl Freiherr von Vogelsang.[44] Die katholischen Reformer verwarfen die Entwicklung zu einer bürgerlich-kapitalistischen Gesellschaft und entwarfen ihre Vorstellungen einer korporativen, nichtkapitalistischen und ständestaatlichen Gesellschaft.

1882 wurde der »Österreichische Reformverein« gegründet, der die Zurückdrängung von Kapitalismus und des Einflusses von Juden in Wirtschaft und Gesellschaft forderte. Aus dem Reformverein entstand die Christlich-Soziale Partei, die mit ihrem Vorsitzenden Lueger triumphale Erfolge feierte. Politiker und Kleriker in der Christlich-Sozialen Partei bedienten sich skrupellos eines Antisemitismus, der in seiner Struktur religiös und rassistisch geprägt war. Die Deutschnationalen um Schönerer waren in ihrem Antisemitismus durchgehend radikaler, während Lueger sich des Antisemitismus selektiv bediente, jedoch mörderische verbale Attacken seiner Gefolgsleute gegen Juden nicht unterband. Doch konnten sich die Deutschnationalen mit ihrer Anti-Habsburg-Politik und der antikatholischen

»Los von Rom«-Bewegung in dem durch und durch katholisch geprägten deutschsprachigen Raum der Monarchie nicht durchsetzen.

Der gesellschaftliche Aufstieg des Wiener Judentums vollzog sich somit im Umfeld eines politischen Antisemitismus, d. h. der Abkehr der Majoritätsgesellschaft von den Ideen der Aufklärung und der Judenemanzipation und der bewußten Abwendung von der Moderne.

Die assimilierten Vertreter des Judentums hielten jedoch an ihrem aufklärungsliberalen Gedankengut fest:

»Die meisten Wiener Juden, sogar die am stärksten assimilierten, hatten kaum Kontakt zu Nichtjuden. Der soziale Antisemitismus, dem sie begegneten, beeinträchtigte zwar ihr Selbstwertgefühl, wurde aber nicht als eine ernste Bedrohung ihrer physischen oder wirtschaftlichen Existenz empfunden. Ironischerweise schwächte gerade die Tatsache, daß die Wiener Gesellschaft sie auf Distanz hielt, die Empfindung und den Druck der antisemitischen Bedrohung ab. Solange der Antisemitismus auf der Ebene der Beleidigung blieb, versuchten viele Wiener Juden, ihn zu ignorieren und sein Vorübergehen abzuwarten.«[45]

Viele Wiener Juden waren bereit, ihr Judentum zugunsten säkularer Ideologien aufzugeben.

»Viele Vertreter der kulturellen Elite Wiens leugneten, Juden zu sein … Für den sozialistischen Denker Max Adler war seine jüdische Abstammung ebenso bedeutungslos wie für den Rechtstheoretiker Hans Kelsen oder den Psychologen Alfred Adler.«[46]

Ein extremes Beispiel jüdischer Selbstverleugnung bot das Vorstandsmitglied der Israelitischen Kultusgemeinde, Baron von Taussig:

»Die Taussig-Affäre des Jahres 1906 brachte schließlich die Widersprüche einer solchen liberalen Politik vollends an den Tag: Der Direktor der einflußreichen Boden-Creditanstalt und das Vorstandsmitglied der Israelitischen Kultusgemeinde, Theodor von Taussig, hatte der zaristischen Regierung in Rußland just in jenem Moment einen bedeutenden Kredit gewährt, als diese antisemitische Pogrome duldete und teils auch anfachte, eine Kampagne entrüsteter jüdischer Nationalisten und

Zionisten zwang ihn daraufhin, alle seine Ämter im Wiener Judentum niederzulegen.«[47]

Das assimilierte Judentum hielt auch nach der politischen Niederlage der Liberalen an seiner deutschnationalen Orientierung fest:

»Nun aber hatten gerade die ›modernen‹ Wiener Juden volles Vertrauen in diesen Liberalismus gefaßt und auch auf ihn gesetzt. Adolf Jellinek (1821–1893), seit 1865 Großrabbiner von Wien und Symbol einer vom aufgeklärten Rationalismus geprägten Generation, erklärte im Jahr 1870: ›Das Judentum bestätigt und heiligt die Ideale der modernen Gesellschaft, indem es der leidenden und irregeleiteten Menschheit Heilung und Vertrauen, Frieden und Versöhnung bringt.‹ Ganz im Geiste von 1848 deutete Jellinek das innere Gesetz der jüdischen Religion als ein Versprechen der Eintracht von Juden und Nichtjuden. So trat er für ein Judentum ein, das, wie er sagte ›von seinen kleinen äußerlichen, unwesentlichen Eigenheiten, von seinen archaischen Bräuchen‹ befreit zu sein hätte, um sich als ›Religion des Geistes, des Herzens, der Heiligkeit, der Gerechtigkeit, der Freiheit und der Barmherzigkeit‹ entfalten zu können. Er zog es vor, sich ›Priester‹ nennen zu lassen, nicht ›Rabbi‹. Noch sein Nachfolger Moritz Güdemann (1835–1918) verteidigte die gleichen, von der liberalen Geisteswelt geprägten Prinzipien. Ein Schüler von Graetz, Bernays und der ›Wissenschaft vom Judentum‹ widersetzte er sich Herzls Zionismus, den er als eine verachtenswerte Form der Assimilation einschätzte, als eine jener Formen von jüdischem Nationalismus, die das Judentum nur einschränkten und seine universellen, erzieherischen Gehalte verdeckten.«[48]

Steven Beller resümiert die politische und kulturelle Haltung der liberalen jüdischen Bourgeoisie folgendermaßen:

»Die Gefühle dieser Juden für Deutschland und die deutsche Kultur können rational gesehen nicht einfach als der Versuch abgetan werden, es im Leben zu etwas zu bringen oder sich einer Welt anzupassen. Sie flohen nicht so sehr vor ihrem jüdischen Schicksal, sondern waren vielmehr bestrebt, in das gelobte Land der Freiheit einzutreten bzw. überzuwechseln. Aufgrund der historischen Gegebenheiten war dieses gelobte Land für viele Juden innerhalb und auch außerhalb Deutschlands eben nicht zufällig. Dieses Land war die Erfüllung all ihrer Wünsche und wurde wie der Liberalismus zum Inbegriff ihrer Sehnsüchte.«[49]

Auch die offizielle Vertretung des Wiener Judentums, die »Israelitische Kultusgemeinde«, stand dem assimilierten Judentum näher als anderen orthodoxen, nationalen oder zionistischen Gruppierungen. Doch war die Kultusgemeinde immer gespalten zwischen Reformern und Orthodoxen, was auch soziale Gründe hatte. Die armen und mittleren Schichten neigten oft zu konservativen Einstellungen hinsichtlich ihrer Religiosität, während das »Ringstraßenjudentum« darin auch eine Behinderung für seinen gesellschaftlichen Aufstieg sah.[50] Doch die assimilierten Wiener Juden hielten an ihrem Emanzipationskurs fest, obwohl der politische Antisemitismus immer bedrohlicher wurde.

Neben dem traditionellen katholischen Antijudaismus, der sich in den achtziger Jahren politisierte und große Erfolge feierte, entstand im Umkreis der Wiener Universität in intellektuellen Kreisen ein akademischer, häufig deutschnationaler Antisemitismus. Ein Vorläufer dieses Antisemitismus war der berühmte Chirurg an der Wiener Universität Theodor Billroth. 1875 vertrat er die These, daß es einen rassischen Unterschied zwischen Juden und Deutschen gäbe.[51] Obwohl er später seine These revidierte und sich vom Antisemitismus lossagte, war die Wirkung seiner schriftlichen und mündlichen Äußerungen über Juden verheerend auf die akademische Jugend. So schlossen die österreichischen Burschenschaften Juden schon um 1890 aus.

Nicht zufällig lebte ein »Hohepriester« des Antisemitismus, Houston Steward Chamberlain, um die Jahrhundertwende zwei Jahrzehnte in Wien. Er war der Autor des erfolgreichen antisemitischen Bestsellers *Die Grundlagen des 19. Jahrhunderts*, der extrem hohe Auflagen erreichte.

»Chamberlain wurde zum entscheidenden Vorbild für Weininger, dessen Kapitel über das Judentum er in seinem Buch *Geschlecht und*

Charakter aus den *Grundlagen des 19. Jahrhunderts* weitgehend übernahm. Chamberlain hatte sein Hauptwerk 1899 in Wien veröffentlicht, was angesichts der Tatsache, daß das Buch zu einer der wesentlichsten Grundlagen des deutschen Antisemitismus werden sollte, allein schon Bände spricht über die Selbsttäuschung des ›deutsch-jüdischen Dialogs‹.«[52]

Dieses Gedankengut fand über Agitatoren wie Schönerer Eingang in das akademische Leben der Wiener Universität. Die deutschnationalen Studentenverbände schlossen ihre jüdischen Mitglieder aus und gaben sich »Arierparagraphen«. In gewisser Weise nahmen diese Klauseln die Nürnberger Gesetze vorweg: Hatte ein Student Eltern, von denen auch nur ein Teil jüdisch war, galt dieser als »Jude«. Das eigene Religionsbekenntnis war bedeutungslos, somit konnten auch Konvertierte aus den Burschenschaften entfernt werden.

Ein äußerst skurriler Vertreter eines religiös-rassischen Antisemitismus war der ehemalige Mönch des Stiftes Heiligenkreuz bei Wien, Jörg Lanz, der es vorzog, seinem Namen den Adelstitel von Liebenfels beizufügen. Lanz war ein Prophet der kommenden Endzeit und des Unterganges, die der »arischen und blonden Rasse« durch alle »Minderrassigen« und vor allem durch »Juden« drohten. Solange die »blonde Rasse« – die Arioheroiker –, die von Gott geschaffen wurde, in »Rassenreinheit« lebte, befand sich die Welt in einem paradiesischen Zustand. Erst die »Sodomie« der Edelrassigen mit den niederen Rassen habe die menschliche Gegen- oder Unterrasse geschaffen: die Tschandalen, die er auch »Schrättlinge« oder gelegentlich »Äfflinge« nannte. Die Rassenmischung verursache die »Erbsünde« und dadurch alle Übel der Welt: Krankheit, Kulturverfall, wirtschaftliche Krisen etc. Aus diesen Gründen predigte Lanz als wichtigste Maßnahme seiner »Rassenkultreligion« die Einhaltung der »Rassengesetze« seitens der »Arier« und Zwangsmaßnahmen gegen »Minderrassige«: Kastration, Sterilisation, Zwangsarbeit, Deportation und letztlich auch die direkte Vernichtung.[53]

Besonders die Juden verkörperten in seinen Phantasmagorien das Urbild unmenschlicher Monster:

»Die Juden als ein von allen historischen und vorhistorischen Rassen und aus den Schlacken aller untergegangenen Kulturvölker zusammengemischtes Tschandalenvolk sind die lebendigen Zeugen und Zeichen der Leiden Fraujas (gemeint ist Christus) der alten heldischen Völker im Urmenschentum.«[54] Deshalb fordert er das Opfer der minderwertigen und jüdischen »Unterrasse«: »Bringt Frauja (Christus) Opfer dar, ihr Göttersöhne. Auf, auf und bringt ihm dar die Schrättlingskinder.«[55]

Lanz war auch der Herausgeber der antisemitischen und rassistischen »Ostara«- Hefte, die begierig von Adolf Hitler gelesen wurden. Er schenkte seinem Schüler Hitler zwei fehlende Hefte der Ostara. Er gründete den »Neutempler-Orden«, der die Ziele von Lanz realisieren sollte. Auf der Ordensburg Werfenstein an der Donau wurde 1907 zum ersten Mal die Hakenkreuzfahne gehißt. Zu dem Orden gehörten neben einflußreichen Persönlichkeiten auch die Schriftsteller August Strindberg und Guido von List. Unzählige Sekten der »germanischen Religion« trieben um die Jahrhundertwende in Wien und anderen Orten ihr Unwesen und verbreiteten ihre radikalen, antisemitischen Vernichtungsphantasien.

Die Christlich-Sozialen verkündeten vor allem einen »traditionellen« Antisemitismus, dessen Proponenten aus der Aristokratie und dem niederen Klerus stammten. Karl Freiherr von Vogelsang war der Begründer einer christlichen Soziallehre und der Herausgeber der katholischen Zeitschrift *Vaterland*: Er identifizierte die »Juden« mit dem Kapitalismus:

»Solange wir den Juden nicht aus dem eigenen Herzen gerissen haben, solange werden wir auch seinen Fuß auf unserem Nacken fühlen.«[56]

In der 1848 von dem Pfarrer Sebastian Brunner gegründeten *Wiener Kirchenzeitung* werden die antijüdischen Artikel seit den sechziger Jahren immer schärfer, besonders der Wiener Pfarrer Josef Deckert wurde mit Artikeln und Pamphleten über

Ritualmorde eine zwielichtige Persönlichkeit des öffentlichen Lebens. Nachdem der Verfasser des berüchtigten Bestsellers der Antisemiten »Der Talmudjude«, August Rohling, aufgrund seiner gerichtlichen Auseinandersetzung mit Joseph Bloch über Ritualmorde seine Klage zurücknehmen mußte, gingen die zahllosen klerikalen Zeitungen nun dazu über, sich eines rassischen Antisemitismus zu bedienen, Spätestens in den achtziger Jahren kann man nicht mehr klar zwischen einem klerikalen Antijudaismus und einem völkisch-rassischen Antisemitismus unterscheiden, besonders die christliche Seite bedient sich immer häufiger einer »rassistischen« Argumentation:

»Deckert weist bereits auf den Ausgang des Jahrhunderts hin. Dieser Volksprediger, der als Pfarrer von Weinhaus – Wien, XVIII. Bezirk – eine weit hinhallende antijüdische Wirkung ausübt, erklärt: Der Rassenantisemitismus ist vereinbar mit der Kirche. Deckert schildert die Juden als Ritualmörder und als ewige Shylocknaturen, die das Blut der christlichen Völker aussaugen. In den 1880er Jahren zeigen sich in Wien bereits Symptome eines wahrhaft mörderischen Antisemitismus, der auf eine physische Vernichtung der Juden zielt.«[57]

Die achtziger Jahre des 19. Jahrhunderts können als die Geburtsstunde des politischen und organisierten Antisemitismus angesehen werden. Die systematische politische Hetze gegen Juden wird zum politischen Programm, dem sich Akademiker, kleine Kaufleute, Handwerker und Bauern anschließen. Während sich Deutschnationale und Christlich-Soziale in der Nationalitätenfrage nicht einig sind, zeichnet sich in der »Judenfrage« ein Schulterschluß ab, der letztlich auf die Vernichtung der Juden hinausläuft. Vermutlich war der Antisemitismus neben dem Nationalismus der Totengräber des alten Österreich. Die Antisemiten brachten in die politische Auseinandersetzung völlig neue Töne und vor allem neue »Sitten«, die den mehr oder weniger auf Konsens der Eliten aufgebauten Rahmen der Monarchie sprengten. Dieser neue Antisemitismus und der aggressive Nationalismus war für die Juden und den Vielvölkerstaat eine tödliche Gefahr.

Während die assimilierten Juden hilflos auf den grassierenden Antisemitismus reagierten und auf die staatlichen Autoritäten – insbesondere auf Kaiser Franz Josef – vertrauten, reagierten die Zionisten mit verstärkten Aktivitäten. Sie erkannten, daß der moderne Antisemitismus keine vorübergehende Bewegung war, sondern das jüdische Leben existenziell bedrohte. 1895 war Karl Lueger zum Wiener Bürgermeister gewählt worden, aber der Kaiser versagte ihm die Ernennung. Schließlich mußte Kaiser Franz Josef doch im Jahre 1897 nachgeben, dem Mann, der 1890 im Reichsrat über Juden sagte:

»Was sind Wölfe, Löwen, Panther, Leoparden, Tiger, Menschen gegenüber diesen Raubtieren in Menschengestalt?«[58]

Lueger mag persönlich nur ein »mäßiger« Antisemit gewesen sein, wie seine Biographen nicht müde werden zu versichern. Doch dieses Faktum zählt nicht hinsichtlich der enormen Wirkung bei seinem Publikum, das diese Sprache dennoch entsprechend verstand.

Während die Liberalen als Bündnispartner für die jüdische Emanzipation Ende des 19. Jahrhunderts schon aufgrund ihrer Marginalität ausschieden, war die sozialistische Massenbewegung ein unzuverlässiges Moment im Kampf gegen den Antisemitismus. Da etliche ihrer Vordenker und Parteiführer jüdischer Herkunft waren, fürchtete man um so mehr, als »jüdische« Partei denunziert zu werden.

»Die Sozialdemokraten des habsburgischen Österreichs, beeinflußt von klassischen linken Vorurteilen sowohl gegen die Juden als auch gegen den Judaismus, blieben in einen defensiven, weitgehend vergeblichen Kampf verstrickt, nur um zu beweisen, daß sie keine ›Judenschutztruppe‹ seien. Unter diesen Voraussetzungen konnten sie daher kaum einen wirksamen Feldzug gegen den militanten politischen Antisemitismus führen. Wir sollten trotz der Tatsache, daß die österreichischen Sozialdemokraten eine Haltung einnahmen, die gegen die katholischen und gesamtdeutschen Ausformungen des Antisemitismus gerichtet waren, die im 19. und 20. Jahrhundert so großen Einfluß in Österreich hatten, nicht darüber hinwegsehen, in welchem Ausmaß die Parteiführung mit dem Anwachsen des Phänomens liebäugelte und sogar dazu beitrug.[59]

Symptomatisch dafür ist eine Äußerung des sozialdemokratischen Parteiführers Victor Adler zum Verhältnis von Klassenkampf und Bekämpfung von Antisemitismus:

»Lassen wir die Christsozialen für uns arbeiten (im Sinne antisemitischer Agitationen), sie arbeiten schließlich für uns ... Die Judenfrage hat ihre spezifische Gestalt davon, daß die kapitalistische Bourgeoisie hier in Wien eine jüdische Färbung hat. Daß die Juden das tragen müssen, ist traurig, aber daß wir bei dieser Gelegenheit immer wieder den Juden in der Suppenschüssel finden, ist mir und anderen auch zu langweilig.«[60]

In solchen Äußerungen zeigt sich nicht nur ein Zynismus und ein kaum verhüllter Antisemitismus, sondern auch das Unverständnis vieler politisch Linker hinsichtlich des Antisemitismus.[61] So wurde etwa Karl Lueger im »Sozialistischen Zentralorgan« als »verjudet« bezeichnet, weil er angeblich zu wenig antisemitisch war und zu Juden in seiner Eigenschaft als Wiener Bürgermeister Geschäftsbeziehungen unterhielt.

Die Sozialdemokratie hielt auch nichts von national-jüdischen und zionistischen Zirkeln und Parteien, die in ihren Augen nur vom »richtigen« Kampf ablenkten. So sahen sozialistische Theoretiker wie Karl Kautsky sowohl das Judentum als auch den Antisemitismus als historische Phänomene, die mit dem Ende des Kapitalismus verschwinden würden. In diesem Sinne war der jüdische Nationalismus nur eine überflüssige Ablenkung vom Klassenkampf.

Den Zionismus verwarfen die Sozialdemokraten ebenso als überflüssige Erscheinung eines verirrten Emanzipationsbestrebens, da er nur von vorübergehender Dauer sei. So bezeichnete Otto Bauer zionistische Bestrebungen als »kleinbürgerlich, reaktionär und utopisch«, weil sie sich einer gesellschaftlichen Entwicklung entgegenstellten, die sie ohnehin zur Assimilation und zum Verschwinden bringen würde. So schrieb er in seiner Arbeit *Die Nationalitätenfrage und die Sozialdemokratie*:

»Historisch betrachtet, ist auch das Erwachen der Ostjuden zu einem neuen Kulturleben nichts als ein Vorläufer der schließlichen Assimilierung.«[62]

Zu Beginn der national-jüdischen und zionistischen Bestrebungen Ende des 19. Jahrhunderts bestanden noch keine tiefgreifenden Unterschiede. Beide befürworteten eine jüdische Kolonisation in Palästina, aber auch die nationale jüdische Interessenwahrnehmung in den verschiedenen Diaspora-Ländern. Erst Theodor Herzl und seine Mitstreiter konzentrierten ihre Interessen auf die Schaffung einer Heimstatt für alle Juden in Palästina.

Herzls Vision eines Judenstaates kann nicht nur als Reaktion auf die mißlungene Emanzipation der Juden in Österreich-Ungarn und anderen europäischen Staaten interpretiert werden, sondern auch als geographischer Transfer der liberalen Utopie der Donau-Monarchie nach Palästina.[63]

Herzls Konzeption einer jüdischen Nation beinhaltete weder eine sprachliche noch kulturelle homogene Nation.[64] Seine Vision einer neuen Gesellschaft war multikonfessionell, multilingual und multikulturell. Er wollte auch langfristig keine kulturelle und sprachliche Homogenisierung. Er meinte, daß trotz der Unterschiede zwischen Juden aus verschiedenen Kulturkreisen der gemeinsame Feind – der Antisemitismus – ein Zusammengehörigkeitsgefühl erzeugen würde. Sein Staatsideal sah für Juden und Nichtjuden die gleichen Rechte im Sinne eines liberalen Rechtsstaates vor. Er meinte jedoch, daß sich schließlich Deutsch als offizielle Sprache durchsetzen würde. Er hoffte, daß in einer späteren Zeit Jiddisch nicht mehr gesprochen werden würde. Hebräisch als offizielle Sprache lehnte er mit dem Hinweis ab, daß sonst ein sprachliches Ghetto geschaffen würde. Er hatte kein Interesse, einen jüdischen Staat zu gründen, dieser Staat sollte lediglich der jüdischen Kultur zum Ausdruck verhelfen. Zion sollte keine politische Manifestation des jüdischen Nationalismus bzw. Partikularismus sein, sondern vielmehr ein Mikrokosmos unterschiedlicher Nationalitäten und religiöser Bekenntnisse. In Hinblick auf die Mehrsprachigkeit verwies er auch auf das funktionierende Schweizer Modell. Hinsichtlich der Nützlichkeit der deutschen Sprache als Verwaltungssprache stand er in der Tradition Josefs II. Was dieser hundert Jahre früher verordnet hatte, sollte sich in Palästina von selbst ergeben. Mit seinen Vorstellungen steht Herzl in der Tradition des österreichisch-deutschen Liberalismus des 19. Jahrhunderts, der Deutsch zur lingua franca des Ostens machen wollte. Auch Herzl wollte die Ostjuden – die potentiellen Einwanderer – über die deutsche Sprache europäisieren, aber in Palästina. Er konnte sich eine multikulturelle Lösung des Nationalitätenkonflikts in Österreich-Ungarn nicht vorstellen, nicht zuletzt aufgrund des Antisemitismus. In seinem utopischen Roman *Altneuland* beschreibt er eine harmonische Gesellschaft, in der Araber, Christen und Juden in Frieden zusammenleben.

Er distanzierte sich von irrationalen Nationalismen und schrieb deshalb seinen utopischen Roman gegen jene, die fürchteten, daß Zion ein religiöser, illiberaler zionistischer Staat werden würde.

Joseph Bloch ging von der These aus, daß der virulente Nationalismus sich vor allem gegen Juden richte. Deshalb wäre es unsinnig, wenn sich Juden einzelnen Nationalismen anschlössen, da sie nicht als Deutsche, Tschechen oder Polen akzeptiert würden. Ein krasses Beispiel waren für ihn die böhmischen Juden: Obwohl sie vollständig an die deutsche Kultur assimiliert waren, wurden sie von den Deutschen abgelehnt. In den Augen der Tschechen waren sie Deutsche und wurden für alle Konflikte mit den Deutschen mitverantwortlich gemacht. Er kritisierte insgesamt die jüdische Assimilation in Österreich-Ungarn. 1886 schieb Bloch folgende Zeilen:

»Jawohl, der Jude ist assimilationsfähig bis zum Fanatismus. Sein bestes Selbst, die heiligsten Heiligthümer seiner Ahnen, die ruhmreichsten

Traditionen seiner Geschichte hat er peisgegeben, um die Volksgunst einzutauschen, oder wie er sich ausdrückte, dem ›Zeitgeist‹ zu huldigen ... Ob wir noch so laut unser Deutschtum oder Polentum reclamiren, wir bringen es nie dahin, daß man in uns den Juden vergißt. Der legalen Emanzipation fehlt die gesellschaftliche Anerkennung.«[65]

Bloch konzedierte, daß die Unterstützung der Verfassungspartei durch die Juden einst richtig war. Er wirft den Liberalen in den neunziger Jahren den Bruch mit ihren einstigen Prinzipien vor. Er fürchtet, daß der um sich greifende Nationalismus die Idee des Kaiserreiches untergrabe und damit die Grundlagen des Staates ins Wanken bringe.

Die Juden könnten sich von keiner nationalen Gruppe Unterstützung erhoffen, deshalb sollten sie sich als österreichische Juden verstehen und für einen multinationalen Staat auf demokratischer Grundlage einsetzen. Er behauptet, daß ein jüdisches Nationalverständnis noch der beste Schutz gegen Antisemitismus sei und verweist auf die Lage der Juden in Galizien, wo das jüdische Nationalgefühl am ausgeprägtesten und der Antisemitismus vergleichsweise am schwächsten sei. Bloch sah keinen Widerspruch zwischen einem jüdischen Nationalgefühl und dem Eintreten für einen supranationalen Staat: Das Nationale bei den österreichischen Juden beziehe sich nicht auf ein eigenes Territorium, sondern auf das gesamte Reich.

Er fordert deshalb einen supranationalen Rechtsstaat, der mehrere Nationen in sich vereinigt. Nur innerhalb dieser Staatsform einer demokratischen konstitutionellen Monarchie eines gleichberechtigten Vielvölkerstaates könne der nationale Staat in einen Rechtsstaat übergehen:

»Oesterreichs Mission ist es, zum ersten Male in der Geschichte die Idee des Rechtsstaates voll und ganz zu verwirklichen, eines Staates, welcher die Rechte seiner Bürger schützt, ohne Ansehung der Sprache, Race, Confession und Stammeszugehörigkeit. Eine solche ideale Mission harrt unseres Vaterlandes-Ideal wie keine andere. Es ist dazu berufen, die Idee des Rechts liebevoll zu hegen und zu pflegen ... ein sorgenfreies Asyl zu bieten.«[66]

Bloch sieht die österreichische Mission in der Geschichte in der Überwindung des Nationalismus.

Bloch und Herzl sehen gemeinsam den Antisemitismus als das bedrohendste Problem für die Juden. Beide lehnen die Assimilation ab und fordern eine Rückbesinnung auf eine jüdische Identität und Nationalität. Ihre Nationenvorstellungen implizieren einen liberalen, nicht homogenen Vielvölkerstaat. Ihre Utopie ist eine Verbesserung der altösterreichischen Staatsidee. Sie sind frühe Vertreter einer »offenen Gesellschaft«, einer toleranten, pluralistischen Gesellschaft, die verschiedene Sprachen und Kulturen in sich vereinigt.

Bloch will diese Vorstellungen in Österreich-Ungarn verwirklichen und sie sollen den übrigen europäischen Gesellschaften als Vorbild dienen, während Herzl seine europäische Utopie in Palästina verwirklichen und damit den Nahen Osten europäisieren will.

Weder die politischen Ideen der jüdisch-nationalen, noch die zionistischen Vorstellungen fanden bei assimilierten Schichten des Wiener Judentums viel Anklang. Die verblaßten Ideen des untergegangenen Liberalismus blieben noch immer die politischen Ideale des jüdischen Bürgertums, während sich die Mehrheit der Bevölkerung und der gesellschaftlichen Eliten längst vom aufklärungsliberalen Gedankengut entfernt hatte und sich politischen Totalitarismen zuwandte. Der grassierende Nationalismus in allen Teilen der Monarchie führte nicht zu Änderungen der politischen Einstellungen und zu Strategien in der Bemühung einer jüdischen Selbstbehauptung. 1913 schrieb Hugo von Hofmannsthal einen prophetischen Brief an den Schriftsteller Leopold von Andrian:

»Wir müssen uns eingestehen, Poldy, wir haben eine Heimat, aber kein Vaterland – an dessen Stelle nur ein Gespenst. Daß man für dieses Gespenst vielleicht einmal das Blut seiner Kinder wird hingeben müssen, ist bitter zu denken. Nicht als ob mir der Gedanke erwünscht oder auch nur erträglich wäre, dieses alte Reich auseinanderfallen zu sehen. Aber für ein bloßes Bestehen, ohne jede Idee, ja ohne Tendenz für den morgigen, ja heutigen Tag hinaus ... kann man seine Seele nicht einsetzen, ohne an der Seele Schaden zu leiden.«[67]

Hofmannsthal sieht den politischen Untergang des alten Österreich und kann diesem nur einen längst obsoleten aristokratischen Patriotismus entgegenhalten. Er und seine Mitstreiter um »Jung Wien« verfallen einer romantischen Zuwendung zur Vergangenheit.

»Der künstlerische Elitismus des Wien um 1900 übernahm also wieder die literarischen Werte der österreichischen Klassiker des 19. Jahrhunderts, die eines Grillparzer, Stifter und Raimund. Die Jung-Wiener Schriftsteller überzeugten sich ihrerseits davon, mit Hilfe der Kunst zum Heil einer harmonischen sozialen Welt beitragen zu können. Durch ihr Schreiben wollten sie weniger analysieren als vielmehr suggerieren.«[68]

Die Flucht zur Ästhetik und in die Welt einer kosmopolitischen Kunst war die Reaktion der Elite des Fin de siècle und des assimilierten Wiener Judentums, während sich in der politischen Entwicklung der drohende Untergang der Monarchie abzeichnete.

»Die meisten Vertreter der ›Wiener antimodernistischen Moderne‹ verhielten sich vor einer unmittelbar politischen Deutung der Kulturkrise, der sie sich ausgesetzt sahen, zurückhaltend. Meistens analysierten sie vielmehr in ästhetischen, ethischen, psychologischen und logischen, also überwiegend individualistischen Begriffen.«[69]

Die Wiener Moderne um »Jung Wien« verfiel einer ästhetischen Neoromantik, die Kunst zum Substitut der Politik machte.

Einige Schriftsteller gingen politisch andere Wege:

»Vergessen wir nicht, daß die Erneuerung des Fin-de-siècle-Wien auch vaterländisch-populistische Wege ging und gewissermaßen ein spezifisch österreichischer Ableger der ›Blut und Boden‹-Strömung war. Einige Schriften Peter Roseggers, eines Schriftstellers, den Hermann Bahr in der Provinz entdeckte, auch bestimmte Stücke Max Burckhards oder Bahrs selbst illustrieren diesen Aspekt.«[70]

Nicht nur die Intellektuellen des Fin de siècle, sondern auch die Eliten des Wiener assimilierten Judentums mißverstanden die »Dialektik« der Moderne in der Donau-Monarchie. Sie erkannten zu spät, welche eruptive politische Kraft der Nationalismus in sich barg und welche Gefahr er für den Bestand des Reiches und die Existenz der Juden in der Monarchie darstellte.

Das Ende der Monarchie war mitnichten eine »fröhliche Apokalypse«, wie Karl Kraus diese Entwicklung mißverstand. Mit dem Untergang des Liberalismus ging der Aufstieg der politischen Religionen einher: Antisemitismus, Nationalismus, Marxismus und Nationalsozialismus.

Joseph Samuel Bloch war einer der hellsichtigsten politischen Beobachter und Akteure seiner Zeit. Schon 1886 warnt er vor den Folgen von Antisemitismus und Nationalismus:

»Wer über die antisemitische Zeitkrankheit nach ihren Ursachen und Ausgängen ernst nachdenkt, der erkennt sie als naturgemäße, wenn auch bedrückende Resultate aller jener Stimmungen und Strebungen, welche im Volksleben dermaßen treibend vorhanden sind, das gesamte öffentliche Denken beherrschen, und die stets von der nationalen Idee ausgehen und in sie einmünden, und durch sie zur Höhe geistiger Gewalten emporgehoben werden. Der Rassenhaß bildet eine Art nationalen Kopfkrampf Europas ... Mit gastlicher Beflissenheit hat der Nationalismus den europäischen Salon der neuen Barbarei geöffnet.«[71]

Im Gegensatz zu vielen Zeitgenossen erkannte Bloch die Vehemenz des grassierenden Nationalismus und Antisemitismus, die er nicht als vorübergehende, politische Phänomene, sondern als kardinale Probleme dieser Zeit betrachtete. Er war sich bewußt, daß der klassische Liberalismus in der Zeit der totalitären Massenbewegungen verloren hatte und die gesellschaftliche Assimilierung den Bestand der jüdischen Bevölkerung nicht mehr garantierte. In diesem Sinne war er den nur mehr illusionären Emanzipationshoffnungen des 18. und 19. Jahrhunderts nicht mehr verhaftet und stellte sich auf einen bedingungslosen

Verteidigungskampf der jüdischen Minoritäten in den Ländern der Monarchie ein. Er befürwortete einerseits die Kolonisationsbewegung in Palästina für die am meisten gefährdeten Gruppen des Judentums und andererseits die nationale Selbstbehauptung innerhalb einer zu schaffenden multinationalen, konstitutionellen Monarchie. Diesem Konzept verweigerten aus unterschiedlichen Gründen sowohl die Zionisten als auch die assimilierten Juden ihre Gefolgschaft. Damit war der verzweifelte Kampf eines weitsichtigen Einzelkämpfers und dessen Mißerfolg vorgezeichnet.

»Der Jude war assimilationsfähig
bis zum Fanatismus.«
Joseph Samuel Bloch: *Der nationale Zwist und die Juden in Österreich*

Joseph Samuel Bloch – ein galizischer Jude und Rabbiner

Am 20. November 1850 wurde Joseph Samuel Bloch im galizischen Dukla als Sohn ein armen Bäckersfamilie geboren. In seinen *Erinnerungen* beschreibt er seine Heimatstadt:

»Dukla ist eine jüdische Siedlung, doch pflegte man, soweit ich mich erinnere, immer einen christlichen Polen zum Bürgermeister zu wählen, wohl weil ein solcher es leichter hatte, bei dem Bezirkshauptmann Anliegen der Stadt vor- und durchzubringen.«[72]

Er verbringt seine frühe Kindheit in der Umgebung eines typischen ostjüdischen Stetls, besuchte im Alter von drei Jahren einen Cheder, wo er erste religiöse Unterweisungen erfährt und etwas später mit der Bibel vertraut gemacht wird. Mit sechs Jahren wird er zu einem Talmudlehrer, dem »Melamed« geschickt, dessen Zimmer gleichzeitig als Schlafstube, Wohnzimmer und Unterrichtssaal diente. In dieser Umgebung verbrachte er bis zum Abend den ganzen Tag mit dem Erlernen der Grundzüge der jüdischen Religion, das nur durch zwei Mahlzeiten unterbrochen wurde. Unterbrochen wurde der Unterricht nur, wenn er für das Bäckergeschäft seiner Eltern Körbe von Brot und Semmeln austragen mußte. Er beschreibt seine frühe Jugend im Haus des »Melamed« als eher angenehmen Fluchtpunkt vor dem überstrengen und oft gewalttätigen Vater.

Einige Zeit nach seiner »Barmizwah-Feier« wurde er aus dem elterlichen Haus mit zwei Gulden in der Tasche »entlassen«, die er jedoch gleich verlor.

»Ich erhielt wohl keinen Ersatz, dafür aber von meinem Vater die üblichen Schläge. Es begann nun für mich eine große, mehrere Jahre hindurch andauernde Wanderzeit. Ich zog durch verschiedene galizische Städte, zunächst ohne an einem Orte länger zu verweilen. Es lag in mir eine gewisse Unruhe, die mich von Ort zu Ort trieb. Mein ständiges Quartier war in jeder Stadt das Beth-Ha-Midrasch (jüdisches Lehrhaus), wo ich stets auf einer der Bänke schlief. Ich war indessen nicht der einzige, der hier nächtigte. Um den warmen Platz in der Nähe des Ofens fanden förmliche Schlachten statt, und nicht immer war ich der Sieger. So verbrachte ich die ersten Wanderjahre in Not, doch ohne Heimweh.«[73]

Nachdem er sich in verschiedenen Städten niemals länger als einige Monate aufgehalten hatte, wurde er Talmudschüler in Sambor, später in Lemberg und Brody. Doch auch in diesen Orten blieb er nur relativ kurze Zeit und er nahm sein unstetes Wanderleben durch viele galizische Städte wieder auf.

Mit sechzehn Jahren wandte er sich wieder seinem Elternhaus zu und es wurde eine Verlobung für ihn arrangiert. Nach einem halben Jahr, in dem er seine Verlobte nur verbotenerweise einmal sehen konnte, verlangte er von deren Eltern die Heirat. Durch sein ungeschicktes Benehmen wurde die Verlobung gelöst und er nahm sein Wanderdasein wieder auf, bis er schließlich im burgenländischen Eisenstadt in der berühmten orthodoxen Rabbinerschule des Rabbiners Hildesheimer aufgenommen wurde. In Eisenstadt nahm er zusätzlich zu seinem Studium Privatunterricht in Deutsch, damit er sich auch profanes Wissen aneignen konnte. Er blieb jedoch nicht lange Zeit in Eisenstadt und ging nach einem kurzen Aufenthalt in Wien nach Breslau. Dort konnte er jedoch nicht in das Rabbinerseminar aufgenommen werden, da ihm die nötigen Kenntnisse in den profanen Fächern fehlten. Daraufhin verbrachte er einige Zeit in mehreren deutschen Städten, in denen er an Gymnasien Religionsunterricht erteilte und als Gegenleistung Unterricht in den profanen Fächern erhielt. In Zürich war Bloch schließlich in der Lage, ein Universitätsstudium beginnen zu können, das er in München fortsetzte und beendete.

»In München endlich begann meine wissenschaftliche Tätigkeit. Ich verfaßte eine Studie über Koheleth, eine kurze Geschichte der Juden in Spanien, eine Geschichte der Sammlung der althebräischen Literatur ... Hätte ich nach meiner Neigung handeln dürfen, so wäre ich länger auf der Universität geblieben, allein die bittere Not und der Hunger hielten mich in ihren Zangen; ich hungerte viel, habe auch einmal beim Ziegeltragen geholfen, um mir ein Brot zu kaufen; ich mußte trachten so rasch wie möglich einen Posten zu erlangen, um mir mein Brot anständig zu verdienen.«[74]

Anfang des Jahres 1874 bewarb er sich um die Stelle eines Predigers in Rendsburg in Holstein und wurde von der Gemeinde akzeptiert. Die Anstellung unterlag jedoch der Genehmigung durch die königliche Regierung in Schleswig, die ein Gutachten des Oberrabbiners von Altona, Dr. Löb, einforderte. Dieser verweigerte nach Rücksprache mit Blochs altem Lehrer Hildesheimer aus Eisenstadt die Ausstellung eines positiven Gutachtens, da Hildesheimer Blochs Orthodoxie anzweifelte. Trotzdem erhielt er nach einiger Zeit die Bestätigung seiner Anstellung durch die Regierung. Auseinandersetzungen in und mit der Gemeinde zwangen ihn, seine Stelle zu verlassen und er wurde daraufhin Prediger in Güstrow in Mecklenburg und später Rabbiner in Kobylin, der damaligen deutschen Provinz Posen. Im August 1877 wurde er Rabbiner und Prediger der Gemeinde Brüx in Böhmen.

Schließlich wurde Joseph Bloch Rabbiner in Floridsdorf bei Wien, der Stadt, die sein gesamtes späteres Leben bestimmen sollte.

Blochs frühe wissenschaftliche Veröffentlichungen beschäftigten sich mit religiösen und theologischen Themen; er verfaßte u. a. ein Buch über den Ursprung der »Sprüche Salomons«, in dem er die umstrittene Urheberschaft Salomons an diesem Werk nachweisen wollte,[75] eine Arbeit über die alttestamentarische Literatur[76] und über die Juden in Spanien.[77]

Schon in seinen frühen Schriften widmet er sich den Problemen jüdischer Identität, religiösen Reformen und gesellschaftlicher Assimilierung. In seinem Werk *Hellenistische Bestandteile im biblischen Schriftthum* untersucht er die Entstehungsgeschichte des »Buches Esther«, das er auf hellenistische Ursprünge zurückführt:

»Die biblische Schrift, die wir im Auge haben, und als ein hellenistisches Denkmal bezeichnen, ist das Buch Esther.«[78]

Er bestreitet darin nicht die Historizität des Geschehens; in seinen Augen ist das »Buch Esther« eine spät verfaßte Erzählung aus der »Vätergeschichte«, die aber einer politischen Intention dient und nicht nur historisch überliefern will:

»Was wir dagegen behaupten und nachzuweisen unternehmen, ist, daß der von uns von jenem Ereignis vorliegende Bericht im Lichte und in den Farben der hellenistischen Partei gezeichnet und colorirt ist, daß der Verfasser nicht gleichsam rein wissenschaftlichen oder religiösen, sondern eminent politischen Zwecken und Absichten dienen, mehr Apologet als Historiker sein wollte und war.«[79]

Die Geschichte von Esther spielt im persischen Exil, während der Herrschaft des mächtigen König Ahasveros. Seine Gemahlin Vasthi verweigert sich seinen Wünschen und wird deshalb vom König verstoßen. Darauf werden die schönsten Jungfrauen aus dem gesamten Reich an den königlichen Hof gebracht, damit sich Ahasveros eine neue Gemahlin auswähle. Unter den Jungfrauen befindet sich auch die Jüdin Esther, die Adoptivtochter Mordechais, der als Jechonja, König von Juda, von Nebukadnezar ins babylonische Exil verschleppt wurde. Unter den jungen Frauen findet Esther den Gefallen des Königs, der sie zur neuen Königin macht. Sie verschweigt auf Geheiß Mordechais ihre jüdische Abstammung

Dieser wird Zeuge einer Verschwörung zweier Kämmerer gegen den König. Er teilt den geplanten Mordanschlag seiner Tochter mit, die den König verständigt.

Inzwischen wurde ein Mann namens Haman zum Vertrauten des Königs und somit zweitmächtigster Herrscher in Ahasveros‹

Reich. Er verlangte zum Zeichen seiner Anerkennung, daß die Herrschenden »Großen« des Reiches ihr Knie vor ihm beugen. Einzig Mordechai verweigert ihm diese Geste mit der Begründung, daß er Jude sei. Der erzürnte Haman überredet den König, alle Juden an einem bestimmten Tag töten zu lassen, indem er große Mengen Silber anbietet, um die Verantwortlichen gleichsam zu bestechen.

Mordechai ersucht seine Tochter, zu Ahasveros zu gehen und ihn zu bitten, die Juden zu beschützen. Ihr ist es jedoch verboten, die Gemächer des Königs zu betreten, ohne von ihm gerufen zu werden. Sie könnte getötet werden, sofern ihr der König nicht sein Zepter entgegenhielte. Mordechai bittet sie, trotzdem zu Ahasveros zu gehen und ihn zu bewegen, die Juden zu verschonen. Esther verlangt, daß alle Juden der Stadt gemeinsam mit ihr fasten, ehe sie zum König gehe.

Am dritten Tag erscheint Esther vor dem König, der ihr die Gnade des Empfangs gewährt hat und sie kann ihn umstimmen, ohne ihre wahre Herkunft zu verraten. Anschließend lädt sie den König und Haman zu einem Mahl.

Während dieser Tage begegnet Haman am Hofe des Königs Mordechai, der ihn jedoch mißachtet. Aus Haß gegenüber dem Juden Mordechai, beschließt Haman, diesen töten zu lassen. In der gleichen Nacht erfährt Ahasveros, daß es Mordechai war, der ihm das Leben rettete und dafür aber nicht belohnt wurde.

Inzwischen war Haman am Hof eingetroffen, um dem König mitzuteilen, daß Mordechai gehängt werde. Der König gebietet ihm jedoch, diesen fürstlich zu kleiden und ihn auf einem Roß über den Platz der Stadt zu führen und auszurufen: »So geschieht dem Mann, der den König gern ehren will.«

Danach muß Haman zu dem verabredeten Gastmahl bei der Königin gehen, bei dem diese dem König gegenüber ihre wahre Identität preisgibt und Haman als gemeinen Mörder anklagt. Ahasveros läßt daraufhin Haman an dem für Mordechai vorgesehenen Galgen hängen.

Der König schenkt Esther das Haus Hamans und ehrt Mordechai dadurch, daß er ihm seinen Ring schenkt. Der König widerruft offiziell seinen Erlaß und kündigt an, daß sich die Juden an dem festgesetzten Tag an ihren Feinden rächen werden. Zu diesem Zeitpunkt werden Tausende Judenfeinde getötet. Mordechai macht den Tag nach der Vernichtung der Feinde zu einem Feiertag, der jährlich mit Freuden gefeiert werden soll: das Purimfest.

Bloch datiert die Abfassung dieser Schrift auf eine spätere Zeit:

»Eine solche Schilderung mochte aus der Feder eines Schriftstellers in der nachmacedonischen Zeit fließen, damals erst begann diese Phase einen Schein von Berechtigung zu erlangen. Ein aufmerksames Lesen der letzten Capitel des Buches laßt es gleichfalls außer Zweifel, daß es nur in Zeiten nicht flüchtiger Noth, sondern durch vielfältige Unterdrückung aufgeregter nationaler Leidenschaften und Gegensätze entstanden sein kann. Man denke bloß an das Edikt Mordechais an seine Stammesgenossen, welches ihnen nicht bloß Vertheidigung und Wehr auferlegte, sondern auch einschärfte, Frauen und Kinder der Feinde zu vertilgen. Nur in der maccabäischen Zeit konnte ein Schriftsteller ohne Mißbilligung, ohne inneres Widerstreben, ja mit gewissem Behagen und Wohlgefallen solche Erzählungen bieten.«[80]

Ferner weist Bloch darauf hin, daß das Sirachbuch, eine Schilderung der hervorragendsten politischen Köpfe der jüdischen Geschichte bis zur nachexilischen Zeit, Mordechai und Esther nicht kennt.

»Seit dem Erscheinen Alexanders in Kleinasien hatte hellenistische Sitte, Sprache, ein Streben zur Aneignung hellenistischen Wesens und hellenistischer Lebensgewohnheiten mehr und mehr in Judäa zugenommen. Geblendet von dem äußeren Glanze des herrschenden Griechenthums, haben namentlich die vornehmen und reichen Judäer der alten hebräischen Sitte, der von Esra befestigten strengen Gesetzesübung sich entschlagen und der neuen Strömung angeschlossen. Die jüdischen Großen buhlten um die Gunst des griechischen Herrschers und erlangten häufig an seinem Hofe Stellung und Einfluß.«[81]

Er sieht in der Hellenisierung der Gesellschaft – zumindest ihrer Eliten – nicht nur Formen eines politischen Pragmatismus, sondern bewußten Verrat an den jüdischen Traditionen:

»So verblendet waren diese Männer, so getrübt ihr Blick, so verwirrt ihr Geist, daß es ihnen nicht einleuchtete, wie sie mit diesem Preisgeben der Religion, mit diesem Abstreifen jeder alten geheiligten Sitte, zu Verräthern geworden auch an Vaterland und Volksthum (waren) – als Verräther wollten sie nicht gelten –, sie glaubten vielmehr ihrer Nation zu nützen, ihr Geistesniveau zu heben durch Verpflanzung griechischen Wesens in ihre Mitte.«[82]

Diesen hellenisierten Juden stellt Bloch als hervorragende, gesetzestreue Anhänger des Judaismus die Hasmonäer gegenüber.

»Eine unüberbrückbare Kluft trennte diese Männer von dem gesetzestreuen Theile Israels, an dessen Spitze die Heldensöhne der Hasmonäerfamilie sich gestellt haben. Sie, die gegen einen mächtigen Feind für ihres bedrängten und bedrückten Volkes Unabhängigkeit Leben und Blut eingesetzt haben, betrachteten und behandelten Jeden, der mit dem Heidenkönig freundliches Einvernehmen hielt, von ihm Gunstbezeugungen empfing, in Ehrenämtern eingesetzt worden, nicht bloß als ihren persönlichen, sondern auch als einen Feind, einen Verräther des Vaterlandes.«[83]

Bloch sieht den hellenisierten Verfasser darin, daß Mordechai den Mordanschlag auf den König aufdeckt, obwohl er angeblich sein Feind ist, sowie durch seine allgemeine Treue zum heidnischen Herrscherhaus. Darüber hinaus heiratet eine jüdische Tochter einen heidnischen König, ist ihm untertan und verschweigt ihm ihre Abstammung, obwohl sie ein Sprößling des Hauses Saul ist. Schließlich wird Mordechai »Günstling« des Königs, der dessen Kleider trägt und seine Stammesgenossen auffordert, in Frieden mit den Heiden zu leben. In der ganzen Geschichte wird Adonai nur einmal erwähnt und nach der Zurücknahme des Dekrets wird Gott nicht gedankt. Klassischerweise hätte Mordechai nach der Verschonung der Juden nach Jerusalem ziehen und Gott ein Dankopfer darbringen müssen. Bloch resümiert deshalb:

»Diese Momente, welche die eigentlich charakteristischen des ganzen Buches sind, lassen es denn auch außer Zweifel, daß wir in Esther ein Produkt des hellenistischen Geistes und hellenistischer Feder vor uns haben.«[84]

In der nachmakkabäischen Zeit – während der Restaurationsperiode Israels – diente nach Bloch das Buch Esther den politischen Interessen der Sadduzäer:

»Voller Vaterlandsliebe und politischer Einsicht, zählten sie unter ihren Genossen die angesehensten Staatsmänner, die tapfersten Heerführer und Krieger, fast den gesamten Tempel-Adel und alle reichsten Priester-Familien. Das Vaterland war ihnen höher als die Religion, Patriotismus mehr als Frömmigkeit, die Interessen des Staates höher als die Übung der religiösen Gesetzesvorschriften, politische Bildung mehr als Gesetzeskunde.«[85]

Bloch bezeichnet die Sadduzäer deshalb als die »Nationalliberalen« der damaligen Zeit; sie sind gräzisierte Juden, die sich assimiliert haben. Deshalb wurde in späteren Zeiten, als Israel seine Eigenstaatlichkeit verloren hatte, die Geschichte von Esther immer beliebter, da sie nun den gesellschaftlichen Realitäten in der Diaspora eher entsprach als die Erinnerung an die Makkabäeraufstände. In dem Sinne, daß unter den verstreuten Juden eine gewisse Anpassung an ihre Umwelt erforderlich war, um historisch zu überleben, ist das Buch Esther letztlich eine klassische jüdische Überlieferung.

»Ist es wahr, daß bloß nach dem Inhalte, nicht nach ihrem Verfasser und Urheber der Wert einer Schrift bemessen werden darf, so nimmt das Buch Esther, ungeachtet seines hellenistischen Usprungs, seine Stellung in unserm kanonischen Schriftthum mit voller Berechtigung ein.«[86]

In dieser frühen Schrift klingen – über ihre historische Interpretation hinaus – Aspekte an, die Blochs gesamtes Leben beschäftigten: die Frage nach der jüdischen Identität und Selbsterhaltung. Zwischen den Zeilen wird ein Thema angedeutet, das Bloch schon in der hellenistischen Zeit sieht und das zur großen Auseinandersetzung um die Jahrhundertwende wird: der Kampf zwischen den assimilierten Wiener Juden und den Orthodoxen.

In der Auseinandersetzung mit den hellenistischen Assimilierten und »Verrätern« zieht Bloch gewisse Parallelen mit dem liberalen Judentum seiner Zeit. Nicht zufällig bezeichnet er die Sadduzäer als »Nationalliberale« der Antike und verweist somit auf die mögliche Vergleichbarkeit der Anpassung der »Hellenisten« und der liberalen Juden seiner Zeit, die sich ausschließlich der deutschen Kultur und dem Liberalismus verschrieben hatten. Seine Arbeit über das Buch Esther kann somit auch als Parabel seines Kampfes gegen die Aufgabe der jüdischen Religion und Identität zugunsten einer Assimilierung an die deutsche Kultur interpretiert werden. Gerade im modernen Antisemitismus sah Bloch die Unmöglichkeit der Emanzipation im Sinne einer vollständigen Assimilierung. Seine Auseinandersetzungen mit den Antisemiten sollten seine Anschauungen bestätigen.

Er begriff den Antisemitismus und den rassischen Nationalismus des ausgehenden 19. Jahrhunderts als äußerst gefährliche Phänomene, die nicht voneinander zu trennen waren. Der Umschlag des europäischen Nationalismus in einen totalitären Nationalismus, Antisemitismus und Rassismus beunruhigte Bloch in hohem Maße. Er bezeichnet den Nationalismus als »krankhafte Ueberreizung des nationalen Gedankens«, als »wahntrunkenen Nationalcultus«.[87] Die Juden sind das ausgewählte Objekt des Nationalhasses:

»Diese absonderliche Grundstimmung der europäischen Völker mußte zunächst und vor allem gegen die unbequeme und unverdaute jüdische Minorität sich kehren, deren Geschick seit je gewesen als jedes Uebel letzter Grund und erste Ursache angesehen zu werden.«[88]

Wenn sich auch der Chauvinismus prinzipiell gegen das Fremde wendete, so waren die Juden das distinkte Ziel der Nationalisten. Aus diesen Gründen forderte er die Juden zur Selbsthilfe auf; nicht in der Assimilation, sondern in der Stärkung der eigenen Identität als österreichische Juden sah er einen sinnvollen Weg in der Auseinandersetzung mit den Nationalisten und Antisemiten. 1881 wurde der *Österreichische Volksfreund* gegründet,

»das erste Antisemitenorgan Österreichs, hinter dem der Feudaladel stand ... Auch in den leitenden kirchlichen Kreisen sah man die neue Bewegung mit Wohlgefallen, denn man blickte mit Verdruß auf den Liberalismus, welcher die religiöse Gesinnung der Massen bedenklich geschwächt und den Kirchenbesuch vermindert hatte, und so galt es, die antijüdische Agitation zu benützen, um die Massen wieder für den Kirchenbesuch zu gewinnen. Der Haß gegen die Juden sollte das christliche Bewußtsein stärken und durch den Antisemitismus sollten die Kirchen wieder gefüllt werden. Indessen gingen die Fortschritte der Bewegung zu langsam und um der Agitation einen größeren Schwung zu verleihen, wurde Professor Dr. August Rohling aus Münster über Empfehlung eines österreichischen Kirchenfürsten an die alte Prager Universität berufen. Auf Rohling setzte man große Hoffnungen. Mit gespannter Aufmerksamkeit verfolgte man die Entwicklung der sogenannten Berliner Bewegung, bei der Hofprediger Stöcker und Professor die Führung hatten.«[89]

Öffentliche Aufmerksamkeit erfuhr Bloch im Jahre 1882:

»Ich war zur Zeit Rabbiner in Floridsdorf, einem Fabriksort mit einer zahlreichen Arbeiterbevölkerung, die sich indessen durch ein gewisses Bildungsstreben bemerkbar machte. In die von den Eisen- und Metallarbeitern errichtete Sprachschule für ihre Jugend schickten selbst Polizeibeamte ihre Kinder. Nun hatte sich dort ein gräßliches Ereignis zugetragen; ein Polizeibeamter namens Blech war einem anarchistischen Attentat zum Opfer gefallen. Die Untat wurde der gesamten Arbeiterpartei aufgehalst. Der Führer des Feudaladels, Graf Egbert Belcredi, subventionierte den Agitator Ernst Schneider, der auch mit den anarchistischen Elementen Verbindung anknüpfte, mit dem Ziel, die Wut der hungernden Massen gegen die Juden als ›Träger des Kapitalismus‹ zu lenken. In Versammlungsreden und Flugschriften wurde bis zur Ermüdung das Schlagwort abgewandelt, Juden seien die Träger des Kapitalismus, Erfinder, Stützer und einzige Nutznießer dieser Wirtschaftsordnung mit all ihren bösartigen Übelständen. Der Talmud erziehe den Juden zum kapitalistischen Denken und aller Ertrag des Arbeiterfleißes wandere in die Taschen Rothschilds. Will man dem Kapitalismus an den Leib rücken, so muß man den Kampf gegen das Judentum eröffnen. In Preßburg, also in nächster Nähe Wiens, hatten bereits Judenexzesse begonnen und man erwartete jeden Tag, daß das Preßburger Beispiel in Floridsdorf Nachahmung finden werde. Auf der Arbeiterpartei lastete schwerer Druck; die Polizei hatte nach dem Attentat die schärfsten Maßnahmen gegen die Führer ergriffen, einige Versammlungsredner waren in Untersuchungshaft ... So kam es, daß eines Tages die Bitte an mich erging, den Floridsdorfer Arbeitern einen Vortrag zu halten.«[90]

Bloch sagte zu und bot an, einen Vortrag über die »Arbeiter zur Zeit Jesu« zu halten:

»In der Tat, die Ankündigung lockte, Arbeiter und Arbeiterinnen strömten am 12. August 1882 in Scharen herbei, um von den Standesgenossen aus der Zeit, da Christus auf Erden wandelte, reden zu hören.«[91]

Bloch versuchte aufzuzeigen, daß es einen qualitativen Unterschied hinsichtlich der Wertschätzung manueller Arbeit in der antiken Welt gab: auf der einen Seite die Sklavenhaltergesellschaften Griechenlands und Roms und auf der anderen Seite Israel, das zu diesem Zeitpunkt die Sklaverei nicht mehr duldete:

»Sklavenfreie Völker und sklavenfreie Staaten hatte das Altertum nicht gekannt – mit Ausnahme eines einzigen und winzigen Landes, eines einzigen, kleinen und unbeachteten Volkes: des palästinensischen.«[92]

Er wendete ein, daß unter dem Einfluß »ausländischer Sitten« die Sklaverei auch in Palästina Einzug gefunden habe, jedoch von Propheten und öffentlichen Rednern bekämpft worden sei.

Er verwies darauf, daß der wöchentliche Ruhetag sich jüdischen Ursprung verdankt und stellte die These auf:

»Der Sabbath mit dem Sonntag repräsentiert ein großes Stück Sozialismus, ohne daß die bürgerliche Gesellschaft dessen Tragweite auch nur erkannt hat oder erkennen will ... Griechen und Römer konnten auch den wöchentlichen Ruhetag der Palästinenser schwer begreifen. Diese Institution war ein radikaler Gegensatz zu ihrer Weltanschauung.«[93]

Bloch lenkte das Interesse seiner Zuhörer auf die soziale Schichtung des palästinensischen Volkes:

»Zwischen Künstlern, Handwerkern, Arbeitern haben die Palästinenser nicht unterschieden; gänzlich fremd war ihnen das System der Kasten und Zünfte, welches die freie Entfaltung der Arbeit hindert, sie einschnürt und einzwängt.«[94]

Schließlich macht er darauf aufmerksam, daß die Scheidung zwischen geistiger und manueller Arbeit noch nicht so sehr differenziert war:

»Die Arbeiter Palästinas waren sehr unterrichtete, häufig sehr gelehrte Männer; diese palästinensischen Arbeiter bilden eine einzigartige Erscheinung in der Kulturgeschichte. Es war nicht eine Kuriosität, sondern eine Erscheinung, die sich Jahrhunderte hindurch wiederholt hat und durch geschichtliche Tatsachen und Zeugnisse bestätigt wird, daß in den palästinensischen Akademien und Hochschulen man sehr oft Arbeiter die scharfsinnigsten gelehrten Vorträge hatte halten hören können ... Ich nenne Ihnen zuerst den Arbeiter Hillel, seines Erwerbes ein Holzhauer, 30 Jahre vor Christi. Was ist ein Holzhauer, was kann er sein im arischen Europa? Sicherlich nur das, was er bei den Griechen und Römern war, nämlich: Nichts! Wer kennt ihn, wer nennt ihn, wer weiß von ihm, wer achtet auf ihn? Indes der Holzhauer Hillel war der berühmteste Mann seines Landes, das Oberhaupt der Akademie, der Gründer einer Schule, deren Jünger über ein ganzes Jahrhundert seinen Namen führten und verherrlichten ... Ein anderer Holzhauer war Akiba, 100 Jahre nach der christlichen Zeitrechnung. Auch er ward Gründer einer eigenen Schule; Tausende von Jüngern aus allen Gegenden des Landes und von heidnischen Nachbarländern strömten heran, um zu seinen Füßen zu sitzen.«[95]

Nachdem er die Vorzüge der arbeitenden Klassen in Palästina gegenüber den übrigen antiken Gesellschaften geschildert hatte, verblüfft der konservative Rabbiner seine Zuhörerschaft mit einer veritablen Kritik der bürgerlichen Gesellschaft:

»Habe ich nach all dem recht oder unrecht, wenn ich sage, daß unsere bürgerliche Gesellschaft, die bei allen ihren Aposteln der Humanität und der Völkerverbrüderung das Schauspiel des grimmigsten Rassenhasses, der grausamsten Völkerkriege nicht los wird, bei allen erstaunlichen Fortschritten in der industriellen Entwicklung, ihren wunderbaren Maschinen, elektrischen Drähten, geflügelten Schiffen und

Feuerwagen ohnmächtig ist, der unglücklichen Lage, der zunehmenden Verarmung der arbeitenden Bevölkerung, welche Trägerin aller Industrie ist, abzuhelfen, leider viel zu viel von den eroberungslüsternen Römern, den kunstschwelgerischen Griechen, viel zu wenig von den nüchternen arbeitenden Palästinensern gelernt hat. Nicht der Kampf gegen den Semitismus, sondern der für ihn würde von den wohltätigsten Folgen für die arbeitende Bevölkerung sein, für das Heil des Staates.«[96]

Blochs Rede vor den Floridsdorfer Arbeitern ist eine Meisterleistung der politischen Rhetorik, indem er wesentliche Punkte der antijüdischen Polemik aufnimmt und in ihr Gegenteil verwandelt und die sozialistischen Arbeiter auf diese Weise zum Philosemitismus auffordert.

Bloch avancierte in kurzer Zeit zu einem beliebten Vortragsredner in Arbeiterkreisen, bis die Polizei ihm zu verstehen gab, sich in Zukunft von derartigen Veranstaltungen zurückzuziehen. Der Vortrag über die Arbeiter zur Zeit Jesu wurde später als Broschüre gedruckt und fand reges Interesse.[97]

Im März 1883 wurde im österreichischen Parlament das Mandat für den galizischen Wahlbezirk Kolomea, Buczacz und Sniatyn frei, da der Abgeordnete, der Krakauer Oberrabbiner Simon Schreiber, verstorben war. Es wurde ein Wahlkomitee gebildet, das sich für die Kandidatur Blochs einsetzte. Er war gewillt, als jüdischer Abgeordneter das Mandat anzunehmen. Dagegen gab es in Polen Proteste, weil Bloch sich aktiv an der österreichischen Politik beteiligen wollte.[98] Es erhoben sich auch jüdische Stimmen gegen ihn, trotzdem wurde er nach einigen Querelen mit deutlicher Mehrheit gewählt.[99] Das Wiener Judentum war gegen Bloch eingestellt, da er den konservativen Ministerpräsident Graf Taaffe unterstützte, der einen Ausgleich zwischen den Deutschen und Slawen herbeiführen wollte. Das Wiener Judentum unterstützte jedoch bedingungslos die liberale Partei, die an der Vorherrschaft der Deutschen eisern festhielt.[100]

Im Parlament vertrat er eloquent die Interessen der Juden, er prangerte vor allem Nationalismus und Antisemitismus an. Paradigmatisch für seine Haltung gegen die Intoleranz des deutschen Nationalismus ist eine Rede, die er am 11. Februar 1890 im Reichsrat hielt:

»Wir haben für das Deutschtum gekämpft in allen Ländern Europas. (Abg. Hevera: Leider – Lebhafte Heiterkeit). Der Abg. Hevera hat recht, ja leider. Wir Juden waren die Märtyrer des Deutschtums. Die deutsche Sprache wurde unsere Muttersprache. Wie hat man diese unsere treue nationale Gefolgschaft gelohnt? Wir erwachten eines Tages und eine neue Partei war entstanden mit einer neuen (sic!) Heilslehre. Wie lautet diese Lehre? Wie alle großen Ideen, hatte auch diese den Vorzug klar und gemeinverständlich zu sein … Hepp! Hepp! Das ist die höchste Errungenschaft (sic!) des XIX. Jahrhunderts. (Schallende Heiterkeit). Hepp! Hepp! Ist der reinste Ausfluß des nationalen Gedankens. (Gelächter). Hepp! Hepp! Ist der größte Triumph und Ruhm des Deutschtums, Hepp! Hepp! Ist ein Urlaut aus den Tiefen der deutschen Volksseele. (Allgemeine Heiterkeit). Hepp! Hepp! Ist ureigen deutsch, weder ins Czechische noch ins Polnische kann es übersetzt werden. (Lebhafte, langanhaltende Heiterkeit) … Der jüdische Staat hatte ein anderes Programm. Da hieß es: ›einerlei Recht und einerlei Gesetz für Einheimische und Fremde.‹«[101]

Der Antisemitismus machte natürlich auch vor dem Parlament nicht halt, antijüdische Hetztiraden christlich-sozialer und deutschnationaler Abgeordneter waren keine Seltenheit. Der Polenklub, dessen Mitglied Bloch war, vermied damals noch, sich den antisemitischen Abgeordneten anzuschließen.[102] Bloch beschreibt den späteren Bürgermeister von Wien, Karl Lueger, ebenfalls in seinen »Erinnerungen« ausführlich:

»Unter den antisemitischen Abgeordneten fesselte meine Aufmerksamkeit in besonderem Maße Dr. Karl Lueger, dessen öffentliche Karriere sich als blendender Triumphzug darstellte und der die volkstümlichste Figur in der Wiener antisemitischen Galerie war … Als Student hatte Lueger viel mit jüdischen Kollegen verkehrt, als junger Advokat stand er einem jüdischen Kollegen als Trauzeuge zur Seite, sein täglicher Genosse war ein Dr. Ignatz Mandl, der ihn in das kommunale Leben einführte, ihm in der Politik den Weg wies; Juden waren sein Umgang, er aß, er schlief bei Juden, er holte sich Rat bei Juden, er hatte die reinste Freundschaft, die treueste Hingebung, selbstloseste Aufopferung bei Juden gefunden – das alles hinderte ihn nicht, daß er Oberkommandierender der antisemitischen Parteien geworden ist ... Mir gegenüber erklärte er wiederholt, daß ihn die Juden zum Antisemiten gemacht haben ... Er hatte ein einziges Ziel vor Augen, dem er alle Energie dienstbar machte, das war: Bürgermeister Wiens zu werden ... In dem Sinne, wie Lueger antisemitisch war, war er fromm ... Das Geheimnis seiner Erfolge war die Kunst der Banalität ... Und in der Kunst, das Judenthema zu variieren, war Dr. Lueger ein unerreichter Meister.«[103]

Anläßlich eines Gesetzes zur Errichtung von Ärztekammern im Jahr 1891 schlachteten antisemitische Abgeordnete die parlamentarische Behandlung zu agitatorischen Zwecken aus. Der Abgeordnete Oscar Schneider von der christlich-sozialen Partei behauptete, daß jüdische Ärzte christliche Leichen sezierten und zu Studienzwecken behielten, während sie jüdische zur Bestattung freigäben.[104]

Die immer schärferen Auseinandersetzungen Blochs mit den Antisemiten führten auf seiten des Polenklubs dazu, sich von ihm abzuwenden. Ein an sich unbedeutender Vorgang um eine Wahlakte Blochs im Jahr 1895 war der Vorwand, ihn zur Aufgabe seines Mandates zu zwingen. Eine von Bloch ins Auge gefaßte erneute Wahl für die nächste Legislaturperiode wurde mit allen Mitteln hintertrieben – Bloch nennt auch den jüdischen Bürgermeister von Kolomea. Aufgrund dieser Erfahrungen zog er es vor, nicht mehr für den Reichsrat zu kandidieren.[105]

Nachdem Bloch Abgeordneter im Reichsrat wurde, entschloß er sich im Jahr 1883 im Kampf gegen den Antisemitismus und für die Verbreitung der Idee einer jüdischen nationalen Identität in Österreich eine Zeitung zu gründen: die *Österreichische Wochenschrift*.[106]

»Es sollte ein apologetisches Kampforgan zur Abwehr aller feindlichen Angriffe gegen das Judentum, aber auch zur Bekehrung und Aufklärung der Leser dienen, wie in öffentlichen Versammlungen und privaten Unterhaltungen antisemitischen Schlagworten zu begegnen sei.«[107]

Nicht zuletzt diente die Gründung der Zeitung den innerjüdischen Auseinandersetzungen um den Deutschnationalismus und insbesondere gegen die *Deutsche Wochenschrift*, die von dem Juden Heinrich geleitet wurde. Die *Österreichische Wochenschrift* sollte allen jüdischen Gruppen zur Verfügung stehen, die jüdische Interessen vertraten. Einer der Autoren der Zeitung war Theodor Herzl, der dort seine zionistischen Ideen publizierte. Es gab jedoch mit Herzl harte Auseinandersetzungen, da er aus der *Österreichischen Wochenschrift* ein ausschließlich zionistisches Blatt machen wollte.[108]

Im Jahr 1885 gründete Bloch den Verein der »Österreich-Israelitischen Union«, deren Ziele in der politischen Bekämpfung des Antisemitismus, in der Verbesserung des Religionsunterrichts, der Verbreitung der Kenntnisse über das Judentum und in der Stärkung jüdischer Identität lagen.[109] Über fünfzehn Jahre war Bloch in dem Verein in führenden Positionen tätig. Rückblickend beschreibt er die Bemühungen des Vereines folgendermaßen:

»In dem ersten Jahrzehnt seines Bestandes war der Verein mir Beistand und Stütze gegen viele Anfeindungen jüdischerseits. Für die Geistesverfassung des Wiener Judentums, in der Zeit, da die ›Union‹ gegründet wurde, ist nichts so bezeichnend, als daß wir den Kampf gegen den ›semitischen Antisemitismus‹ immer wieder als Notwendigkeit betont haben. Die Juden standen in den Reihen des radikalen Nationalismus aller Völker, vor allem als fanatische Vorkämpfer für die deutsche Vorherrschaft – ohne Rücksichtnahme auf die Lage des Judentums.«[110]

Bis zu seinem Lebensende kämpfte Bloch für seine Idee einer österreichisch-jüdischen Identität. Er war ein überzeugter jüdischer Österreicher.

»Wir sind Österreicher nicht durch den bloßen Zufall der Geburt, durch die äußere Nöthigung der Pflicht – wir sind es durch die innerste Herzensneigung, in der klarsten Erkenntnis, daß jeder Niedergang, jede Lähmung der Machtstellung dieses Reiches eine tiefe Schädigung unserer eigensten Lebensinteressen bedeutet.«[111]

»Das ewig Jüdische ist
der Todfeind des Arischen.«
Josef Scheicher
(Moraltheologe am Priesterseminar
in St. Pölten, Niederösterreich)

August Rohling – ein Professor des Antisemitismus

August Rohling war einer der einflußreichsten Antisemiten seiner Zeit. Der Münsteraner Theologe Rohling (1839–1931) war seit 1876 an der theologischen Fakultät der deutschen Universität in Prag Professor für Bibelstudium und Exegese des Alten Bundes.[112] Berühmt wurde er mit seiner 1871 erstmals veröffentlichten Schrift *Der Talmudjude*, die insgesamt siebzehn Auflagen erreichte. Rohling war ein von deutschen und österreichischen Gerichten beauftragter Gutachter in Prozessen gegen antisemitische Agitatoren und galt als wissenschaftliche Koryphäe in allen Fragen, die die jüdische Religion betrafen. In einem Gutachten für das Prager Oberlandesgericht kam er zu folgender Erkenntnis der jüdischen Religion:

»Da unter den Quellen der hebräischen Altertumswissenschaft, für die ich von Seiner Majestät dem Kaiser zu Prag berufen wurde, der Talmud und das rabbinische Schriftthum eine hervorragende Stellung einnehmen, so habe ich einen staatlich anerkannten Anspruch, in diesen Fragen zu votiren. Demgemäß habe ich im Sommer 1881 am Prager Oberlandesgericht das amtseidlich erhärtete Gutachten deponirt, daß der Jude von Religions wegen befugt ist, alle Nichtjuden auf jede Weise auszubeuten, sie physisch und moralisch zu vernichten, Leben, Ehre und Eigenthum derselben zu verderben, offen und mit Gewalt, wie heimlich und meuchlings; – das darf, ja soll, wenn er kann, der Jude von Religions wegen befolgen, damit er sein Volk zur irdischen Weltherrschaft bringe.«[113]

Rohling sieht in der Emanzipation der Juden eine Gefahr für

den christlichen Staat und er kämpft aus diesen Gründen für eine neuerliche rechtliche Diskriminierung der Juden:

»Der christliche Antisemitismus, welchem wir das Wort reden, verlangt für die Juden wohlwollende Duldung und kräftigen Schutz wider jede Ungebühr, hält es aber für notwendig, zum Wohl der Christenheit gewisse Schranken wieder herzustellen, welche unsere Vorfahren in großer Weisheit aufgerichtet haben. Man könnte freilich denken, dass ein Volk, welches eine Religion hat, wie sie der Talmudismus bietet, überhaupt zu vernichten oder zu verjagen ... Aber der christliche Glaube kann diese an und für sich nicht unvernünftige Idee nicht approbiren, weil Gottes positiver Wille, wie er in den Weissagungen der Bibel ausgedrückt ist, die Zerstreuung jenes Volkes über die ganze Welt bestimmt hat, damit es ein stetes Zeugnis der Offenbarung sei Allen, die sehen wollen. Deshalb dachte man auch im Mittelalter auf kirchlicher Seite nie an Derartiges. Man begnügte sich mit Ausnahmegesetzen, die selbst nach Renan nothwendig sind wegen der Grundsätze des Talmudismus und so bezeichnet auch der Gelehrte Granderath eine Ausnahmestellung der Juden als eine den Gesetzgebern nicht bloß erlaubte, sondern auch durch die Pflicht der Sorge für die Unterthanen gebotene Massregel.«[114]

In einem Schreiben Rohlings an das Professorenkollegium der Prager Universität unterstreicht er nochmals eindringlich sein politisches Anliegen:

»Geht schon aus dem Gesagten zur Genüge hervor, dass ich nur zur Vertheidigung der christlichen Staaten und Völker und nicht einmal aus eigener Initiative, sondern zur Abwehr jüdischer Provocationen die Feder ergriff, um lediglich den objectiven Gehalt der jüdischen Schriften bekannt zu machen und darauf gelegentlich den Wunsch nach gesetzlicher Regelung der Judenfrage zu stützen. Denn ich bin überzeugt, dass die Resultate meiner Studien dadurch vollständig bestätigt und somit zum Wohl von Staat und Kirche jene echt christlichen Antisemiten gefördert würden, die für die Juden wohlwollende Duldung und kräftigen Schutz gegen jedwede Ungebühr verlangen, aber auch eine gesetzlich zu bewerkstelligende Ausnahmestellung der Juden als eine den christlichen Gesetzgebern durch die Pflicht der Sorge für ihre christlichen Unterthanen gebotene Massregel bezeichnen.«[115]

Da der Antisemitismus in den achtziger Jahren des 19. Jahrhunderts vehement zunahm, wandte sich der k.u.k. Statthalter von Böhmen, Freiherr von Kraus, im Jahre 1883 an den Prager Kardinal-Erzbischof, Fürst Schwarzenberg, um Rohlings antisemitische Umtriebe zu unterbinden. Er hatte sich jedoch getäuscht, durch Schwarzenberg Unterstützung zu erhalten. In einem Antwortschreiben drückte dieser seine Sympathie für Rohling unverhüllt aus und zeigt sich dem Ansinnen von Kraus gegenüber »befremdet«. Er stellt fest:

»Die in beiden Landessprachen erschienene Broschüre Prof. Dr. Rohlings ›Meine Antwort an die Rabbiner‹ ist, wie ja schon der Titel besagt, eben eine Antwort auf vorangegangene Angriffe. Die über den behandelten Gegenstand entstandene Polemik ist daher nicht von Rohling, sondern von den Rabbinern veranlasst, und war Rohling es seiner wissenschaftlichen wie seiner persönlichen Ehre schuldig, jene Angriffe, wie sie in öffentlichen Blättern erfolgten, auch öffentlich zurückzuweisen. Blieben jene von Seiten der staatlichen Organe unbehelligt und ungeahndet, so durfte und darf er dies umso mehr von seiner Vertheidigungsschrift erwarten ... Schließlich glaube ich die Bemerkung nicht unterdrücken zu dürfen, dass es an der Zeit wäre, einerseits den fortgesetzten Schmähungen der Kirche, ihrer Diener, ihrer Lehre, ihrer Feste und Gebräuche in den Judenblättern entschieden und wirksam entgegenzutreten, andererseits von dem über den Talmud, die Kabbala und das Blutritual der Juden entbrannten Streit Anlass zu nehmen, darüber eingehende und genaue Erhebungen einzuleiten und nach dem Ergebnis die weiteren Massregeln zu treffen.«[116]

Rohling hatte einflußreiche Persönlichkeiten um sich, die seine Arbeit deckten und ihm öffentlichen Einfluß verschafften. Seine Tätigkeit als politischer Agitator gegen die Juden begann er in Münster, und er hatte seinen ersten großen Erfolg in der oben erwähnten Schrift *Der Talmudjude*, die er im Jahr 1871 erstmals in Paderborn veröffentlichte.

Rohling behauptet, daß die Juden historisch ein Volk von Mördern seien:

»Der blutdürstige Charakter des Rabbinismus ist eine Tatsache der Weltgeschichte. Saulus zog mordschnaubend gegen die Christen zu

Felde. Die Apostelgeschichte meldet, wie die Juden in allen Städten, wohin sie kamen, die heidnischen Bewohner gegen die Christen aufstachelten. Die Juden selbst erzählen die von den Historikern selten beachtete Tatsache, daß die Rabbiner den Tod vieler Christen im heidnischen Rom verursachten. Rabbem Jehuda der Rafi, der die Gunst des Monarchen (Antonius) besaß, bezeichnete diesem die Schlechtigkeit der Nazarener als Ursache einer pestartigen Krankheit und setzte durch, daß 155 nach Christus alle Nazarener in Rom ermordet wurden. Weiter wird gemeldet: daß Marc Aurel auf Betreiben der Juden alle Nazarener ermorden ließ; endlich heißt es, daß die Juden 214 nach Christi in Rom über 200 000 Christen und in Zypern alle Christen umbrachten. Ein anderes jüdisches Buch berichtet, daß die Juden zur Zeit des Papstes Clemens I. in und außerhalb Roms zahllose Christen ermordeten, insbesondere, daß Diokletian auf den Wunsch der Juden viele Christen tötete, darunter die Päpste Cajus und Marcelinus, sowie des Cajus Bruder und dessen Tochter Rosa. Daß die Juden zum Herzen Neros Eingang fanden, ist auch sonst bekannt.«[117]

Für das Verständnis der Aussagen Rohlings über das Judentum ist neben dem *Talmud-Juden* seine Schrift aus dem Jahr 1883 *Die Polemik und das Menschenopfer des Rabbinismus* wichtig. Nach der Lektüre dieser Arbeiten zeigt sich die völlige Unkenntnis Rohlings auf dem Gebiet der jüdischen Religion und ihrer geschichtlichen Entwicklung. Weiter unten wird zu zeigen sein, daß Rohling in hohem Maße ein Plagiat der Schriften von Johann Andreas Eisenmenger erstellte. Bekannt wurde dieser vor allem mit seinem im Jahr 1700 erschienenen zweibändigen Werk *Entdecktes Judentum*, das eine Zusammenstellung willkürlicher und aus dem Zusammenhang gerissener Zitate aus dem Talmud und der rabbinischen Literatur beinhaltet.[118]

Rohling sieht zu Recht einen Unterschied zwischen der althebräischen und der rabbinischen Literatur, den er jedoch völlig auf den Kopf stellt. Er behauptet, daß die rabbinischen Lehren dem Alten Testament absolut fremd seien; in der Einleitung zu seiner Schrift *Polemik und das Menschenopfer des Rabbinismus* bemerkt er grundsätzlich:

»Indem ich diese neue Schrift eine Abhandlung über den Rabbinismus nenne, will ich dem Gedanken des heiligen Petrus Ausdruck geben, dass man das jüdische Volk trotz aller Klagen, zu welchen es Anlass gibt, als eine Schar von Irrenden bemitleiden muss, welche durch ihre Rabbiner missleitet wird. Diese ›Hirten‹ behaupten, Moses und die Profeten zu predigen, aber sie lehren, was jene verwerfen. Der denkende Jude, welcher das alte Testament ohne seine Rabbis studieren will, wird leicht zur Einsicht kommen, dass ich die Wahrheit sage. Sind doch die rabbinischen Lehren, welche eben diese meine Schrift mittheilt, dem alten Testamente völlig fremd. Und wie der Rabbinismus den heiligen Autoren der Bibel die Worte selbst verdreht, das möge sich der geehrte jüdische Leser durch folgende Stellen verdeutlichen.«[119]

Rohling stellt die Entwicklung der jüdischen Religion auf den Kopf, indem er in der rabbinischen Tradition die Entstehung des Menschenopfers propagiert.[120] Er unterstellt dem opferbereinigten Judentum gerade sein Gegenteil: die Einführung der rituellen Opferung.

»Wie sich a priori begreifen läßt und in den zahlreichen einschlägigen Stellen auch deutlich hervortritt, ist es aber nicht persönlicher Haß, Rache für persönliche Unbilden und dergleichen, wodurch sich der Rabbinismus zum Morden und zur Ausbeutung der nichtjüdischen Welt, zur Vernichtung unseres Lebens, unserer Ehre und Habe gedrängt fühlt. Es ist der nackte religiöse Fanatismus, der ihn zum Blutvergießen und zum Zerstören treibt, das heisst, der Wahn, dadurch Gott angenehm zu werden, Vergebung der Sünden zu erlangen, die Ankunft des vermeintlich noch kommenden Messias zu beschleunigen und sich das Paradies, die ewige Seligkeit zu sichern. Insofern sind die Morde, welche in den jüdischen Büchern als heilig gepriesen werden, sämmtlich rituelle Morde, auch in den Fällen, wo das Blut der Gemordeten nicht gerade in die Mazzen gegeben wird.«[121]

Rohlings Interpretation der rabbinischen Tradition bedeutet, daß gerade der jüdische Monotheismus, dessen Einzigartigkeit in dem Glauben an nur einen einzigen Gott und in dem strikten Verbot des Opfers besteht, das Opfer der Andersgläubigen – inbesondere der Christen – zur Grundlage hat.

»Rabbi Mendel belehrt uns, dass die Zahl der Eifrigen, welche aus religiösem Drang Menschenblut geniessen, welches in allen Ländern

Gott zu ehren von den Orthodoxen vergossen werde, auch in die Mazzen geben sollte ... Um die Anklage des rituellen Mordes zu begründen, genügt es daher, Stellen vorzulegen, aus denen deutlich hervorgeht, dass man jene Morde als heilige Acte der Gottesverehrung oder als Opferhandlungen und dergleichen ansieht ... Die Stellen, welche in dieser Beziehung vorhanden sind, beweisen mit grossem Nachdruck, dass der geheime Krieg des Rabbinismus gegen die Welt ein Religionskrieg ist.«[122]

Die Opferungen der Nichtjuden sind laut Rohling letztlich keine gemeinen Morde, sondern dienen rituellen Zwecken, die er »Bannopfer« nennt:

»So oft es den Juden gelingt, unsere Gläubigen zu erwürgen, findet nach rabbinischer Idee eine Opferfeier für Jehova statt. So war es durch alle Jahrhunderte seit Christi Tode und so wird es bleiben bis zum Ende der Tage, solange es wirkliche Juden gibt.«[123]

Rohling unterstellt den Juden, daß sie vor allem aus heilstheologischen Gründen das Christentum ausrotten wollen und sieht seine Aufgabe in der Aufdeckung dieser Hintergründe. Er will die christliche Welt vor ihrem Untergang retten und wähnt sich als Märtyrer im Dienste der christlichen Idee:

»Wer daher von diesen furchtbaren Dingen eine sichere Kenntnis hat, ist als Mensch und Christ verpflichtet, trotz aller Widerwärtigkeiten, die ihm entstehen mögen, die entsetzliche Wirklichkeit, welche uns umgibt, zu constatieren, um Unerfahrene zu warnen und die christliche Gesellschaft zu bewegen, dass sie sich der Grösse ihres Glaubensgutes wieder bewußt werde und ihre heiligen Interessen durch weise und kräftige Gesetze schütze.«[124]

Diese Opferungen sollen darüber hinaus im Dienste des rabbinischen Messianismus stehen, um das Kommen des Messias zu beschleunigen:

»Rabbi Vital, der ›Heilige‹ gibt eine Erklärung, welche ebenfalls durchaus messianischen Charakter hat, obgleich sie in das Himmlische das Dämonische mengt, denn er lehrt, dass die Ankunft des Messias, der nach dem Sohar per Spiritum Sanctum kommen muß, durch die blutige Opferung nichtjüdischer Jungfrauen beschleunigt werde.«[125]

Er stellt apodiktisch fest:

«Die Schriften der Rabbiner triefen von Blut durch alle Jahrhunderte. Selbst in den letzten Decennien wagten sie, Druckwerke mit Blutstellen zu liefern, indem sie theils neue Schriften zur Empfehlung und Vertheidigung des rituellen Mordes verfassten, theils die älteren Geheimwerke fortwährend neu edirten.«[126]

Rohlings Methode besteht nun darin, daß er entsprechende Stellen aus der rabbinischen Literatur kurz zitiert, um seine Aussagen zu belegen. Unter dem Anschein wissenschaftlicher Seriosität werden Zitate aus dem Zusammenhang gerissen oder sinnwidrig zitiert.[127]

Um seine Leser nicht im Unklaren zu lassen, bedient er sich drastischer Beispiele, um seine Behauptungen scheinbar zu belegen. So erzählt er von einem Vorkommnis, das sich im Jahre 1840 in Damaskus zugetragen haben soll. Ein Pater Thomas habe sich mit seinem Diener ins Judenviertel begeben und sei nicht mehr zurückgekommen. Rohling schreibt weiter:

»Der französische Konsul nahm die Sache in die Hand und brachte zunächst heraus, daß der Barbier des Judenviertels in stockfinsterer Nacht zu dem jüdischen Kaufmann Harari beschieden wurde. Des weiteren ergab sich, daß er dort den Pater gebunden am Boden gefunden habe und aufgefordert worden sei, ihn zu töten; er weigerte sich anfangs, ließ sich aber, durch Drohungen eingeschüchtert, hinreißen, zu dem Morde mitzuwirken. Harari führte den ersten Stoß, ein anderer den zweiten, welcher den Tod zur Folge hatte; dann wurde das Fleisch von den Knochen gelöst, diese zerbrochen und in eine Kloake geworfen; dort fand man sie mit einem Stück Kinnbacken samt Bart, einem Stück Kopfhaut, welches noch das Zeichen der Tonsur trug, samt dem jedermann in Damaskus bekannten rotgeränderten Käppchen des Paters. Auch des Thomas Diener hatte man ermordet, um keinen Ankläger zu haben. Von den Verhafteten gestanden 7 jüdische Kaufleute das Verbrechen und sagten aus, daß der Großrabbiner einige Tage zuvor erklärt habe, man solle sich Christenblut für die nahen Ostern verschaffen.«[128]

Rohling sagt über die jüdischen Schriften, daß diese das Töten von Christen nicht nur erlauben, sondern sogar fordern. Als

Beispiel zitiert er eine Stelle aus der Schrift Schulchan Aruch, wo geschrieben stehe, daß ein Priester, der unabsichtlich einen anderen tötet, nicht mehr den Priestersegen sprechen dürfe.

»Doch bemerkt einer dazu, daß er wohl den Segen erteilen darf, selbst wenn er es absichtlich getan hat! Wir sehen schon, daß das Töten eines Nichtjuden gar keine Sünde ist; wir werden aber später noch hören, daß dies sogar ein gutes, Gott gefälliges Werk ist. Über die Völker der Akum (Nichtjuden) ist geschrieben: ihr Fleisch ist Eselfleisch und ihr Same Viehsame, und darum sind die heiligen Juden Kinder der Wahrheit, der Stamm, der am Berge Sinai parfümiert wurde, so daß jeder Schmutz von ihnen wich; ... während von den Völkern der Akum der Schmutz schwerlich entfernt wird und selbst noch bis zum dritten Geschlecht (wenn ein Mann Jude wird) haften bleibt. Und deshalb haben wir die Lehre empfangen: den Besten von den Akum schlage tot. Diese Lehre, wonach man den Rechtschaffenen unter den ›Abgöttischen‹ umbringen soll, stammt aus dem Talmud.«[129]

Aus dieser Einstellung »Ungläubigen« gegenüber soll Juden verboten sein, Hilfe zu leisten. Rohling *zitiert* wieder den Talmud:

»›Wenn man einen Goi, der in eine Grube fiel, herauszieht, so erhält man einen Menschen zur Abgötterei.‹ Fällt ein Goi in eine Grube, so deckt man einen Stein darauf, und Raschi (sic) bemerkt dazu: man soll alle Mittel vereiteln, wodurch der Goi hinaus kommen und sich retten kann.«[130]

Rohling unterstellt auch dem berühmten sephardischen Rabbiner Maimonides gleiche Lehren gegenüber Christen und anderen Ungläubigen.

Für Rohling sind die Juden ein Geschlecht, das »aus Satan geboren« ist,[131] deshalb ist

»der Pharisäismus, wie er im Talmudismus vorliegt, die Verhöhnung des Heiligen und vor allem die verderbte Moral, die dort unverhüllt zutage tritt, sie allein ist das einzige Hindernis für die Bekehrung der Juden.«[132]

Die Synagoge ist eine »Ausgeburt der Hölle«[133], die im »Pharisäismus« ihren Höhepunkt fand:

»Die heutige Synagoge ist die leibliche Tochter der pharisäischen Schule, die rechtmäßige Erbin aller jener Lehren, welche die Pharisäer zu Christi Zeit und bald nachher unter den Juden verbreiteten. Um diese Lehren vor dem Untergang zu retten, legte ein Rabbiner namens Juda um 150 nach Christi ein Buch darüber an, welches Mischna genannt wird.«[134]

Laut rabbinischer Überlieferung sind alle Christen Bestien:

»Dass die Christen nicht als Menschen, sondern als Bestien betrachtet werden, geht aus zahllosen Stellen hervor.«[135]

Um diese Behauptung nochmals zu verdeutlichen, zitiert Rohling folgende Stelle:

»Der Psalmist macht gleich den Akum mit dem unreinen Schwein des Waldes.«[136]

Deshalb müssen die Christen den Juden

»Tag und Nacht dienen und es nicht geziemend für einen Prinzen (den Juden), daß ihn bediene ein Thier in Thiergestalt, wohl aber ein Thier in Menschengestalt.«[137]

Es sei Juden jedoch verboten, diese Anschauungen einem Nichtjuden mitzuteilen, da er sonst selbst in Todesgefahr geriete und er von anderen Juden erschlagen werden müßte.[138]

Natürlich unterstreicht auch Rohling, daß die Juden die Weltherrschaft anstrebten; das Ziel des »Rabbinismus« bestehe in der

»Herrschaft Israels über die Welt ... Wollte ich polemisch derlei Grundsätze charakterisieren, so wüsste ich keine trefflichere Darstellung, als sie der Rabbinismus selbst im Seder Haddoroth gegeben hat. Hier wird erzählt, dass Rabbi Josi einst von 400 Räubern überfallen; aber auf sein Gebet hin aus der Höhe so gestärkt wurde, dass er ein (unnennbares) Aroma von sich ausgehen ließ, welches die Räuber dermassen betäubte, dass sie ohnmächtig zu Boden fielen; ja der Geruch verbreitete sich selbst über den Ocean, so dass er auf allen Schiffen bemerkbar wurde. Wenn die modernen Rabbis die Fabeln ihrer heiligen Bücher für Allegorien erklären, so handeln sie gegen den Talmud ... Doch immerhin mag es erlaubt sein, neben der buchstäblichen Bedeutung noch einen sog. ›höheren‹ Sinn in derlei Schnurren zu finden. Dann bedeutet das ›Aroma‹ des Rabbi Josi wohl, dass Israel das Zeug hat, die ganze Welt zu verpesten.«[139]

Die Juden streben nicht nur die Weltherrschaft an,[140] sondern sie trachten auch nach dem Geld aller Christen:

»Wenn unser Leben vogelfrei ist, um so mehr gleicht unser Eigenthum dem Sand des Meeres: des Goj Leben ist in des Juden Hand, wie viel mehr sein Geld – das ist rabbinisches Axiom. Demgemäß sagt auch der Talmud, daß Gott einem Juden, der einen Goj das gefundene zurückgibt, diese Sünde nicht verzeiht; denn, sagt Raschi zu dieser Stelle, ein solcher Jude wird angesehen als einer, der einen Goj liebt, und wer einen Goj liebt, der hasset seinen Schöpfer. Der Schulchan sagt ebenso: ›das Verlorene eines Akum ist in des Juden Hand, denn es ist von Moses gesagt, das Verlorene deines Bruders gib zurück, und wer es dem Akum zurückgibt, übertritt ein Gesetz, weil er die Macht der Sünder stärkt. Ich will aber die Stellen, welche das Eigenthum des Nichtjuden als Eigenthum des Juden, hier nicht häufen. Derlei Anschauungen sind selbstverständlich, wo das Judenthum sogar über unser Leben freie Verfügung zu haben glaubt und darnach lechzt, sich im Blute der Nichtjuden zu baden. Der blutdürstige Charakter des Rabbinismus ist eine Thatsache der Weltgeschichte.«[141]

Natürlich müssen die Juden die Christen durch Betrug und Wucher schädigen:

»Der Talmud sagt: ›Einen Goj darfst du betrügen und Wucher von ihm nehmen; wenn du aber deinem Nächsten etwas verkaufest, so sollst du deinen Bruder nicht betrügen.‹ ... Der bekehrte Rabbi Brentz schreibt in einem Buche: ›Wenn die Juden eine Woche herumgelaufen und bald da, bald dort einen Christen betrogen, so kommen sie am Sabbat zusammen und rühmen sich ihrer Bubenstücke und sagen: man soll nehmen den Gojim das Herz aus dem Leibe und totschlagen soll man den Besten unter den Christen.‹«[142]

Rohling folgert, daß die Juden sich einbildeten, ihnen gehöre die ganze Welt.

»Das Gebot ›du sollst nicht stehlen‹ bedeutet nach Maimonides, daß man keinem Menschen, nämlich keinem Juden, stehlen solle; und anderswo fügt er bei, daß man einem Nichtjuden stehlen dürfe. Ganz recht nach dem Grundsatz, daß den Juden die ganze Welt gehört: da ist das Stehlen kein Stehlen mehr; und wenn darum ein Talmudrabbiner auch sagt, stehlen sei Sünde, so muß er doch immer denken: ein Jude kann nicht stehlen, er nimmt bloß, was sein ist ... Denn das Geld eines Nichtjuden ist herrenloses Gut, so daß der Jude alles Recht hat, sich in den Besitz desselben zu setzen.«[143]

Juden dürfen nach Rohling auf keinen Fall einen Eid leisten, der einem anderen Juden schaden könnte:

»Um vollends das Verhalten der Juden vor Gericht zu kennzeichnen, kann man noch hinzufügen, daß es den Juden nicht erlaubt ist, gegen einen anderen Juden zu zeugen und daß er eher zwanzig Meineide leisten darf, als einen anderen Juden bloßzustellen. So wird gelehrt, daß ein Jude, der ein Zeugnis zugunsten eines Nichtjuden weiß, das einem Juden nachteilig ist und es bei Gericht gegen einen Juden angibt, in den großen Bann getan werden soll.«[144]

Wucher, Betrug und Meineide gegenüber Christen sind nicht nur zulässig, sondern bleiben ohne Folge:

»Ferner lehrt eine Reihe jüdischer Bücher, daß der Jude fest glaube, es würden ihm am Versöhnungstage alle Sünden vergeben, auch die schwersten, und darunter die falsch geschworenen Eide.«[145]

Juden sei es gestattet, Ehebruch zu begehen:

»Der Talmud lehrt, Mose verpöne für den Juden bloß den Ehebruch an des Nächsten, d. h. des Juden Weib, das Weibe der anderen, d. h. der Nichtjuden, sei aber ausgenommen. Die Tosephot und Raschi bemerken dazu, man lerne daraus, daß der Nichtjude keine Ehe habe. Dieser schändliche Grundsatz ist die natürliche Folgerung aus jenem anderen, welcher den Nichtjuden die Menschenwürde abspricht: denn die Ehe, ein sittliches Institut, besteht nur unter Menschen, bezüglich der Tiere spricht man von Begattung. Die Rabbinen Bechai, Levi, Gerson u. a. sagen dasselbe, so daß man aus vieler ›Weisen‹ Munde nun weiß, der Jude glaube keinen Ehebruch zu begehen, wenn er eine Christin schände ... Man findet auch das Beispiel hierfür in der Auffassung eines Rabbiners, der in Frankreich im 13. Jahrhundert lebte. Rabbenu Tam, so heißt es, lehrte, daß der ehebrecherische Beischlaf mit einem Nichtjuden oder einer Nichtjüdin keine Strafe hat.«[146]

Auch ein verheirateter Jude begeht keinen Ehebruch, wenn er mit einer Nichtjüdin sexuell verkehrt:

»Daß der Jude das Recht hat, die Nichtjuden zur Befriedigung seiner Sinnenlust zu benutzen, daß er keinen Ehebruch begeht, auch wenn er verheiratet ist, wenn er eine Nichtjüdin entehrt, da die Ehe zwischen Nichtjuden dem Zusammenleben von Vieh gleichzuachten ist.«[147]

Natürlich fehlt auch bei Rohling nicht der Verweis auf die »jüdische Wollust«:

»Das Kapitel ›Unzucht‹ bezüglich der sog. gebildeten Juden hat Groß-Hoffinger denkwürdig behandelt. Er schildert die reichen jüdischen Bankiers, Börsenspekulanten usw. von Wien, wie sie förmliche Jagd auf schöne Mädchen machen. ›Ihre eigenen Weiber‹, sagt Hoffinger, ›sind ihnen zu gut, um sie der Wollust zu opfern. Sie schützen sie und gehen nicht aus auf deren Verführung und Herabwürdigung und suchen daher unter den Stämmen, welche bestimmt scheinen, ihre Knechte zu sein, die reinsten und unberührtesten Jungfrauen. Und wenn sich die ganze jüdische Geldaristokratie an der Unschuld gesättigt hat, dann erst werden ihre Opfer der armen Christenheit überlassen, und sie versinken dann in die Abgründe der gemeinsten Prostitution. Der Adel verbindet noch mit seinen Lastern Reste altererbter Tugenden, er ist freigiebig und bewahrt den Opfern seiner Wollust noch einen Rest von besseren Gefühlen; aber der Jude wirft sein Opfer weg und tritt es mit Füßen.‹«[148]

An anderer Stelle beschreibt er jedoch die Stellung der jüdischen Frauen weniger günstig:

»Was sagt aber die jüdische Frau dazu, wenn ihr Gemahl gar unter dem eigenen Dach zu einer anderen geht? Sie hat nach dem Talmud kein Recht etwas zu sagen. Als Jochanan gewisse unnennbare Dinge überaus garstiger Natur für Unsittlichkeit erklärte, schrie man gegen ihn: Nein, das Gesetz ist nicht so, denn die Weisen haben gesagt: Alles, was ein Mann mit seinem Weibe tun will, darf er tun, wie mit einem Stück Fleisch, das vom Metzger kommt, das man essen kann gebraten, gekocht, geschmort, oder wie mit einem Fisch, der vom Fischer kommt. Als Beleg wird dann ein Beispiel angeführt, wie eine Frau beim Rabbi klagte, von ihrem Mann sodomitisch behandelt zu sein, und wie der Richter geantwortet habe: ›Meine Tochter ich kann dir nicht helfen, das Gesetz hat dich preisgegeben.‹ Diese schändliche Lehre findet sich nicht bloß in alten, sondern auch in neuen Talmudausgaben ... Wenn die jüdische Frau also der Sodomie sich preisgeben muß, so hat sie gewiß kein Recht, zu klagen, wenn ihr Eheherr zu einer Goja geht, zumal ja die Schändung einer Goja oder Nichtjüdin niemals für den Juden Ehebruch sein kann.«[149]

Den jüdischen Männern scheint alles erlaubt zu sein, da sie eine göttliche Abstammung haben sollen:

»Daß ein Jude von göttlichem Stoff (Substanz) ist, wie ein Sohn vom Stoffe seines Vaters; daß er folglich allen seinen Neigungen und allen seinen Begierden nachgehen darf, daß ihm zur Entschuldigung stets die schlechte Natur genügt, welche ihn der Verantwortung überhebt.«[150]

Rohling sieht als das herausragende Dogma des Judentums die Vernichtung der Christen. So seien Juden angehalten, christliche Herrscher zu töten:

»Wie schon gezeigt wurde, ragen die Könige und Jungfrauen der Akum vor den übrigen Akum weit hervor, weshalb ihre blutige Hinopferung vorzüglich heilig ist. In bezug auf den Fürstenmord sagt der Sohar: Komm und sieh, dass immer wo ihrem (der Akum) Fürsten gegeben ist die Herrschaft über Israel, das Gebet Israels nicht erhört wird; wenn aber fällt der Fürst der Akum, wie geschrieben steht: es starb der, dann steigt auf ihr Geschrei. Diese Stelle bezeichnet unleugbar den Fürstenmord als religiöse Pflicht ... Israel denkt sich also im Stand der Sünde, solange es den rechten Akumkönig, natürlich pro posse, nicht beseitigt.«[151]

Auch soll der Nachwuchs von Christen verhindert werden, um sie langfristig zu dezimieren:

»So soll man auch ihre Vermehrung thunlichst verhindern ... in der Weise, daß man die Männer castrirt und die Weiber kalt macht (tödtet).«[152]

Der Mord an Christen ist nach Rohling für Juden eine notwendige und religiöse Aufgabe:

»Wer einen Akum erschlägt, ist hoch angeschrieben, denn er wird im Paradiese zu der Ehrenabteilung gehören und sich hoher Gunst erfreuen ... Das Motiv des Mordes ist also immer ein religiöses: jene, welche sich bestreben, den Akum Gutes zu thun, ihre Seelen werden nicht auferstehen (zur ewigen Seligkeit). Denn es ist gesagt über die Akum: du sollst vertilgen gänzlich ihr Gedächtnis.«[153]

An anderer Stelle zitiert Rohling wieder eine Stelle aus dem Buch Sohar, die dieses Motiv zum Ausdruck bringen soll:

»Unsere Gefangenschaft wird fortdauern, solange wir nicht die Herrscher der Akumvölker von der Erde vertilgt haben. Rabbi Josi und ein Reisegenosse waren beisammen, als sie einen Vogel bemerkten, der verbrannt wurde. Dieses Schicksal des Vogels, sagte Josi, sei eine Andeutung, wie man mit nichtjüdischen Herrschern zu verfahren habe.«[154]

Die Juden sind also die gefährlichsten Feinde des Christentums und trachten der gesamten Christenheit nach dem Leben. Rohling delektiert sich insbesondere am »Jungfrauenopfer«, dem er die höchste Gunst des jüdischen Gottes zuschreibt. Er unterstreicht,

»dass durch das Blut der geopferten Nichtjüdin Gottes Zorn gegen die Juden abnimmt und sein Erbarmen gegen Israel zunimmt, so dass er endlich den Messias, den Israels Sünden aufhalten, senden kann.«[155]

Die Juden müssen aber schon vor der Ankunft des Messias die Nichtjuden umbringen. Rohling zitiert wieder eine Stelle, um die Tatsache zu unterstreichen:

»Rabbi Elieser sagt: es ist erlaubt, einen Nichtjuden selbst am Versöhnungstag, wenn er auf den Sabbat fällt, zu durchbohren. Da sprachen seine Schüler: Rabbi, sage doch lieber schlachten (statt durchbohren). Er antwortete ihnen: nein, wenn man ihn schlachten würde, müsste man eine Beracha (ein Lobgebet) sprechen, durchbohren aber kann man ohne Beracha.«[156]

Die Juden müssen die Nichtjuden töten:

»Die Sprößlinge der Akum sind also Hunde, die Israel, wenn sie sich ungehemmt mehren könnten, das Dasein verkümmern würden. Israel muss sie also, will es verdienstlich handeln und gut sein, sie enthäuten wie das Brandopfer. Das ›Enthäuten‹ als Bedingung des Gutseins, des Verdienstes, fordert ohne Zweifel, dass die Tötung als ein Opferfact aufzufassen ist. Der Gedanke, dass die Ermordung von Nichtjuden eine Opferhandlung ist, kommt oft vor.«[157]

Rohling zitiert wieder eine vermeintliche Stelle aus den heiligen Büchern:

»Im Jalkut Simoni und Bammidbar heisst es: wer das Blut der Gottlosen vergiesst, bringt Gott ein Opfer dar ... Und bei Haschmatoth heisst es: Wenn die Menschen nicht gut machen ihre Werke, so opfert er (Gott) sie (nimmt sie als Schlachtopfer in den Tod). Und deshalb wurde die vollkommene Tora des Heiligen, gelobt sei er, den Israeliten gegeben, um sie dadurch zu heiligen für das Leben, um sie zu retten aus dem Gericht dieses Altars ... Man opfert das Sühneopfer.«[158]

In der messianischen Zeit müssen die Nichtjuden rituell vernichtet werden:

»Niemand also wird sich in der glorreichen Zeit Israels als Akum blikken lassen: wer aber als solcher erkannt wird, den vernichtet man. Auch Rabbi Edels bemerkt, dass in der messianischen Zeit nur die Juden am Leben bleiben sollen, nicht aber die Völker, welche sagen, der Bund Gottes mit den Juden sei vorüber und sie seien statt der Juden mit Gott in einem neuen Bund ... Die messianische Aera wird also die letzten Akum vertilgen. Vor dieser Zeit hat man, wie oben belegt, nicht minder die Pflicht, Akum, wo es angeht, zu vertilgen, aber bis jetzt sind die Juden nicht immer nach dem Wunsch des Rabbinismus im Stande, das ihnen vermeintlich aufgetragene Vertilgungsgericht zu vollbringen.«[159]

Für rituelle Tötung gibt es auch einen »heiligen Schlächter«, was wieder in den heiligen Büchern zu finden ist:

»Da die Handlung als eine heilige erscheint und deshalb wo möglich in Gegenwart einer Assistenz vollzogen werden soll, so wird hier angegeben, dass die Versammelten reinen Herzens sein müssen, wegen etwa begangener Sünden wider den heiligen Talmud deshalb zuvor, ehe die Feier angeht, ein Bussgebet zu sprechen haben ... Ueberdies soll die Gesellschaft der Opfernden aus verlässlichen Leuten bestehen, welche in der Handlung etwas Heiliges sehen und also nicht geneigt sind, ihretwegen den Himmel zu lästern, indem sie sagen möchten, die Sache sei schlecht, eine Ruchlosigkeit. Weiter wird angegeben: Und ihr Tod soll sein mit Verstopfung des Mundes wie eines Thieres, das stirbt und nicht Stimme und Rede hat. Der Schächter geht dann an sein Werk und spricht theils vor, theils nach der Handlung ein Lobgebet, worin er heiliges Schweigen verspricht und Gott gelobt, täglich, wenn er kann, diese Handlung zu vollziehen.«[160]

Die rituelle Tötung der Nichtjuden – das ist die zentrale These von Rohling – ist die Voraussetzung der jüdischen Erlösung und der Beginn der messianischen Zeit:

»Der Jude, welcher Jungfrauen und Akum schlachtet, erlöset und nach oben sendet und dadurch die ›Vereinigung‹ der Sefiroth, Gottes und der Schechina, der Weisheit und des Verstandes, des Königs und der Königin bewirkt, ›Vereinigung‹, die besonders in der Osternacht, aber auch sonst immer stattfinden (soll) und aus welchen endlich der Messias hervorgehen soll. Weil aber diese ›Vereinigung‹ in der Höhe stattfindet, steigen bloss, wie Elias sagt, die Engel zu dem heiligen Opferpriester auf und ab, aber der König und die Königin feiern oben die himmlische Brautnacht.«[161]

In einer weniger mythisch kabbalistischen Sprache drückt Rohling dieses endzeitliche Erlösungsspektakel an anderer Stelle prosaischer aus:

»Der Messias, sagt man, wird sich mit den Christen, die er noch vorfindet, einen Spass machen, indem er die Juden in ihrer Masse, um sie ins heilige Land zu führen, auf seinem Esel setzt und die Christen anweiset, auf dem Schweif des Thieres Platz zu nehmen. Der Messias, die Juden und die Christen ziehen dann auf einer papiernen Brücke über das Meer und am Ende der Brücke angelangt, schüttelt der hinterlistige jüdische Esel den Schwanz, dass die Christen durch die nun zerreissende Papierbrücke ins Meer fallen und ertrinken, und der Spass ist fertig.«[162]

Rohling beschließt seine Schrift über die eschatologischen Ziele der jüdischen Religion mit folgenden Worten:

»Was der Rabbinismus im Laufe der Jahrhunderte geplanet und gethatet hat, um unser Leben zu verderben, ist ganz entsprechend diesem Gemälde über unser Los in der Ewigkeit. Ich habe ein schönes Material über die letzten tausend Jahre, wie es in den jüdischen Büchern selbst vorliegt, beisammen; in einer besonderen Schrift will ich es der

Oeffentlichkeit übergeben, sobald die Ereignisse es fordern. Inzwischen mögen alle Christen, Protestanten und Katholiken, erwägen, was bereits gesagt ist und sich unitis viribus ans Werk begeben, den gemeinsamen Feind durch legale Mittel unschädlich zu machen.«[163]

Eine seiner wesentlichen Forderungen besteht darin, daß es ebenso ungerecht wie gefährlich ist, Menschen, die einer so ausschließlichen Gesetzgebung gehorchen, an den Wohltaten des gemeinen Rechts für alle teilnehmen zu lassen.

»... Man lasse ihnen die Menschenrechte, wie Fichte sagt, obwohl sie selbst diese uns verweigern, aber man verweigere ihnen die Bürgerrechte.[164]

Man verbanne sie nicht von dieser Welt, da wir sie nicht geschaffen haben, aber man entferne sie aus unserer Nation, für die sie nicht geeignet sind. Man verbanne sie aus unserem politischen und bürgerlichen Leben, es ist höchste Zeit, und sollte diese Maßregel nicht genügen, so verbanne man sie aus unserem Lande.«[165]

Daß den Juden Schlimmeres widerfahren könnte, läßt Rohling an anderer Stelle durchblicken, wenn er kryptisch schreibt:

»Juda möge erwägen, da es vielleicht noch Zeit ist, was ihm blüht; noch hat es Macht, noch steht es unter dem Schutz des Liberalismus gewappnet auf dem Markt und spielt den Großen. Aber es wird nicht so bleiben, seine Stützen werden sinken und man wird nicht säumen, auf geraume Zeit aufzuräumen mit diesem Fremdling, der in blinder Wut gegen sich selbst den Haß der Nationen schürt. Wer die Lage der Dinge versteht, sieht ein, daß der Pöbel kommen wird, über diesen großen Feind der Gesellschaft ein blutiges Gericht zu halten. Die Religion Christi schickt dann vergeblich ihre Diener aus, jene Horden zu beschwichtigen.«[166]

Im Jahr 1894 publizierte August Rohling eine eschatologische und zugleich utopische Schrift *Der Zukunftsstaat*, in der er seine theologisch begründeten Vorstellungen über die nähere Zukunft niederlegt. Er sieht sein Zeitalter von Kapitalismus und Liberalismus in seinen Grundfesten bedroht, die Konsequenzen sind in seinen Augen einerseits Massenarmut und andererseits die Vorherrschaft des Atheismus. Um die Armut zu beseitigen, schlägt er eine »limitierte Verstaatlichung« von Grund und Boden vor und gesetzliche Beschränkung für die Privatindustrie, um den Wirschaftsliberalismus einzuschränken.[167]

Rohling sieht in diesen Beschränkungen des Liberalismus aber nur begrenzte Möglichkeiten, die Bedingungen vieler in Not geratener Individuen grundsätzlich zu verbessern. Er sieht dämonische Kräfte am Werk, deren Gefahr so bedrohlich ist,

»dass ich auf die Idee gekommen bin, dass der Einzelne sehen mag, in dem Titanenkampf, der auf Erden tobt, sich zu retten, so gut er kann, dass aber die Menschheit als solche erst jenseits des grossen Gerichtes, welches die jetzige Weltgestalt, die jetzige Weltordnung, beseitigen wird, das goldene Zeitalter wiederfindet. Ich erwarte in allem Ernst diese Wiederherstellung der paradiesischen Urzeit nach jenem Gericht auf der neuen Erde, von der die heiligen Bücher reden: bis dahin wird es zwar immer weiter bergab mit uns gehen, doch schöpfe ich aus der Betrachtung der neuen Ordnung, auf die wir als Gläubige hoffen, nicht geringe Kraft, auf dem Posten, welchen die Vorsehung mir angewiesen, unentwegt für die Wahrheit und Gerechtigkeit einzutreten.«[168]

Er wähnt sich am Ende der irdischen Zeit und sieht prophetisch das Kommen einer neuen, göttlichen Ära,

»so dass wir unseres persönlichen Heiles bei Gott theilhaftig werden und zugleich durch das Gebet des Wortes und der That für die Ankunft jenes Reiches mitwirken, in welchem die Menschheit der neuen Erde über alles böse triumphiert und mit den verklärten der Höhe einen erhabenen Doppelchor bildend das Alleluja singt.«[169]

Diese neue Erde ist der Zukunftsstaat, der das Dasein radikal verändert:

»Denn dieser Zukunftsstaat ist der ideale, der Musterstaat, das glorreiche Königreich auf Erden, dessen Betrachtung auch uns, die um sein Erscheinen erst bitten, mit Wonne und Kraft erfüllt. Das ist der Staat, in welchem die Menschheit in Gerechtigkeit als eine Herde unter einem Hirten leben wird in Ewigkeit der Ewigkeiten … Das ist der Staat, welchen der Erlöser als sein menschliches Königreich paradiesischer Unschuld gründet.«[170]

Rohling erwartet in naher Zukunft die Wiederkehr Christi als Messias. Sein Erscheinen ist wie in der Prophezeiung der *Offenbarung des Johannes* mit der Vernichtung der alten Erde und der Ungläubigen verbunden.

»Bei seinem Nahen geht aber Feuer vor Ihm her, welches alle seine Feinde, die auf Erden noch lebenden Sünder, verzehrt. Dieses Feuer, welches die Sünder auf Erden vertilgt und daher nicht identisch mit dem höllischen Feuer ist, wird zugleich die Erde einäschern; es ist jenes Feuer, von welchem Petrus am angegebenen Orte sagte, die Erde sei dafür aufgespart zum Verderben der Gottlosen ... Der Weltbrand, welcher die jetzige Welt einäschert, bildet daher die Einleitung, den Beginn des letzten Gerichtes; dann folgt die Auferstehung der Todten aus der eingeäscherten Erde ... Nachdem die Todten, welche auferstanden, ihr Urteil gehört, die lebendig erhaltenen, dem Tode nicht unterworfenen Gerechten aber von dem höchsten Richter ihre Bestimmung und Aufgabe empfangen haben, derentwegen sie erhalten wurden, gehen die Auferweckten zur Anschauung Gottes oder zur Hölle und es folgt die Erneuerung unserer Erde und ihres Himmels als der Schlussact des grossen Gerichtstages.«[171]

Diese neue Welt kennt keine moralische Verderbtheit und keine materielle Nöte mehr.

»Die Gerechten der neuen Welt sind Angehörige der von Adam entstandenen Menschheit und der von Jesus Christus gestifteten Kirche zur Fortsetzung dieser Menschheit und Kirche bestimmt ... In jener neuen Welt wird der moralische und physische Zustand der Menschen verbessert werden ... Die Kirche der neuen Welt hat eine neue Phase ihrer Existenz erreicht. Denn mit einer Mission in einer physisch besseren Welt für Menschen, welche materiell wie moralisch in besten Verhältnissen leben, tritt sie offenbar in eine ganz neue Periode.«[172]

Dieser heilstheologischen Vorsehung werden sich die Juden widersetzen und versuchen, den »Gang der Verderbnis« weiter zu betreiben, und daß

»die Masse der heutigen Juden einen Atheisten als Messias ausrufen wird, der als ›Mensch der Sünde‹, als ›Sohn des Verderbens‹ die letzten Zeiten unserer Welt beherrscht, alles mit Ausnahme der wenigen Gerechten, in seine Apostasie verstrickt und dann mit all seinen Gottlosen beim Erscheinen des Richters durch Christus selbst im Weltbrand vernichtet wird: eine Bekehrung der heutigen Massen Judas vor dem Gericht ist hierdurch völlig ausgeschlossen.«[173]

Da eine Bekehrung der Juden nicht zu erwarten ist, werden sie der Vernichtung preisgegeben:

»Jene neue Gemeinde Gottes, welche ein frommes Israel in der neuen Welt bildet, wird die Massen der Abtrünnigen, der Verhärteten, die ihre vielen Tage, ihre lange Zeit ohne König und Priester sassen, nicht in der Mitte haben: diese Massen von ehedem sind von ihr geschieden und einer ewigen Strafe der Verzweiflung und des Feuers überantwortet.«[174]

Rohling wird nicht müde, zu betonen, daß es sich hier nicht um allegorische oder symbolische Interpretationen handelt, sondern um reale Geschichtsverläufe:

»Der ›neue Himmel‹, die ›neue Erde‹, das ›neue Jerusalem‹, der ›Feuersee‹ sind demnach keineswegs Symbole, sondern das, was ihr Name im eigentlichen Sinne ausdrückt.«[175]

Er läßt keinen Zweifel:

»Der Mittelpunkt der neuen Stadt (Jerusalem) ist ihr König und der Gottmensch. Er nennt sich Gott, den Menschensohn, der Alpha und Omega ist, der erste und der letzte.«[176]

Bevor diese Vorsehung eintritt, findet ein allgemeiner Abfall von Gott statt und ein Atheistenstaat wird etabliert werden und damit aber auch den eigenen Untergang einleiten:

»Ein ›Sohn des Verderbens‹, den Juda als Messias ausruft, ihr Ende finden (wird) in dem Weltbrand des plötzlich zum Gericht erscheinenden Menschensohnes. Wer die Zeichen der Zeit ein wenig aufmerksam betrachtet, dürfte leicht finden, dass die Menschheit wie im Sturmschritt zur Aufrichtung dieses letzten Pöbelstaates eilt, dessen Dauer Gott sei Dank nicht lange sein wird.«[177]

Deshalb ist die Vernichtung der Juden eine notwendige Angelegenheit, da sie der Erfüllung der Heilsgeschichte im Wege stehen und den »Antichrist« wirklich darstellen:

»Dass die Bildung des atheistischen Staates der Endzeit nun bereits begonnen hat, bedarf keines Beweises, da jedem dies sichtbar ist; dass die Juden rege mitthätig sind bei dieser Arbeit, zeigt ihre atheistische Presse, ihre atheistisch geleitete Socialdemokratie.«[178]

Trotz aller Anstrengungen werden die Feinde Gottes nicht siegen und im apokalyptischen Feuer vernichtet werden:

»Aber die ganze Welt wird am Gerichtstag Einblick bekommen in die Gründe des göttlichen Handelns und deshalb mitrichtend einstimmen in das Urtheil des Richters: hinweg mit euch in das ewige Feuer! Die neue Ordnung, welche nicht mehr von Satan gefährdet noch durch die Erbsünde befleckt sein wird, wird ein Geschlecht haben, das nur heilig handelt.«[179]

Rohlings Prophetie bedient sich der klassischen Apokalyptik, wie sie in der *Offenbarung des Johannes* vorgezeichnet ist, und behauptet ihr baldiges Kommen. Seine Beschreibung der Juden als »Gottesfeinde«, »Söhne der Finsternis«, »Ritualmörder« etc. bezieht sich teilweise direkt auf das »Neue Testament«, ansonsten finden sich viele seiner Aussagen über Juden schon in den Schriften der Kirchenväter und anderer christlicher Autoren. Er verbreitet sicher eine Pogromstimmung, verbleibt aber im Kontext der christlichen Apokalypse, da er die Vernichtung der Juden als Gottes Tat klassifiziert. Die Menschen dürfen die Juden nicht ermorden, denn diese sind ein Teil der göttlichen Schöpfung, in die der Mensch nicht eingreifen darf. Festzuhalten ist jedoch, daß er theologisch die Vernichtung der Juden als notwendig erachtet, bevor die Welt in einen heiligen Zustand übergehen kann. Damit hält er an der These des Opferns als Reinigungsritual fest, eine erlöste Welt entsteht nur über die »Feueröfen« der Vernichtung (»Die Engel werden ausgehen und die Gerechten von den Bösen scheiden und werden sie in Feueröfen werfen«, Matthäus 13,49). Rohlings Theorie über die notwendige Tötung der Juden kann als der antisemitische Archetypus interpretiert werden, der Grundlage für jede Form von Antisemitismus darstellt.[180] In diesem Sinne war Rohling nicht ausschließlich individuell pathologisch, seine Pathologie ist die des Antisemitismus selbst.

Mit seiner messianischen Naherwartung weckte Rohling apokalyptische Heilserwartungen, die von der institutionalisierten Kirche über lange Zeiträume unterdrückt wurden, da sie fast jeder Ketzerei Tür und Tor öffneten. Seine apokalyptischen Visionen über die nahe Wiederkunft des Messias fielen in eine Zeit eines äußerst aggressiven Nationalismus, der ähnliche Heilsversprechungen – gepaart mit einem extremen Antisemitismus – beinhaltete. Diese Parallelerscheinung von politischer und religiöser Apokalyptik erklärt den Erfolg und die weite Verbreitung der Schriften Rohlings.

Rohling unterscheidet sich trotzdem von vielen antisemitischen Autoren, da er scheinbar den Juden antichristliche Motive nicht nur unterstellt, sondern wissenschaftlich in den heiligen jüdischen Schriften nachweisen will. Rohling, der im Dienste des universalen Antisemitismus stand, beabsichtigte durch Fälschungen, Meineide sowie durch Entstellungen und Verspottungen der jüdischen Religion, des Talmuds und der rabbinischen Schriften eine Atmosphäre zu schaffen, die die Aufhebung der Emanzipation erreichen und die Sonderstellung der Juden bringen sollte.[181] Eine wesentliche Quelle für Rohling war das oben zitierte Buch von Eisenmenger, von dem er vielfach abschrieb.[182] Rohling stützt sich auf das 1771 erschienene Werk Johann Andreas Eisenmengers ›Entdecktes Judenthum‹, von dem er eine kurze volkstümliche Version anfertigte, er hatte aber auch zeitgenössische Mitarbeiter.[183]

Rohlings wichtigster Helfer war Aron Israel Briman, der später unter dem Pseudonym ›Dr. Justus‹ bekannt wurde.[184] Dieser wurde im Jahr 1860 in Rumänien geboren und lebte bis zu seinem zwanzigsten Lebensjahr in einem Dorf in Ostgalizien, wo er verheiratet war und Kinder hatte. Er verließ seine Familie und ging nach Krakau und schließlich nach Berlin. Er gab sich als orthodoxer Rabbiner aus und publizierte im Jahre 1880 in Amsterdam eine hebräische Schrift mit dem Titel »Kontras

Marech Haschuloth«, die sofort durch ihre Gelehrsamkeit auffiel.

»Die Rabbiner von Acquien und Haag waren voll des Lobes und verliehen Briman den Gaon-Titel.[185] Später stellte sich heraus, daß diese Schrift eine wörtliche Kopie des bereits im Jahre 1757 von Abraham Wallerstein verfaßten Buches *Kontras Machze Abraham* war, die Briman als eigene Schöpfung ausgegeben hatte.«[186]

Doch bald darauf wurde der Betrug entdeckt und Briman mußte Holland verlassen. Er konvertierte in Berlin zum Protestantismus, wo ihm aber seine Betrügereien in Holland wieder zum Verhängnis wurden, und trat in Paderborn dem katholischen Glauben bei. Er publizierte anonym eine große Anzahl von Schmähschriften gegen die Juden. 1883 verfaßte er unter dem Pseudonym »Dr. Justus« die berüchtigte Schrift *Der Judenspiegel*, »eine wahllose Zusammenstellung mißverstandener, antisemitisch gedeuteter Talmud- und Schulchan-Aruch-Stellen.«[187] In Münster erhob die Staatsanwaltschaft eine Klage wegen Schmähung einer staatlich anerkannten Religionsgemeinschaft, nachdem Teile des Buches in einer dortigen Zeitung abgedruckt wurden. Bei dem Prozeß fungierte ein katholischer Privatdozent der katholischen Fakultät der Universität Münster, Dr. Jacob Eckert, als Sachverständiger. Dieser ersuchte Briman, ihm bei der Abfassung des Gutachtens über den *Judenspiegel* behilflich zu sein. Briman konnte somit sein eigenes Gutachten über sein Buch verfassen.[188] Eckert beeidete vor Gericht die Richtigkeit der Ausführungen von Briman. Im Jahr 1884 publizierte Eckert dieses Gutachten unter seinem Namen mit dem Titel *Der Judenspiegel im Lichte der Wahrheit. Eine wissenschaftliche Untersuchung*, wobei er natürlich Briman alias Justus nicht erwähnt. »Die mit Hilfe Brimans bewiesene Kennerschaft Eckerts auf dem Gebiet der hebräischen Sprache brachte ihm die Beförderung zum Professor.«[189] Eckert begnügte sich damit noch nicht, sondern publizierte eine weitere Schrift mit dem Titel *Die 100 Gesetze des Judenkatechismus*, in der er den *Judenspiegel* von Briman wortwörtlich abdrucken ließ.

Wissenschaftliche Einwände gegen die Schriften Rohlings zeigten lange Zeit in der Öffentlichkeit keine Wirkung. Der bekannte protestantische Professor für alttestamentliche Theologie in Leipzig, Franz Delitzsch, kritisierte ihn zwar heftig, aber er konnte damit dessen Popularität nicht schmälern. In seiner Schrift gegen Delitzsch stellt Rohling die Behauptung auf:

»Die Judenfrage, welche zur Zeit ganz Deutschland in Bewegung setzt, ist ein Erzeugniß der Thatsachen, des Lebens, nicht der Bücher.«[190]

Im Herbst 1882 wurde in Wien der Antisemit Franz Holubek vor Gericht vom Vorwurf antisemitischer Hetze freigesprochen, nicht zuletzt weil er sich auf Rohlings »Talmud-Juden« berief.

»Daraus geht hervor, daß der ›Talmud-Jude‹ bereits als ›anerkanntes Werk‹ galt. Auf den österreichischen Gymnasien war diese Schrift die Modelektüre, und die von Rohling ›enthüllten Geheimnisse‹ wurden sogar den Besuchern der Wirtshäuser vorgelesen.«[191]

Auch die beiden Wiener Rabbiner Güdemann und Jellinek hatten in einer Presseerklärung festgestellt, daß das von Holubek unter Berufung auf Rohling verwendete Zitat nicht im Talmud enthalten sei.[192]

»Der ›Talmud-Jude‹ wurde trotzdem in Hunderttausenden von Exemplaren verbreitet. In Westfalen z.B. wurden durch den Bonifatius Verein allein von der sechsten Auflage 38.000 Stück gratis verteilt. Bis 1922 erschienen 17 weitere Auflagen, weitere noch im Hammerverlag. Alle Entgegnungen von christlicher wie von jüdischer Seite wurden entweder in den Wind geschlagen oder damit abgetan, daß man die sachkundigen Christen als getaufte Juden oder Judenknechte verschrie, und den Juden ›beweiskräftige‹ Zitate entgegenhielt, die darlegen sollten, daß es dem Juden nach dem Talmud doch befohlen ist, die Christen irrezuführen und zu betrügen.«[193]

Rohling antwortete den Rabbinern in mehreren Artikeln in den Zeitungen *Tribüne* und *Grenzbote.* Die öffentliche Erklärung der beiden Wiener Rabbiner nannte er eine »arge Schelmerei«.[194]

Diese Artikel wurden häufig nachgedruckt und schließlich gab Rohling sie als Buch mit dem Titel *Meine Antworten an die Rabbi-*

ner oder Fünf Briefe über den Talmudismus und das Blutritual der Juden heraus.[195] Die Folgen der Agitation führten dazu, daß in Südböhmen Dynamit mit einem Zünder bei einer Synagoge gefunden wurde. Im entsprechenden Akt des k. u. k. Ministeriums für Kultus und Unterricht ist nachzulesen:

»Die in Südböhmen vorkommende Aufregung gegen Juden führt der Statthalter auf die Broschüre Prof. Dr. Rohlings zurück, welche in agitatorischer Absicht ins Tschechische übersetzt wurde und unter den niederen Classen der Bevölkerung verbreitet wird. Es wurde der Bezirkshauptmann aufgefordert, die Manipulation mit Dynamit strenger zu überwachen.«[196]

Der damalige Innenminister Graf Eduard Taaffe nahm in einem Brief im Mai 1883 dazu Stellung:

»Da es nun die Pflicht der Regierung ist, allen solchen Agitationen, wegen der damit verbundenen grossen Gefahren für die öffentliche Ruhe und Ordnung, entschieden entgegenzutreten, dürfte es nach Erachten des Ministeriums des Innern empfehlen, die Form der dem Professor Rohling zu machende Erinnerung nicht dem Ermessen des Statthalters von Böhmen anheimzustellen, sondern Seitens des löblichen Ministeriums für Cultus und Unterricht die bestimmte Weisung zu erlassen, daß der genannte Professor sich mit Rücksicht auf die Pflichten seines öffentlichen Amtes jeder weiteren Polemik in Zeitungen und Broschüren zu enthalten und sich in seinen wissenschaftlichen Abhandlungen einer massvollen Sprache zu bedienen habe.«[197]

Nachdem die Wiener Rabbiner Güdemann und Jellinek auf die weiteren Polemiken Rohlings nicht mehr reagiert haben, trat der Rabbiner der Gemeinde Floridsdorf bei Wien in der Öffentlichkeit auf. In seinen Erinnerungen beschreibt Bloch seine Motive für die Auseinandersetzung mit Rohling:

»Weder in der alten Rabbinerschule ›Jeschiwa‹, noch auf den neuen Rabbinerseminaren hat man bis dahin Apologetik als Fachwissenschaft des Studiums für wichtig angesehen. Gegen Eisenmenger eine erschöpfende quellenmäßige Widerlegung zu verfassen, wurde verabsäumt. Selbst die vorhandene ältere apologetische Literatur wurde arg vernachlässigt. So stand man den unerwarteten Anstürmen gegenüber ungerüstet und wehrlos. Eine richtige Methode, dem neu aus der Tiefe emporgetauchten, ›wissenschaftlich‹ verbrämten, Judenhaß wirksam zu begegnen, mußte erst geschaffen werden. Diese der neuen Zeit angepaßte Methode zum erstenmal gezeigt und gelehrt zu haben, rechne ich mir als bescheidenes Verdienst an. So ging ich nach Hause, schrieb die nachher so bekannt gewordene Züchtigung Rohlings unter dem Titel: ›Professor Rohling und das Wiener Rabbinat oder die arge Schelmerei‹«.[198]

»Unsere Ruhe, unsere schlaffe Thatenlosigkeit, unser räthselhaftiger Gleichmut, dürfte sich schwer rächen.«
Samuel Bloch: *Der nationale Zwist und die Juden in Österreich*

Blochs Kampf gegen Rohlings Verleumdungen

Nachdem die Wiener Rabbiner sich nicht mehr öffentlich zu Rohlings Schmähungen äußerten, griff Bloch in die Debatte ein. Am 22. Dezember 1882 erschien als Beilage der *Wiener Allgemeinen Zeitung* der oben von Bloch erwähnte Beitrag. Bloch änderte das Vorgehen gegen Rohling, indem er nicht mehr einzelne Passagen der Rohlingschen Argumentation als falsch, aus dem Zusammenhang gerissen oder frei erfunden nachweist, weil sonst sein Gegner immer neue falsche Behauptungen aufgestellt hätte. Er geht zum Gegenangriff über und unterstellt ihm niedrige Motive und bewußte Unmoral. So schreibt er:

»Nicht zu einem Gelehrten, zu Herrn Professor Rohling soll ich reden, und von ihm verstanden werden, muß ich mich zu seiner Sprache bequemen, zu der volltönenden marktschreierischen Sprache eines ruhmredigen, unwissenden Plagiators. Ich zweifle aufrichtig, ob es mir gelingen wird, seinen eigenthümlichen Ton zu treffen; immerhin will ich es versuchen. ›Auf einen groben Klotz gehört ein grober Keil‹ ist nicht ein jüdisches, sondern ein deutsches Sprichwort.«[199]

Er streitet Rohling jegliche Kompetenz auf dem Gebiet der jüdischen Religionswissenschaft ab:

»Ihnen, Herr Rohling, fehlt es an der nöthigen wissenschaftlichen Eignung, über den Talmud zu urteilen! … In ihrer Schrift: ›Der Talmud-Jude‹, bieten Sie tausend blanke Thaler jedem, der Ihre Citate als erdichtet, unwahr und erfunden nachweist; Sie appellieren im voraus an das Urtheil der Deutschen morgenländischen Gesellschaft. Der

Herr Professor der evangelischen Theologie, Franz Delitzsch in Leipzig, (hat) in der Schrift: ›Rohling's Talmudjude‹, welche in sieben Auflagen erschienen (ist), Ihnen nun nachgewiesen: ›falsche Übersetzung‹, ›Unwissenheit‹, ›entstellte Texte‹, ›falsche Unterschiebung‹, ›Lügen‹, ›schauderhafte Verleumdungen‹ ... ›Wo bleiben nun‹, fragt Herr Professor Delitzsch, ›wo bleiben nun die tausend Thaler, die er mit stolzem Selbstbewußtsein für die Unantastbarkeit seiner Zitate einsetzt? Hat er wirklich noch den Muth, mit mir vor die Deutsche morgenländische Gesellschaft hinzutreten?‹«[200] ...

Bloch legt seine Argumentation bewußt auf eine gerichtliche Auseinandersetzung an, indem er provokant schreibt:

»Ich meinerseits erkläre laut, daß in jedem Gerichtssaal und Regierungs-Cabinet vernommen werden kann, daß Sie, Herr k. k. Professor Rohling, nicht eine einzige Seite im Talmudtexte je gelesen haben und zu lesen nicht die wissenschaftliche Qualification besitzen. Ich erkläre mich bereit, 3.000 fl. österreichischer Währung zu deponiren; die sollen Ihnen gehören, Herr Rohling, wenn Sie nur eine einzige Stelle des Talmudtextes richtig und fehlerlos lesen und übersetzen ... Eisenmenger abschreiben, das könnte jeder junge Gymnasiast ... Herr Professor Rohling, Sie sind kein wissenschaftlicher Forscher, sondern ein Abschreiber, ein Compilator, Nachdrucker.«[201]

Zuletzt kommt Bloch zum hauptsächlichen Vorwurf Rohlings, dem Vollzug des Menschenopfers als religiöse, d. h. liturgische Pflicht:

»Um das große Publikum zu blenden, werfen Sie mit Citaten um sich, ohne daß Sie in Ihrer Unwissenheit ahnen, was die betreffenden Schriftsteller sagen wollen. Wie bodenlos leichtfertig Sie die gefährlichsten und ehrenrührigsten Anschuldigungen erheben, ohne den mindesten substantiierten Grund ... Sie wollen, sagen Sie, ›auf Verlangen‹ die schauerliche Sache von den rituellen Morden der Juden ›amtseidlich‹ erhärten und vollbringen! Bei Ihrer notorischen Unwissenheit kennen Sie sicherlich nicht alle Päpste und Bischöfe, Könige Fürsten, Gelehrten und Theologen des Christentums, welche diese infame Beschuldigung gründlich abweisen ... Wie widerlegen Sie alle diese Aussagen und Erklärungen? Durch Ihre Talmud-Gelehrsamkeit? Durch Geschichtskenntnis? Durch Ihren Scharfsinn? Nein – mit Ihrem Amtseid!«[202]

Mit diesem Angriff auf Rohling gab Bloch der Auseinandersetzung eine andere Richtung: Es ging nicht mehr um die Auslegung einzelner Stellen aus dem Talmud oder anderer Bücher, sondern um die Intentionen des politischen Antisemitismus.[203]

Ein Ritualmord-Vorwurf sollte Bloch und Rohling zu einer großen Auseinandersetzung bringen, die das Leben der beiden Männer entscheidend veränderte. Am 1. April des Jahres 1882, am Palmsonntag – die Juden feierten das Pessachfest – verschwand in dem ungarischen Ort Tisza-Eszlár die junge Magd Esther Solymosi. Zuletzt war sie in der Nähe der Synagoge gesehen worden. Am nächsten Morgen beschuldigte die Mutter des Mädchens die Juden eines Ritualmordes. Der Vorfall sprach sich schnell herum, es war jedoch ein Abgeordneter der äußersten Linken, Baron Géza von Onody, der im Mai des Jahres den Vorwurf des Ritualmordes im ungarischen Reichstag vorbrachte. Kurz darauf ging in Tisza-Eszlár die Synagoge in Flammen auf.

Nachdem das Mädchen aus einem Fluß tot geborgen wurde und der Gemeindearzt die Leiche identifiziert hatte, schien klar zu sein, daß es sich um einen Selbstmord handelte.

Doch die Mutter wollte in der Leiche ihr Kind nicht wiedererkennen. Antisemiten hatten den vierzehnjährigen Sohn des Tempeldieners entführt und ihn durch Folter gezwungen, auszusagen, daß er Zeuge der »Bluttat« gewesen sei. Darüber hinaus wurde ein Gutachten eines gerichtsmedizinischen Instituts erbracht, das bescheinigte, daß die gefundene Leiche nicht mit dem verschwundenen Mädchen identisch sei. Trotz dieser Anstrengungen mußten bei dem Prozeß die Angeklagten freigesprochen werden. Doch damit war die Ritualmord-Legende nicht aus der Welt.

Noch vor der Schlußverhandlung gegen die jüdischen Angeklagten von Tisza-Eszlár erbot sich Rohling in einem Schreiben an Graf Onody, als Gutachter bezüglich jüdischer Ritualmorde auszusagen:

»Da nun aber jetzt in den Hallen des Gerichtes über einen solchen Fall verhandelt wird, erachte ich es für meine Pflicht, Euer Wohlgeboren in Kenntniß zu setzen, daß ein Buch in meinen Besitz gelangt ist, das durch ein jerusalemisches Unternehmen des Moses Montefiore noch im Jahre 1868 erschienen ist und folgenden Passus bringt: ›Das Vergießen nichtjüdischen jungfräulichen Blutes ist für die Juden eine außerordentlich heilige Handlung, derartig vergossenes Blut ist dem Himmel sehr angenehm und erwirkt den Juden himmlisches Erbarmen.‹ Dies der kurzgefaßte Auszug des ganzen Satzes, der, wortgetreu übersetzt, in kurzer Zeit der Oeffentlichkeit übergeben werden wird. Die Wahrheit des Obsagten will ich noethigenfalls vor dem Richter erhärten.«[204]

Darauf publizierte Bloch erneut einen schroffen Artikel in der *Wiener Morgenpost*, wo er u. a. schrieb:

»Dieser Herr Professor wartet demnach mit nichten, bis man ihn ruft – er läuft geradezu den Gerichtsleuten mit dem ›Verlangen‹ nach und stellt öffentlich jedermann seinen Eid zur beliebigen Verfügung!«[205]

Nun erhebt Bloch öffentlich die Anschuldigung, daß Rohling jederzeit bereit ist, Meineid zu leisten:

»Gegen diese stets drohende Gefahr eines Meineides müssen wir uns schützen ... Ich fühle mich deswegen durch mein Gewissen genötigt, neuerdings gegen den genannten Herrn wegen seiner angebotenen zeugeneidlichen Aussage öffentlich die Anklage des angebotenen Meineides zu erheben und bin bereit, diese schwere Anklage vor jedem Forum zu begründen ... Da er dennoch für all seine horrenden Lügen keinen anderen Wahrheitsbeweis übrig hat, als den viel mißbrauchten Eid und da er gar diesen Eidschwur anbietet, um zeugeneidlich eine plumpe Erdichtung verbündeter Unwissenheit und Böswilligkeit zu erhärten, so muß er sich gefallen lassen, daß man öffentlich gegen ihn die Anklage des angebotenen Meineides erhebt. Und nicht allein das, auf Verlangen wird dieser Herr beeiden, daß die Juden von Religions wegen Diebe sind und die Christen bestehlen dürfen, sondern sogar es müssen! Auf Verlangen wird er beschwören, daß die Juden von Religions wegen gegen Christen allerlei Betrug verüben. Auf Verlangen wird er beeiden, daß der Meineid den Juden keine Sünde ist und die Ableistung eines falschen Eides gegenüber den Christen nach ihren Religionsgesetzen eine gottgefällige Handlung sei.

Das ist beileibe keine Ironie, auch keine Übertreibung, sondern schauderhafte nackte Wahrheit, dieser Herr hat das nicht bloß beeiden wollen, sondern auch tatsächlich beeidet ... Seine verlogenen talmudischen Zitate hat er wiederholt beeidet. Ein k.k. Professor mit wiederholten falschen Eidesleistungen ist ein Unikum selbst in der bunten wechselreichen Geschichte österreichischer Universitäten.«[206]

Mit diesem Artikel zwang Bloch Rohling, gerichtliche Schritte einzuleiten, da er diese Anschuldigungen nicht im Raum stehen lassen konnte, ohne sein Gesicht zu verlieren. Am 10. August 1883 reichte der Anwalt Rohlings, Robert Pattei, beim k. k. Landgericht Wien eine Anklage wegen Ehrenbeleidigung gegen Bloch sowie Anklagen gegen den Herausgeber und den Redakteur der *Morgenpost* ein. Da Bloch zu dieser Zeit Abgeordneter zum Reichsrat war, mußte zuerst seine Immunität aufgehoben werden, damit eine formale Anklage gegen ihn erhoben werden konnte. Obwohl das Landgericht diesen Antrag umgehend stellte, wurde der entsprechende Beschluß des Reichsrates erst im Februar 1884 gefaßt.

Zwischenzeitlich mußte Bloch seine Vorbereitung auf den Prozeß aufnehmen.

Bei dem Prozeß konnten natürlich Juden als Gutachter nicht auftreten, weil die Gegenseite sie sofort als befangen abgelehnt hätte. Deshalb wandte sich Bloch an die »Deutsche morgenländische Gesellschaft« mit der Bitte, hervorragende Fachwissenschaftler zu benennen, die entsprechende Kenntnisse besäßen, um Gutachten erstellen könnten. Für den Prozeßverlauf war es ferner von entscheidender Bedeutung, einen kompetenten Rechtsanwalt zu gewinnen. Über einen Freund Blochs bot sich der Anwalt und spätere Bürgermeister von Wien, Karl Lueger an, die Verteidigung zu übernehmen. Bloch wandte sich in dieser Angelegenheit an seinen väterlichen Freund, Adolf Fischhof, einen liberalen Führer der Revolution des Jahres 1848.[207]

Bloch entschied sich für den Anwalt Josef Kopp, der ihm schon von dem nobilitierten jüdischen Geschäftsmann Wilhelm Ritter von Gutmann[208] vorgeschlagen worden war.[209]

Das Landgericht machte sich den Vorschlag Blochs zu eigen, die »Deutsche morgenländische Gesellschaft« die Gutachter für den Prozeß vorschlagen zu lassen. Die Gesellschaft schlug folgende Gutachter vor: die Professoren Bickell aus Innsbruck, Delitzsch aus Leipzig, Dillmann aus Berlin, Gildemeister aus Bonn, de Lagarde[210] aus Göttingen und Nöldecke aus Straßburg.[211]

Das Landgericht Wien akzeptierte alle vorgeschlagenen Personen außer Franz Delitzsch, der durch seine Schriften gegen Rohling nicht mehr als unvoreingenommen galt. Die Professoren Gildemeister und Dillmann lehnten das Ansuchen rundweg ab, während Lagarde diese Aufgabe in aller Eile hinter sich bringen wollte, da er sich auf einen längeren Aufenthalt in Rom vorbereitete. Da aber der Arbeitsaufwand beträchtlich sein würde, verzichtete das Gericht auf seine Mitarbeit. Prof. Bickell aus Innsbruck wies das Ansinnen auch zurück, indem er darauf verwies, seit über zwanzig Jahren mit Rohling befreundet zu sein. Zum Schluß seines Briefes kommt er auf die fragwürdige Kompetenz einiger »Gelehrter« in diesen religiös-theologischen Auseinandersetzungen zu sprechen:

»Zwar macht sich heutzutage der Schwindel gelehrter Industrieritter gerade hier wegen der Schwierigkeit der Kontrolle besonders breit. (so hat kürzlich in Münster ein strebsamer Privatdozent, leider Priester, welcher gar nichts vom Talmud versteht, sich in einem ähnlichen Prozesse als Sachverständiger aufgedrängt und sich dann zur Bestätigung seines Gutachtens von einem bekehrten Juden ein von talmudisch-rabbinischer Gelehrsamkeit überströmendes Buch schreiben lassen, welches er als sein eigenes Werk veröffentlichte, um daraufhin Professor zu werden); ich bin aber in diesen Dingen so altmodisch, mich nur da, wo ich vollständig zu Hause bin, als Autorität auszugeben.«[212]

Die Vertreter der beiden Parteien konnten betreffend der Gutachter Vorschläge machen. Interessant ist, daß Rohlings Anwalt Pattai über die von der Deutschen morgenländischen Gesellschaft vorgeschlagenen Professoren hinaus, die schon erwähnten Briman und Eckert vorschlug.[213]

Die Strategie von Rohlings Anwalt, zusätzlich Briman und Eckert vorzuschlagen, war insofern geschickt, da von den Professoren nur einer zusagte. Da die Prozeßordnung jedoch zwei Gutachter verlangte, schlug Blochs Verteidiger Kopp deshalb vor, den Rektor der Wiener Universität Zschokke, der ebenfalls Professor für die Exegese des »Alten Testamentes« an der katholischen Fakultät war, weitere Gutachter vorschlagen zu lassen. Das Gericht akzeptierte den Vorschlag, auch Rohling konnte gegen ihn nichts einwenden. Dieser empfahl Briman:

»In Österreich ist mir kein Gelehrter bekannt, der durch namhafte Leistungen auf dem Gebiet der talmudisch-rabbinische Literatur sich hervorgetan hätte, außer der genannte Dr. August Brimanus, einer der gründlichsten Kenner des Talmuds ... Nachträglich erlaube ich mir, den Herrn Dr. August Wünsche aus Dresden namhaft zu machen.«[214]

Somit waren zwei Vertraute Rohlings in den engeren Kreis der möglichen Gutachter des bevorstehenden Prozesses geraten.

Briman, der zu dieser Zeit in Wien wohnte, war niemals Rabbiner gewesen.

Rohling und Briman alias »Dr. Justus« standen im Briefkontakt, der sich im Zuge der Prozeßvorbereitung intensivierte. Inzwischen lobte Rohling diesen öffentlich in den höchsten Tönen. In der Zeitschrift *Tribüne* pries er ihn als einen der größten »Hebräisten auf der ganzen Welt« und fügte hinzu: »Ich sage dies aus bester Erfahrung, indem ich nicht bloß die Zitate des Verfassers in den zitierten Quellen selbst genau vorfand, sondern auch die persönlichen Verhältnisse des Autors kenne.«[215] Kurz zuvor empfahl er den Lesern der *Tribüne* die Lektüre von Brimans/Justus' *Judenspiegel* wärmstens:

»Dieses Werk also möge das Publikum recht fleißig lesen, und die hohen Regierungen mögen es, wie gesagt als Ausdruck meiner Überzeugung juridisch streng prüfen lassen ... Dr. Justus selbst ist nicht mit mir identisch, aber seine Sache ist meine Sache. Die Texte, welche er bietet, sind direkt aus den Quellen entnommen.«[216]

Als der Prozeß begann, lud ihn Rohling nach Prag ein und engagierte ihn als Lehrer für Talmud mit einem jährlichen Gehalt von 1800 Gulden.[217] Briman sah sich jedoch bald von seiner Aufgabe, Rohling in Hebräisch zu unterrichten, überfordert und verließ Prag wieder. Doch genau zu jenem Zeitpunkt unterrichtete der Anwalt Pattai seinen Klienten, daß vor Gericht jetzt der Wahrheitsbeweis geführt werden müsse. Darauf schrieb Rohling einen Brief an Briman, in dem er ihn geradezu anflehte, ihm zu helfen:

»Dr. Pattai ist hier und sagt, daß gegen Bloch vor Gericht der Beweis der Wahrheit geführt werden muß, und wie ist das möglich, wenn Sie nun fortgehen? Sie müssen mit nach Wien. Der Prozeß wird im Jänner oder Februar sein. Wollen Sie also nicht bis Ostern ganz hier bleiben? Ich verpflichte mich, dafür zu sorgen, daß Sie ein guter Doctor medicinae werden sollen, auch wenn Sie dieses eine Semester verlieren. Ich bitte Sie also, nicht abzureisen, sondern hier zu bleiben oder aber sich in Würzburg bloß einzuschreiben zu lassen und dann gleich wieder hierherzukommen.«[218]

Durch einen Zufall kam die Wahrheit über Rohlings Sprachkenntnisse ans Tageslicht. Briman hatte sich in Innsbruck mit einer Cousine eines sozialistischen Arbeiters verlobt, der mit Bloch bekannt war. Da Briman die Frau sitzen ließ, wandte sich der Cousin an Bloch, um einen Rat einzuholen. Bloch bat einen Advokaten namens Elbogen, nach Innsbruck zu fahren und die Angelegenheit zu regeln. Dieser traf mit Briman zusammen und im Zuge dieses Treffens gab Briman sein enges Verhältnis zu Rohling zu. Nachträglich schrieb Briman an den Advokaten einen Brief, in dem er ausführlich über Rohling berichtet.

»Um der Wahrheit Gerechtigkeit widerfahren zu lassen, sehe ich mich zu folgender Mitteilung über die Person des Herrn Professors Rohling veranlaßt. Herr Professor Rohling nahm im Jahre 1884 mehrere Monate hindurch bei mir Unterricht in Talmudicis, wofür er mir meinen ganzen Unterhalt gab. Der Unterricht bestand anfangs darin, ihn im Lesen der rabbinischen Schriften zu unterweisen, dann aber begann ich mit ihm die leichtesten Stellen aus dem Tractate ›Aboda Zara‹

zu übersetzen. Doch mußte ich das Unterrichten aus diesem Grunde aufgeben, weil das Lesen der rabbinischen Schriften dem Herrn Rohling sehr schwer fiel, so daß an eine Möglichkeit, ihm die Fähigkeit des Übersetzens jemals beizubringen, nicht zu denken war. Merkwürdigerweise veröffentlichte er, während ich ihn unterrichtete, zwei Broschüren, in denen viele hundert Zitate aus solchen Büchern vorgeführt sind, deren Original er nicht einmal zu lesen imstande ist.«[219]

Briman übersiedelte nach Wien und verlobte sich mit zwei Damen, gegenüber der einen gab er sich als Universitätsdozent aus Graz und bei der anderen wies er sich als Inhaber eines Lehrstuhles an der Grazer Universität aus. Er wurde wegen Heiratsschwindels angezeigt und in Untersuchungshaft genommen. Bei der Gerichtsverhandlung wurde er überdies auch wegen Urkundenfälschung angeklagt und zu einer Kerkerstrafe verurteilt.

Trotz seiner kriminellen Delikte scheint er Protektion genossen zu haben: So bemerkte Bloch:

»Die geschädigten Personen blieben der Verhandlung fern, zogen ihre Anklagen zurück, der Richter suchte in jeder nur möglichen Weise den Angeklagten zu schonen, für den sich die mächtigsten klerikalen Protektionen interessierten, welche mit einer außerordentlichen Diskretion geleitet wurde ... Aron Briman hat im Vereine mit einem Herrn Rohling, einem Bruder des Professors, die medizinischen Studien beginnen wollen und zu diesem Behufe haben sie zwei gefälschte Maturitätszeugnisse erworben. Als der Rektor der Universität Würzburg eine Bescheinigung verlangte, damit Briman auf Grund des Falsifikats zum Hörer der Medizin immatrikuliert werde, produzierte er am 13. December1883 ein Telegramm vom 12. desselben Monates aus Prag, auf Grund dessen ihm die Immatrikulation gestattet wurde. Wer der Prager Absender des Telegrammes war, darüber waltete kein Zweifel.«[220]

Nach seiner Haft verschwand er nach Italien, fand in Rom Unterstützung und verfaßte unter dem Namen Abbé Doktor Klemens Viktor wahrscheinlich gemeinsam mit Rohling die Schrift »Prof. Dr. Rohling, die Judenfrage und die öffentliche Meinung«. In dieser Arbeit wird berichtet, Briman hätte mittlerweile in Paris seine medizinischen Studien abgeschlossen. Seinem römischen Beichtvater schrieb er in einem Brief über sein Verhältnis zu Rohling und seine Aufgabe, die er bei dem Prozeß übernehmen hätte sollen.

»Professor Rohling lag damals krank, der Prozeß mit Bloch hätte damals zur Austragung gelangen sollen, und da ich oft dem Professor erklärt hatte, daß ich seine Schriften genau studiert und vollkommen richtig befunden habe, so schrieb er mir, als ich plötzlich nach Würzburg an die dortige Universität abreisen wollte, ich möchte noch bleiben, um in Wien an seiner Statt den Beweis der Wahrheit zu führen, da er selbst krank sei.«[221]

So sollte Briman die gleiche Rolle wie in Münster spielen:

»So gewinnt man einen Einblick in die interessante Doppelrolle, welche dem Biedermann zugedacht war: er sollte einerseits den Ankläger vertreten und andererseits auch der von Gericht bestellte unparteiische Sachverständige sein. Die in Münster so trefflich aufgeführte Komödie sollte nun auch in Wien in Szene gehen und durch jene selben Personen dargestellt werden, welche das Stück bereits einmal gut gespielt hatten!«[222]

Nachdem Briman durch die Tätigkeit des Anwalts Elbogen zugab, daß Rohling überhaupt kein Hebräisch beherrschte – wie Bloch richtig vermutete – muß man über die vielen hebräischen Zitate staunen, die in den Arbeiten von Rohling vorkommen. Von Eisenmenger konnte er nur einen Teil der verwendeten Zitate abgeschrieben haben. Erstmals verwendete Rohling in dem 1883 erschienenen Buch *Die Polemik und das Menschenopfer des Rabbinismus* hebräische Zitate, die entsprechende Kenntnisse voraussetzen. Deshalb stellte sich die Frage, ob Rohling Hintermänner hatte, die ihm halfen. Adolf Jellinek, Prediger an der israelitischen Kultusgemeinde, gab in einem Artikel in der *Österreichischen Wochenschrift* seinen Zweifeln Ausdruck:

»Nicht Justus-Briman, sondern ein anderer Jude, der im ›Sohar‹ und anderen kabbalistischen Schriften belesen ist, hat alle von August Rohling benützten kabbalistischen Citate demselben geliefert und gegen sein besseres Wissen insinuirt, daß aus denselben die Blutbeschuldigung gegen die Juden sich deduciren lasse. August Rohling hat in der ›Tribüne‹ und dann in seiner Schrift gegen die Rabbinen einen Juden erwähnt, mit dem er in Berührung kam, und der ihm bei seiner Schandarbeit Dienste leistete. Diesem nichtswürdigen Menschen gegenüber, der so gottversessen war, die Blutbeschuldigung gegen die Juden durch kabbalistische Citate zu unterstützen, ist Justus-Briman ein Ehrenmann. Dieser Dritte muß eruirt werden!«[223]

Seit 1884 lebte in Wien ein russischer Jude, der die hebräische Zeitschrift *Hakol* redigierte. Er hatte auch zu prominenten Vertretern der Wiener Kultusgemeinde Kontakt und soll laut Bloch »reichlich Förderung« erhalten haben. Dessen Landsmann Ephraim Deinhard, ein jüdischer Literat und Reiseschriftsteller, machte in seinem Buch *Reise durch Europa* im Jahre 1885 erstmals auf ihn aufmerksam. Deinhard schildert u. a. die Situation der eingewanderten Juden in London und kommt in diesem Zusammenhang auf Rodkinssohn zu sprechen:

»Jede Nichtswürdigkeit als Spaß anzusehen, das Weib und die Religion, den gefälschten Namen und die gefälschten Reisepässe so oft zu tauschen wie die Zigeuner das Pferd.«[224]

Er berichtet weiter,

»daß er in Rußland wegen Betruges oder Wechselfälschung verurteilt wurde und in Deutschland wiederum eine hebräische Zeitschrift ›Hachoze‹ im Dienste der Missionsgesellschaft redigiert habe. Nach einander habe er bereits folgende Namen geführt: M. L. Frumkin, Alter Frumkin, M. L. Rodkinssohn, Alter Rodkinssohn, M. L. Alter. Gewiß habe er noch eine Anzahl solcher Namen in Vorrat.«[225]

Erste Bekanntschaft mit Rodkinssohn machte Bloch in einer Wiener Buchhandlung:

»Es war etwa in den ersten Monaten des Jahres 1884 als ich eine Wiener jüdische Buchhandlung aufsuchte, um einige Schriften einzukaufen. Da reichte mir der Buchhändler eine neue hebräische Broschüre … Neugierig durchblätterte ich das Heft und sagte zu dem Buchhändler: ›Diese Schrift ist schlimmer als der Judenspiegel des Doktor Justus.‹ Ich hielt es für wichtig, diese Äußerung dem Buchhändler gegenüber zu machen und fügte in bezug auf Herrn Rodkinssohn, den Verfasser, hinzu: ›Vor diesem Menschen fürchte ich mich.‹ Meine Angst war keine unbegründete, und als der Verfasser mir seine Schriften zusandte, erhielt er keine Antwort. Die eigenartige Natur dieser Arbeiten verdoppelten ihre Gefährlichkeit. Er schreibt nie gegen, sondern immer für die Juden, und von der gesicherten Position des Apologeten appliziert er dem Judentum hinterlistig die gefährlichsten ›Schüsse in den After‹, um einen Ausdruck Bismarcks zu gebrauchen. In Redewendungen, die ganz harmlos und unabsichtlich scheinen, bietet er – im Interesse der Mission – die sogenannte wissenschaftliche ›Entdeckung‹, daß das Kreuz noch vor der Entstehung des Christentums im alten Israel ein heiliges Symbol war; daß die alten Hebräer den siebenten Ruhetag am Sonntag feierten und bloß aus Opposition und Haß gegen die damaligen Nichtjuden den Sonntag auf den Sabbath verlegten. Solcher Art versteht er auch die Juden zu verteidigen, daß ein Rohling mit ihm zufrieden sei und mancherlei von ihm profitieren dürfte. Er scheut auch nicht Zitate zu präparieren, mißdeutungsfähige Stellen mit fetten Lettern hervorzuheben. Seine Schriften sind darum um so gefährlicher, weil er die Maske des Apologeten trägt.«[226]

Deshalb ist es höchstwahrscheinlich kein Zufall, daß Rodkinssohn seinen Wohnsitz zur Zeit der Prozeßvorbereitungen nach Wien verlegte. Bloch durchschaute den Grund, als er in der *Österreichischen Wochenschrift* schrieb:

»Seitdem der Rohling-Proceß acut geworden (ist), hat dieser R. seinen Wohnsitz nach Wien verlegt, er führt sich überall als tüchtiger Hebräist ein und weiß die jüdischen Finanzmänner auf allerlei Art anzuschnorren; er versteht dieses Metier vortrefflich, er erhält nicht unbeträchtliche Geldsummen von Juden, von der protestantischen Mission und von den Antisemiten.«[227]

Aus einem Brief Rohlings an Briman geht deutlich hervor, daß Rodkinssohn ihn mit entsprechenden Unterlagen in seiner Arbeit unterstützte. »Von R. (Rodkinssohn) erwarte ich noch täglich die betreffende Nachricht; ich glaube daran, daß sie in meinem Sinne ausfällt.«[228] Nachdem Bloch den Brief in der *Österreichischen Wochenschrift* publiziert hatte, versuchte Rodkinsson, ihn – unter der Androhung von Schmähschriften – zu der Aussage zu bewegen, daß es sich bei dem Kürzel R. nicht um seine Person handle. Deshalb schrieb Bloch folgenden Kommentar in der *Österreichischen Wochenschrift*:

»Es ist nicht Starrsinn, es ist nicht persönliche Animosität, wenn ich die verlangte Erklärung verweigert habe. Was er verlangt hat, war nichts als falsches Zeugnis, die Bestätigung einer Lüge.«[229]

Rodkinssohn publizierte in dieser Zeit ein antisemitisches Buch mit dem Titel *Der Charakter des israelischen Volksgeistes*, in dem er die Erzväter Abraham, Isaak, Jacob und Josef als Schacherjuden und Ausbeuter fremder Arbeitskräfte charakterisiert. Da er die Druckkosten nicht bezahlen konnte, wurde er schließlich verhaftet und in das Landesgericht eingewiesen. Damit war seine Karriere in Österreich beendet.

Obwohl die Strategie Rohlings, Brimans und Rodkinssohns bzw. der dahinter stehenden Antisemiten abgewendet werden konnte, war der Prozeß für Bloch noch keineswegs gewonnen. Das Gericht konnte aber auf Grund der schweren Bedenken gegen Briman letztlich nur die beiden Gutachter Nöldecke und Wünsche für das Verfahren akzeptieren.

Nun konnten die konkreten Schritte für den Prozeß vorgenommen werden.

»Jetzt erst konnte ich zusammen mit meinem Rechtsfreund Dr. Josef Kopp zur Aufstellung des den Sachverständigen vorzulegenden Questionärs schreiten. Es handelte sich zunächst und hauptsächlich darum, den Sachverständigen hebräische Textstellen zur Übersetzung und, wo es notwendig ist, auch zur Erläuterung vorzulegen. Ich wählte weit über 400 Texte aus der talmudisch-rabbinischen Literatur vom 2. bis 18. Jahrhundert n. Chr., und zwar teils solche, auf welche sich Rohling in seinen Schriften zum Beweise für seine Beschuldigung bezieht, teils solche, welche zum Verständnis dieser Texte und zur Gewinnung eines vollständigen Bildes der jüdischen Anschauungen über Religion, Moral und Recht, wie sie sich im Verlaufe der Jahrhunderte unter den verschiedenen Verhältnissen herausgebildet haben, notwendig sind. Selbstverständlich waren nicht bloß die von Professor Rohling, sondern auch alle von Dr. Justus-Briman herangezogenen Texte, sowie die in der unter dem Namen Dr. Eckerts erschienenen Schrift vorgeführten den Sachverständigen zur Übersetzung vorgelegt. Diese Masse von Texten, die gedruckt 80 Folienspalten füllten, wurden nun von mir nach Gruppen, die sich nach der Natur der Sache ergaben, systematisch geordnet und noch spezielle Fragen eingefügt. Die betreffende Eingabe an das Landgericht füllte 42 gedruckte Folianten.«[230]

In seiner Arbeit über die problematische Prozeßvorbereitung gibt Blochs Anwalt die Vorgangsweise in der Begutachtung an. Grundsätzlich wurden neben den jüdischen Schriften auch Werke von christlichen Autoren überprüft, auf die sich Rohling beruft. Am Beispiel des berühmten antijüdischen Bischofs von Lyon, Agobard, der im 10. Jahrhundert wirkte, läßt sich Rohlings Vorgangsweise beispielhaft darstellen. Kopp schreibt:

»In jenem Abschnitte des Buches ›Meine Antworten an die Rabbiner‹, der sich mit dem ›Blutrituale der Juden‹ beschäftigt, behauptet Rohling, daß die ›Anklage der Juden auf rituellen Christenmord durch alle Jahrhunderte‹ gehe. Schon diese Behauptung ist auffällig, da bisher angenommen wurde, daß diese Anklage frühestens im 12. Jahrhundert erhoben wurde. Rohling führt aber zum Beweise seiner Behauptung wörtlich an: ›der berühmte heilige Agobardus, Bischof von Lyon, theilt die älteren Thatsachen bis zum 8. Jahrhundert in seinen Werken De insolentia Judaeorum und De Judaicis superstitionibus mit.‹ Diese Behauptung ist wenigstens concret, faßbar und controllierbar, aber auch sehr merkwürdig. Bisher wußte man, daß Agobardus ein großer Judenfeind war, der den Juden alles erdenklich Schlechte und nur Schlechtes nachsagte. Gerade darum beriefen sich jüdische Gelehrte zur Widerlegung der Blutbeschuldigung gern auf ihn, weil ein solcher Mann, wenn er auch nur gerüchtweise von Mordthaten gehört hätte, welche von Juden an Christen begangen wurden, gewiß davon gesprochen hätte, sein Schweigen hierüber wurde als Beweis dafür verwendet, daß zu seiner Zeit die Blutfabel noch nicht bekannt war. Und nun entdeckt Rohling, daß Agobardus nicht bloß von Blutritualen geschrieben, sondern sogar ›die älteren Thatsachen bis zum 8. Jahrhundert‹ mitgeteilt hat … Ich las die beiden von Rohling zitierten Schriften und fand, daß an seiner Behauptung kein Wort wahr ist … Ich stellte daher den Antrag, das Gericht wolle die beiden Abhandlungen durch einen beeideten Sachverständigen prüfen lassen.«[231] Im Gutachten findet sich folgendes Ergebnis: »In den beiden genannten Schriften ist keine Thatsache angeführt oder den Juden zur Last gelegt, welche als ritueller Mord ausgelegt werden könnte.«[232] Auf diese

Art und Weise versuchte sich Rohling einen wissenschaftlichen Anschein zu verleihen.[233]

Das Landgericht übermittelte Ende Januar 1885 die Folianten den beiden Gutachtern Nöldecke und Wünsche. Vorher wurde noch Rohling vom Gericht angeboten, zusätzliche und ergänzende Fragen den Gutachtern zu übermitteln; doch er machte davon keinen Gebrauch.[234] Ende Juni langte beim Landgericht das von den beiden Professoren gemeinsam verfaßte Gutachten ein. Damit waren die Voraussetzungen für den Prozeßbeginn gegeben, der auf 18. November festgesetzt wurde. Im Oktober gab Rohling dem Landgericht bekannt, daß er die Klage gegen Bloch zurückziehe. Die österreichische Unterrichtsverwaltung sah sich aus diesem Grund gezwungen, Rohling zu veranlassen, auf seinen Lehrstuhl zu verzichten und daraufhin wurde er pensioniert.

Diese Wende in dem Prozeßverlauf rief eine entsprechende öffentliche Reaktion hervor. Mit seinem Rückzieher verlor Rohling jegliche Glaubwürdigkeit in der liberalen Öffentlichkeit,[235] und damit war er wissenschaftlich, moralisch und politisch erledigt. Mit dem juristischen Erfolg hatte Bloch sich einen Namen gemacht, trotzdem sollte es ein Pyrrhussieg werden. Die Antisemiten ließen sich durch diesen gerichtlichen Ausgang nicht im mindesten beeindrucken, sondern änderten höchstens ihre Argumente in ihrem antijüdischen Kampf.

»Sie werden sehen, die Sache spitzt
immer mehr auf die Judenfrage hinaus.«
Ernst Schneider (Christlichsozialer Politiker)

Blochs Auseinandersetzung mit dem christlich-sozialen und rassischen Antisemitismus

Blochs öffentliches Wirken fiel in die Zeit des vorläufigen Höhepunktes des politischen Antisemitismus. In seinen Memoiren zitiert er eine für heutige Leser fast nicht mehr nachvollziehbare Zeitungsnotiz:

»In der Brigittenau, dem zwanzigsten Bezirke Wiens, wurde die Köchin Katharina Schwab, 30 Jahre alt, über Aufforderung der (jüdischen) Gemischtwarenverschleißerin Julie Neumann, arretiert, weil sie dem Gatten der Neumann ein vier Monate altes Kind zum Kaufe angeboten hatte. Auf dem Polizeikommissariat gab die Köchin an, sie hätte durch das Offert nur Neumann auf die Probe stellen wollen.«[236]

In einem Prozeß im Jahre 1899 gegen einen Redakteur einer antisemitischen Zeitung berichtete der Staatsanwalt dem Gericht über die Tätigkeit Schneiders, daß

»in einer Versammlung ein Haupt der Antisemiten (Schneider) erklärt hatte, er wünsche nur, daß ihm Gottes Gnade Gesundheit verleihe, um es zu erleben, daß der Ritualmord durch ihn erwiesen werde, damit endlich die Ausscheidung der Juden aus der menschlichen Gesellschaft erfolge.«[237]

Ein maßgeblicher Agitator des politischen Antisemitismus war der katholische Sozialreformer Karl Freiherr von Vogelsang (1818–1890). Er war seit 1875 Redakteur der Wiener konservativen Zeitung *Vaterland*, des Organs des Reformkatholizimus und des niederen Klerus. Er trat nach dem Vorbild der katholischen Romantik für eine ständische Ordnung der Gesellschaft ein.

Von ihr und einem sozialen Königtum versprach er sich vor allem im Interesse der durch Kapitalismus und Industrialisierung verelendeten Bauern und Handwerker eine grundlegende Sozialreform. Sein Kampf gegen Kapitalismus, Liberalismus und Individualismus bestimmte auch seine Einstellung zu den Juden.[238] Vogelsang war mithin der bedeutendste Kopf der katholischen Romantik in Österreich.

Er war ein Anhänger Adam Müllers, des einflußreichen Staatstheoretikers der politischen Romantik, der mittelalterliche, ständische Gesellschaftstheorien als moderne, antikapitalistische Reformmodelle proklamierte.[239]

Vogelsang war einer der Väter des modernen Antisemitismus in Österreich-Ungarn, der im Judentum »den historisch und ethnisch vorbereiteten hauptsächlichen Träger und Vorbereiter der in Rede stehenden sittlichen Krankheit (des Liberalismus)« sah.[240] Sein Kampf gegen die Institutionen der Moderne bestimmte auch seine Stellung zu den Juden.[241]

Er hielt wenig von antisemitischen Maßnahmen, da er überzeugt war, daß die Gesellschaft bereits vom »Geist« des Judentums infiziert sei:

»Bei uns herrscht nicht sowohl deshalb das Judentum, weil das Land mit Juden überschwemmt ist, sondern es ist überschwemmt – und zwar hauptsächlich doch erst neuerdings – weil der liberale Umschwung, mit dem man uns beglückt, durch und durch vom jüdischen Geist durchzogen ist. Wenn durch irgend ein Wunder an irgend einem gesegneten Tag alle unseren 1 400 000 Juden uns entzogen würden, es wäre wenig geholfen: denn uns selbst hat der Judengeist angesteckt, in unsere Institutionen ist er incarniert, unsere ganze Weltanschauung, unser Handel und Wandel ist davon durchzogen ... Nein bevor wir über den Juden zu Gerichte sitzen wollen, richten wir uns selbst, über den Abfall vom Geiste des Christenthums und unseres christlichen Volksthums, den wir frivol vollzogen haben, und wenn wir uns schuldig erkennen, dann laßt uns mit ernster unwiderstehlicher Kraft danach ringen, daß – nicht die alten Formen – aber die alten, ewig heiligen Ideen der christlichen Gesellschaftsordnung, die Gegenseitigkeit, die Gerechtigkeit und Treue, wieder herrschend unter uns werden. Ist dies geschehen, sind unsere Institutionen auf diesem allein berechtigten Grund erbaut, und beherrschen sie unser öffentliches und privates Leben mit ernster Strenge, dann wird die Judenüberfluthung ganz von selbst ein Ende nehmen, wie der Schorf, der von der geheilten Wunde abfällt.«[242]

Für ihn war die Rückkehr zu christlichen, antimodernen Werten die Voraussetzung einer Regenerierung der Gesellschaft, dann würden die Juden auch keine Gefahr für die christliche Ethik darstellen. Obwohl Vogelsang sich gegen pogromartige Verfolgung der Juden aussprach und die Christen zur Abwendung vom Liberalismus aufforderte, bediente er sich schon in den achtziger Jahren des Jargons des modernen Antisemitismus. Er bezeichnet Juden als »Vampire«, die dem Volk das Blut aussaugen, sie seien eine »goldene Internationale«, er sprach von russischen »Talmudjuden«, die schachern und wuchern und von Juden, »welchen als moderne Nomaden der Hausiererhandel am meisten zusagt, weil er ihrem Ausbeutungsgelüste den freiesten Spielraum läßt.«[243] Obwohl die christlichsoziale Bewegung in ihren Anfängen einen radikalen Antisemitismus ablehnte, verwischten sich die Grenzen zwischen einem gemäßigten-christlichen Antisemitismus und rassischen Formen immer mehr.

»Die Schöpfer der Theorie und des Programms der christsozialen Bewegung waren keine radikalen Antisemiten. Ihnen ging es in erster Linie um eine Erneuerung der Gesellschaft im Geist des Christentums. Sie lehnten daher wie Vogelsang den rassischen Antisemitismus ab ... Die Männer, die die katholische Sozialreform in der Praxis verwirklichen wollten und sich deshalb in den politischen Tageskampf begaben, haben allerdings die Mäßigung und Differenzierung der Theoretiker rasch hinter sich gelassen.«[244]

Im Jahre 1880 wurde die erste radikale antisemitische Wochenzeitung, der katholische *Österreichische Volksfreund* gegründet. Der Herausgeber und Eigentümer war Carl von Zerboni.

»Bereits in der ersten Nummer hieß es, daß die Anhänger des Talmud danach trachteten, ›die regierende Race des Erdballs zu werden‹ und daß die Judenfrage nur durch eine gesunde Reform gelöst werden könne. Wenige Monate später wird bereits für die ›Gegenwehr gegen die Verjudung‹ die Devise ›Rasse ist alles‹ propagiert. Von der Nummer 9 an werden die Leser in großen Lettern immer wieder ermahnt: ›Kauft nur bei Christen!‹«[245]

1882 wurde der »Österreichische Reformverein« gegründet, zu dessen Gründern auch der Reichsratsabgeordnete Georg Ritter von Schönerer gehörte. Der Reformverein war eine politische Erweiterung der »Gesellschaft zum Schutze des Handwerks«, deren Ziel die Zurückdrängung des wirtschaftlichen Liberalismus und des »jüdischen Einflusses« war. Die Gesellschaft wurde von dem Besitzer eines mechanischen Betriebs gegründet. Der stellvertretende Vorsitzende des Reformvereins war der Rechtsanwalt Robert Pattai, Rohlings Anwalt im Prozeß gegen Bloch. Er charakterisierte die Aufgaben seiner Organisation folgendermaßen:

»Sollte es nicht gelingen, der Judenfrage durch diese notwendigen Reformen die Wurzel abzuschneiden und das natürliche Gleichgewicht herzustellen, dann müßten eben die vielbegehrten Ausnahmegesetze gegen das Judentum notwendig werden.«[246]

Im Juli 1882 wurde der *Österreichische Volksfreund* zum offiziellen Organ der »Österreichischen Reformpartei«, deren Präsident seit Mai 1882 Robert Pattai war. Anfangs war die Reformpartei konfessionell eher neutral, doch über Ernst Schneider wurden Kontakte zum Kreis der katholischen Sozialreformer um Karl von Vogelsang geknüpft. Zum Kreis der katholischen Antisemiten, die im *Österreichischen Volksfreund* publizierten und in der Reformpartei, der späteren christlichsozialen Partei, maßgeblich tätig waren, gehörte der Pfarrer des Wiener Gemeindebezirkes Weinhaus, Josef Deckert, der der Nachfolger des politisch angeschlagenen und wissenschaftlich erledigten August Rohling werden sollte.

Der Historiker Friedrich Heer schildert die Persönlichkeit Deckerts und sein gesellschaftliches Umfeld folgendermaßen:

»Der tapfere ›Gottesstreiter‹ Pfarrer Dr. Josef Deckert – wie er schon 1935 in einem in Wien und Dresden erscheinenden groß aufgemachten Sammelwerk genannt wird – predigt: ›Die Juden müssen für die christlichen Völker unschädlich gemacht werden.‹ Wie? Deckert meint: Zuerst muß man sie unter ein Fremdengesetz stellen. ›Die Emanzipation der Juden muß fallen.‹ Deckert weist bereits auf den Ausgang des Jahrhunderts hin. Dieser Volksprediger, der als Pfarrer von Weinhaus – Wien, XVIII. Bezirk – eine weit hallende Wirkung ausübt, erklärt: Der Rassenantisemitismus ist vereinbar mit der Kirche. Deckert schildert die Juden als Ritualmörder und als ewige Shylocknaturen, die das Blut der christlichen Völker aussaugen. In den 1880er Jahren zeigen sich in Wien bereits Symptome eines wahrhaft mörderischen Antisemitismus, der auf die physische Vernichtung der Juden zielt. Der Plebejer Ernst Schneider spricht für einen wütenden, verzweifelten Antisemitismus von Kleinbürgern, Handwerkern, Bauern, die sich hilflos dem komplexen Prozeß der Industrialisation, der Urbanisation, der ›Raffgier‹ des Frühkapitalismus ausgesetzt fühlen. Von oben her erhält dieser Antisemitismus bemerkenswerten Sukkurs. Die Erzherzogin Maria Theresia, die Gattin des französischen Thronanwärters, der durch den Zusammenbruch der antisemitischen französischen Bank, der ›Union Générale‹, sich schwer geschädigt weiß, sendet 1881 den Ritter Zerboni di Sposetti nach Deutschland, um die Methoden und Leistungen der antisemitischen Bewegung in Deutschland zu studieren. Eine französisch-deutsch-österreichisch-ungarische-antisemitische Internationale entsteht, die sich gegenseitig durch Redneraustausch, Austausch von Zeitungen, Zeitschriften und persönliche Kontakte aktiviert.«[247]

August Rohling fand in dem Pfarrer Joseph Deckert einen höchst erfolgreichen Nachfolger, der einer der wichtigsten Agitatoren im Kampf gegen die Gleichberechtigung der Juden wurde. Er war ebenso wie Rohling davon überzeugt, daß Juden Ritualmorde aus religiösen Motiven begehen. Er veröffentlichte mehrere Schriften, um seine Behauptungen zu stützen. Im Jahre 1893 publizierte er seine umfangreichste Schrift zu diesem Thema. Im Tone eines Biedermannes wendet er sich dem Thema »Ritualmord« zu:

»Es scheint heutzutage zum guten Tone zu gehören und als ein Zeichen der Bildung und Aufklärung angesehen zu werden, wenn man von dem sogenannten jüdischen Ritualmorde als einem Märchen, einer Fabel, einem Aberglauben spricht und die gegen die Chassidim (die strenggläubigen Juden) gerichtete Blutbeschuldigung, daß sie nämlich in früheren Zeiten Christenkinder zur Schmach Christi marterten und schächteten und deren Blut zu rituellen Zwecken, Passahmahl, aber auch zu anderen abergläubigen Dingen gebrauchten, für eine schändliche Lüge zu bezeichnen.«[248]

In der weiteren Vorrede mimt er den ausschließlich historisch interessierten Theologen, der vier verbürgte Ritualmorde in Tirol nachweisen kann:

»Es handelt sich hier nicht um Judenhetze, sondern um die historische Wahrheit, nicht um persönliche Rechthaberei, sondern um Entscheidung einer wichtigen historischen Frage.«[249]

Den Ausgangspunkt seiner historischen Betrachtungen bildet der angebliche Ritualmord an dem heiligen Simon von Trient, der sich 1475 zugetragen haben soll. Deckert schildert den Vorfall durchaus literarisch:

»Simon, geboren zu Trient von frommen Eltern, wurde noch nicht 29 Monate alt, von dem Juden Tobias, der von anderen Juden mit Geld gewonnen war, von der Thüre seines väterlichen Hauses heimlich geraubt; denn Jene hatten beim Nahen des Passahfestes beschlossen, einen Christenknaben zu tödten, um dessen Blut in ihre Osterkuchen zu mischen, was sie für etwas Gott Angenehmes hielten. Das entführte Kind wird in das Haus Samuels gebracht, wo viele Juden zusammengekommen waren. In schweigsamer Nacht wird er in die Synagoge gebracht; dort ziehen sie ihm die Kleider ab, schnüren die Kehle des Schreienden mit einem linnenen Bande zu, halten ihn, indem sie seine Hände dem Gekreuzigten gleich ausbreiten, aufrecht und beginnen wie hungrige Wölfe mit unerhörter Grausamkeit gegen den zarten Körper zu wüthen, dessen Anblick sie hätte besänftigen können. Einer von ihnen, von finsterer Miene, schneidet mit einem Messer, das noch heute mit Blutspuren bedeckt zu sehen ist, die Spitze seines Schamtheiles ab. Ein Anderer zwickt mit einer Zange ein Fleischstück aus der Wange, ein Anderer, ebenso grausam, ein solches von seiner Wade. Inzwischen fangen sie das aus den Wunden träufelnde Blut in ein untergehaltenes Becken auf. Durch eine solche Schlächterei noch nicht ersättigt, stechen Alle häufig und von allen Seiten die halbtodten Glieder um die Wette mit Nadeln und rufen: Sie thäten dies zur Schmach Jesu, den die Christen als Gott verehren.«[250]

Deckert begab sich eigens nach Trient, um die noch vorhandenen Urkunden über den Prozeß zu studieren. Die vielen Widersprüche während des Gerichtsverfahrens stören Deckert nicht, an einen Ritualmord zu glauben. Der Herzog Sigmund von Österreich läßt im gleichen Jahr den Prozeß einstellen, der Trientiner Kardinal Hinterbach hält jedoch fanatisch an dem Prozeß fest. Selbst eine zweite Einstellung des Prozesses durch Papst Sixtus IV. ignoriert der Kardinal. Selbst der päpstliche Gesandte Ventimiglia, der die Juden für unschuldig hält, kann nicht verhindern, daß mehrere Juden hingerichtet werden. Alle Geständnisse wurden natürlich unter Anwendung der Folter erzwungen. Trotzdem glaubt Deckert an die Schuld der Juden:

»Das glaube ich aber aussprechen zu dürfen, daß es wenige geschichtliche Thatsachen gibt, die mit größerer Sicherheit nachgewiesen werden können, als dieser Ritualmord in Trient und daß gerade die von Seite der Juden und ihrer Gönner gegen den Prozeß gespielten Ränke dazu beigetragen haben, dies ins rechte Licht zu stellen.«[251]

Er resümiert die Ritualmordlegende von Trient in blumigen Worten:

»Es offenbarte sich ein greulicher Fanatismus, ein Blutdurst, eine Christenfeindlichkeit, wie man sie nicht für möglich gehalten hatte. Zudem ging aus den Geständnissen der Verbrecher hervor, daß solche Ausbrüche des jüdischen Fanatismus schon früher vorkamen; man sah das bereits verbreitete Gerücht bestätigt, daß die Juden das Blut von Christenkindern zu rituellen und anderen abergläubischen Zwecken gebrauchen und man hatte eingestanden, daß dies in einer geheimgehaltenen Ueberlieferung und in alten Büchern begründet sei. Die Gemeingefährlichkeit der Juden erschien daher in einem neuen, grellen Lichte.«[252]

Deckert weiß aber auch von anderen Ritualmorden zu berichten; so sollen Juden aus der Stadt Lienz in Tirol im Jahre 1442 das Blutritual an einer christlichen Magd vollzogen haben.

»Die selige Ursula von Lienz, ein von den Juden ermordetes Töchterlein. So ist fast kein Land und in einem Land schier keine Gegend zu finden, in welchem nicht die jüdische Grausamkeit in dem Blute unschuldiger Christenkinder ihre mörderischen Hände wusch. Im 15. Jahrhundert hat Tirol an drei Orten ein solches Mordspiel der gegen die kleinen getauften Unschuldigen erbitterten Hebräer wehmüthig erfahren müssen. Das erste hat sich zugetragen im Jahre 1442 zu Lienz, einer an der äußersten Grenze Tirols gegen Kärnten liegenden Stadt. Da haben die Juden ein christliches Mägdlein, Ursula mit Namen, zuhause gebracht, welchem sie gemäß ihres unmenschlichen Hasses jämmerlich das Leben genommen. Nach dieser grausamen That sind alle Juden von selbigem Orte auf ewige Zeiten vertrieben worden. Den Leib des seligen Kindes hat man aber auf dem Friedhof zu Lienz beerdigt, daselbst er noch heute ruht ... Der Leichnam des kleinen Mädchens war, wie der Augenschein zeigte, mit vielen Stichen durchbohrt und des Blutes gänzlich entleert. Die Juden von Lienz wurden als des Mordes verdächtig eingezogen. Man hatte offenbar schon früher von solchen Ereignissen gehört; so war in Ravensburg, Diöcese Constanz, 1430 ein Kind von Juden grausam gemordet worden, wie im Laufe des Trienter Processes urkundlich nachgewiesen wird. Die Juden leugneten erst hartnäckig. Aber angesichts des Leichnams und in Folge dringender Ermahnung – von Tortur und Erpressung des Geständnisses durch peinliches Verhör ist hier nicht die Rede, auch nicht andeutungsweise – bekannten sie einstimmig das begangene Verbrechen. Gefragt, wer ihnen das Kind in die Hände geliefert, gaben sie an, eine Christin, namens Margaretha Praitschedlin, habe das Kind an sich gelockt und ihnen gegen Geldgeschenke überliefert. Auch diese gestand ihr Verbrechen ... Die Juden und die verrätherische Christin wurden ihrer Verbrechen gerichtlich überführt und mußten die gebührende Strafe erleiden nach dem damaligen strengen Strafcodex. Der Jude Samuel, der zuerst an das unschuldige Kind Hand angelegt hatte, wurde ans Rad geflochten, mit einem Hund. Ein anderer älterer Jude, namens Joseph, wurde zum Galgen verurtheilt und zugleich mit einem Hunde an den Füßen aufgehängt. Die Praitschedlin wurde mit zwei alten Jüdinnen rücklings gebunden und verbrannt.«[253]

Dem seligen Märtyrer, Andreas von Rinn, widmet Deckert ein weiteres Kapitel seiner Ritualmordkunde.

»Der selige Andreas, von frommen Eltern in der Nähe des Dorfes Rinn,

Diöcese Brixen, geboren, verlor schon im Anfange seines Lebens den Vater. Er hatte noch nicht sein 3. Lebensjahr erreicht, als er von Juden aus Haß gegen Christus den Herrn geschlachtet wurde. Denn einige derselben benützten die Abwesenheit seiner Mutter und führten den Knaben, den sie heimlich geraubt hatten, in den Wald, wo sie die günstige Lage des Ortes ausnützend ihren angeborenen Grimm gegen Christus an dem Blute des Knaben zu stillen beschlossen. Als sie daher an einen entfernten Ort des Haines gelangt waren, verwundeten sie um die Wette den auf einen Stein gelegten Knaben mit ihren Messern. Auf diese Weise eilte derselbe, mit Wunden überhäuft, mit dem Lorbeerkranze des Martyriums gekrönt, in den Himmel im Jahre des Heiles 1462.«[254]

Die Täter konnten nicht gefaßt werden, doch sollen es jüdische Kaufleute aus Deutschland gewesen sein.

Die Mutter des Kindes hatte während der Tat wundersame Erscheinungen:

»Plötzlich; mitten in der Arbeit, fühlte sie auf ihrer rechten Hand einen warmen Blutstropfen. Es war keine Einbildung. Man wischte ihn weg, man sah keine Verletzung an der Hand der armen Frau ... Wieder war ein Blutstropfen auf ihre Hand gefallen ... Siehe, da fällt der dritte Blutstropfen warm auf ihre Hand und sie lief nach Rinn hinauf. Endlich nach längerem Herumirren kam sie zu dem blutigen Steine, auf dem ihr Kind geschlachtet worden war. Ein Schrei des Entsetzens entfährt ihrer Brust, als sie an der Birke den arg verstümmelten Leib ihres Söhnchens hängen sieht und zu Füßen des Blutes überronnenen Steines das kleine Röckchen des Kindes. Ihr Weinen und Jammern erfüllt die Lüfte; ohnmächtig sinkt sie zusammen.«[255]

Seit 1621 begannen die Einwohner der nahe gelegenen Stadt Hall Prozessionen nach Rinn zum Grab des Andreas zu begehen, der von der Kirche selig gesprochen wurde. Im Jahr 1636 wurden die Gebeine des Kindes auf dem Hochaltar ausgestellt und im Jahr 1662 wurde der Bau einer Kirche zu Ehren des Andreas begonnen. Der Stein, auf dem das Kind getötet worden sein soll – der sog. Judenstein – wurde in die Kirche integriert und ein Altar darüber angebracht, in dem die Reliquien des Kindes sich befanden. Im Dezember 1678 wurde die Kirche am

Judenstein vom Fürstbischof von Brixen geweiht zu Ehren der unschuldigen Kinder, besonders des seligen Andreas.

Schließlich berichtet Deckert noch von einem vierten Ritualmord, der sich im Jahre 1744 in dem Tiroler Dorf Montiggl abgespielt haben soll.

»Der achtjährige Franz Locher wurde im Jahr 1744 grausam getödtet aufgefunden und zwar in ähnlicher Weise wie Andreas von Rinn und Simon von Trient, seines Blutes beraubt. Der Mörder entkam der Strafenden Gerechtigkeit. Daß derselbe ein Jude war, konnte nicht gerichtlich constatirt werden; aber glaubwürdige Zeugen sagten unter Anbietung des Eides aus, sie hätten damals einen Juden in jener Gegend herumschleichen gesehen, der angesichts der sonderbaren Wunden an dem Leichnam, des Mordes dringend verdächtig war. Es ist also wahrscheinlich, ja moralisch gewiß, daß dieser Frevel, wie so viele ähnliche, von einem Juden ausgeübt wurde. Diese Meinung wird vom Volke bis auf den heutigen Tag festgehalten und das ermordete Kind wurde von Anfang an als ein Märtyrer angesehen, d. h. als ein von christenfeindlicher Hand zur Schmach Christi und aus Haß gegen ihn grausam getödteter Blutzeuge. Die Reliquien des kleinen Märtyrers wurden sorgfältig und ehrenvoll aufbewahrt.«[256]

Deckert beließ es nicht bei antichristlichen Unterstellungen gegenüber Juden, seine Aspiration bestand auch darin, in den jüdischen Schriften die Anstiftung zum Haß gegenüber Christen nachzuweisen. 1894 publizierte er eine Schrift über den Talmud, die er übersetzt und erweitert hatte. Im Vorwort erläutert er seine Absichten genauer:

»Der Zweck des vorliegenden Buches, das sich durch eine systematische, wissenschaftliche Behandlung von anderen ähnlichen Schriften vortheilhaft unterscheidet, wird erreicht sein, wenn die freche Behauptung, ›der Talmud enthalte überhaupt nichts christenfeindliches‹, allseits als unwahr erkannt wird … So möge denn dies Buch recht vielen christlichen und jüdischen Lesern die Augen öffnen über den eigentlichen und tiefsten Grund der Gefahr, die dem christlichen Volk droht, sowie über die Nothwendigkeit und Berechtigung der antisemitischen Bewegung; möge es besonders christliche Theologen zum eingehenden Studium des Talmud aneifern.«[257]

Nachdem er über unzählige Seiten die angeblichen Beschimpfungen Christi aufzählt, die sich im Talmud finden lassen sollen[258], legt er die anscheinend grundsätzliche Einstellung von Juden gegenüber Christen dar:

»In der That kann nichts Schmähliches gedacht werden, was sie von den Christen aussagen. Sie sagen, die Christen seien Götzendiener, die schlechtesten Menschen, viel schlechter als die Türken; Mörder, Hurenkinder; unreine Thiere, befleckend wie Koth, unwerth, Menschen genannt zu werden. Bestien in Menschengestalt, wahre Bestien, Ochsen, Esel, Schweine, Hunde, schlechter als Hunde; sie pflanzen sich nach der Art der Thiere fort; sie seien teuflischen Ursprungs, ihre Seele komme vom Teufel, und kehre nach dem Tode zurück zum Teufel in die Hölle, der Leichnam eines Christen unterscheide sich nicht vom Aase eines verreckten Viehs.«[259]

Aufgrund dieser Verwerflichkeit der Christen sei es Juden verboten, weibliches Vieh in deren Ställe einzustellen. Er zitiert die entsprechende Stelle folgendermaßen:

»Denn wenn die Gojim in die Häuser des Nachbarn gehen, um mit deren Weibern Unzucht zu treiben und sie dieselben nicht in deren Häusern finden, missbrauchen sie statt dessen die dort befindlichen Thiere. Selbst wenn sie die Frauen der Nachbarn zu Hause treffen, vermischen sie sich mit den Thieren; denn die Thiere der Israeliten sind für sie liebenswürdiger als die eigenen Weiber.«[260]

Deckert »zitiert« wiederum eine Stelle aus jüdischen Schriften, um zu beweisen, daß Christen teuflischen Ursprungs seien:

»Der Grund, warum die Juden die Christen für Abkömmlinge des Teufels halten, ist, ›weil sie nicht beschnitten‹ sind. Die Vorhaut der Nichtjuden verhindert, dass sie Kinder Gottes genannt werden. Durch die Beschneidung werde der Name Gottes Schaddai im Fleische des beschnittenen Juden besiegelt und vollendet. Bei den unbeschnittenen, wie die Christen sind, bleiben nur die zwei Buchstaben »Sched« (Teufel): sie sind also Söhne des Teufels.«[261]

Deshalb sind alle Christen heilsgeschichtlich verdammt:

»Sie kommen nach dem Tode in die Hölle. Die Weisen lehren, Abraham sitze an der Pforte der Hölle und verhindere, dass ein Beschnittener in dieselbe komme; die Unbeschnittenen aber gehen alle in die Hölle ein.«[262]

Die Christen sind deshalb nichts anderes als Götzendiener, die verdammt seien:

»Der Christen Priester sind Baalspfaffen, ihre Kirchen Häuser der Eitelkeit und des Götzendienstes; ihre Gebete, private und öffentliche, sind Sünden, die Gott beleidigen; ihre Feste Unglückstage.«[263]

Aus diesen Gründen darf ein Jude auf keinen Fall eine Kirche betreten:

»Der Jude darf eine christliche Kirche nicht bloss nicht betreten, er darf sich derselben nicht einmal nähern.«[264]

Deshalb darf ein Jude auf keinen Fall ein Haus neben einer Kirche bauen:

»Eben sowenig ist es dem Juden gestattet, neben einer Kirche ein Haus zu bauen, noch zerstörte Gebäude, die er dort hatte, wieder aufzubauen.«[265]

Um die christliche »Götzendienerei« zu vernichten, müßten alle christlichen Bücher vernichtet werden:

»Dass die Bücher der Christen vernichtet werden sollen, sagen alle Talmudisten einstimmig.«[266]

Den wichtigsten Teil des Buches nehmen die Belehrungen des christlichen Volkes über die sogenannten Vorschriften des Talmud gegenüber den Christen ein:

»Demnach muß jeder Jude, der gottesfürchtig sein will, nothwendig alle Vorschriften hinsichtlich der eingeborenen und nachbarlichen Götzendiener erfüllen, als sie das heilige Land bewohnten. Er ist verpflichtet, die Christen zu meiden und Sorge zu tragen, dass sie vertilgt werden.«[267]

Da sich die Juden als auserwähltes Volk betrachten, wäre der Umgang mit Christen ihrer unwürdig:

»Der Jude ist nach der Lehre des Talmud dadurch, daß er dem auserwählten Volke angehört und beschnitten ist, mit solcher Würde begabt, dass ihm nicht einmal ein Engel gleichkommt. Ja, er ist fast Gott gleich anzusehen ... Der Israelite allein ist Mensch, ihm gehört die ganze Welt; ihm muss alles dienen, besonders die Thiere, welche die Gestalt des Menschen tragen. Daraus folgt, dass jeder Verkehr mit den Christen die Juden verunreinigt und ganz unter ihrer Würde ist.«[268]

Da Christen unrein seien, müßten sich Juden so oft waschen:

»Niemand ist unbekannt, wie häufig und vielfach bei den Juden Waschungen und Reinigungen vorkommen und wie sorgsam sie alles meiden müssen, was sie verunreinigen könnte. Die Christen gehören aber nach der Lehre des Talmud zu jenen Geschöpfen, die durch blosses Berühren alles verunreinigen.«[269]

Natürlich unterstellen die Juden den Christen ausschließlich schlechte Absichten:

»Die Juden glauben, dass die Christen nichts mehr wünschen, als das Verderben der Kinder Israels; daher befehlen die vorsichtigen Führer des ›auserwählten‹ Volkes, in keiner weise der Christen Hilfe zu benützen, da sie immer des Mordes und anderer Verbrechen verdächtig seien ... Es ist daher den Juden nicht erlaubt, eine christliche Amme oder einen christlichen Lehrer oder Arzt, oder Haarschneider oder eine christliche Hebamme zu verwenden.«[270]

Juden sollen Christen immer materiell schädigen:

»Dem Juden ist geboten, den Christen sowohl indirect zu schaden dadurch, dass er ihnen nicht Gutes thut, direct an ihrem Besitze und Rechten; auch darf er einem in Lebensgefahr befindlichen Christen nicht zu Hilfe kommen.«[271]

Gefundene Gegenstände, die nachweislich Christen gehören, dürfen diesen nicht zurückgegeben werden.[272] Ferner »ist es erlaubt, den Christen zu betrügen.«[273] Ein weiteres erlaubtes Mittel, die Christen zu schädigen, sei der Wucher:

»Der Jude kann nach seinem Gesetze dem Christen gegenüber auch Wucher ausüben.«[274]

Natürlich dürfen Juden auch Meineide schwören:

»Der Jude kann mit gutem Gewissen auch vor Gericht einen Meineid leisten.«[275]

Aus allen genannten Gründen ist es die Pflicht der Juden, die Christen zu töten:

»Endlich befiehlt der Talmud, die Christen ohne Erbarmen zu töten.«[276]

Juden, die zum Christentum konvertieren, müssen ebenfalls getötet werden.[277]

Um die Herrschaft der Christen zu brechen, müssen die Fürsten getötet werden.[278]

»Am meisten aber muss von den Juden jene Herrschaft verabscheut werden, deren Mittelpunkt Rom ist. Sie nennen es das Reich Esau, Edom, das stolze Reich, das boshafte, gottlose Rom. Das Reich der Türken heissen sie Ismael; dieses zu zerstören gedenken sie nicht, wohl aber das römische Reich auf alle mögliche Weise um so mehr, als sie meinen, mit dem Verderben Roms sei das Heil und die Rettung des auserwählten Volkes verbunden.«[279]

Die Vernichtung Roms sei deshalb so wichtig, »denn wenn Rom zerstört sein wird, wird die Erlösung Israels erfolgen.«[280]

Von dem jüdischen »Vernichtungswahn« sind nach Deckert nicht einmal einzelne Christen ausgenommen:

»Alle Christen sind todeswürdig, auch die besten nicht ausgenommen ... Der Jude, der einen Christ tödtet, sündigt nicht, sondern bringt Gott ein angenehmes Opfer dar.«[281]

Deckert sieht im Judentum keine andere religiöse Regung als die Opferung der Christen:

»Nach der Zerstörung des Tempels von Jerusalem gibt es für Juden kein anderes Opfer mehr, als Vernichtung der Christen.«[282]

Weil der Vernichtung der Christen ein so hoher Wert zukomme, »wird denjenigen, welche Christen tödten, der höchste Platz im Himmel verheissen.«[283]

Nichts darf Juden daran hindern, Christen zu töten:

»Keine Festlichkeit, mag sie noch so gross sein, soll an der Erwürgung der Christen hindern ... Die christliche Religion auszutilgen, ist das einzige Ziel aller Bestrebungen und Gebote Israels. Es ist nicht zu wundern, wenn sie auch von dem Messias nichts anderes erwarten als dass er alle Nichtjuden verfolgen und peinigen wird.«[284]

Mit seiner Darstellung des rabbinischen Judentums legt Deckert unmißverständlich dar, weshalb ein Christ nach seiner Meinung ein Antisemit sein muß. Die Publikation einer kleinen Broschüre, die ein »Situationsbild« der politischen Verhältnisse in der Monarchie thematisiert und den rassischen Antisemitismus als unchristlich brandmarkt, nimmt Deckert zum Anlaß, sich zum Verhältnis zwischen christlichem und rassischem Antisemitismus zu äußern.

»Die Beantwortung der Frage, ob sich die christlichsocialen Antisemiten mit den deutschnationalen Rassenantisemiten oder mit den Katholisch-Conservativen verbinden sollen, wird wesentlich beeinflußt von der Beurteilung des Rassenantisemitismus, ob derselbe unchristlich ist oder nicht. Ist derselbe wirklich unchristlich, wie der unbekannte Verfasser behauptet, so wird eine politische Liaison mit den Deutschnationalen wohl nicht ausgeschlossen sein; verbinden sich doch die Katholisch-Conservativen sogar mit den Liberalen, die sie früher als principielle Gegner der katholischen Kirche hingestellt haben; aber eine engere und dauernde Verbindung beider antisemitischen Parteirichtungen wäre erschwert und der Kampf gegen den gemeinsamen Feind vielfach gelähmt.«[285]

Sollten jedoch die beiden antisemitischen Bewegungen vereinbar sein, dann wird

»die gegenseitige Verständigung erleichtert und ist sogar eine Verschmelzung derselben nicht ausgeschlossen. Letzteres wäre offenbar für das Wohl des christlichen Volkes überaus erwünscht, besonders wenn auch die konservative Partei in der Judenfrage Farbe bekennen würde und dies würde den Sieg über die jüdische Übermacht in die Nähe rücken.«[286]

Er stellt aber noch einmal klar,

»daß jeder aufrichtige Katholik, der seine Kirche und sein Volk liebt,

Antisemit sein muß und wenn er es noch nicht ist, werden muß. Gleichgültigkeit in dieser brennenden Frage erkennt er geradezu als Verrath am Christenthum und an dem hart bedrängten christlichen Stammesvolk.«[287]

Da er die Emanzipation der Juden als »Knechtschaft der Christen« interpretiert[288], verlangt er die Aufhebung der Gleichstellung der Juden und die Wiederherstellung eines christlichen Staates.[289] Aus diesem Grund haben die antisemitischen Parteien die geradezu zivilisatorische Aufgabe, den christlichen Okzident vor dem drohenden Zerfall zu retten. Der Antisemitismus soll das christliche Bewußtsein der Bevölkerung wieder wecken und dadurch die Modernisierung von Staat und Gesellschaft revidieren.

»Das christliche Volk wird sich den christlichen Staat und die Freiheit der Kirche erst erkämpfen müssen. Nicht auf dem Wege der Autorität, nicht von oben, sondern auf dem Wege der verfassungsmäßigen Freiheit, von unten, wird die Rettung des christlichen Volkes erfolgen müssen.«[290]

Er geht davon aus, daß die Masse des Volkes »radicalantisemitisch« sei und die rassischen Antisemiten deren natürliches Sprachrohr. Deckert stimmt mit den rassischen Antisemiten überein, daß sich die Juden niemals änderten und deshalb eine Gleichstellung der Juden unbedingt abzulehnen sei.

»Die Juden bilden ein besonderes Volk, eine besondere, von anderen Rassen durch specifische körperliche und geistige, gute und schlimme Eigenschaften verschiedene Rasse, die durch ein religiöses Gesetz die Vermischung mit anderen Rassen sorgfältig vermeidet, daher die Rasseneigenthümlichkeiten rein und unverfälscht von Generation zu Generation überträgt. Das ist eine Thatsache der Erfahrung, etwas in der Natur des Menschen Gegebenes, ein Unterschied, der als ein von Gott gegebener von uns anerkannt werden muß und in keiner Weise geleugnet werden darf. Der Jude unterscheidet sich der Rasse nach von dem Arier. Wenn man nun von den Fehlern der Rasse oder auch von den guten Eigenschaften derselben spricht, worin sind sie anders zu suchen als im Blute?«[291]

Deckert vertritt einen dezidiert christlichen Rassenantisemitismus, indem er scheinbare Charaktereigenschaften auf das Blut reduziert. Er kennt anscheinend »anständige« jüdische Konvertiten, doch ändert dies nichts an ihrer »rassischen« Veranlagung:

»Gewiß so wenig, als ein Neger aufhört, ein Neger zu sein, wenn er ein Christ geworden ist. Die Taufe ändert die Rasse nicht. Damit wird weder die sacramentale Kraft der Taufe geleugnet, noch die natürliche Kindschaft, d. h. die Ebenbildlichkeit Gottes, die jedem Menschen, welcher Rasse er angehört zugeeignet (ist). Das unauslöschliche Merkmal der Taufe ist geistiger Natur, nicht ein leibliches wie die Beschneidung.«[292]

Deckert definiert den katholischen Glauben und die Vorstellung der Kirche bezüglich der Definition der Juden als »im Grunde selbst rassenantisemitisch gestimmt.«[293] Als Beispiel führt er den Jesuitenorden an:

»Bekanntlich nehmen einige Orden der katholischen Kirche, z. B. der Jesuitenorden, keinen Judensprößling in ihre Mitte auf und wenn er noch so katholisch ist und in die Wahrheit seines Christenthums auch nicht im geringsten ein Zweifel gesetzt werden kann. Es zeigt sich hier offenbar Antipathie gegen die Rasse.«[294]

Auf den Juden soll ein Fluch liegen, der auch rassisch begründet ist:

»Es ist also gar nicht unvernünftig oder unchristlich, nicht einmal unjüdisch gedacht, wenn man sagt, daß der Fluch Gottes auf ihnen liegt und daß dieser Fluch auf ihnen lasten wird, bis sie anbetend zu den Füßen des von ihnen verworfenen und gekreuzigten Messias niedersinken werden – am Ende der Welt.«[295]

Obwohl Deckert grundsätzlich für die Missionierung der Juden ist, hat er rassische Bedenken gegenüber Konvertiten:

»Für die Konvertiten weicht dieser Fluch durch die Taufe; aber sie haben gegen die in ihnen mehr oder weniger ausgeprägten schlimmen Rassen-Eigenthümlichkeiten zu kämpfen. Diese Rassen-Eigenthümlichkeiten mögen sich übrigens bei Blutmischung allmählich abstreifen.«[296]

Deckert betont, daß sich die Juden selbst als Rasse ansähen:

»Die Juden rechnen aber thatsächlich jeden Abkömmling ihres Volkes, ob getauft oder nicht, zu den Gliedern ihres Stammes; sie stehen selbst auf dem Standpunkte der Rasse.«[297]

Er sieht im modernen Judentum eine kulturzerstörende Bewegung, die das Christentum beseitigen möchte:

»Das Judentum ralliirt (sammelt) sich als Rasse; es hat bereits selbst die lächerliche Behauptung aufgegeben, der deutschsprechende Jude sei ein ›Deutscher‹, der polnischsprechende ein ›Pole‹. Er ist Jude und bleibt Jude, welche Sprache er auch mauschelt. Nicht gegen die Religion der Juden ist der Antisemitismus gerichtet, obwohl der Talmud die Grundlage und das Grundübel des Judenthums bildet und niemand die Judenfrage gründlich begreifen wird, der vom Talmud absieht. Nicht gegen die Religion der Juden zielt der Antisemitismus, sondern gegen die Rasse, insoferne sie sich allen Nichtjuden, besonders aber den christlichen Ariern feindlich erwiesen hat und noch erweiset. Darum hat der Rassenantisemitismus Berechtigung, nicht als Rassenhaß, wohl aber als Rassenantipathie.«[298]

Die christliche Gesellschaft befindet sich demnach in einem erbitterten Kampf um ihr eigenes Überleben gegenüber den Juden, nur die katholische Kirche soll die Gefahr noch nicht adäquat erfaßt haben:

»Das christliche Volk ringt nach Befreiung von der Judenknechtschaft; es sieht, soweit es bereits zum Bewußtsein seiner Lage gekommen ist, daß die katholische Kirche sich als solche in ihren officiellen Vertretern an diesem Kampfe nicht beteiligt ... Sollten sie es noch nicht erkannt haben, daß gerade die Juden das zersetzende Element im Volksleben sind, daß sie sich mit schonungsloser Hand der Macht des Capitals bedienen, um das arbeitende Volk auszubeuten, um den Bauernstand, den Gewerbestand, den Handelsstand, das ganze arbeitende Volk in die drückende Abhängigkeit zu bringen, in eine greuliche Zinsknechtschaft?«[299]

Deshalb sei

»die Lage der Kirche und des christlichen Volkes viel gefährlicher als einstens im Mittelalter und die Kirche sollte die Todtfeindschaft des Judenthums unbeachtet lassen?«[300]

Um die Macht der Juden zu dokumentieren, behauptet Deckert, daß sechzig Prozent des deutschen Nationalvermögens sich in jüdischer Hand befänden und sie somit die Macht in ihren Händen hielten.[301]

In seiner Schrift *Türkennoth und Judenherrschaft* versteigt sich Deckert zu der Aussage über die »jüdische Herrschaft«:

»Der einen Gefahr sind wir entgangen, aber in einer anderen, noch größeren Gefahr befinden wir uns heute; ein anderes weit schmählicheres Joch als das Türkenjoch lastet auf uns und es bedarf wieder des gemeinsamen Gebetes und der geeinigten Kräfte aller Christen, dies Joch abzuschütteln.«[302]

Die Juden sind demnach schlimmer als die Türken und streben zur totalen Macht:

»Die Schule, die Ehe und somit die christliche Familie und der Staat selbst ist durch sie des christlichen Charakters beraubt worden. Vampyrartig wird von ihnen der materielle Wohlstand des Volkes ausgesogen, eine christenfeindliche Weltanschauung macht sich allenthalben durch sie geltend. Es sind Fremdlinge und sie streben offenbar nach Weltherrschaft; ja sie haben dieselbe auch bereits erreicht. Diese Feinde näher zu bezeichnen ist überflüssig; jedermann kennt sie ja.«[303]

Um diese Absichten zu verhindern, verlangt Deckert die Aberkennung der Bürgerrechte für Juden:

»Die Judenemancipation muß also fallen und sie wird fallen, sobald sich die Erkenntniß der Nothwendigkeit der Reemancipation verallgemeinert haben wird ... Die Menschenrechte sollen ihnen bleiben und da sie sich trotz Emancipation, um ihrer religiösen Ueberzeugung willen, die wir respectiren, doch als Fremdlinge fühlen, so sollen sie unter ein humanes Fremdenrecht gestellt werden, aber das Vollbürgerrecht dürfen sie in einem christlichen Gemeinwesen nicht haben.«[304]

Abschließend bemerkt er:

»Der Tag, an welchem verfassungsmäßig die Reemancipation der Juden ausgesprochen werden wird, wird ein Tag des Sieges des Christenthums sein. Die christlichen Völker werden wieder aufathmen, die Sklavenfesseln werden fallen, das schmähliche Joch wird gebrochen sein. Heil dem Staate, der dies zuerst zu Stande bringt!«[305]

Diese Forderungen bilden jedoch noch nicht den Höhepunkt seines antisemitischen Wahns; im Jahr 1896 publiziert er seine Schrift *Juden 'raus?*, in der er seine bekannten Angriffe auf die Juden wiederholt. Wiederum sieht er im Antisemitismus die einzige Rettung der Christenheit[306], weil sich die Juden alle Macht angeeignet hätten:

»Die Geldmacht, Handel und Industrie, sowie die große, geheimnisvoll arbeitende Geldsaugpumpe, die Börse, sind ganz in ihren Händen; die Presse und damit die öffentliche Meinung; auch in Kunst und Wissenschaft sprechen sie das große Wort. Noch nie in der Weltgeschichte hat Israel eine solche Macht erlangt als heute. Und doch klagen sie über Verfolgungen!«[307]

Deckert macht sich nun die Forderungen der Zionisten zu eigen und sieht in der Auswanderung der Juden die Lösung der »Judenfrage« und der sozialen Probleme. Er beruft sich in seiner antijüdischen Proklamation nach einer Vertreibung der Juden auf »einsichtige« Juden wie Theodor Herzl:

»Aber einsichtsvolle Juden, wie z. B. Dr. Herzl, gestehen zu, daß der Antisemitismus kommen mußte. Wie die Dinge liegen, hätte es zur wirthschaftlichen Alleinherrschaft kommen müssen. Wir sind ja ohnehin nahe daran. Der moderne Staat hat durch sein capitalistisches Wirthschaftssystem den Juden die Wege dazu geebnet; sie haben unstreitig für Geldgeschäfte eine große Geschicklichkeit und der Talmud beengt nicht ihr Gewissen im Verkehr mit Nichtjuden ... So hätte es kommen müssen, daß die große Majorität der Bevölkerung von einer verschwindend kleinen Minorität wirthschaftlich beherrscht wird; was ohnedies bereits zum großen Theile geschieht. Ein weiteres Anwachsen der Judenmacht müßte also zu einer Katastrophe führen, denn auf die Dauer lassen sich solche Zustände nicht aufrecht erhalten ... Die Juden sollen also auswandern, und zwar alle, wenn auch nicht auf einmal; aber wohin?«[308]

Deckert ist strikt dagegen, daß ein Judenstaat in Palästina entsteht, weil dadurch die christlichen Heiligtümer unter jüdische Verwaltung kämen. Er schlägt als Auswanderungsland das einstige Oberägypten – den Sudan – vor:

»Der Sudan ist ohnehin eine schöne Gegend; die Juden könnten dies Land durch ihre Arbeit in ein wahres Paradies umschaffen und brauchten bei der Schaffung des neuen Staates gar nicht die zweifelhaften Muster der modernen europäischen Staaten nachäffen ... Sie könnten auch gleich die Vielweiberei wieder einführen und brauchten sich nicht auf den Mädchenhandel zu werfen, der ihnen jetzt so verübelt wird. Auch den Sklavenhandel könnten sie wieder betreiben, aber nur heimlich ... Möge diese Lösung bald erfolgen und in friedlicher Weise zum zeitlichen und ewigen Wohl des christlichen Volkes und ohne Gefährdung der Ehre des christlichen Namens.«[309]

Eine Broschüre Deckerts, die im Jahre 1893 unter dem Titel *Ein Ritualmord, aktenmäßig nachgewiesen* erschien,[310] provozierte eine Widerlegung durch Bloch. In der *Österreichischen Wochenschrift* publizierte er seinen Gegenangriff unter dem Titel *Eine Schandschrift.*[311] Nachdem Bloch die Anschuldigungen widerlegt hatte, bemerkte er hinsichtlich der »Reinigung« durch Blut treffend:

»Hier ist von einem christlichen Dogma die Rede, von einer christlichen Lehre, nicht von einer jüdischen Tradition.«[312]

In diesem Fall griff die Staatsanwaltschaft ein und beschlagnahmte die Hetzschrift Deckerts. Trotzdem wurde die Broschüre weiter vor den Toren Wiener Kirchen gratis verteilt. Inzwischen hatte Deckert auf Vermittlung Rohlings einen Konvertiten kennengelernt,[313] der persönlich einem Ritualmord beigewohnt haben wollte.

»Deckert brauchte einen geeigneten Hilfsarbeiter und Professor Rohling sandte ihm zu diesem Behufe einen sicheren, den soeben aus dem Königreiche Sachsen ausgewiesenen Paulus Meyer. Diesen nahm Deckert in seine Wohnung auf und verpflichtete ihn gegen monatliche Entlohnung, für das Blutritual Zeugnisse zu fabrizieren, eventuell als Kronzeuge eidlich alles zu bestätigen. Für die sofort ausgezahlte Geldrate von 100 Gulden erhielt Deckert von Paulus Meyer zunächst ein Schreiben, daß er selber als ›Zaddikschüler‹ Blutmorde in Rußland mit angesehen habe. Gegen weitere Zahlungen wurde Meyer verpflichtet, die noch unentdeckten geheimen, ›auf das Blutritual bezugnehmenden Texte‹ in der jüdischen Literatur zu enthüllen.«[314]

Paulus Meyer war ein russischer Jude, der zum Protestantismus konvertierte und bettelnd von einer Missionsstation zur anderen zog. Nachdem er in Sachsen mit dem Gesetz in Konflikt geraten war, wurde er ausgewiesen. In Wien schloß Deckert mit ihm einen Vertrag, worin er sich verpflichtete,

»innerhalb von vier bis fünf Monaten, eine Schrift über den Ritualmord bei den Juden nach streng orthodoxen kabbalistischen Lehren und rabbinischen Vorschriften, zur Versöhnung also rituellen, aber auch anderen Zwecken, herauszugeben und diesen rituellen Gebrauch des Blutes von Andersgläubigen, der am Vorabend des Osterfestes und zu anderen Zeiten üblich ist, aus verschiedenen kabbalistischen Schriften und aus anderen Büchern nachzuweisen. ... Um diese wichtige und interessante Arbeit zu ermöglichen, verpflichtet sich Herr Dr. Josef Deckert, Pfarrer in Wien, dem genannten Herrn Paulus Meyer auf die oben erwähnte Dauer monatlich 100 Gulden vorzustrecken.«[315]

Auf diesem Hintergrund glaubte Deckert, seine Ritualmordlegende endlich beweisen zu können und publizierte in der antisemitischen Zeitung *Vaterland* im Mai 1893 einen Artikel mit dem Titel *Rabbi Bloch und der Ritualmord.* Darin schreibt er u. a:

»Einen getauften Juden habe ich kennengelernt, der mir von achtungswürdiger Seite als einer der ausgezeichnetsten lebenden Hebräisten und Talmudkenner geschildert wird und der unter eidlicher Bekräftigung der Wahrheit die Versicherung gab, daß sich das Blutritual nicht bloss aus Talmud und Kabbala wissenschaftlich nachweisen lasse, sondern daß er auch selbst Augenzeuge bei der Schächtung mehrerer christlicher Kinder war. Ein Fall, der sich in einer russischen Stadt vor den jüdischen Ostern zutrug und bei er als Zaddikschüler gegenwärtig war, erzählt er in allen Details, gibt Ort, Zeit und anwesende Personen an und sogar den Mann, der das Christenkind, einen sechsjährigen blonden Knaben, ans Messer lieferte. Wenn ich durch das Studium der Proceßakte vom heiligen Simon von Trient der festen Ueberzeugung geworden bin, daß es jüdische Ritualmorde gegeben habe und nur die Möglichkeit aussprach, daß es auch heutzutage unter den Chassidim solche Blutfacten geben könne, so bin ich vollkommen überzeugt worden, daß es auch heutzutage noch solche Ritualmorde gebe und daß das Bluttribunal auf einer unter den Chassidim als

Geheimlehre fortgepflanzten mündlichen Überlieferung begründet ist, die auch in der Kabbala sich findet.«[316]

Darauf kommt es zu einem gegenseitigen publizistischen Schlagabtausch zwischen den beiden Kontrahenten, indem Bloch vor allem auf der Veröffentlichung des Schriftstückes besteht, in dem der angebliche Ritualmord bestätigt wird.

Dieses wird dann in einer späteren Nummer des *Vaterlandes* veröffentlicht. Der Verfasser Paulus Meyer beschreibt den Vorgang folgendermaßen:

»Es war im Jahre 1875, als ich nach Ostrowo, Gouvernement Lublin (Russisch-Polen), gebracht wurde zu dem chassidischen Rabbi (Zaddick, Wunderrabbi) Jehoschua Ben h'Raw Schlohme Leb m'Lentschna ... Die Tage der jüdischen Ostern nahten. Da wurde ich eines Tages durch seinen ersten Schames (Leibdiener) zum Zaddick bestellt. Bei meinem Erscheinen sprach er mich mit den Worten an: ›Du wirst zu dem heiligen Acte gerufen werden‹. Nach fünf Tagen wurde ich in der Frühe geweckt. Nun gingen wir in das sogenannte Mikwa-Haus (Badehaus nach ritueller Vorschrift), von wo wir uns auf Weisung des Schames in das Gemach des Zaddicks begaben ... Nachdem der Zaddick diese stille Andacht beendet hatte, rief er mit sanfter, gebrochener Stimme: ›Bringet das Korban (Opfer). Sofort begab sich der Schames in das anstoßende Zimmer, von wo er, einen sechs- bis siebenjährigen Knaben in den Armen, zurückkehrte ... Durch einen Schnitt in den Hals mit dem Schlachtmesser wurde das Kind getödtet und das Blut in einem Becken aufgefangen ... Als die Abschlachtung beendet war, ertönte laut die Stimme des Zaddicks: ›Masseltow‹.«[317]

Die Auseinandersetzung wurde weiter mit aller Härte geführt; doch die Staatsanwaltschaft weigerte sich, den Fall zu untersuchen. Deckert und Paulus konnten deshalb nur auf dem Wege einer Privatklage angezeigt werden. Bloch suchte nach den von Meyer genannten Personen, die den Ritualmord begangen haben sollen. Schließlich stellte sich heraus, daß der genannte Rabbiner schon im Jahre 1873 gestorben war, aber eine Tochter von ihm konnte gefunden werden. Sie und die noch lebenden Leibdiener des Rabbiners erklärten sich bereit, in Wien als Kläger aufzutreten. In ihrem Namen reichte der Rechtsanwalt

Kopp, der schon Bloch gegen Rohling vertreten hatte, eine Klage gegen Deckert, Meyer und den verantwortlichen Redakteur des *Vaterlandes*, Franz Doll, ein.

Beim Prozeß will sich Meyer nicht mehr erinnern können, ob er diesen Brief, in dem der Ritualmord genannt wird, geschrieben habe. Später behauptet er, daß ihm der Brief unterschoben worden sei. Zeugen bestätigen jedoch, daß er ihnen gegenüber von dem Ritualmord erzählt habe, bei dem er Augenzeuge gewesen sei. Das Gericht verurteilt Paulus Meyer zu einer Arreststrafe von vier Monaten, Deckert und den Redakteur zu geringfügigen Geldstrafen.[318]

Die öffentliche Reaktion auf den Prozeß war beträchtlich; so schrieb die *Neue Presse* in einem Leitartikel:

»Das war wieder ein anmutiges Zeit- und Sittenbild, welches sich vor den Schranken des Wiener Schwurgerichtes entrollt hat: Da hat die Justiz wieder einmal hineingeleuchtet in die Küche, wo das soziale Betäubungsmittel unseres Jahrhunderts, das moralische Morphium, welches ganze Schichten des lebenden Geschlechtes vergiftet, der Antisemitismus, gebraut wird.«[319]

Diese Verurteilung hinderte Deckert jedoch nicht, weiter antisemitische Agitationen zu betreiben und die Entrechtung der Juden öffentlich zu propagieren. Er war ein Prophet des politischen Antisemitismus, der den christlichen Antijudaismus völlig politisierte. In seiner Person vereinigt sich der antijüdische Traditionalismus mit einem höchst modernen Phänomen: der Säkularisierung christlicher Transzendenz und Erlösungsgewißheit zu einer politischen Religion.

»Dieser Haß – wer fühlt es nicht,
daß er lebt und lodert in der Brust der Menge.«
Joseph Samuel Bloch

Die Entstehung des modernen Antisemitismus und Nationalismus als politische Religionen

»The multi-ethnic Habsburg Empire was the most successful modern political movement based on anti-Semitism to emerge anywhere in nineteenth-century Europe. In spite of parallels that can be drawn with events in neighbouring Germany and Russia, the main component of Austrian anti-Semitism, its multinational character, agitational techniques, and mass impact, were distinctly novel,«[320]

schreibt Robert Wistrich in seiner Studie über das Zeitalter Kaiser Franz Josefs.

Spätestens in den achtziger Jahren des 19. Jahrhunderts entsteht ein neues Politikverständnis, das mit den Formen einer liberalen Demokratie völlig bricht und apokalyptische und dionysische Phantasien entwickelt. August Rohling und Josef Deckert sind typische Vertreter dieser modernen und totalitären Weltbilder. Hannah Arendt verwandte den Begriff des »totalitären Antisemitismus« als Kennzeichen des modernen, politischen Antisemitismus.[321] Der Antisemitismus des ausgehenden 19. Jahrhunderts radikalisiert den traditionellen Antijudaismus und stilisiert den Haß gegen Juden zu einer politisch-eschatologischen Kategorie. Juden bzw. deren Ausgrenzung und/oder Vernichtung werden zum wichtigsten Bestandteil einer Erlösungsdramaturgie.[322]

Rohling und Deckert sind theologisch verwandte Naturen, beide sehen im modernen Judentum die größte Gefahr für ein christliches Europa und unterstellen den Juden historisch mörderische Vernichtungsphantasien gegenüber Nichtjuden bzw. Christen. Während Rohling innerhalb des Paradigmas des christlichen Antijudaismus verbleibt und das »Heil« vom kommenden Messias erwartet, dessen Ankunft er in Kürze erhofft, argumentiert Deckert viel »moderner«. Er sieht keinen entscheidenden Unterschied zwischen klerikalem und rassischem Antisemitismus. Für ihn sind beide Argumentationen – auch theologisch – zwei Seiten der gleichen Medaille. Er wünscht deshalb eine enge Zusammenarbeit »christlicher« Antisemiten mit deutschnationalen und rassischen Judenhassern. Der oft zitierte und angeblich entscheidende Unterschied zwischen diesen beiden Formen von Antisemitismus wird insofern fragwürdig, da auch rassistische Antijudaismen dem Christentum historisch nicht unbekannt sind. Die jüdische »Verderbtheit« theologisch und »blutsmäßig« zu begründen, geschieht schon im Spanien des 16. Jahrhunderts: Im Jahr 1547 veröffentlichte der Erzbischof von Toledo, Juan Martinez Siliceo, ein Traktat mit dem Titel *limpieza de sangre*, die Reinheit des Blutes. »Siliceo meinte, es sollten nur jene Kleriker Geistliche sein dürfen, die aufgrund genealogischer Abstammungen einen Stammbaum ohne ›jüdische Beimischung‹ nachweisen können.«[323] In der Zeit der Reconquista – der Rechristianisierung Spaniens – entsteht ein theologischer Rassismus gegen Juden und Moslems, der die Taufe als Symbol des Glaubensübertrittes nicht mehr akzeptierte:

»Nach Vollendung der christlichen ›Reconquista‹ galten die getauften Abkömmlinge der Muselmanen und der Juden plötzlich als ehrlos, und ›Blutreinheitsstatuten‹ teilten die Spanier in zwei Kasten – in reinblütige Altchristen und in unreinblütige Neuchristen: Die Teilung erfolgte also nicht nach Maßgabe eines ›Iberertums‹ der fernen Ahnen, sondern nach deren Orthodoxie oder Heterodoxie. Dem Wortlaut einer von den spanischen Theologen ausgearbeiteten Doktrin zufolge hätte der falsche Glaube einst das Blut der Mauren und der Juden besudelt, und dieser Makel sei weitervererbt worden an die fernen Nachkommen, die in die gleichsam unberührbare Kaste der Neuchristen oder Conversos verwiesen wurden. So manifestierte sich, entgegen dem Dogma von der erneuernden Wirkung der Taufe, zum ersten Mal in der europäischen Geschichte ein institutionalisierter Rassismus. Bemerkenswert ist, daß Theologen, die diese Theorie ausgearbeitet hatten, die Abstammung beider Kategorien von Christen von einem gemeinsamen Urvater Adam nicht bestritten; aber sie waren der Ansicht, daß die Ablehnung Christi die Conversos biologisch verdorben habe.«[324]

In dieser Perspektive ist die Vorstellung eines »auserwählten« nationalen Christentums keineswegs neu; entscheidend ist nur die Frage, weshalb diese mittelalterlichen christlichen Blut- und Glaubensmystizismen in der Moderne wieder an Bedeutung gewinnen.

Der Übergang zum modernen Antisemitismus ist weniger im Judenhaß selbst zu suchen, sondern in dem neuen Politikverständnis, respektive der Einebnung der Bereiche des Politischen und des Religiösen. Die Sprache der Propagandisten einer zu schaffenden politischen Neuordnung ist mit den Symbolen der Apokalyptik verknüpft. So spricht Rohling vom »kommenden Weltgericht«, das die »neue Ordnung« schafft. Er verwendet eschatologische Begriffe eines »neuen Himmels«, eines »neuen Jerusalems« und prophezeit »die Vernichtung der Juden durch Feuer«.[325] Deckert bringt »die Lösung der Judenfrage« mit dem »Heil« der christlichen Gesellschaften in Verbindung. Beide Theologen wähnen sich in einer messianischen Zeit, in der es scheinbar um viel mehr geht als um partikulare und tagespolitische Interessen. Rohling und Deckert sind literarische heilsinspirierte Virtuosen, die das Ende der liberalen, positivistischen Weltauffassung ankündigen. Obwohl beide gerichtlich der Falschaussage, der Verleumdung und des Plagiats überführt wurden, waren sie nicht einfache Lügner, die aus ihren Betrügereien politisch, literarisch und finanziell Kapital schlagen wollten. Sie waren von der »jüdischen Gefahr« subjektiv vollständig überzeugt, deshalb betont Deckert immer wieder, daß er persönlich nichts gegen individuelle Juden hätte.[326]

Die reale Geschichte – die Ereignisgeschichte – wird beiden

Protagonisten unerträglich, sie sind zutiefst vom Kulturpessimismus geprägt und interpretieren ihre Zeit als »Verfall« von Glauben, Sittlichkeit und christlich-abendländischer Kultur. Deshalb behauptet Deckert, daß die Lage der Kirche und des Volkes gefährlicher sei als im Mittelalter.[327]

Klaus Vondung thematisiert in seiner Studie über apokalyptische Mentalitätsstrukturen die individuellen, symbolischen und gesellschaftlichen Voraussetzungen dieser Weltanschauungen.[328] Er charakterisiert den apokalyptischen Visionär als ein Individuum, dessen Wahrnehmung manichäisch zwischen erfahrener Defizienz und erwarteter Erfüllung schwankt:

»Wenn der apokalyptische Visionär erwartet, das Leid dieser Welt werde in unmittelbarer Zukunft beseitigt und durch einen Zustand der Vollkommenheit ersetzt, so bedeutet dies, daß er zwischen Fülle und Defizienz einen radikalen Gegensatz sieht und diesen Gegensatz in zeitliche Abfolge bringt: Defizient ist die bisherige conditio humana – ›das Erste‹, dessen Vergehen prophezeit wird, umfaßt die Vergangenheit und die Gegenwart –, Fülle hingegen wird erst in der Zukunft eintreten.«[329]

Rohling und Deckert sind apokalyptische Visionäre, die in der Vertreibung bzw. Vernichtung der Juden die Vorbedingung für das verheißene neue Zeitalter sehen. Rohling erwartet sich im Sinne der *Offenbarung des Johannes* das baldige Kommen des Messias und die Entstehung einer »neuen Erde«.[330] Deckert überträgt den messianischen Gedanken auf die antisemitische Bewegung selbst, ohne sich auf den »Erlöser« zu beziehen. Dem Staat, der sich zuerst der Juden entledigt, prophezeit er gleichsam die Erlösung:

»Heil dem Staate, der dies zuerst zustande bringt.«[331]

Während Rohling noch innerhalb der christlichen Transzendenz argumentiert, säkularisiert Deckert diese Transzendenz, d. h. er verweltlicht die transzendenten eschatologischen Glaubensinhalte und politisiert damit die Religion, indem er die neuzeitliche Trennung des Politischen und der Religion wieder aufhebt. Deshalb soll am Beispiel des Theologen und Politikers Josef Deckert die Fragestellung überprüft werden, ob es sich bei den modernen Phänomenen des politischen Antisemitismus und des meist damit verbundenen Nationalismus um politische Religionen bzw. Totalitarismen handelt. Um diese Problemstellung hinreichend behandeln zu können, müssen jedoch in einem ersten Schritt die Theorien über politische Religionen analysiert werden, welche diese Massenbewegungen des ausgehenden 19. Jahrhunderts und des frühen 20. Jahrhunderts in Europa als politische Religionen interpretieren. Erst auf diesem Hintergrund kann entschieden werden, inwieweit die »rassistischen« Politikentwürfe und später die politische Praxis gleichsam säkularisierte Formen der Religion darstellen.

Die gesellschaftliche und wirtschaftliche Dynamik der liberalen Epoche schuf eine ungeheure Veränderung in den Lebenswelten, im Aufstieg neuer gesellschaftlicher Schichten, durch den drohenden Abstieg der alten Mittelschichten, durch das Aufkommen eines traditionslosen Proletariats und im Verlust religiöser und traditionaler Werte. In ihrer Gesamtheit erzeugen diese Veränderungen die oben angesprochenen Erfahrungen von Defizienz, was anders ausgedrückt die Erfahrung existentieller Angst sowohl im individuellen als auch im kollektiven Sinne bedeutet. In diesen Umbruchsituationen moderner Gesellschaften können Identitätsverluste nicht mehr von den traditionellen Institutionen der Kirche, des feudalen bzw. monarchistischen Herrschaftssystems kompensiert werden. Die konservativen Herrschaftsträger sind zu schwach und die liberalen Modernisierer vertreten oft nur eine relativ kleine Schicht von Unternehmern und Citoyens, denen eine beträchtliche Zahl von wirklichen oder vermeintlichen Modernisierungsverlierern gegenübersteht. Unter diesen gesellschaftlichen und mentalen Bedingungen entstehen neuerliche Bedürfnisse religiöser Rückbindungen. Jean Delumeau bemerkt zu dem Phänomen kollektiver Ängste:

»Die Angst kann tatsächlich Ursache für die Rückentwicklung von Menschen sein. Marc Oraison bemerkt zu diesem Thema, daß die Rückentwicklung zur Angst hin eine ständige Gefahr für das religiöse Empfinden sei. Allgemein ausgedrückt bedeutet das, daß jeder, der der Angst ausgesetzt ist, Gefahr läuft, der Zerstörung anheimzufallen ... Kollektiv empfundene Angst kann zu abwegigem und selbstmörderischem Verhalten führen, bei dem die richtige Einschätzung der Realität verloren geht.«[332]

Der Verlust traditioneller Religiosität bedeutet jedoch nicht eine Abwendung von religiös motivierten Hoffnungen oder Erlösungssehnsüchten, sondern eine Radikalisierung bzw. Verweltlichung solcher religiöser Erwartungen.

Anders ausgedrückt:

»Als der christliche Glaube an die Heilsgeschichte und Schöpfungsordnung, in denen der Einzelne sich aufgehoben wissen konnte, im Laufe der säkularen Diesseitsorientierung seine Kraft zunehmend verlor, blieb die reine Profangeschichte übrig, die nun zum Ort säkularreligiöser Hoffnungen, Erlösungssehnsüchte und Heilserwartungen wurde ... Der bloßen Profangeschichte erwuchs in den säkularen Erlösungshoffnungen und Weltauslegungen, insbesondere in den Heilsversprechungen ihrer Utopien, eine neue Dimension: Sie wurde zur säkularen Heilsgeschichte.«[333]

Die Konsequenz der okzidentalen Modernisierung ist die Substituierung der christlichen Eschatologie durch eine innerweltliche Erlösung. Nationalismus, Liberalismus, Sozialismus, Positivismus und Marxismus ersetzten – mutatis mutandis – diese religiöse Hoffnung. Die Moderne kann deshalb als Säkularisat der christlichen Sakralgeschichte interpretiert werden:

»So hatte ja schon die Aufklärung, als sie den Menschen zu seiner Orientierung an die Vernunft verwies, daraus die Geschichte des Fortschritts vom Dunkel in das Licht konstruiert, deren allgegenwärtige Embleme, Metaphern und Formeln doch schon klarmachten, wie sich die Problematik von der sittlich-religiösen Errettung des Einzelnen zu der gesellschaftlich-geschichtlichen Erlösung der Menschheit verlagerte.«[334]

Trotz gegenteiliger Behauptungen gibt es keine nachreligiöse, säkulare Moderne.[335] Max Weber konstatierte dieses Phänomen schon im Jahre 1890, als er in einem Aufsatz schrieb:

»Die alten Götter, entzaubert und daher in Gestalt unpersönlicher Mächte, entsteigen ihren Gräbern, streben nach Gewalt über unser Leben und beginnen untereinander wieder ihren ewigen Kampf.«[336]

Die Aufklärung, die Französische Revolution und in ihrem Gefolge der Marxismus verheißen ein eschatologisches Ende der Geschichte und versprechen paradiesische Zustände auf Erden. Somit sind die neuzeitlichen Ideen des Fortschritts der Geschichte Substitute der christlichen Erlösungsidee. Die Vorstellung vom nahenden Weltende reaktualisiert die christliche Apokalyptik. Die Revolution wird zur Religion und die vermeintlich vertriebenen Geister der alten Religion werden zu neuzeitlichen Waffen der kollektiven Regression. Alle totalitären Bewegungen der Moderne bekämpfen mit apokalyptischem Eifer wesentliche Errungenschaften moderner Gesellschaften und stilisieren gesellschaftliche Probleme zu einem apokalyptischen Endkampf zwischen den Söhnen des Lichts und der Finsternis. Während die Fortschrittsidee durch Vernunft und Wissenschaft sukzessive die Annäherung zu einer idealen Gesellschaft verspricht, verfallen die revolutionären Bewegungen zu christlich-gnostischen Religionsparteien, um den »Antichrist« in der Moderne zu eliminieren.

Diese kurz skizzierte Sicht moderner Geistes- und Sozialbewegungen als säkularisierte Formen absoluter religiöser Gewißheiten bedarf einer eingehenden Problematisierung.

Der österreichische Philosoph und Staatsrechtler Eric Voegelin bezeichnete in einer Studie aus dem Jahr 1938 moderne totalitäre Bewegungen als »Politische Religionen«. Er erweitert den traditionellen Begriff der Religion, indem er Staat und Religion in Beziehung setzt:

»Um die politischen Religionen angemessen zu erfassen, müssen wir daher den Begriff des Religiösen so erweitern, daß nicht nur die Erlösungsreligionen, sondern auch jene anderen Erscheinungen darunter fallen, die wir nicht in der Staatsentwicklung als religiöse zu erkennen glauben; und wir müssen den Begriff des Staates daraufhin prüfen, ob er wirklich nichts anderes betrifft als weltlich-menschliche Organisationsverhältnisse ohne Beziehung zum Bereich des Religiösen.«[337]

Voegelin mißtraut rationalistischen Definitionen des säkularen Staates, er glaubt nicht an die »Ursprünglichkeit« staatlicher Macht:

»Daß die Staatsmacht ursprünglich oder absolut sei, ist nicht mehr ein Urteil des den Staat Erkennenden, sondern das Dogma eines Gläubigen. Die Existenz des Menschen verliert in seinem Erlebnis an Realität, der Staat zieht sie an sich und wird zum wahrhaft Realen, aus dem ein Wirklichkeitsstrom zurückfließt in die Menschen und sie umfassend neu belebt als Teile des übermenschlich Wirklichen. Wir sind in das Innerste eines religiösen Erlebnisses geraten und unsere Worte beschreiben einen mythischen Prozess.«[338]

Diese Umschreibung kennzeichnet nach Voegelin einen Vorgang, der gemeinhin mit Säkularisierung bezeichnet wird und den er als religiöse Transformation interpretiert:

» ... das göttliche Haupt wird abgeschlagen und an die Stelle des welttranszendenten Gottes tritt der Staat als letzte Bedingung und der Ursprung des eigenen Seins ... Die Behauptung der Ursprünglichkeit biegt aus der Bahn des ordnenden Denkens aus; sie verweigert den rationalen Diskurs; der Geist, der sie denkt, wird aus einem Partner des Gesprächs zu einem Faktum anderer Ordnung, dessen Ursprüngen wir nachzugehen haben.«[339]

Voegelin sucht den Ursprung der modernen Massenbewegungen – der politischen Religionen – im modernen Verständnis des Staates und seiner Legitimation:

»Das Leben des Menschen in politischer Gemeinschaft kann nicht als profaner Bezirk abgegrenzt werden, in dem wir es nur mit Fragen der Rechts- und Machtorganisation zu tun haben. Die Gemeinschaft ist auch ein Bereich religiöser Ordnung, und die Erkenntnis eines politischen Zustandes ist in einem entscheidenden Punkt unvollständig, wenn sie nicht die religiösen Kräfte und die Symbole, in denen sie Ausdruck findet, mit umfaßt, oder sie zwar umfaßt, aber als solche nicht erkennt, sondern sie in a-religiöse Kategorien übersetzt.«[340]

Indem Voegelin dem modernen Staat auch religiöse Symbolisierungen zuerkennt und ihn nicht auf seine Funkionalität reduziert, kann er die religiöse Spur in modernen Staatswesen verfolgen, die spätestens im 19. Jahrhundert dem Staat, der Nation, der Rasse oder einer bestimmten Klasse in den totalitären Massenbewegungen ihre außerordentliche Rolle zuschreibt.

Den historisch zunehmenden Zerfall kirchlicher Autorität infolge innerkirchlicher Konflikte, Kirchenspaltungen, des Beginns der Moderne, immer schnellerer Modernisierungsschübe und der damit verbundenen geistigen Entwurzelung der Menschen, interpretiert Voegelin als die Kompensation dieser geistigen Entfremdungen in der Entstehung »innerweltlicher Religionen.«

Diese setzen an die Stelle eines überweltlichen, transzendenten Gottes weltliche Phänomene, die aber für die »Gläubigen« den gleichen religiösen Stellenwert besitzen wie die überweltlichen Glaubensinhalte.[341] Er definiert diese »innerweltlichen Religionen« folgendermaßen:

»Wir müssen daher eine sprachliche Entscheidung fällen: Die Geistreligionen, die ihr Realissimum im Weltgrund finden, sollen für uns überweltliche Religionen heißen; alle anderen, die das Göttliche in Teilinhalten der Welt finden, sollen innerweltliche Religionen heißen.«[342]

In seiner Schrift *Das Volk Gottes* zeichnet Voegelin die historischen Traditionslinien der religiös-schismatischen Sektenbewegungen nach, die in seiner Interpretation die Vorläufer moderner totalitärer Massenbewegungen darstellen.

»Er (Voegelin) nähert sich diesen Bewegungen, indem er zunächst zwei ›Ebenen‹ der westlichen Zivilisation unterscheidet: eine ›obere‹ Ebene der öffentlichen Institutionen und eine ›untere‹ Ebene von anti-institutionellen Kräften, die sich in permanenter Revolte gegen alle etablierten Institutionen befinden: ›Kirche und Sekte‹. Diese untere Ebene sich ständig erneuernder Sektenbewegungen wird nicht verstanden als eine Folge von singulären, historisch isolierten Ereignissen oder Komponenten der Geistesgeschichte, sondern als eine letztlich als kohärent zu verstehende Bewegung, die schließlich als Geist der Moderne zum Durchbruch kommt und zur kulturell dominierenden Kraft wird. Dies hat einschneidende Folgen: Die Kirche verliert in der Moderne ihren geistigen Führungsanspruch an die (später säkularen) ›Sekten‹; die alte Ordnung verliert ihre Bindungskraft und verfällt. Im Gegensatz zur christlichen Kraft, die den Verfall der griechisch-römischen Zivilisation herbeiführte, ist die den Niedergang der christlichen Ordnung auslösende Bewegung jedoch kein Fortschritt des Geistes, sondern ›geistig rückläufig‹. Diese Tendenz der Geistesgeschichte entleert die alte, bis zum Ausgang des Mittelalters bestimmende Zivilisation gleichsam ihres transzendenten Inhalts. Sie deutet deren Symbole nurmehr als ›Erfahrung‹, die existentiell im Leben des Menschen und in der Gesellschaft zu verwirklichen sind. Anders als die christliche Zivilisation des Mittelalters verlangen diese Bewegungen daher die sofortige Umgestaltung der Welt ... Die mittelalterlichen Häresien bereiten die Bewegungen des 20. Jahrhunderts bereits vor. Die neuzeitliche Aufklärung vollendet den Zyklus: aus der ›Geistesreligion‹ werden ›innerweltliche Religionen‹, aus der Sektenbewegung gehen die modernen politischen Religionen des Kommunismus und Nationalsozialismus hervor.«[343]

Voegelin sieht in diesen anti-institutionellen Bewegungen gleichsam den schleichenden Zerfall der okzidentalen Zivilisation. Die brutale Zerschlagung der Albigenser im 11. Jahrhundert interpretiert er als die beginnende Unfähigkeit der katholischen Kirche, alterierende Kräfte in den corpus mysticum des Katholizismus zu integrieren.

»Bis 1300 war die Kirche im großen und ganzen noch fähig, mit ihren Problemen fertig zu werden. Die bemerkenswerteste Leistung war die Absorption der populären religiösen Bewegungen des frühen 13. Jahrhunderts in die Kirche mittels der neuen Bettelorden. Man sollte indes auch erwähnen, daß der Kreuzzug gegen die Albigenser eine große Schwäche in bezug auf die Absorptionsfähigkeit zeigt, weil er mit vollständigem militärischem Erfolg bis zur Zerstörung der Albigensischen Bewegung geführt wurde. Dennoch ist die Absorptionsfähigkeit gerade gegen Ende des 13. Jahrhunderts noch hoch. Die Absorption des arabisch-aristotelischen Intellektualismus in das System der christlichen Lehre durch Albertus Magnus und Thomas von Aquin ist eine der grandiosesten Leistungen intellektueller Adaption durch eine geistige Institution.«[344]

Den proto-theologischen Beginn der Moderne, der aber nicht zu einem institutionellen Konflikt führte, ortet Voegelin zu Beginn des 13. Jahrhunderts.

»Als ich bei Tagesanbruch erwachte, beschäftigte ich mich mit der Offenbarung des heiligen Johannes. Da wurden die Augen meines Geistes plötzlich geblendet von der Helle der Erkenntnis, und es wurden mir die Erfüllung dieses Buches und die Übereinstimmung des Alten mit dem Neuen Testament geoffenbart,«

schreibt der kalabrische Einsiedler und Abt Joachim di Fiore Ende des 12. Jahrhunderts.[345] Die Grundlage der Spekulationen Joachims ist die *Offenbarung des Johannes.* Seine allegorische Interpretation der Weltgeschichte als Heilsgeschichte basiert auf der Trinitätslehre. Die drei Ordnungen des Vaters, des Sohnes und des heiligen Geistes überträgt Fiore auf die historische Zeit. Die Zeit des Vaters habe von Abraham bis zu Christus gedauert, die Zeit des Sohnes sei die seit dem Erscheinen Christi bis zur Zeit des Dritten Reiches. Joachim wähnt sich in der Endzeit, er erwartet das kommende Reich in kürzester Zukunft:

»Die Zeichen, die im Evangelium beschrieben sind, zeigen den Schrekken und den Ruin des Jahrhunderts, das jetzt abläuft und untergehen muss. Daher glaube ich, dass es nicht vergebens sein wird, der Wachsamkeit der Gläubigen durch dieses Werk jene Dinge zu unterbreiten, welche die göttliche Weisheit meiner unwürdigen Person bekannt gemacht, um die Verhärteten durch heftigen Lärm aus ihrem Schlaf zu wecken und, wenn möglich, durch diese neue Art zur Verachtung der Welt zu führen.«[346]

Die drei Zeiten sind nicht streng geschieden, sondern sie überschneiden sich, d. h. zu einem bestimmten Zeitpunkt können zwei verschiedene Perioden gleichzeitig bestehen. Fiore sieht die neue Zeit im Anbruch, da mit dem heiligen Benediktus schon ein neuer Orden für die kommende Kirche existierte. Die drei Zeitalter entsprächen einer notwendigen historischen Abfolge, die beiden Perioden des Vaters und des Sohnes seien vorbereitende Stadien in der Heilsgeschichte. Fiore deutet diese Zeitalter und ihre Abfolge im Sinne der christlichen Vorstellung, daß das Neue Testament die notwendige Nachfolge des Alten ist. Bevor das Reich des Geistes anbricht, werde noch für kurze Zeit der Antichrist herrschen.

Neu an der Geschichtsinterpretation Joachim di Fiores, die sich auf das Urchristentum beruft, ist seine prophetisch-historische Methode der allegorischen Auslegung:

»Vorausgesetzt, dass die Weltgeschichte tatsächlich Heilsgeschehen und die Geschichte der Kirche ihr Vorbild ist, so müssen die einzig passenden Schlüssel zu ihrem religiösen Verständnis die heiligen Schriften sein, deren Übereinstimmung untereinander für Joachim nicht den Beweis einer von der Geschichte abgelösten Lehre bedeutet, sondern die sinnvolle Struktur eines heilsgeschichtlichen Prozesses.«[347]

Fiore verzeitigt also die Apokalypse, indem er sie berechnet. Er geht davon aus, daß in der Zeit des Sohnes rund vierzig Generationen leben, deren Durchschnittsalter er – in Analogie zu der Lebensdauer Christi – mit dreißig Jahren annimmt. Deshalb ist er überzeugt, kurz vor der Apokalypse zu leben. Indem er dem Leben auf der Erde nicht allegorisch das Reich Gottes in ferner Zukunft gegenüberstellt, dessen Zeitpunkt nur von Gott bestimmt wird – das ist verkürzt die augustinische Betrachtung –, sondern eine in sich sinnvolle Entwicklung unterstellt, erweist sich Joachims theologischer Historismus als Vorwegnahme der modernen Geschichtsphilosophie.

»Joachims eschatologisches Schema besteht also weder in einem Milleneum, noch in der bloßen Erwartung eines Weltendes, sondern in einem zweifachen eschaton: einer geschichtlichen Endphase des Heilsgeschehens, die dem transzendenten eschaton durch die Wiederkunft Christi vorausgeht. Das Reich des Geistes ist die letzte Offenbarung von Gottes Willen auf Erden und in der Zeit. Folglich ist die päpstliche und priesterliche Zeit auf die zweite Epoche beschränkt.«[348]

In der Epoche des Dritten Reiches muß die alte Kirche einer kommenden weichen. In dieser vollkommenen Zeit der Kontemplation, wenn die Heilsgeschichte zu ihrem Ende kommt, werden Predigt und Sakramente überflüssig. Diese vollendete Zeit wird die Ordnung der Mönche und der Wahrheit sein, während Papsttum und alte Kirche heilsgeschichtlich keine Funktion mehr haben.

Seine historisch-eschatologische Interpretation verstand Fiore nicht als revolutionäre Veränderung der Kirche und der Institutionen seiner Zeit. Er verstand seine Auslegung lediglich als heilsgeschichtlich vorgezeichneten Weg hinsichtlich des kommenden Reiches. Den aus der Apokalypse bekannten Engel, der sie einleitet, interpretierte er als »novus dux«, den neuen Führer.

Diesen Führer und damit den Beginn des kommenden Heilsäons erwartete er innerhalb der nächsten zwei Generationen.

Die Epigonen Joachims berechneten den Beginn der geschichtlichen Apokalypse für das Jahr 1260. Dann sollte Friedrich II. die Kirche züchtigen, bis von ihr nichts mehr übrig bliebe. Friedrich II. sei der Antichrist, der ein Werkzeug der Vorsehung sein sollte, um die antichristliche Kirche zu zerstören und dem wahren Nachfolger Christi den Weg zu bereiten. In Deutschland wurde die charismatische Persönlichkeit des Kaisers von millenaristischen Gruppen gerade umgekehrt gesehen.

»Er war eine überaus glänzende Gestalt, deren Intelligenz und Vielseitigkeit, Zügellosigkeit und Grausamkeit zusammenwirkten, um die Zeitgenossen zu faszinieren. Überdies unternahm er 1229 tatsächlich einen Kreuzzug, bei dem es ihm gelang, Jerusalem zurückzuerobern und sich zu dessen König krönen zu lassen. Vor allem sah er sich wiederholt in bitterste Konflikte mit dem Papsttum verwickelt. Die Christenheit erlebte das Schauspiel, dass der wegen Ketzerei, Meineids und Gotteslästerung mehrmals exkommunizierte Kaiser seinerseits drohte, der Kirche ihren Reichtum, der Quelle ihrer Verderbtheit sei, zu nehmen ...

Deutschland betrachtete ihn weiterhin als Erlöser, und zwar als einen, dessen Aufgabe auch die Züchtigung der Kirche miteinschloss, eine Gestalt, in welcher der Kaiser der Endzeit mit dem novus dux von Joachims Weissagung verschmolz.«[349]

Die apokalyptischen Szenarien – ob nun Friedrich als der Messias oder der Antichrist gesehen wird – wurden durch den Tod Friedrichs im Jahre 1250 jäh zerstört. In der darauf folgenden Zeit gaben sich in Deutschland einige Männer als wiederauferstandene Friedriche aus, die jedoch entlarvt wurden. Doch hielt sich die Sage um den künftigen Friedrich hartnäckig, insbesonders im 15. und 16. Jahrhundert. Interessant ist in diesem Zusammenhang das in lateinischer Sprache verfaßte Traktat *Gamaleon.* Der Verfasser spricht von einem

»deutschen Kaiser, der sowohl die französische Monarchie als auch das Papsttum überwinden und nach Vollbringung dieser Aufgabe Frankreich aus der Erinnerung tilgen werde; die Ungarn und Slawen würden unterworfen und das Judentum ausgemerzt werden, während die Deutschen über alle Völker erhöht werden würden. Die römische Kirche werde ihr Vermögen verlieren und alle Priester würden erschlagen werden. An die Stelle des Papstes werde ein in Mainz residierender deutscher Patriarch der Kirche vorstehen; aber diese Kirche werde dem Kaiser, ›dem Adler vom Geschlechte des Adlers‹, untergeordnet sein, einem neuen Friedrich, dessen Flügel sich vom Okzident bis zum Orient und bis an die Grenzen der Welt erstrecken würden. Und das werde die Endzeit vor der Wiederkehr Christi und dem jüngsten Gericht sein.«[350]

Traktate, die in diesem Duktus verfaßt wurden, gab es mehrere. Alle träumen von einem Großdeutschland, gerade als die Zentralmacht des Heiligen Römischen Reiches deutscher Nation extrem im Schwinden begriffen war.

Die radikalen Erneuerungsbewegungen wurden im 14. Jahrhundert durch die Pest natürlich verstärkt. Zusätzlich gingen die Bodenerträge zu dieser Zeit drastisch zurück, sodaß Hungerkatastrophen die Länder Europas heimsuchten. 1349 wurde die jüdische Gemeinde Basels auf einer Insel im Rhein verbrannt, nachdem man sie bezichtigt hatte, für die Pest verantwortlich zu sein und die Brunnen vergiftet zu haben. Hier handelt es sich zum ersten Mal in der europäischen Geschichte um ein »Ganzbrandopfer« (Holocaust), das angeordnet wurde, um einer menschenbedrohenden Krise durch die Opferung von Juden Herr zu werden. Ende des 14. Jahrhunderts setzte in Europa eine große Vertreibungswelle von Juden ein. In Deutschland begann sie 1388 in Straßburg und Rothenburg ob der Tauber. Die Vertreibung und Ermordung der Juden geschah im Zeichen des nahen Weltuntergangs und des Entstehens eines neuen Äons, eines neuen Jerusalems. Der Verweis auf sozioökonomische Faktoren bei der Erklärung dieser heilserwartenden Bewegungen faßt zu kurz und übersieht die religiös-messianischen Voraussetzungen.

War auch Deutschland das Zentrum der millenaristischen Bewegungen, gab es in den anderen Ländern ähnliche Erscheinungen. In Italien erschien im 14. Jahrhundert der römische Tribun Cola die Rienzo, der eine politisch-religiöse Eschatologie vertrat und sich als den novus dux sah. Er hielt sich für den politischen Partner des heiligen Franziskus und ersehnte eine Wiedererneuerung Roms und Italiens. Im 15. Jahrhundert erwarteten die Taboriten das kommende Reich Gottes auf Erden wie im 16. Jahrhundert die Wiedertäufer.

Joachim di Fiore hat mit seinem »theologischen Historismus«, mit der Verzeitlichung der Apokalypse und der Möglichkeit der Identifikation ihrer irdischen Träger – in seinem Fall der heilige Benediktus und sein Orden – ein Denkmodell für innerweltliche Erlösung geschaffen, das das Denken seit dem ausgehenden 18. Jahrhundert prägen sollte, also der Moderne. Sein Versuch, die Geschichte religiös und die *Offenbarung des Johannes* geschichtlich zu interpretieren, ist der Vorläufer eines eminent modernen Denkens. Die Struktur moderner Denkrichtungen – sowohl der Aufklärung als auch ihrer vermeintlichen Überwinder: Gegenauflärung und Marxismus – besteht darin, daß die kommenden geschichtlichen Entwicklungen in einer heilsgeschichtlichen Perspektive gesehen werden. Bei Hegel ist es der Weltgeist, in dem sich die göttliche Wahrheit innerhalb der welthistorischen Entwicklung entfaltet.

»Die innerhalb der Grenzen eines eschatologischen Glaubens und im Hinblick auf ein vollkommenes, klösterliches Leben verkündete Umwälzung wurde fünf Jahrhunderte später von einer philosophischen Priesterschaft aufgenommen, die den Prozeß der Säkularisation als eine ›geistige‹ Verwirklichung des Reiches Gottes auf Erden deutete. Als ein Versuch zur Verwirklichung konnten die fortschrittlichen Denkformen von Lessing, Fichte, Schelling und Hegel in die positivistischen und materialistischen von Comte und Marx verwandelt werden. Das dritte Testament der Joachiten erschien als ›Dritte Internationale‹ wieder und als ›Drittes Reich‹, verkündet von einem dux oder Führer, der als Erlöser bejubelt und von Millionen mit ›Heil‹ begrüßt wurde. Die Quelle dieser Versuche, die Geschichte durch Geschichte zu vollenden, ist die Erwartung der franziskanischen Spiritualen, dass ein letzter Kampf das Heilsgeschehen zu seiner weltgeschichtlichen Erfüllung und Vollendung führen werde.«[351]

Die Paradoxie im Denken Joachims besteht darin, daß seine heilsgeschichtlichen Spekulationen eine Erneuerung der Kirche vor dem kommenden Weltende erreichen wollen, deren Träger reformierte Orden innerhalb der Kirche sein sollen. In der Konsequenz jedoch verhalf er dem innerweltlichen Erlösungsdenken zum Durchbruch, daß der Mensch schon vor der göttlichen Entscheidung in den Weltenplan eingreifen bzw. sich an die Stelle Gottes setzen kann. Damit kann sein Denken als Grundstein des modernen totalitären Denkens bezeichnet werden. Voegelin umschreibt die Konsequenz des joachitischen Denkens so:

»Das neue Zeitalter des Joachim brachte eine Steigerung der Erfüllung innerhalb der Geschichte, aber diese Steigerung wurde nicht durch einen weltimmanenten Ausbruch hervorgerufen, sondern durch einen transzendentalen Einbruch des Geistes. Der Gedanke einer radikal immanenten Erfüllung wuchs nur sehr allmählich in einem langwierigen Prozeß, den man kurz unter dem Titel ›vom Humanismus zur Aufklärung‹ bringen kann. Erst im 18. Jahrhundert war mit dem Fortschrittsglauben die Steigerung des Sinngehaltes in der Geschichte zu einem völlig innerweltlichen Phänomen ohne transzendentale Einbrüche geworden. Diese zweite Phase der Immanentisierung soll ›Säkularisierung‹ genannt werden.«[352]

Die mittelalterlichen Häresien künden gleichsam die modernen Massenbewegungen an und prägen das moderne Bewußtsein. Schon in den *Politischen Religionen* formulierte Voegelin den oben skizzierten Säkularisierungsprozeß, der zu den innerweltlichen Religionen führte:

»An den Grundzügen der europäisch-religiösen Symbolik hat sich seit dem 17. Jahrhundert nichts Wesentliches mehr geändert. Hierarchie und Orden, universale und partikuläre Ekklesia, Gottesreich und Teufelsreich, Führertum und Apokalypse bleiben die Formensprache der Gemeinschaftsreligion bis heute. Langsam wandeln sich dagegen die Inhalte in der Richtung, die der Leviathan vorgezeichnet hat. Die Ekklesia löst sich immer mehr aus dem Verband des universellen Reiches mit der hierarchischen Spitze in Gott, bis sie sich in einzelnen Fällen verselbständigt und innerweltlich schließt. Sie ist nicht mehr sakral von der obersten Quelle her durchströmt, sondern ist selbst ursprüngliche sakrale Substanz geworden. Reste der alten Gliederung bleiben noch in Formeln ohne Tragweite erhalten, wie: daß die sakral geschlossene Gemeinschaft ›im Auftrag Gottes‹ handle, wenn sie sich irdisch ausbreitet; aber der ›Auftrag Gottes‹ ist synonym mit innerweltlichen Formeln wie ›Auftrag der Geschichte‹, ›geschichtliche Sendung‹, ›Befehl des Blutes‹ usw. Wir haben daher nur noch früher gezogene Linien zu ergänzen und auf Symptome der neuen Inhaltserfüllung hinzuweisen, die als Fakten jedermann bekannt sind, aber selten als Ausdrücke politischer Religiosität verstanden werden.«[353]

Apodiktisch rekapituliert Voegelin abschließend die Struktur der Moderne:

»Der Versuch, ein Eidos der Geschichte zu konstruieren, muß zu der trugschlüssigen Immanentisierung des christlichen Eschatons führen.«[354]

Er deutet diese Entwicklung als eine neue Gnosis, d. h. die Moderne ist – theologisch gesprochen – verfallen:

»Die gnostischen Erfahrungen in der ganzen Skala ihrer Varianten sind der Kern der Re-Divinisation der Gesellschaft, denn die Menschen vergotten sich selbst, wenn sie solchen Erfahrungen verfallen, und setzen die massiveren Arten der Teilhabe an der Göttlichkeit an die Stelle des Glaubens im christlichen Sinne … Gnostische Erfahrungen bestimmen eine Struktur der Realität, die sui generis ist. Eine Linie allmählicher Umgestaltung verbindet den mittelalterlichen mit dem heutigen Gnostizismus. Diese Umgestaltung vollzieht sich so allmählich, daß es schwer wäre zu entscheiden, ob die Phänomene der Gegenwart als christlich zu klassifizieren sind, weil sie einsichtig aus christlichen Häresien des Mittelalters erwachsen, oder ob die Phänomene als antichristlich zu klassifizieren sind, weil sie einsichtig der Ursprung des modernen Antichristentums sind. Das Beste wird sein, man läßt solche Fragen beiseite und erkennt das Wesen der Modernität im Anwachsen des Gnostizismus.«[355]

Trotz der berechtigten Kritik an den Thesen Voegelins sind seine Argumente für die Analyse totalitärer Bewegungen zutreffend und insofern reformulierbar als politische Theorie radikaler politischer Bewegungen.[356] Mathias Behrens schlägt in seinen Überlegungen zum Begriff einer politischen Religion vor, in der politischen Theorie einen reduzierten Religionsbegriff zu verwenden, indem der Absolutheitsanspruch der Religionen nicht nur in einem überweltlichen Sinne angewandt werden muß:

»Man befragt eine geschichtliche Konstellation also nicht darauf, ob das für das Absolutum Gehaltene tatsächlich eine transzendente Wirklichkeit ist, sondern beschränkt sich darauf, zu zeigen, daß ein Mensch etwas als Absolutum anerkennt … Wir halten für unseren Zusammenhang fest, daß man von Religion sprechen kann, wenn etwas als letzter Sinngrund gilt und sich der Mensch auf dieses Ziel hin engagiert.«[357]

Wird von vielen Menschen einer Gemeinschaft oder Gesellschaft eine nicht transzendente Wirklichkeit als letzter Sinn- und Seinsgrund als Glaube geteilt, kann von einer »Religion« gesprochen werden:

»Dieser reduzierte Religionsbegriff, der sich in seiner allgemeinen Formalität eher an einer inhaltlichen als funktionalen Bestimmung orientiert, ist nun auch in der Lage, jene historischen Phänomene zu klassifizieren, die sich zwar einerseits dadurch auszeichnen, auf den Bezug zu einer der kontingenten Wirklichkeit jenseitigen Realität zu verzichten, andererseits aber innerhalb der Immanenz etwas als Absolutum ausgeben, das als der eigentliche Sinngrund menschlichen Seins geglaubt wird.«[358]

Politische Religionen in dem oben genannten Sinn kennen den Dualismus zwischen Religion und Politik nicht mehr, es findet eine Verschmelzung der spirituellen und politischen Sphären statt.[359]

»Die politische Religion stellt ein komplexes und vielseitiges Phänomen dar, ein Glaubenssystem bezüglich Autorität, Gesellschaft und Geschichte. Sie liefert eine ›Weltanschauung‹, die einen Anspruch auf Wahrheit erhebt, die mit anderen Konzeptionen, auch mit den existierenden religiösen Traditionen, unvereinbar ist. Dieses Glaubenssystem wird von der Sakralisierung von Personen, Orten, Symbolen, Daten und von der Entwicklung von damit verbundenen Ritualen unterstützt. Wenn die Weltanschauung sowohl dem menschlichen Handeln als auch politischen Gemeinschaft einen Sinn gibt, bewegen wir uns im Rahmen einer der Weberschen Konzeption der Religion. Wenn wir uns auf die Sakralisierung und auf die Rituale konzentrieren, nähern wir uns der Auffassung Durkheims.«[360]

Das Wesentliche einer innerweltlichen Religion ist somit der umfassende Absolutheitsanspruch:

»Das Spezifische einer politischen Religion muß darin gesehen werden, daß sich die Absolutsetzung einer endlichen Wirklichkeit als eines letzten Sinngrundes, den man zu erkennen glaubt (Theorie) und für den man eine Ganzhingabe fordert (Praxis mit Aktionsprogramm), mit einer politischen Gemeinschaft derart verbindet, daß die Religion ohne diesen politischen Grund, der selbst zumindest teilweise mit dem Absolutum identifiziert wird, nicht existieren kann.«[361]

Politische Religionen beanspruchen damit eine absolute Welterklärung und die totale Macht:

»Politische Religionen können sowohl universale Religionen als auch Volksreligionen sein. In Vergleich mit der christlichen Religion tritt bei der politischen Religion der Führer, die Partei bzw. das Gesetz der Geschichte nicht an die Stelle der Kirche, sondern an die Stelle Gottes selbst ... Zu diesem inhaltlichen und ideologischen Aspekt der Seinsdeutung und grenzenlosen Inanspruchnahme des Menschen kommen noch weitere Momente der politischen Religionen hinzu, die es erlauben, von Religionen bzw. zumindest von religiösen Elementen zu sprechen. In den totalitären Regimen, die wir als politische Religionen klassifizieren, kommt es zu einer Sakralisierung der politischen und profanen Lebenswelt. Es entwickelt sich ein Mythos und ein kultisches Leben (Ritus, Liturgie, Sakralsprache, Musik), beide sollen bei der Verwirklichung der ideologischen, zur Aktion aufrufenden Moral helfen und eine Intensität der Erfahrung bewirken, um dem totalitären Anspruch zu entsprechen.«[362]

Alle diese Momente einer politischen Religion münden in einer politischen Verkündung, einer Heilslehre:

»Ein weiteres Kriterium, das eine politische Religion als Religion erscheinen läßt, liegt dann vor, wenn eine Heilslehre vorgetragen wird, die das Ganze der Geschichte oder eines Volkes betrifft. Heil wird hier als in der Geschichte erreichbares Endziel der Geschichte vorgestellt ... Die für das Heil notwendige Erlösung vollzieht sich entweder aufgrund einer gegebenen Determination der Geschichte oder aus menschlichem Willensentschluß heraus. Da sowohl die letzte Wirklichkeit als auch das Heil diesseitig gedacht wird, soll sich Erlösung durch die eigene Tat des Menschen vollenden. Der Mensch bringt Welt letztlich selbst hervor; Heil vollzieht sich als Selbsterlösung, unabhängig von göttlicher Gnade.«[363]

Die von den politischen Religionen verkündete Heilsversprechung und totale Erlösung[364] hat als unmittelbare Konsequenz in der Herrschaftsausübung die absolute Gewalt und deren absolute Rechtfertigung.

»Die Verbindung von absoluter Gewalt und absoluter Rechtfertigung ist ein Charakteristikum totalitärer Herrschaft. Das ist schon von den frühen Totalitarismus-Theoretikern erkannt worden. Es handelt sich nicht um schlichten Sadismus, um die wohlbekannte Grausamkeit der Tyrannen – das wäre ein einfacher, historisch tausendfach bezeugter Fall. Das Neue liegt gerade in der Bereitschaft zur leidenschaftslosen ›technischen‹ Vernichtung der Opfer, in der Verwandlung des ›ehrlichen‹ Feindes in einen Schädling, den man ungerührt und ungestraft beseitigen darf. An die Stelle kriegerischer Entfesselung der Leidenschaften treten Akte der Säuberung, der Liquidation; die Täter wahren ihren Abstand, behalten sogar ihren ›Anstand‹, da sie durch die Geschichte gerechtfertigt sind.«[365]

Die politischen Religionen sind nun nicht einfach ein Rückfall in »barbarische« Zeiten, eine Art Kulturregression, sondern Ausdruck moderner Gläubigkeit auf dem Hintergrund von Säkularisierungs- und Demokratisierungsprozessen:

»Der geballten Verbindung von Machtinstrument und politischer Heilslehre, Gewalt und rechtfertigender Ideologie erliegen im 20. Jahrhundert viele: Wie anders wäre es zu erklären, daß aus den totalitären Strömungen Massenbewegungen werden? Dabei bedürfen die Zusammenhänge mit den die Moderne beherrschenden Kräfte noch genauerer Analyse ... Klar erkennbar sind auch die Verbindungen zwischen den modernen demokratischen Bewegungen und dem totalitären Syndrom – erst die Demokratie, die eine Gesellschaft von Gleichen schafft und den Bürger vielfältig in staatliche Pflicht nimmt, bildet die Basis für die Mobilisierung der Massen und für die universelle Verbreitung der bis dahin auf intellektuelle Milieus beschränkten Ideologien, ohne daß man sagen könnte, die Demokratisierung führe zwangsläufig zum Totalitarismus.«[366]

Politische Religionen können sich in jungen Demokratien natürlich einfacher durchsetzen als in Ländern mit langen demokratischen Traditionen.

Ein Beispiel einer politischen Religion ist der politische Antisemitismus, der aus dem christlichen Antijudaismus zu einer fanatischen politischen Massenbewegung Ende des 19. Jahrhunderts wird. Dabei entsteht ein enger Zusammenhang zwischen Antisemitismus und Nationalismus; während der »Jude« die negative Ausgrenzung aus der »Heilsgemeinschaft« darstellt, »verstaatlicht« der Nationalismus alle als »homogen« definierten Bürger der Gesellschaft zu »christlichen Bürgern«, »Volksgenossen« oder ähnlichen imaginierten ethnischen, religiösen oder rassistischen »Glaubensverbündeten«.[367]

Diese Vorstellungen einer »religiös« und/oder »rassischen« Gemeinschaft sind nicht nur machtpolitische Herrschaftsinszenierungen, sondern entsprechen heilsorientierten Erlösungsutopien. Auf diesem Hintergrund können in der Moderne neue Religionskriege entstehen, die im Sinne von Voegelin und anderen religionswissenschaftlichen Theoretikern in der Tradition der scheinbar überwundenen gewaltsamen Religionskonflikte des ausgehenden Mittelalters und der Frühmoderne stehen. Der moderne Antisemitismus ist der größte Religionskrieg in der Moderne – neben dem Kommunismus –, der im Okzident stattgefunden hat. Alle zweckrationalen Argumente in der Erklärung des Antisemitismus des ausgehenden 19. und des beginnenden 20. Jahrhunderts bleiben unbefriedigend.[368]

Um sich den Entstehungsbedingungen des modernen Antisemitismus zu nähern, müssen natürlich die vielfältigen Aspekte der widersprüchlichen Modernisierungsprozesse des ausgehenden 19. Jahrhunderts berücksichtigt werden. Mit der Depression in den siebziger Jahren des 19. Jahrhunderts verlor der Fortschrittsoptimismus seine Legitimation.

»Seit der Krise von 1873 hatte die Vorstellung einer kontinuierlichen Aufwärtsentwicklung von Wirtschaft und Gesellschaft unter der Herrschaft des liberalen Großbürgertums viel an Glaubwürdigkeit verloren. Die heterogene Bourgeoisie der Donaumonarchie war nur durch Kompromisse an die Macht gekommen. Sie hatte ihre ökonomische Macht mit der Duldung des fortdauernden politischen Einflusses von Bürokratie und Feudaladel erkaufen müssen. Sie bejahte die Monarchie vom Standpunkt der herrschenden deutschen (in der ungarischen Reichshälfte magyarischen) Nation aus, ohne den nationalen Emanzipationsbestrebungen im Vielvölkerreich eben viel Beachtung zu schenken. Den sozialen Problemen standen die liberalen Kreise vollends verständnislos gegenüber. So konnte es nicht ausbleiben, daß die große Depression nach 1873 nicht nur die Führungsstellung der Liberalen in Frage stellte, sondern auch ihrer herrschenden politischen Ideologie einen Stoß versetzte.«[369]

Am konkreten Beispiel des politischen Antisemitismus in Österreich wird jedoch deutlich, daß politische Religionen anti-kirchlich eingestellt sein können – wie die Deutschnationalen vom Schlage Georg von Schönerers –, andererseits aber direkt aus dem kirchlichen Lager – wie viele Christsozialen – kommen können. Die oben genannten Thesen sind zwar analytisch richtig, in der Praxis zeigt sich aber häufig eine Überschneidung radikaler kirchlicher Kräfte und anti-kirchlicher Bewegungen.[370] In den politischen Zielsetzungen unterscheiden sich diese beiden Fraktionen des politischen Antisemitismus nicht grundlegend; ihre Forderungen reichen vom »Zurückdrängen« des jüdischen Einflusses in der Gesellschaft bis zum Genozid.[371] Diese radikalen antisemitischen Positionen lassen sich in der Moderne bis in die Romantik zurückverfolgen, wo zum ersten Mal die Moderne einer grundlegenden Kritik unterzogen wird.

»Noch sind alles nur Andeutungen, unzusammenhängend und roh, aber sie verraten dem historischen Auge eine universelle Individualität, eine neue Geschichte, eine neue Menschheit, die süßeste Umarmung einer jungen überraschten Kirche und eines liebenden Gottes und das innige Empfängnis eines neuen Messias in ihren tausend Gliedern zugleich«,

schreibt Novalis in seinem Fragment *Die Christenheit oder Europa*.[372] In der Ablehnung der Moderne wenden sich die Romantiker nicht nur dem christlichen Mittelalter, sondern vor allem der Antike zu. Ihr Interesse gilt nicht dem apollinischen Zeitalter, sie entdecken die nicht-olympische, die dionysische Antike. Vor allem die Mythen wecken die Neugierde der Romantiker. Sie verwerfen das harmonische Bild der Klassik über die Antike und schwärmen von ekstatischen Heroen und wahnsinnigen Bacchantinnen. Schelling beschreibt in seinem Werk *Die Weltalter* seine Faszination am Irrationalen:

»Seit Aristoteles ist (es) ja sogar ein vom Menschen gewöhnliches Wort, dass ohne Zusatz von Wahnsinn keiner etwas Großes vollbringe.«[373]

Das romantische Weltbild ist gnostisch-apokalyptisch[374], die geistige Erneuerung ist das sogenannte Dritte bzw. das kommende tausendjährige Reich im Sinne Joachim di Fiores. Viele

Romantiker verbinden die christliche Apokalypse mit den Mysterienreligionen und bemerken eine Affinität zwischen Dionysos und Christus.[375] Dionysos, der Gott des Rausches und der Poesie, der schon der griechischen Aufklärung weichen mußte, war für den damals berühmten Mythenforscher Friedrich Creuzer identisch mit Christus.[376] Auch Hölderlin und Schelling waren dieser Ansicht; Hölderlin nannte ihn den Adventsgott, den kommmenden Gott. Für Schelling war er der letzte Gott, der kommen wird. Beide sahen die Aufgabe der Philosophie darin, die neuen Götter zu verkünden. Die den Romantikern offenbarten Mysterien sind die Vorboten einer neuen Religion. Poesie und die mythologisierte Philosophie sollen die verlorene gesellschaftlich-transzendente Totalität wiedererrichten. Die Gesellschaftsanalyse der romantischen Philosophie geschieht nicht in Begriffen politischer Theorie, sondern sie betreiben sie in termini der Kunsttheorie und der Kunstreligion.[377] Die Romantiker träumen von einem gesellschaftlichen Gesamtkunstwerk, das bei Hölderlin und Schelling gleichbedeutend ist mit der Vollendung der johanneischen Offenbarung. Die Mythenrezeption der Romantik beeinflußte später Nietzsche, Wagner und Mythomanen wie Rosenberg.

Im Laufe der Zeit wurde nicht nur die literarische und philosophische Romantik immer religiöser und reaktionärer, auch die politische Romantik verstärkte diese Entwicklung.[378] Paradigmatisch dafür sind Friedrich Schlegel, Joseph von Görres und Johann Gottlieb Fichte. Ende des 18. Jahrhunderts trat Schlegel für die politische Revolution in Deutschland ein, forderte eine politische und moralische Regeneration und verteidigte den Republikanismus gegen Kant. Nachdem seine Hoffnungen enttäuscht wurden, vertrat er ab dem Jahr 1815 als Mitglied der österreichischen Gesandtschaft am Bundestag in Frankfurt die Politik Metternichs. Görres, der wegen seines Republikanismus noch 1819 nach Frankfurt fliehen mußte, wandelte sich ebenso und bekannte sich letztlich zum Katholizismus. Fichte setzte sich in zwei Schriften für die Französische

Revolution ein, in denen er die Emanzipation der Menschen forderte. Sein revolutionärer Enthusiasmus machte später einem extremen Chauvinismus und Antijudaismus Platz. Antijüdische Äußerungen finden sich aber nicht nur bei Fichte. Die deutsche Romantik ist in hohem Maße judenfeindlich gewesen. Mit ihr begann eine Periode, die Georg Lukács als »Zerstörung der Vernunft« bezeichnet hat.[379] Während er die Philosophie der Romantik und ihrer Epigonen als »Widerspiegelung« der gesellschaftlichen Verhältnisse interpretierte, sind diese Autoren ganz im Gegensatz dazu die intellektuellen Vorreiter einer wahnwitzigen Resakralisierung von Politik und Gesellschaft. Ihr Projekt der »Romantisierung der Gesellschaft« ist der gigantische Versuch, eine Gesellschaft in ein Gesamtkunstwerk zu transformieren, das letztlich in Auschwitz endete.

Im 18. Jahrhundert wurde nach einer wissenschaftlichen Genealogie der Völker gesucht; in Deutschland bestritt Leibnitz lediglich die historische Priorität der hebräischen Sprache. Sein Nachfolger auf diesem Gebiet, Johann-David Michaelis, der berühmteste Hebräist seiner Zeit, war schon ein ausgewiesener Judenhasser und Gegner der jüdischen Emanzipation.[380]

Für die Deutsche Romantik ist in dieser Frage vor allem Herder wichtig. Er entwickelte die Idee der Indogermanie. Dazu bediente er sich eines mytischen Volksbegriffs, der in der Tradition der christlichen Mystik steht.[381] Herders Verherrlichung der deutschen Sprache und sein pietistischer Patriotismus konnten leicht in einen religiösen Nationalismus umschlagen: aus der pietistischen Verehrung von Christi Blut und Wunden zu einem nationalistischen Blut- und Wunderkult. August Wilhelm Schlegel sah in den Deutschen schon das Morgenland Europas, von dem die Regeneration der Menschheit ausgehen müsse. Diesen Ideen schlossen sich viele Autoren wie Görres, Creuzer und Schopenhauer an.[382]

Für Fichte waren die Deutschen das »Urvolk« schlechthin.[383] Er sieht die Welt in einem Verfallsprozeß, den nur die Deutschen aufhalten können. Sie sind welthistorisch und heilsgeschichtlich ausersehen, den göttlichen Weltplan zu exekutieren.[384] Er forderte deshalb eine Totalrevision der Geschichte durch die Deutschen. Er sah ein irdisches Reich der Vollkommenheit und eine »nova creatura« durch die göttlichen Deutschen kommen.[385] Fichte und andere Romantiker radikalisierten die christliche Apokalyptik: Die Erlösung der Menschheit ist keine Aufgabe Gottes mehr, sondern der Menschen, in denen sich Gott verkörpert.

Die neuen Heilsbringer und Welterlöser sind die Deutschen. Fichte behauptete, daß nur im Blut der Deutschen Christi Blut enthalten sei, das durch die Transsubstantitation im eucharistischen Akt wieder aufgefrischt würde.[386] Aus der *Offenbarung des Johannes* übernahm er die Vorstellung vom Reich des Geistes: Die Deutschen werden ein Weltreich des Geistes errichten. Er gibt den Deutschen zu bedenken,

> »ob ihr der Anfang sein wollt, der Entwicklung einer neuen, über alle eure Vorstellungen herrlichen Zeit, und diejenigen, von denen an die Nachkommenschaft ihres Heils zähle. Bedenket, dass ihr die letzten seid, in deren Gewalt die große Veränderung steht. Ihr seht im Geiste durch dieses Geschlecht den deutschen Namen zum glorreichsten unter allen Völkern erheben, ihr sehet diese Nation als Wiedergebärerin und Wiederherstellerin der Welt.«[387]

Fichte sah sich als der gnostisch-christliche Prophet eines neuen Äons. Zur Realisierung einer Utopie wünschte er sich:

> »Möge diese Aufforderung etwas dazu beitragen, dass recht bald ein dazu ausgerüsteter deutscher Mann diese Aufgabe löse.«[388]

Um diese Ziele zu erreichen, forderte Fichte eine deutsche Nationalerziehung:

> »Dagegen würde die neue Erziehung gerade darin bestehen müssen, dass sie … die Freiheit des Willens gänzlich vernichtete und dagegen strenge Notwendigkeit der Entschließungen und Unmöglichkeit des Entgegengesetzten in dem Willen hervorbrächte.«[389]

Die neue Erziehung soll nicht die Erkenntnisfähigkeit des Einzelnen vermehren, sondern im Gegenteil eine totalitäre Weltanschauung oktroyieren:

»Dieser Erziehung entsteht sonach gleich bei ihrem Beginnen eine wahrhaft über alle Erfahrung enthabene, übersinnliche, streng notwendige und allgemeine Erkenntnis, die alle nachher mögliche Erfahrung schon im voraus unter sich befasst.«[390]

Fichte bekannte sich zur totalen Unterdrückung von Individualität und war in diesem Punkt ein wichtiger Protagonist der totalitären Bewegungen des 20. Jahrhunderts.

Die politische Theologie Fichtes schließt natürlich den Antichrist ein: die Juden.

»Fast durch alle Länder Europas verbreitet sich ein mächtiger feindlich gesinnter Staat, der mit allen übrigen im beständigen Kriege steht und der in manchem fürchterlich schwer auf die Bürger drückt: Es ist das Judenthum.«[391]

Für ihn ist das Judentum auf dem Haß gegenüber allen nichtjüdischen Menschen aufgebaut. Um sich vor den Juden zu schützen, schlägt er vor, entweder ihnen allen den Kopf abzuschneiden oder sie ins »gelobte Land« zu schicken.[392]

Ähnlich sah der Publizist Ernst Moritz Arndt die zeitgenössische politische Situation; er interpretierte den antinapoleonischen Kampf apokalyptisch. Neben Napoleon, dem »Teufel auf höllischem Thron«, sind es die Juden, die Deutschland bedrohen, »denn sie sind Unheil und eine Pest unseres Volkes ... die Juden sind ein verdorbenes und entartetes Volk.«[393]

Herder drückte seine antijüdische Einstellung folgendermaßen aus:

»Das Volk Gottes, dem einst der Himmel selbst sein Vaterland schenkte, ist fast seit seiner Entstehung eine parasitische Pflanze auf den Stämmen anderer Nationen; ein Geschlecht schlauer Unterhändler beinah auf der ganzen Erde, das trotz aller Unterdrückung nirgends sich nach eigner Ehre und Wohnung, nirgend nach einem Vaterland sehnet.«[394]

Der Philosoph und Publizist Friedrich Gentz schrieb nieder, was viele Antisemiten ernsthaft glaubten. In einem Brief schreibt er:

»Noch nie hat ein Jude ernsthaft an Gott geglaubt! Noch nie hat eine Jüdin – ich spreche ohne alle Ausnahme – die wahre Liebe gekannt! – alles Unglück kommt, wenn man es bis in seine letzten Gründe verfolgt, offenbar von den Juden her, sie allein haben Bonaparte zum Kaiser gemacht. Aber genug von den Kannibalen.«[395]

Adam Müller, der Staatstheoretiker der Romantik, charakterisierte die Juden in seinem opus magnum *Die Elemente der Staatskunst* folgendermaßen:

»An dem Buchstaben der Auserwählten und der Mosaischen Gesetze, und an dem Begriff eines einzigen Jehova, der nun zum National-Götzen geworden war, kleben sie (die Juden) allmählich immer fester; und so ward aus dem uralten gerechten und edlen Stolz nunmehr ein widerwärtiger, unerträglicher Hochmuth ... Der Widerspruch des heiligen Wesens, das behauptet werden soll, mit dem weltlichen Sinn, in welchen es behauptet wird, macht sie unerträglich.«[396]

Adam Müller gründete 1911 in Berlin die Deutsche-christliche Tischgesellschaft zusammen mit Achim von Arnim, Heinrich von Kleist und Clemens von Brentano. Sie vertraten einen restaurativen, katholischen Konservativismus und waren selbstverständlich alle Judengegner.[397]

Arthur Schopenhauer ekelte sich vor dem »foetor Judaicus«, also dem jüdischen Gestank. Er wünscht jedem Volk rechtzeitig einen Nebukadnezar, jenen König, der Jerusalem zerstörte und die Juden ins Exil trieb.[398]

Görres charakterisiert Juden als Ferment des Verfalls:

»Der Ahasveros ist der Tod und Teufel, das Sterben wollen und nicht können, das jüdische Gespenst des Weltalls.«[399]

Einen vorläufigen Höhepunkt stellte Hartwig von Hundt-Radowskis *Judenspiegel* aus dem Jahr 1821 dar, in dem er forderte:

»Am besten wäre es jedoch, man reinigte das ganze Land von dem Ungziefer, und hiezu gibt es gleichfalls zwei Mittel. Entweder sie durchaus zu vertilgen oder sie ... zum Land hinausjagen.«[400]

Die politische Theorie der Romantik ist eine politische Theologie, eine utopische Zusammenschau antiker, mittelalterlicher und christlicher Elemente. Carl Schmitt interpretierte die Romantik als »eine neue Religion, ein neues Evangelium, eine neue Genialität, eine neue Universalkunst.[401] Die Grundstruktur der Romantik ist ein gnostisch-christlicher Irrationalismus, der die Moderne als Verfallsgeschichte interpretiert. Der romantisch Inspirierte hofft auf eine kosmische Neuordnung der Welt, auf den kommenden Gott. Diese Gedanken stehen in der Tradition der millenaristischen Bewegungen, die vergleichbare apokalyptische Naherwartungen hegten. Insofern ist das romantische Gedankengut über weite Strecken ein wichtiger Vorläufer der völkischen und totalitären Bewegungen.

An jenem Punkt, an dem die christlichen Religionen ihre Überzeugungskraft einbüßen, werden dann zentrale Elemente des religiösen Jenseitsverständnisses zu einer innerweltlichen Religion. In diesem Sinne beinhaltet die Säkularisierung die Resakralisierung der Moderne. Die religiöse Utopie wird durch Geschichtsutopie ersetzt. Die religiöse Jenseitsvorstellung wird zugunsten diesseitiger Erlösungsideen säkularisiert, d. h. die modernen nationalen Bewegungen setzen vielfach Staat und Nation an die Stelle, die früher göttlichen Instanzen vorbehalten war.

»Zugleich ist diese Völkeragglomeration Gross-Österreichs selbst ein Stück Friedensgarantie Europas.«
Maxim Anin

Die Nationalitätenfrage im Habsburgischen Vielvölkerstaat

»Mit Ausnahme einiger kleiner Provinzen ungemischter Nationalität sehen wir überall den alten Hader mit erneuerter Heftigkeit emporlodern. In Böhmen, wie in Mähren hielten sich Tzechen, welche die Majorität beider Länder bilden, während der letzten Session vom Landtage fern; in Galizien sträuben sich die Polen gegen die Verfassung, und die Ruthenen gegen die von den Polen ihrer Sprache angethane Gewalt; in Tirol sind die Italiener mit den Deutschen und dem Reich noch unausgesöhnt; in Triest und Dalmatien befehden sich die italienischen Stadt- und die slawischen Landbewohner, und in den Provinzen, wo die Slovenen neben den Deutschen wohnen, kommt es zwar nicht zu großen Konflikten, wohl aber zu jenen zahlreichen kleinen Reibungen, welche die Gemüther immer mehr verbittern und die Parteien an einem gedeihlichen Zusammenwirken hindern«,

schreibt der österreichische Politiker Adolf Fischhof in der Einleitung seines Buches über die politischen Verhältnisse in der Donaumonarchie.[402]

Auf diesem politischen Hintergrund referiert Fischhof zwei grundlegende Einschätzungen der weiteren Entwicklung Österreich-Ungarns:

»Die ethnischen Elemente Oesterreichs sind so heterogener und anscheinend einander sich widerstrebender Natur, daß viele Politiker daraus den Schluß zogen: diese Bestandteile können nicht organisch ineinander gefügt, sondern nur mechanisch aneinander gereiht werden. In unserer Zeit, bei dem lebhaften Drange der Völker, ihre getrennten nationalen Elemente zu sammeln, und durch staatliche Einigung derselben ihre Kräfte zu erhöhen, sei – behaupten sie – ein

Aggregat von Volksindividualisten, wie Oesterreich, dem Untergange geweiht, und werde ein Theil nach dem anderen aus dem losen Gefüge desselben sich herausbröckeln, oder während eines Sturmes der ganze morsche Bau plötzlich aus den Fugen geraten.

Im Gegensatze zu diesen schwarzsehenden Politikern haben die bedeutendsten Staatsmänner Europas und viele politische Denker nicht nur diesen Staat für lebensfähig erklärt, sondern auch dessen Bestand als die sicherste Bürgschaft des europäischen Gleichgewichts bezeichnet, und ein bedeutender Historiker hat sogar den Satz ausgesprochen, daß, wenn es in Europa kein Oesterreich gäbe, die Diplomatie eines schaffen müßte.«[403]

Diese widersprüchliche Interpretation führt Fischhof auf die entsprechende Situation der Donaumonarchie selbst zurück:

»Oesterreich erinnert an jene großen, aber widerspruchsvollen Naturen, die uns zuweilen begegnen, und in denen die grellen Gegensätze im engen Rahmen einer Menschen-Seele faszinierend wirken. Solche Charaktere ziehen uns an, indem sie uns gleichzeitig abstoßen, und üben auf den aufmerksamen Beobachter eine fast dämonische Gewalt aus, während sie dem flüchtigen Beschauer, je nach der ihm zugewandten dunklen, oder hellen Seite, mit Abscheu, oder mit Bewunderung erfüllen. Eine staatliche Doppelnatur dieser Art ist Oesterreich; es ist bald von hoher sittlicher und Kultur-Bedeutung, bald entsittlichend und den Geistesfortschritt hemmend ... Den Forscher reizen diese Kontraste zu sorgfältigem Studium; der große Haufe ist schnell bereit, ein Hosiannah, oder ein de profundis anzustimmen.«[404]

Er sieht klar, daß Österreich die allgemeine Entwicklung einer homogenen Nationalstaatlichkeit nicht mitgehen kann, wenn es seinen staatlichen Bestand erhalten will:

»In einem einheitlichen Nationalstaate ist der nationale Gedanke der leitende. Der Einheit und der Macht der Nation wird daselbst alles Andere schonungslos untergeordnet, und da in Europa kein einziger Großstaat ohne Beimischung fremder Nationalitäten ist, so findet diese Staatsidee ihre Befriedigung nur auf Kosten der Gerechtigkeit gegen die in der Minorität befindlichen Völkerschaften. So verfährt Frankreich rücksichtslos gegen seine Einwohner nichtfranzösischer Zunge, so Rußland gegen die Polen. Oesterreich hingegen, wo kein Volksstamm mächtig genug ist, um die anderen zu unterwerfen und dem Staate sein nationales Gepräge aufzudrücken, wo vielmehr die Völker einander das Gleichgewicht halten, und jedes derselben ein wichtiger Faktor des öffentlichen Lebens ist, Oesterreich, sage ich, wird durch sein eigenstes Interesse darauf hingewiesen, allen Nationalitäten gleich gerecht zu sein. Somit ist dessen leitende Idee die der Gerechtigkeit.«[405]

Karl Renner, der spätere Bundespräsident der Republik Österreich, definierte das Nationalitätenproblem in Österreich-Ungarn folgendermaßen:

»Der nationale Territorialstaat beseitigt nicht nationale Conflikte, sondern erzeugt und vertieft sie; er schlichtet sie nicht auf dem Wege des Rechtes, sondern entscheidet sie auf dem Wege der Gewalt; er ermöglicht Ausdehnung und Sieg, riskiert aber auch Verlust und Untergang. Den ruhigen, sicheren Genuss nationaler Rechte, die conflictlose Entwicklung in einem vielsprachigen, einheitlichen Rechtsstaate kann er nie gewährleisten. Er bedeutet nicht die Auflösung des österreichischen Problems, sondern die Auflösung Österreichs. Das Beispiel Ungarns lehrt, dass kein völkerrechtliches Band die endliche Trennung zu verhindern mag.«[406]

Das grundlegende Problem der Donaumonarchie war seine politische und rechtliche Unklarheit in seiner Nationalitätenfrage. Im Artikel 5 der Verfassung aus dem Jahre 1849 bekannte sich der Staat lapidar zum Prinzip der Gleichberechtigung der Völker:

»Alle Volksstämme sind gleichberechtigt und jeder Volksstamm hat ein unverletzliches Recht auf Wahrung und Pflege seiner Nationalität und Sprache.«[407]

Das Gesetz sagt jedoch nicht aus, wie ein »Volksstamm« definiert ist, noch gibt es irgendwelche Hinweise, wie viele »Volksstämme« in der Monarchie leben.[408] Der Jurist Ludwig verwies deshalb zu Recht auf die unzulängliche juridische Bestimmung der Rechte der Völkerschaften in der Verfassung:

»Wir wissen wohl aus der Rechtswissenschaft, wie eine Corporation oder Association Trägerinnen von Rechten sein und dieselben ausüben können: Ein Volksstamm jedoch ist weder eine Association noch eine Corporation, noch überhaupt eine ›moralische‹ Person im Sinne der Rechtswissenschaft … Wir mögen also die Sache wenden wie wir wollen, die Märzverfassung 1849 gibt uns im § 5 ein Räthsel auf, zu dessen Lösung nirgends ein Schlüssel an die Hand gegeben wird. Wir wissen nicht, was der Gesetzgeber unter ›Volksstamm‹ versteht, weder wissen wir eine authentische Erklärung, wie viel Volksstämme es in Österreich gibt, noch auf welche Art und Weise ein Volksstamm Träger von Rechten sein kann.«[409]

Somit fehlte der Verfassung jeder konkrete Hinweis, wie eine Gleichberechtigung der verschiedenen Nationen innerhalb der Monarchie geregelt werden könnte.

In der Dezember-Verfassung aus dem Jahr 1867 wird dieses Recht etwas mehr konkretisiert:

»›Die Gleichberechtigung aller landesüblichen Sprachen in Schulen, Amt und öffentlichem Leben‹ wird vom Staat garantiert. Ferner enthält die Verfassung die Bestimmung: In den Ländern, in welchen mehrere Volksstämme wohnen, sollen die öffentlichen Unterrichtsanstalten derart eingerichtet sein, dass ohne Anwendung eines Zwanges zur Erlernung einer zweiten Landessprache jeder dieser Volksstämme die erforderlichen Mittel zur Ausbildung seiner Sprache erhält.«[410]

Neben diesen rechtlichen Unklarheiten für das Zusammenleben der verschiedenen Nationalitäten traten natürlich die konkreten Probleme der Völker untereinander.

»Dazu kommt noch eine Reihe von äusserst ungünstigen historischen Bedingungen, die mehrere Nationen ohne Rücksicht auf ihre Siedlungsgebiete, oft zwangsweise in den sogenannten ›historischen Kronländern‹ bis heute noch zusammengepfercht halten. Es tritt noch als wichtiges Unterscheidungsmoment die äusserste Ungleichheit der inneren sozial-ökonomischen Struktur der österreichisch-ungarischen Nationen und der damit eng verbundenen Verschiedenheit ihrer Finanzkraft hinzu. Wir finden hier sämtliche Wirtschaftsformen und Stufen vertreten, von der industriell hochentwickelten und wohlhabenden deutschen Nation bis hinab zu den fast ausschließlich landwirtschaftlichen und verhältnismässig armen Ruthenen. Es ist klar, dass dieser Umstand – zu dem sich noch die bedeutenden Verschiedenheiten der religiösen Bekenntnisse gesellen – nicht wenig zur Verschärfung der nationalen Gegensätze beitragen muss. Aber schon der Umstand allein, dass in der Monarchie mehr als zehn Nationen zusammenleben, macht uns die Grundverschiedenheit der österreichisch-ungarischen Nationalitätenfrage von der schweizerischen klar.«[411]

Adolf Fischhof umriß das grundlegende Problem der Monarchie folgendermaßen:

»Keine der großen Nationalitäten Oesterreichs kann für sich allein den Bestand der Monarchie sichern, aber jede derselben vermag durch ihren Widerstand das Reich zu gefährden; destruktiv eingreifen kann jede einzeln, constructiv vorgehen können nur alle vereint.«[412]

Fischhof war sich der Fragilität der Konstruktion der Donau-Monarchie völlig bewußt und kennzeichnete den Zustand der Situation drastisch:

»Kein europäischer Staat – die Türkei ausgenommen – birgt in seinem Schoße so viele Keime des Zerfalls wie Oesterreich ... Nicht äußeren Feinden erlag Oesterreich so schnell während der letzten Kriege, sondern der feindlichen Gesinnung im Innern, der mächtigen Gegnerschaft der herrschenden Zeitidee, mit der es so lange in Widerspruch gesetzt.«[413]

Die Idee einer homogenen Nation war unvereinbar mit den verschiedenen Völkerschaften in der Monarchie. Deshalb bestanden im Grunde nur zwei Möglichkeiten: die Auflösung des Reiches in einzelne Nationalstaaten oder die politische Konstruktion eines Nationalitätenstaates, der den einzelnen Völkern in einem Verband ihre nationalen Rechte zugestand. Herrschaftspolitisch war es unmöglich, einen Nationalstaat – die zentrale politische Idee des späten 19. Jahrhunderts – in Österreich-Ungarn zu errichten.

Um die grundlegenden Probleme verstehen zu können, muß man die österreichische Reichsidee in ihren historischen Dimensionen rekonstruieren. Otto Bauer bemerkt zu dem österreichischen Staatsverständnis:

»Aus der deutschen Entwicklung allein ist die Entstehung des österreichischen Staates zu verstehen; der Sinn seines Werdens war das

Verlangen, die Kräfte des kolonialen Bodens zur Stütze deutscher Königsmacht zu machen.«[414]

Historisch wurde das Gebiet der österreichischen Kernlande von Bajuwaren, Franken, Schwaben und Sachsen kolonisiert und christianisiert, das von slawischen und keltoromanischen Völkern bewohnt war. Diese Entwicklung bedeutet die Akkulturation fremder Ethnien an die christlich-germanische Kultur. Diese Integration war aber nicht überall möglich, in anderen Gegenden war die deutsche Kolonisation nicht gänzlich erfolgreich. In den südöstlichen Teilen der späteren Monarchie – in Böhmen, Mähren, Polen und Ungarn – konnten die einheimischen Ethnien nicht assimiliert werden und es entwickelten sich gemischte Völkerschaften. So entstanden schon ab dem 11. Jahrhundert deutsche Gemeinden auf dem Gebiet Böhmens. Im 14. Jahrhundert waren z.B. die reicheren Bürger, Kaufleute und Handwerker in Böhmen deutscher Herkunft.

»Ihr Reichtum und ihre Privilegien gaben ihnen gewaltige Macht: sie beherrschten die Universität, die Pfründen in den Kapiteln, die Bistümer und Klöster waren in der Hand von Deutschen, während nur armselige Pfarrstellen den Tschechen überlassen blieben.«[415]

In Ungarn siedelten sich deutsche Kolonisten vor allem in Siebenbürgen an; ebenso gab es eine deutsche Ansiedlung in Polen.

Die Schaffung eines großen Kolonialreiches durch die Vereinigung Österreichs mit Böhmen und eventuell Ungarn und der Gewinn der deutschen Königskrone ist ein Ziel der habsburgischen Herrschaftspolitik.

Mit der Bedrohung durch das osmanische Reich entsteht ein zweites Primat der habsburgischen Politik: die Verteidigung des christlichen Europa gegen die einfallenden Osmanen.

Die herrschende Idee war somit die »Zivilisierung« des Ostens durch eine christlich-deutsche Kultur:

»Die grossösterreichische Reichsidee hat verschiedene Entwicklungen durchgemacht. Seit Beginn seiner Existenz (1526), die ganze Periode des zentralistischen Absolutismus hindurch, also bis zum Beginn des 19. Jahrhunderts, trägt das Reich einen ausgesprochen deutschen Charakter. Das höhere kulturelle Leben und demgemäss auch die staatliche Leitung befinden sich fast ausschliesslich in den Händen der Deutschen.«[416]

Ähnlich interpretiert Otto Bauer die »österreichische Reichsidee« aus der deutschen Entstehung des österreichischen Staates:

»War dies erst gelungen, so mochte die Hoffnung vielleicht gar nicht allzu kühn erscheinen, es könne, auf so großer Macht gestützt, den deutschen Königen gelingen, aus dem alten Reiche einen Staat zu schaffen, wie dies in Spanien, in Frankreich, in England gelungen war. Aber es war das merkwürdige Geschick des österreichischen Staates, dass er, kaum entstanden, sich vor einer anderen Riesenaufgabe sah, die seine Kräfte völlig in Anspruch nahm und ihm die Erfüllung der ersten Aufgabe, der er ursprünglich sein Entstehen dankte, dauernd unmöglich machen sollte. Diese neue Aufgabe war der Schutz des christlichen Europas gegen die Türken ... So hat Oesterreich von seinem Entstehen an eine doppelte Aufgabe: die Herstellung eines starken deutschen Staates einerseits, die Verteidigung des christlichen Europas andererseits.«[417]

Damit war der Hegemonieanspruch der Deutschen gegenüber den anderen Nationen vorgezeichnet und der Nationalitätenkonflikt des 19. Jahrhunderts programmiert, denn mit dem Aufblühen der Nationalismen mußte die deutsche Vormachtstellung im Reich von den anderen Völkern angegriffen werden.

Die Einstellungen der Deutschen[418] hinsichtlich einer zukünftigen politischen Gestaltung des Reiches waren unterschiedlich.

Eine Fraktion träumte von einem großdeutschen Reich, also der Vereinigung mit Deutschland ohne preußische Vorherrschaft. Sie konnte sich die Sicherheit und Vormachtstellung der Deutschen nur in einem mächtigen Großösterreich vorstellen. Spätestens mit der Niederlage gegen Preußen in der Schlacht von Königgrätz 1866 wurden diese Hoffnungen zunichte gemacht.

Eine zweite Gruppierung anerkannte den preußischen Staat, wünschte sich jedoch die Vereinigung Österreichs mit den süddeutschen Staaten. In diesem Fall wäre die Hegemonie der Deutschen ebenfalls eher gesichert gewesen.

Andere politische Kräfte wollten um jeden Preis die Zusammenführung aller Deutschen in einem gemeinsamen Staat. Dieses Primat setzten sie über das Weiterbestehen der Donaumonarchie:

»Ihre Parole ist: ›Ein großes einiges Deutschland, gleichviel in welcher Form unter wessen Führung.‹«[419]

Eine vierte Fraktion entwickelte die Perspektive, daß Deutschland und Österreich zuerst politisch getrennte Wege gehen und beide Staaten in einem ersten Schritt ökonomisch und politisch enger zusammenarbeiten sollten. In dieser Perspektive könnte sich eine Vereinigung der beiden Länder anbahnen.

Mit der Gründung des Deutschen Reiches 1871 war die kleindeutsche Entscheidung gefallen; Preußen hatte sich gegen eine Vereinigung mit Österreich entschieden.

Die Intellektuellen des deutschsprachigen Teils der Monarchie waren größtenteils deutschnational:

»Das intellektuelle und künstlerische Leben Wiens selbst riskierte, zum Symbol der schlimmsten Reaktion zu werden … Die Schriftsteller gingen soweit, in ihren pangermanischen Gefühlen sogar die Existenz eines Österreich in Frage zu stellen.«[420]

Ein Beispiel eines großdeutschen Literaten ist der Schriftsteller Hermann Bahr:

»Die Erfahrungen des jungen Hermann Bahr, einer der Anführer der literarischen Erneuerung in Österreich gegen Ende des Jahrhunderts, ist in dieser Hinsicht besonders aufschlußreich. Möglich, daß seine provinzielle Herkunft und seine marginale gesellschaftliche Position in Wien sein Engagement für das Deutschtum hatte steigern können. Anfangs revoltierte Bahr gegen die Väter, die durch ihre Passivität riskiert hatten, das kostbarste Erbe, das sie hinterlassen hatten, die kulturelle Überlegenheit des Deutschen innerhalb des Reiches, zu zerstören. Angesichts einer solchen Zukunft, war es mehr wert, sich mit einem von Preußen angeführten Deutschland zu vereinigen, als ›sich von den Slaven kolonisieren zu lassen‹«.[421]

Für die Deutschen in der Monarchie war die paranoide Angst einer politischen Vorherrschaft der slawischen Völker im habsburgischen Reich allgegenwärtig. Adolf Fischhof, ein Vorkämpfer eines multinationalen Staates, kann seine untergründigen Ängste gegenüber den Slawen nicht ganz unterdrücken, wenn er schreibt:

»Wie die Deutschen an Intelligenz und Bildung, so sind die Slaven an Volkszahl den anderen Nationalitäten der Monarchie überlegen. Rußland ausgenommen, zählt kein Staat so viele slavische Bewohner, wie Österreich. Sie sind nahe daran, die Hälfte der Einwohner Oesterreichs zu bilden.«[422]

Wie stark die Angst der Deutschen vor einer »Überfremdung« durch slawische Einflüsse war, läßt sich an einem Brief des Dichters Anastasius Grün an den Grafen Leo von Thun-Hohenstein nach der verlorenen Schlacht von Königgrätz aufzeigen:

»Bis jetzt konnte man ein guter Österreicher und zugleich ein guter Deutscher sein, denn es handelte sich immer nur um die Schwierigkeit einer richtigen und zeitgemäßen Form unseres Verbleibens im Bunde; jetzt aber, wo man das tausendjährige Band, das man unsererseits weder festigen, noch mit Würde zu lösen verstand, gewaltthätig zerrissen und uns schimpflich vor die Füße geworfen hat, wird der in jener Doppeldeutung liegende Konflikt sich in empfindlicher Art fühlbar machen und jenes mächtige geistige Band, welches die gleichen Kultur- und Freiheitsbestrebungen um Stammesgenossen schlingt, dürfte sich als stärker und dauerhafter erweisen, als die politischen Scheidegrenzen einerseits und die dynastischen Einigungspunkte andererseits. Der Beruf des deutschen Elementes, der verhindernde und veredelnde Kitt unseres Staatengebäudes zu sein, ist so oft verkannt und neuestens so arg hintangesetzt worden, daß die Besorgnis nahe liegt, seine Entfremdung vom österreichischen Bewußtsein könnte einst zur zersetzenden Kraft in demselben werden. Darum kommt es wesentlich darauf an, welche Stellung den Deutschen in Österreich hinfort ermöglicht wird; nicht um Herrschaft und Herrschsucht einer Race und Unterdrückung der anderen handelt es sich; denn kein Volk ist weniger geneigt zur Vergewaltigung anderer als das deutsche, sondern um die Ideen und Prinzipien des modernen Staats- und Volkslebens, deren vorwiegender Repräsentant in Österreich der deutsche Volksstamm ist ... Wenn wir mit blutenden Herzen patriotisch auf Rettungsmittel sinnen, gleichen wir nicht vielleicht einem ärztlichen Consilium am Bette eines in der Agonie Liegenden?«[423]

Schon Franz Grillparzer schrieb im Jahre 1866 in einem Brief ironisch »von unserem tschechisch-magyarischen Vaterland«, das bedroht sei, sich vom deutschsprachigen Kulturmarkt abzukappen.[424]

Die entscheidende Differenz in der habsburgischen Monarchie war die gegensätzliche kulturelle und politische Einstellung der Deutschen und der Slawen, die auch von den liberalsten deutschsprachigen Interpreten als »Kultur- und Rassenfrage« angesehen wurde.[425] Der liberale Fischhof beschreibt die »Slawen« hinsichtlich ihrer politischen und kulturellen Eigenart folgendermaßen:

»Die Slaven in Oesterreich haben gesellschaftliche Bruchstücke, aber noch keine Gesellschaft. Die Tzechen, wie die Südslawen haben ein tüchtiges Bauernthum, aber keinen geistig hochentwickelten Bürgerstand, und keinen nationalen Adel, denn was sich von diesem an sie anschließt, thut dies aus Berechnung und nicht, wie der magyarische mit nationalem Bewußtsein und tiefer nationaler Empfindung. Im Gegensatze zu den Tzechen und Südslaven haben die Polen einen Adel, aber weder ein Bürgerthum, noch ein national bewußtes Landvolk. Statt eines Gebäudes bietet sich dem Auge in seltsam abenteuerlicher Weise ein stolzer Giebel dar, welcher auf einigen schwachen Pfeilern von Intelligenz und Halbintelligenz höchst unsicher ruht. Die Slaven werden daher, um mit den anderen Nationalitäten erfolgreich wetteifern zu können, vorerst ihre gesellschaftlichen Elemente ebenmäßig entwickeln müssen.[426]

Das Grundproblem der tschechischen Politik bestand darin, ohne den Bestand der Donaumonarchie zwischen Pangermanismus und Panslawismus zerrieben zu werden. Deshalb waren lange Zeit sich die politischen Kreise in Böhmen und Mähren bewußt, daß ein Austritt aus der Monarchie mit hohen Risiken behaftet gewesen wäre.

Im Gegensatz zum Mittelalter hatten die Tschechen im 18. und 19. Jahrhundert keinen eigenen Staat. Nach der verlorenen Schlacht am Weißen Berg im Jahre 1620 zerfiel der böhmische Staat und damit hatte sich die Gegenreformation durchgesetzt. Mit der Niederlage wurde fast die gesamte Oberschicht vertrieben, die neuen Adeligen kamen aus fremden Ländern: Deutsche, Spanier, Portugiesen und Italiener. Die Vertreibung des böhmischen Adels, die Entmachtung der Stände und die Zurückdrängung der einheimischen ökonomischen und kulturellen Eliten besiegelte das Ende der Eigenständigkeit des Landes und für zwei Jahrhunderte war es nur noch ein Teil der österreichischen Geschichte. In den Städten bestimmte eine deutschsprachige Oberschicht – neben dem Adel – die Geschicke; die tschechische Sprache wurde zu einer Sprache, derer sich Bauern, Handwerker und Dienstboten bedienten.

Erst in der zweiten Hälfte des 19. Jahrhunderts wandten sich einige Mitglieder der Intelligencija, die meist aus kleinbürgerlichen Verhältnissen kamen, dem Studium der tschechischen Sprache zu. Sie übersetzten Dramen und Theaterstücke ins Tschechische und schrieben eigene Stücke in tschechischer Sprache. Es erschienen die ersten tschechischen Zeitungen. Einer der führenden Vertreter dieser Bewegung war Josef Dobrovsky, eine Autorität auf dem Gebiet der tschechischen Sprache und Literatur. Frantisek Palacky hatte in den dreißiger Jahren des 19. Jahrhunderts eine groß angelegte Geschichte Böhmens im Auftrag der Stände geschrieben, die zuerst in deutscher und später in tschechischer Sprache erschien.

Die Renaissance der tschechischen Sprache und Kultur war mit panslawistischen Einstellungen verbunden. So vertrat der Sprachwissenschaftler Josef Jungmann – ein Vertreter der Jungtschechen – den Panslawismus, der jedoch im Konflikt mit dem böhmischen Patriotismus stand. Unterstützt wurde diese nationale Bewegung vom böhmischen Adel, der durch die theresianischen und josephinischen Reformen in einen Interessenkonflikt mit dem Wiener Hof geriet. Die Einführung der deutschen Sprache als Amtssprache unter Joseph II. schuf einen ersten Sprachenkonflikt.

Die deutschsprachige Bevölkerung umfaßte damals ungefähr vierzig Prozent der Gesamtbevölkerung, sie lebte vor allem in den Städten und in den Industriegebieten. Die Unternehmer und Proletarier waren meistens Deutsche, die sozialen Spannungen während der Phase des tschechischen Frühkapitalismus waren deshalb zuerst innerethnischer Natur.

Die tschechische Nationalbewegung sah sich mit drei grundlegenden Problemen konfrontiert, die bis heute die Identitätsdiskussion mitbestimmen. Innerhalb der Monarchie sahen sich die Tschechen von den deutschsprachigen Österreichern unterdrückt. Deshalb votierte ein Teil der Intelligencija für den Panslawismus. Damit war jedoch die Gefahr einer Russifizierung verbunden. Im Falle einer Annäherung an Deutschland wären die Tschechen ebenso der Gefahr einer Germanisierung ausgesetzt gewesen. Palacky wurde 1848 als Vertreter Böhmens nach Frankfurt zur Nationalversammlung eingeladen, die der Bildung einer deutschen Konföderation dienen sollte. Böhmen sollte nach den Vorstellungen der deutschen Nationalbewegung ein Teil Deutschlands werden. Palacky wies dieses Ansinnen zurück mit dem Argument, daß er nicht Deutscher, sondern ein Böhme slawischer Abstammung sei.[427] Aus diesen Gründen plädierte er für einen Verbleib in der Habsburger-Monarchie. Er forderte jedoch eine Föderation der Donauvölker, die eine völlige Gleichberechtigung aller Völker beinhalten sollte. Er lehnte die Zerschlagung des Habsburger-Reiches und die Schaffung unabhängiger kleiner Staaten ab, weil diese der russischen Macht nicht widerstehen hätten können.

Die böhmische Nationalbewegung wollte in Ausgleichsverhandlungen einen gleichen Status wie Ungarn erreichen, das 1867 Österreich gleichgestellt wurde.[428] Dieses politische Ansinnen scheiterte am Widerstand der deutschen Volksgruppe in Böhmen. Dadurch verschärfte sich der Nationalitätenstreit erheblich und wurde immer unversöhnlicher.

Die Sprachenverordnung des Ministerpräsidenten Badeni 1896/97, die eine Gleichstellung der tschechischen Sprache vorsah, verdeutlicht exemplarisch den Nationalitätenkonflikt. Die Deutschen in den böhmischen und mährischen Ländern protestierten vehement gegen die Sprachenreform. Die deutschen Parteien gingen während der Beratungen zur Obstruktion des Parlaments über und lähmten somit jede konstruktive Parlamentstätigkeit.

»Die fortschreitende Parlamentskrise kulminierte in den Tagen vom 23. bis 27. November 1897 ... Die bisherige technische Obstruktion der parlamentarischen Tätigkeit, die ohne gewaltsame Auseinandersetzung vonstatten gegangen war, schlug am 23. November in eine Serie von Prügeleien zwischen den Parlamentariern um, bei denen sogar Messer zum Einsatz kamen.«[429]

Wenige Tage später kam es wieder zu Tumulten im Parlament, der Parlamentspräsident ließ von der Polizei randalierende Abgeordnete aus dem Parlament tragen. Die gewalttätigen Auseinandersetzungen wurden nun auf den Straßen weiter fortgesetzt. Ministerpräsident Badeni demissionierte unter dem allgemeinen Jubel der Wiener Bevölkerung. In Böhmen und Mähren kam es nun zu gewalttätigen Auseinandersetzungen, wobei es zahlreiche Schwerverletzte und drei Tote gab.[430]

Das obige Beispiel vermag annähernd die Tiefe und politische Gefährlichkeit der nationalen Auseinandersetzungen anzudeuten.

Nun beschränkten sich die nationalen Kämpfe nicht nur auf Deutsche und Tschechen, sondern erfaßten auch die anderen Nationalitäten des Reichs.

Die polnische Nation und deren Vertreter hatten gegenüber der Monarchie eine ambivalente Einstellung: Einerseits bot das Reich einen Schutz gegen die bedrohlichen Großmächte

Deutschland und Rußland, andererseits gaben die polnischen Nationalisten ihren Traum eines polnischen Staates niemals auf.

Bei den drei Teilungen Polens erhielt Österreich 1772 Galizien und Krakau.[431] Die bedeutendste Verwaltungseinheit bildete das Königreich Galizien, dessen westlicher Teil mehrheitlich von Polen bewohnt war, während der östliche Teil von Ruthenen besiedelt war.

Der polnische Nationalismus ist historisch nachhaltig von der Romantik geprägt. Seit 1795 gab es keinen souveränen polnischen Staat. Die Bevölkerung sprach weißrussisch, jiddisch oder polnisch, während sich der Adel der deutschen, französischen oder italienischen Sprache bediente. Spätestens nach der Niederwerfung des Aufstandes im Jahre 1839 entwickelten polnische Emigranten einen religiös-messianischen Nationenbegriff. Die polnische Nation sollte der Erlöser der Menschheit werden, der »Christus der Nationen«.[432]

Der Polozentrismus galt als Vorbild der Menschheit auf dem Wege zu einem »neuen Jerusalem«. Demgegenüber steht eine moderne, pragmatischere Konzeption eines Nationenbegriffes, der weitgehend auf den Nationaldemokraten Roman Dmowski zurückgeht. Es war der Versuch, Polen in die Moderne zu führen. An vorderster Stelle steht natürlich die Unabhängigkeit des Landes, die jedoch nicht gewaltsam angestrebt wird. Dmowski entwirft ein Programm für die kulturelle Hegemonie des Polentums durch Bildung, Presse und damit letztlich für die Erlangung der politischen Einheit. Dmowskis Programm enthält viele Elemente des autoritären und aggressiven Nationalismus: die Suche nach Sündenböcken für die Niederlagen in der polnischen Geschichte. Er machte die Juden, Ukrainer, später die Freimaurer, Kosmopoliten und die Intelligenz für das Scheitern der polnischen Nationalbewegung verantwortlich.

Die katholische Nationalkirche ist seit dem 17. Jahrhundert ein Garant der polnischen Identität gegenüber allen Versuchen einer Germanisierung und Russifizierung gewesen. Die nationale Bindung der katholischen Kirche führte zu einem konservativen Typus des Polen-Katholiken. In diesem Rahmen entstand die Vorstellung einer katholischen Staatsnation, die innerhalb der Monarchie niemals gänzlich aufgegeben wurde.

Die Polen erhoben sich wie andere Nationalitäten im Jahre 1848 und forderten weitergehende politische Rechte. Wien faßte ab 1865 eine größere Autonomie Galiziens ins Auge, so daß der Ausgleich mit Ungarn 1867 weitaus weniger heftige Reaktionen auslöste als in Böhmen. 1869 wurde in einem Erlaß die polnische Sprache in Galizien zur Amtssprache erklärt. In den Grund- und Oberschulen wurde polnisch unterrichtet und 1870/71 wurden die Universitäten von Krakau und Lemberg polonisiert. Ebenfalls im Jahre 1871 ernannte Franz Joseph einen Minister für polnische Angelegenheiten und erweiterte die Kompetenzen des Sejm. 1895 wurde der oben erwähnte polnische Graf Kasimir Badeni zum Ministerpräsidenten ernannt. Aus diesen Gründen stimmten die polnischen Abgeordneten im Wiener Reichsrat mit der deutschen Majorität. Erst als das allgemeine Wahlrecht 1907 in Zisleithanien eingeführt wurde, verringerte sich der Einfluß des polnischen Adels im Parlament.

Nationale Konflikte bestanden ferner zwischen den Polen und den Ruthenen in Galizien. Die Ruthenen waren ein »geschichtsloses« Volk von Bauern, die in vielen Gebieten unter der Herrschaft von polnischen Großgrundbesitzern lebten.

Die erste Gesellschaft zur Verbreitung der ruthenischen Kultur wurde 1834 gegründet; der Gouverneur Graf Stadion bemühte sich nach 1848 die Lage der Ruthenen, die ärmer und ungebildeter als alle anderen Völker der Monarchie waren, zu verbessern. Die Situation der Ruthenen im ungarischen Raum der Monarchie war noch bedrückender; in der Zeitspanne zwischen der Jahrhundertwende und dem Ersten Weltkrieg wanderte über eine halbe Million des kaum zwei Millionen zählenden Volkes aus.

Die italienische Nationalbewegung in der Monarchie war weitestgehend irredentistisch und konnte deshalb langfristig nicht integriert werden. Die 1815 Österreich zugeschlagenen Provinzen mußten deshalb nach wiederholten Aufständen zurückgegeben werden.[433] Einzig kleine Teile – das Trentino, Friaul und Triest – blieben unter österreichischer Verwaltung. Diese Territorien waren überwiegend ethnisch gemischt, die italienischen Irredentisten waren jedoch grundsätzlich gegen einen Verbleib in der Monarchie. In Triest war die Bevölkerung gespalten in pro-italienische und pro-österreichische Einwohner.

Die slawischen Einwohner dieser Gebiete war überwiegend für den Verbleib in der Monarchie. Die slowenischen Einwohner Kärntens und der Steiermark wollten als Minderheit entsprechende Rechte, stellten jedoch die Integration im Reich nicht in Frage. Die überwiegend von Slawen bewohnte Krain war für den Bestand der Monarchie kein Problem.

Im Gegensatz zu diesen Völkerschaften beriefen sich die Kroaten als »historische Nation« auf eine lange Vergangenheit.

»Der kroatische Nationalismus konnte sich auf das unabhängige Königreich Kroatien berufen. Den nationalistischen kroatischen Geschichtsschreibern des 19. Jahrhunderts zufolge war es niemals erobert worden, sondern hatte sich im 11. Jahrhundert freiwillig mit Ungarn vereinigt und lange Zeit hindurch weitgehende Autonomie genossen. Das Königreich Kroatien umfaßte im Mittelalter Dalmatien und Slawonien, Bosnien-Herzegowina und einen Teil Sloweniens. Auf Grund der bewegten Geschichte und der unterschiedlichen soziokulturellen Strukturen der verschiedenen Teile des Königreichs stellten die sprachliche Einigung und die Abklärung einer nationalen Identität die Kroaten vor schwere Probleme. Der Adel Nordkroatiens und Slawoniens sowie ein Teil des katholischen Klerus hatten sich den ungarischen Institutionen assimiliert. Sie beherrschten den Landtag und die Komitate, stellten die Beamten und waren für das Bürgertum und die aufsteigende Intelligenz richtungsweisend, aus deren Reihen die nationale Bewegung hervorging.«[434]

Da die kroatischen Siedlungsgebiete weit gestreut waren, unterschieden sich die nationalistischen Bewegungen. Die illyrische Fraktion forderte die Vereinigung Kroatiens, Slawoniens, Dalmatiens und Fiumes zu einem Staat, der von Ungarn unabhängig sein sollte.

Nachdem Ungarn die kroatischen Forderungen ablehnte, kämpften sie 1848 auf der Seite der Österreicher gegen die ungarischen Aufständischen. Die ungarische Nationalpartei schlug 1848 die Umbildung der Dynastie in eine Föderation freier, gleichberechtigter Staaten vor, in der die Zentralregierung nur noch Verantwortung für die Außenpolitik, den Außenhandel und die Verteidigung übernehmen sollte.[435] Wien lehnte jedoch alle Vorschläge ab.

Nach 1849 spaltete sich die kroatische Nationalbewegung in zwei Lager: Auf der einen Seite gab es einen extremistischen Nationalismus, der sich später wieder spaltete: in eine Gruppierung, die eine Expansionspolitik der Habsburger forderte, in der Hoffnung auf mehr Autonomie, und eine Fraktion, die mit Dalmatien einen unabhängigen kroatischen Staat schaffen wollte ... Auf der anderen Seite entwickelte sich die illyrische Bewegung zum Jugoslawismus. Kurzfristig gab es noch eine dritte Partei, die eine Vereinigung mit Ungarn anstrebte.

Da die kroatische Nationalbewegung uneinig war, konnte sie sich weder gegen die Habsburger noch gegen Ungarn erfolgreich behaupten.

Nach der Niederschlagung der ungarischen Revolution, waren die Ungarn vorerst am meisten unterdrückt, trotzdem versagte der Wiener Hof den Nationalitäten, die mitgeholfen hatten, den Aufstand niederzuschlagen, ihre autonomistischen Ansprüche weitgehend. Auf den Ausgleich mit Ungarn folgte nach 1867 eine noch härtere Unterdrückung der nationalen Interessen als in Zisleithanien. So verlor nach dem Ausgleich Siebenbürgen seine relative Autonomie und es setzte eine Welle der Magyarisierung ein. Da in Siebenbürgen Rumänen, Ungarn, Szekler, Slawen und Deutsche lebten, konnte natürlich keine einheitliche Nationalbewegung entstehen. 1849 wollten sich die Rumänen Österreichs und Ungarns zu einer autonomen Nation erheben, was wiederum der Wiener Hof ablehnte. Andere Rumänen wollten sich mit den Ungarn gegen den Panslawismus verbünden.

Nachdem Ungarn aber alle Forderungen ablehnte, begannen einige rumänische Nationalisten gemeinsam mit Slowaken und Serben eine antiungarische Front zu errichten.

Das Gebiet der heutigen Slowakei war lange Zeit ein Teil Ungarns, wie in Siebenbürgen erwachte auch im 19. Jahrhundert der slowakische Nationalismus:

»Eine slowakische Schriftsprache wurde erst um 1840 von dem Linguisten Ljudovit Stúr, dem ›Gründer der Nation‹, und den Schriftstellern Jan Kollár und Pavel Safarik geschaffen, während die Tschechen bereits Ende des 18. Jahrhunderts über eine eigene Kultur in ihrer Sprache verfügten. Die Slowaken mußten sich also nicht nur von den Ungarn, sondern auch von den Tschechen, ihren entfernten slawischen Verwandten, absetzen, zumal diese sich im 19. Jahrhundert auf eine etwas patriarchalische Weise für sie zu interessieren begannen.«[436]

Nach 1849 wurde die slowakische Nationalbewegung in Ungarn massiv unterdrückt. Auf die Assimilierungs- und Unterdrückungswelle hin setzte eine massive Auswanderung vieler Slowaken ein. Ein Teil der slowakischen Nationalisten schließen sich dem Panslawismus an. Später fordern klerikale Nationalisten eine unabhängige klerikale Slowakei.

Die nationalen Auseinandersetzungen waren mehr oder weniger unüberschaubar und in einem einheitlichen Nationalstaat – unter den Bedingungen eines zunehmenden Nationalismus – nicht mehr zu vereinbaren. Durch die parlamentarische Obstruktionspolitik kam der Parlamentarismus vielfach zum Erliegen:

»Die Obstruktion im Parlament als Ausdruck der Verzweiflung bescherte dem österreichischen Parlament jene schmachvollen Szenen, die es zum Gespött Europas degradierte: radikale Ausschöpfung der Tagesordnung, Schreiduelle, Pultdeckelkonzerte, körperliche Gewalt. Das Parlament ähnelte einem Wirtshaus mit obligaten Wirtshausraufereien … Die Obstruktion im Parlament trieb die Regierung zum Mißbrauch des Notverordnungsrechtes des Paragraphen 14: In den dreißig Jahren von 1868 bis 1897 erließen die Regierungen dreißig Verordnungen; dann kam der Höhepunkt 1897 bis 1904 mit 76 Verordnungen.«[437]

Die Schwäche des Parlamentes stärkte natürlich immer die Macht der Bürokratie auf Kosten der Demokratie. Trotzdem waren der Bürokratie auf Grund des Versagens der Legislative die Hände gebunden:

»Zu welch einem Zustande dieser kleinliche, aber umso verderblichere nationale Hader die Gesamtmonarchie geführt, ist allbekannt. Jede Nation ist machtlos, weil die anderen Völker nicht dulden, dass der Staat ihren Willen erfülle; alle Klassen sind machtlos, weil der Kampf der Nationen untereinander ihre Macht bricht; die politische Gewalt ist vollständig der Büreaukratie ausgeliefert, und diese selbst ist wieder ohnmächtig, weil die Maschine der Gesetzgebung stockt, – das ist das Bild Oesterreichs.«[438]

Die Nationalitätenkonflikte paralysierten somit die Handlungsfähigkeit des Staates, der häufig nur noch über den Weg von Notverordnungen mühevoll die Staatsgeschäfte aufrecht erhalten konnte. Aus diesen Gründen sahen weitsichtige politische Denker im Nationalstaat keine Zukunft der Donaumonarchie.

Adolf Fischhof sah das Grundproblem des österreichisch-ungarischen Staates zu Recht darin, daß eine Lösung der nationalen und staatlichen Probleme dem politischen »Zeitgeist« diametral entgegen stand:

»Das vorwaltende Element der geistigen Atmosphäre unserer Zeit ist unzweifelhaft die Idee der Nationalität. Eine mächtige Bewegung erfaßt die Gemüther, und wie in Folge der französischen Revolution die Stände und Individuen, so raffen sich jetzt die unbeachteten Nationalitäten aus der dumpfen Luft der sozialen und politischen Niederungen muthig empor und streben dahin, als ebenbürtige Mitglieder aufgenommen zu werden in die Völkerfamilie Europas.«[439]

Gerade diese Idee des nationalen Staates war jedoch die größte Gefährdung des Vielvölkerstaates:

»Kein europäischer Staat – die Türkei ausgenommen – birgt in seinem Schoße so viele Keime des Zerfalls wie Oesterreich, dafür trägt auch kaum einer so zahlreiche Elemente des Wachstums in sich als das alte Donaureich; denn Staaten mit einheitlicher Bevölkerung sind wohl in ihrem inneren Zusammenhange nur selten gefährdet, aber eine Gebietserweiterung auf Kosten anderer Völker bedroht sie, Österreich hingegen als Nationalitätenstaat kann allerdings durch unkluge innere Politik seine Völker abstoßen und rasch dem Zerfalle entgegengehen ... Der Nationalitätsgedanke kann ein nützlicher Alliierter, oder ein verderblicher Gegner sein, und in der Mannigfaltigkeit seiner Bevölkerung liegt das Geheimnis seiner Macht, wie seiner Schwäche. Nicht äußeren Feinden erlag Oesterreich so schnell während der letzten Kriege, sondern der feindlichen Gesinnung im Innern, der mächtigen Gegnerschaft der herrschenden Zeitidee.«[440]

Die vielfältigen Ethnien konnten in der Donaumonarchie im ausgehenden 19. Jahrhundert nicht homogen nationalstaatlich regiert werden: Ein Staatstheoretiker der Monarchie kam deshalb zur Überzeugung, daß nicht die Macht der einzelnen Völker und Ethnien gebrochen werden muß, sondern ihnen mehr Macht zugestanden werden muß:

»So kommen wir sehr bald zur Ueberzeugung, dass die Meinung, es sei absolut unmöglich, die Machtsphären der österreichisch-ungarischen Nationalitäten abzugrenzen, ganz unbegründet ist.«[441]

Anin sieht in der Aufteilung der kleineren Nationen unter die Deutschen und Ungarn keine Perspektive für das gesamte Reich:

»Was man durch den Dualismus erreicht hat, ist die Verdoppelung des Nationalitätenstaates und somit die Verschärfung und Vervielfältigung des Nationalitätenkampfes. Die vierzig Jahre seit dem Ausgleiche 1867 sind von erbittertsten Kämpfen in Österreich und Ungarn erfüllt, von Kämpfen, die das Reich an den Abgrund der Auflösung geführt haben. An Stelle der zentripetalen Anziehungskraft der Reichsidee traten die zahlreichen zentrifugalen-separatistischen Bestrebungen.«[442]

Anin kann in der Donau-Monarchie weder einen Bundesstaat noch einen Einheitsstaat erkennen, d. h. auf der einen Seite gab es eine gewisse Autonomie der Kronländer, andererseits waren die Kompetenzen derart mangelhaft und galten nicht für alle Völker, so daß eine staatsrechtliche Neuordnung des Reiches unbedingt von Nöten gewesen wäre:

»Wir haben es mit einem staatlichen Chaos zu tun, mit Staatsrechten, die nicht sterben, und mit Staatseinrichtungen, die nicht leben können, mit einer Staatenverbindung, die nicht beisammen bleiben und nicht auseinanderfinden kann, mit mittelalterlich-feudalen autonomen Kronländern und mit unorganisierten rechtlich ungeborenen Nationen, welche die Kronländer zerreissen wollen. Dass dieser staatsrechtliche Zustand für die Dauer nicht haltbar ist, wird von niemandem bezweifelt werden.«[443]

Auch Karl Renner sieht im Nationalstaat das größte Problem der Monarchie:

»Aber es gibt keine Lösungsformel der österreichischen Nationalitätenfrage im Rahmen des historisch gegebenen, ökonomisch und social nothwendigen Einheitsstaates. Denn der nationale Territorialstaat beseitigt nicht nationale Conflicte, sondern erzeugt und vertieft sie; er schlichtet sie nicht im Wege des Rechtes, sondern entscheidet sie im Wege der Gewalt ... Österreich verträgt keine territorialen Staatsrechte, kein cechisches der Wenzelsländer und kein deutsches der ehemaligen deutschen Bundesländer, es verträgt auch keine ›Staatspartei‹.«[444]

Otto Bauer erblickt am klarsichtigsten die zwei zentralen Aspekte des modernen Nationalismus: Die nationale Frage ist ein Problem der Romantik und des Klassenkonfliktes:

»Wirkt doch auf uns alle die nationale Ideologie, die nationale Romantik ein, sind doch unter uns wenige, die auch nur das Wort deutsch auszusprechen vermöchten, ohne dass dabei ein merkwürdiger Gefühlston mitschwingen würde ... Die nationale Gemeinschaft ist eines der kompliziertesten sozialen Phänomene, ein Komplex der verschiedenartigsten sozialen Erscheinungen ... so lernen wir es, die Nationalitätenpolitik der Sozialdemokratie aus der Stellung der Arbeiterklasse innerhalb der bürgerlichen Gesellschaft, die nationale Frage als soziales Problem zu begreifen.«[445]

Er sieht innerhalb der bestehenden politischen und staatlichen Verfassung keine Lösungen, wenn er schreibt:

»Wir wissen, dass der Kampf der Nationen um die Macht im Staate geendet hat mit der völligen Ohnmacht des Staates, dessen bürokratische Verwaltung bei jedem Schritt durch den Stillstand der Gesetzgebung gehemmt ist.«[446]

Im Gegensatz zu anderen europäischen Staaten bot der Nationalstaat keine Lösung der vielfältigen politischen, ethnischen und sozialen Probleme für die Donaumonarchie. Als einzige Alternative zum Zerfall des Reiches in einzelne Nationalstaaten, die im verkleinerten Maßstab wiederum mit entsprechenden nationalen und ethnischen Problemen konfrontiert gewesen wären, kam ein Nationalitätenstaat bzw. ein föderativer Vielvölkerstaat in Betracht. Während Nationalstaaten partikularistische Tendenzen bekämpfen und unterdrücken, um homogene Gesellschaften zu schaffen, lag gerade im Partikularismus der Monarchie eine politische Chance, die Phase des Nationalstaates gleichsam zu »überspringen«. Adolph Fischhof drückte diesen Gedanken klar aus:

»Sind unseren Staatsmännern die Lebensbedingungen Oesterreichs klar geworden, dann haben die nichtdeutschen Nationalitäten ein mächtiges Interesse an dessen Erhaltung, denn sie wissen, daß beim Zerfalle desselben, sie dem Einen oder Anderen der nationalen Nachbarstaaten als Beute anheimfallen, und daß ihre Stammeseigenthümlichkeit erbarmungslos der Vernichtung preisgegeben sei. Oesterreich allein folgt dem Instinkte seines Naturells und den Geboten der Vernunft, wenn es sich die Entwicklung ihrer Nationalität zum Zielpunkte seines staatlichen Wirkens macht; denn der Partikularismus seiner Völker – insbesondere der slavischen – ist die Bürgschaft seiner Existenz; ihn abzuschwächen, wäre eine Selbstverstümmelung; ein Großziehen des Panslavismus, eine Machtentsagung zu Gunsten Rußlands.«[447]

Fischhof sieht in der Etablierung eines föderativen Staates jedoch nicht nur eine Lösung für Österreich-Ungarn, sondern erblickt darin eine zukunftsweisende Maßnahme für Europa. Ein Gelingen dieses Experimentes würde bedeuten:

»Die österreichische Monarchie ist das erste Nationalitätenreich, welches in einem Repräsentativstaat nach modernen Begriffen umgestaltet wurde.«[448]

Nur in einem Nationalitäten-Staat kann die Autonomie der einzelnen Völker garantiert und dauerhaft verbürgt werden. Der Staat

»muß ihnen die Garantie bieten, daß eines dem anderen nicht subordiniert, sondern koordiniert sei, daß sie nicht als Parteien gegen, sondern als Verbündete neben- und miteinander gehen: Denn was die Volks-Einheit für den Nationalstaat ist, das ist die Völker-Einigkeit für den Nationalitätenstaat. Jene ist von selbst gegeben, diese wird nur durch Dezentralisation erstrebt, durch Gewährung von Autonomie ... Wo alle diese Einwirkungen zusammentreffen, muß ein so reiches Ausmaß von Autonomie stattfinden, daß jeder Volksstamm in voller Selbständigkeit all jene Angelegenheiten sowohl legislativ als administrativ ordnet, deren gemeinschaftliche Erledigung nicht durch das gemeinsame Interesse aller Stämme unbedingt geboten ist. Die parlamentarische Gesamt-Vertretung der Völker und die einheitliche Exekutive haben nur bei der Regelung und Verwaltung jener Angelegenheiten stattzufinden, die keines derselben mit Aussicht auf Erfolg zu ordnen vermag, somit bei der Regelung und Verwaltung all dessen, was den Staat befähigt, nach außen seine politischen und volkswirtschaftlichen Interessen mit Nachdruck zu wahren und im Innern jene Autorität zu behaupten, deren er bedarf, um die verfassungsmäßig all seinen Völkern und Bürgern zustehenden Rechte in kräftiger Weise zu schirmen.«[449]

In dieser notwendigen Umgestaltung der Monarchie sah Fischhof eine Etappe seines europäischen Traumes.

»Dem föderativen Oesterreich sich anzuschließen, würde selbst Polen, falls dessen Regeneration in Zukunft gelänge, in seinem Interesse finden. Wie Ungarn einst vor der Uebermacht der Türken unter den Fittichen Oesterreichs Schutz suchte, so würde im Hinblick auf die gefahrdrohende moskowitische Nachbarschaft, Polen gerne dem oesterreichischen Staatenvereine sich anschließen. Auch der, von den Deutsch-Oesterreichern so sehnlich herbeigewünschte Anschluß an Deutschland würde im föderirten Oesterreich nicht, wie bisher, auf den hartnäckigen Widerstand der Nationalitäten stoßen. Sind diese in ihrer Existenz gesichert, dann werden sie zu einer näheren volkswirtschaftlichen und später selbst militärischen Verbindung, die ihrem Wohle entspräche, gerne die Hand bieten. Und diese Anknüpfung kann nach völlig beseitigter Furcht vor Germanisirung, allmählich zur mitteleuropäischen Föderation führen.«[450]

Für Karl Renner war die absolute Reorganisation der Monarchie die Voraussetzung ihres politischen Überlebens:

»Sollen die Nationalitäten nicht hadernde Parteien, nicht politische Raufbolde, sondern gewichtige, aber friedliche Rechtsfactoren sein, so muss man auch wollen, dass sie, wie alle Geschöpfe des Rechtslebens, als Personen geboren werden, und dulde nicht, dass die Kronländer als Bastarde in die Wiege gelegt werden ... Aber heute soll es nicht mehr handeln um die Ein- oder die Zweisprachigkeit der Straßentafeln und ähnliche Querelen, auch nicht um Ämteraussichten deutscher, cechischer und polnischer Angehöriger der höchsten und mittleren Volksclassen, sondern um die Organisation, um den Wiederaufbau Österreichs nach seiner völligen Desorganisation. Das Österreich ist zu schaffen, wo sich alle Nationalitäten selbst regieren und verwalten, jede ihre Angelegenheiten allein, alle ihre gemeinsamen zusammen.«[451]

Wie Fischhof sieht er in einem territorialen Nationalstaat keine Lösung der Probleme.

»Der nationale Territorialstaat beseitigt nationale Conflicte nicht, sondern erzeugt und vertieft sie.«[452]

Renner orientiert sich an der Kantonalverfassung der Schweiz, die ihm als Vorbild dient:

»Die innere Gliederung der Nationalitäten müsste natürlich nach der örtlichen Siedlungsdichte erfolgen: Die Connationalen eines Orts- oder Bezirkssprengels bilden eine nationale Gemeinde, das ist eine öffentliche und privatrechtliche Körperschaft... Eine gebietlich und culturell zusammengehörige Zahl von Gemeinden bildet einen Kreis mit gleichen Körperschaftsrechten. Die Gesammtheit der Kreise bildet die Nation.«[453]

Die territoriale Selbstverwaltung ist der entscheidende Punkt in Renners Konstruktion eines neu konstituierten Großösterreich:

»In einsprachigen Gebieten weitgehende Überlassung staatlicher und nationaler Agenden an die territorialen Selbstverwaltungskörper, in gemischtsprachigen hingegen Überlassung der staatlichen und territorialen Agenden an die nationalen Selbstverwaltungskörper als übertragenen Wirkungskreis.«[454]

Otto Bauer befürwortet natürlich auch die Gleichberechtigung der Nationen in Österreich-Ungarn und fordert neben dem allgemeinen Wahlrecht die Umwandlung des Landes in einen demokratischen Nationalitätenstaat.[455] Er glaubt jedoch, daß die Nationalitätenfrage ein Ausdruck der ökonomischen Rückständigkeit der Monarchie ist, die mit einer zunehmenden Modernisierung ihre Aktualität verlieren würde. Im Grunde sei diese Debatte in der Nationalitätenfrage auf dem Niveau eines bürgerlichen »naiven Kosmopolitismus«, die in der weiteren Entwicklung einem »bewussten Internationalismus« der Arbeiterklasse weichen müsse.[456]

Die gründlichste Analyse der Nationalitätenprobleme und eine mögliche Lösung legte u. a. Maxim Anin vor, der klar erkennt, daß Österreich-Ungarn eine fatale Konstruktion darstellt, die weder ein Einheits- noch ein Bundesstaat ist.[457] Auch er schlägt eine national-autonomistische Lösung vor. Er befürwortet die »Wiedergeburt der Monarchie«:

»Der gefährlichste Feind der Reichsidee ist aber der Dualismus (der beiden Reichshälften).[458] Deshalb muss seine Ueberwindung den ersten Schritt zur Wiedergeburt der Monarchie bilden. Die Form des Staatenbundes, als dauernde Staatsform, ist von der Geschichte unwiderruflich verworfen worden ... Zwischen dem straffen Zentralismus und dem extremen Föderalismus gibt es aber eine Mittelform des politischen Zusammenlebens heterogener Bestandteile, eine Staatsform, die soweit zentralistisch ist, wieweit es der Bestand und die Fortentwicklung der Gesamtheit erfordert, und soweit föderalistisch, als die ungestörte Entfaltung der Eigenart der Bestandteile es erheischt. Es ist die Form des Staatenbundes.«[459]

Er schlägt die Schaffung von acht bzw. fünfzehn Bundesstaaten vor, deren Grundgedanken bereits der böhmische Historiker PalackΩ 1848 vorgeschlagen hatte. Anin will das Personalprinzip, d. h. die allgemeine Wahl, zugunsten des Territorialprinzips erweitern. Damit meint er, daß gewisse legislative und exekutive Entscheidungen ausschließlich national getroffen werden können, ohne damit das demokratische System insgesamt einzuschränken.

»Daher glauben wir den Satz aufstellen zu dürfen, dass das Personalprinzip an realer Bedeutung um so mehr einbüssen muss, je weniger es sich faktisch mit dem Territorialprinzipe deckt. Damit soll keineswegs die Bedeutung des Personalprinzips für die Lösung der österreichisch-ungarischen Nationalitätenfrage in Abrede gestellt werden. Seine Anwendung kann von grosser Wichtigkeit sein und zwar als Ergänzung und Korrektur der grundsätzlichen national-territorialen Abgrenzung nach den Vorschlägen der territorial-autonomistischen Richtung. Demgemäss stellen wir uns die Gestaltung Neu-Oesterreichs vor als eines Bundesstaates, bestehend aus etwa 15 mehr oder weniger national-homogenen Gliedstaaten ... Wir kommen also zum Ergebnisse, dass das Richtige weder in der absoluten Durchführung des Territorial- noch des Personalprinzips liegt, sondern in der zweckmässigen Kombinierung beider.«[460]

Maxim Anin unterscheidet zwischen dem Nationenstaat und den einzelnen Kulturstaaten:

»Die Nation, als Kultur- und Sprachengemeinschaft muss vielmehr vom Staate, als notwendig territorialem Gebilde, getrennt werden. Die auf diese Weise gebildete personale Nationsgenossenschaft wird vom Staate als juristische Person anerkannt und mit privater wie öffentlich-rechtlicher Handlungs- und Rechtsfähigkeit ausgestattet ... Die Kompetenz dieser Nationsgenossenschaft erstreckt sich nur auf die rein kulturellen Aeusserungen des nationalen Lebens, hauptsächlich also auf dem Gebiete des Schulwesens, der Kunst und Literatur etc.«[461]

Diese kulturell-autonomistische Lösung für die Monarchie ist für Anin auch praktikabel für die »Judenfrage«:

»Den wahren Inhalt der Judenfrage, als eines Problems einer exterritorialen Nation, bildet die Unmöglichkeit der ungestörten Entfaltung aller Seiten ihres nationalen Daseins. Das führt uns zur vollkommen berechtigten Behauptung, dass weder die bürgerliche und politische Emanzipation noch die personale-nationale Autonomie der Juden in den Ländern ihrer Diaspora als endgültige Lösung ihres nationalen Problems erachtet werden können ... Die einzig übrig bleibende positive Möglichkeit ist die Schaffung eines territorial-autonomen jüdischen Gemeinwesens. Dass die Idee der national-politischen Wiedergeburt niemals von der jüdischen Nation ganz aufgegeben wurde, haben wir bereits gesehen. Doch folgt aus der konsequenten Anwendung des modernen Nationalitätsprinzips auf die Judenfrage, dass es sich hier nicht notwendig um die Schaffung eines souveränen Judenstaates handeln muss. Für den Zweck der ungestörten nationalen Entwicklung genügt ein gewisses Maß innerer national-politischer Autonomie, – sei es in der Form eines Gliedstaates innerhalb eines Bundesstaates, sei es sogar in der Form einer autonomen Provinz oder Kolonie eines einheitlichen Staatswesens.«[462]

»Daß euch nicht bedrücken eure Propheten,
die in eurer Mitte sind und eure Wahrsager,
daß ihr nicht höret auf eure Träume, die ihr träumt.«
Jeremias

Assimilation und jüdische Orthodoxie

Der Wiener Oberrabbiner Moritz Güdemann definierte das Judentum folgendermaßen:

»Es hat im neunzehnten Jahrhundert im westlichen Europa nur wiederholt, was es im Beginn und während der ganzen Geschichte der Diaspora in den Ländern griechischer Zunge, in Babylon, Persien, Arabien und Spanien gethan. Ueberall hat es sich acclimatisiert und assimiliert: es war unter den Griechen griechisch, in Persien persisch, unter den Arabern arabisch ... Die Hauptabschnitte der Diaspora werden durch die Namen Philo, Maimonides, Mendelssohn bezeichnet. Diese Männer waren nicht bloss hervorragende Bannerträger des Judenthums, sondern sie glänzten auch in der Culturgeschichte ihrer Zeitalter.«[463]

Güdemann erinnert indirekt an die Tatsache, daß die europäische Aufklärung nicht nur eine säkulare und gesellschaftliche Angelegenheit darstellt, sondern im Grunde auch eine religiöse Auseinandersetzung zwischen reformierten Christen und Juden impliziert. Für ihn bedeutet Assimilierung nicht die Aufgabe jüdischen Glaubens und jüdischer Identität, sondern die kulturelle Auseinandersetzung mit den vorherrschenden Kulturen in den verschiedenen Zeitaltern. Die Offenheit gegenüber anderen Kulturkreisen – und nicht die freiwillig gewählte Abgrenzung – ist in seiner Sicht das Merkmal der jüdischen Religion.[464]

Güdemann widersetzt sich der damaligen Neigung, einen nationalen Mythos zu erfinden und sieht im Judentum deshalb auch keine Nation.[465] Für ihn ist es aus religiösen Gründen richtig, daß die Juden kein eigenes Territorium besitzen, da sie ausschließlich Gottes Besitz sind.[466]

»Unter diesem Gesichtspunkte, von welchem sie angesehen nicht sowohl Besitzer, als vielmehr selbst Besitz, und zwar Gottes ist, konnte in ihm der mit der Scholle verwachsene Natavismus gar nicht aufkommen. Autochthonie oder Aboriginität hat Israel, wie andere Völker des Alterthums, nie für sich in Anspruch genommen.«[467]

Er begründet seine These mit einem Spruch aus den Psalmen,[468] und folgert daraus:

»Derartige Bekenntnisse und Anschauungen waren doch nur bei einem Volke möglich, dessen Lebenszweck nicht mit der Scholle verknüpft war, das seinen Beruf überhaupt nicht durch territoriale oder nationale Grenzen beschränkt sah, sondern dessen Blick und Sehnsucht auf ein Höheres, Ewiges, Allgemeines gerichtet waren. Dieses war die eigentliche Heimat Israels, die sozusagen transcendentale Richtung begründete seine Eigenthümlichkeit, seine Individualität. Dadurch wusste es sich von den Völkern unterschieden und über die erhoben, dadurch fühlte es sich aber auch zum Lehrer der Völker berufen.«[469]

Er weist dem jüdischen Volk in seiner Erwählung eine religiöse und ethische Aufgabe zu:

»In der Erfüllung dieser seiner religiösen Aufgabe, nicht in der Betonung und Hervorkehrung des nationalen Charakters ist denn auch die so oft missdeutete ›Auserwählung‹ Israels begründet.«[470]

Die Aufgabe der Juden in der Welt sieht er darin, daß

»dem Volke Israel dieser messianische, völkerversöhnende, völkerverschmelzende Zustand als sein Ideal, und die Herbeiführung desselben als seine göttliche Sendung vorschwebte, so ergibt sich daraus mit Nothwendigkeit, dass es in der Ausbildung und Begünstigung eines schroffen, ausschliessenden nativistischen Nationalitätsbewusstseins nicht sein Heil der Völker, am allerwenigsten aber sein eigenes Heil erblicken konnte.«[471]

Er warnt eindringlich vor einem nationalistischen Judentum:

»Hier können wir nun unsere Untersuchung abschliessen, nachdem wir dargethan, dass die moderne Betonung des Nationalen dem Geiste der Thora, der Propheten und Psalmen und der durch dieselben dem Volke Israel vorgezeichneten Bestimmung durchaus widerspricht.«[472]

Güdemann kann sich höchstens jüdische Kolonien für verfolgte Juden vorstellen, die in ihren Ländern keine Zukunft sehen.[473] Für ihn hat das Judentum nur eine Legitimation in der Diaspora und in der Assimilation,[474] ansonsten verlöre es die religiösen und ethischen Grundlagen seiner Existenz:

»Würde das Judenthum in allen seinen Bekennern das Bestreben erwecken, wieder eine Nation zu werden, so beginge es einen Selbstmord, denn es würde für eine im günstigsten Falle zweifelhafte Gegenwart die Zukunft preisgeben.«[475]

Interessant sind Güdemanns Thesen in zweierlei Hinsicht: Er begründet die Assimilation nicht unter pragmatischen Aspekten, sondern er argumentiert in einer religiös-theologischen Tradition, die er als einzige Interpretation gelten läßt. Überdies veröffentlichte er seine Streitschrift in einer Zeit des grassierenden politischen Antisemitismus, der ihn jedoch nicht abhielt, den Zionismus radikal zu kritisieren.

Die politische Säkularisierung dieser reformierten Vorstellung des Judentums war der Liberalismus vieler Juden in Wien:

»Dem Juden war der Liberalismus mehr als eine politische Doctrin, ein bequemes Prinzip und eine populäre Tagesmeinung – er war sein geistiges Asyl, ein schützender Port nach tausendjähriger Heimatlosigkeit, die endliche Erfüllung der vergeblichen Sehnsucht seiner Ahnen, sein Freiheitsbrief nach einer Knechtschaft namenloser Härte und Schmach, seine Schutzgöttin, seine Herzenskönigin, welcher er diente mit der ganzen Glut seiner Seele, für die er stritt auf den Barrikaden und in den Volksversammlungen, in dem Parlament und in der Tagespresse; ihretwegen ertrug er willig den Zorn der Mächtigen.«[476]

Steven Beller betont zu Recht den religiösen Aspekt der jüdischen Aufklärung:

»Es bedurfte nur einer winzigen, wenn auch entscheidenden Gewichtsverlagerung in dieser Waagschale der Religion, und der äußere Schein der rituellen Vorschriften und Gebräuche wurde als sekundär und damit belanglos erachtet ... Der stoische Aspekt der jüdischen Tradition fand daher ohne Schwierigkeiten Eingang in die assimilierten Gemeinschaften. Aufgrund der Betonung der intersubjektiven Autonomie des einzelnen, strichen die Ideologen der Emanzipation diesen Aspekt hervor, da er ein starkes Argument gegenüber den Forderungen der traditionellen Gemeinden lieferte.«[477]

Diese Ideen der jüdischen Aufklärung – der Haskalah – fanden im 19. Jahrhundert eine große liberale Anhängerschaft.

»Als daher die Anhänger der Haskạlah forderten, die Juden sollten die Kultur der Aufklärung annehmen und die Natur gleichermaßen wie das Heilige Gesetz studieren, schenkten ihnen viele Juden Gehör. Während die Säkularisierung der Bildung in vieler Hinsicht einen klaren Bruch mit dem traditionellen Judentum darstellte, war die große Bedeutung, die der Bildung eingeräumt wurde und die so mancher in die sich neu konstituierende westliche Kultur einbrachte, wohl auf dessen jüdischen Hintergrund zurückzuführen.«[478]

In der Aufklärung und der damit verbundenen möglichen Emanzipation der Juden war zum ersten Mal innerhalb der europäischen Kulturen eine politische und gesellschaftliche Gleichstellung der Juden realisierbar. Das Vorbild der jüdischen Aufklärung waren im deutschsprachigen Raum natürlich Moses Mendelssohn und sein Kreis.

»Mendelssohn und seine Anhänger im Rahmen der Haskalah, die Maskilim, versuchten die Juden als Juden in die moderne Welt zu führen. Die überholte Tradition wurde zugunsten des Studiums der realen wissenschaftlichen Welt aufgegeben, und während das Studium des biblischen Hebräisch gefördert wurde, um die Religion nicht zu verwässern, kam dem Studium des Deutschen eine zentrale Bedeutung zu, um den Juden Zugang zur deutschen Gesellschaft zu ermöglichen. Mendelssohn glaubte, daß die Juden auch in der Gesellschaft noch immer jüdisch sein konnten und ihre traditionellen Formen und die Vorstellung vom Gelobten Land nicht aufgeben müßten. Es war wichtiger, die Botschaft Gottes in der Gesellschaft zu verbreiten und sich auf eine Seite mit der Aufklärung zu stellen.«[479]

Durch das Toleranzpatent Josephs II. 1782, der Revolution von 1848 und der rechtlichen Gleichstellung im Jahr 1867 sahen sich die jüdischen Liberalen in ihrem Bemühen um eine jüdische Emanzipation bestätigt.

»Der Liberalismus hat das Wiener und mit ihm das österreichische Judentum entscheidend geprägt. Die liberale Weltanschauung blieb auch nach dem Niedergang seiner politischen Herrschaft weithin verbindlich. Besonders der Ober- und der Mittelschicht haben seine Gedanken festen Halt gegeben; in diesen Kreisen wurden Assimilation und deutsch-österreichisches Kulturbewußtsein zu unumstößlichen Tatsachen in den Stürmen der Zeit. Schon 1849 hat das Drama ›Deborah‹ des heute vergessenen, einst gefeierten Salomon Hermann von Mosenthal dieser Stimmung Ausdruck gegeben – auch das Pathos ist ein Stück Geistesgeschichte des österreichischen Liberalismus:

›Jerusalem ist unsre Heimat nicht!
Das Land, das seinen Boden mit uns teilt,
Das Land, das seine Sprache mit uns redet,
Das Land, das unsrer Kinder Wiegen schützt,
Ist unsre Heimat ...
Und alle Völker werden brüderlich,
Den einen Gott verehren, der sie schuf,
Und Christ und Jude werden – Menschen sein.
Wenn Bruderliebe unser einz'ger Glaube,
Dann ist die Stunde des Messias da.‹«[480]

Emanzipation und Aufklärung wurden zu säkularen Religionen, die gleichsam weltimmanent die Erfüllung und Erlösung der Menschen und insbesondere der Juden bringen sollten. Diese Erlösungsgewißheit führte zwangsläufig zu der Vorstellung eines »neuen Menschen« bzw. einer »neuen Menschheit«. Diese säkulare Religion der Aufklärung machte die alten Religionen überflüssig bzw. wurden diese zu privaten Glaubensinhalten erklärt.[481]

»Die jüdische Begeisterung für die Ziele des Liberalismus forderte aber auch ihre Opfer. Wenn die Juden nun die Bürgerrechte erhalten hatten, waren sie doch gezwungen, ihre Pflichten anzuerkennen, und in einem aufgeklärten, liberalen Verständnis hieß dies, daß sie zu vollwertigen Menschen wurden oder, anders ausgedrückt, sie ihr ›Jüdischsein‹ abstreifen mußten, wie die Liberalen es verstanden.«[482]

Eine weitere Möglichkeit, sich dem Aufklärungsliberalismus anzuschließen, bestand darin, die jüdische Religion in eine ausschließliche Ethik zu transformieren.

»Die Assimilationswilligen begrüßten das Ende jenes religiösen und kulturellen Überbaus, der von der jüdischen Religion abhing und als ›jüdische Identität‹ bezeichnet werden kann. Sie glaubten wohl, daß diese Art des ›Jüdischseins‹ verschwinden mußte, um die Durchdringung der neuen Welt der Aufklärung mit dem wahren Geist des jüdischen Glaubens zu ermöglichen: ›Jüdischsein‹ und Aufklärung waren keine Gegensätze, sondern vielmehr Verbündete im Triumph des Lichtes, denn darin lag auch der Triumph der Essenz des göttlichen Gesetzes. Als Teil dieser Aufklärung erfüllten die Juden auch weiterhin ihre Mission, ›Licht unter den Völkern‹ zu sein. Haskalah und Assimilation verfolgten nicht die Zerstörung der jüdischen Identität, sondern übernahmen sie vielmehr in die neue Welt. Darüber waren sich die jüdischen Denker weitgehend einig. Moses Mendelssohn definierte das Judentum als ›geoffenbartes Gesetz‹, als Naturreligion, die auf den Prinzipien der Vernunft beruhte. Für Hermann Cohen war Kant der Philosoph der Juden.«[483]

Das liberale Judentum war neben seiner bedingungslosen Unterstützung der liberalen Tradition fast ausschließlich auf die deutsche Kultur fixiert.[484]

»Die österreichische liberale Tradition war stets mit der Politik des Zentralismus und der Germanisierung verbunden gewesen, auf die bezogen eine objektive Allianz zwischen den assimilierten Juden, die als das ›Staatsvolk par excellence‹ betrachtet wurden, und den Deutschösterreichern bestand ... Nun aber hatten die Juden der cisleithanischen Reichshälfte die kulturelle und politische Vorherrschaft der Deutschösterreicher meist als selbstverständlich akzeptiert. 1877 erklärte (der Oberrabbiner) Jellinek offenherzig: ›Die Juden haben so eine besondere Affinität zur deutschen Nationalität, sie stehen für ein Österreich ein, das sich auf eine Stärke und zentralisierte Regierung gründet.‹«[485]

Dieses Deutschtum war mit der Aufklärungstradition in Deutschland verbunden; besonders Autoren wie Lessing und Schiller erfreuten sich beim jüdischen Publikum höchster Anerkennung: Der deutsche Idealismus bedeutete Befreiung des Individuums, die Idee einer neuen, emanzipierten Gesellschaft, in der auch Juden ihren gleichberechtigten Platz hätten.[486]

»Das Deutsche wurde unter den Juden zum Symbol für alles, was liberal, gerecht und fortschrittlich war. In den Häusern der assimilierten Wiener Juden beendeten die Väter Gespräche mit ihren Kindern mit Lessings Ringparabel. In den Deutschen sah man das Epitom einer gebildeten Nation, ›deutsche Wissenschaft‹ galt als der Gipfel der Bildung.«[487]

Die Bewunderung der Wiener Juden galt nicht dem katholischen Süddeutschland, das sehr viele Ähnlichkeiten – vielleicht mit Ausnahme Badens – aufwies, sondern mit dem protestantischen Norden. In diesem Punkt unterschieden sich die Juden vom Wiener Bürgertum, dessen Sympathie selten Preußen zuneigte.[488] Einer der Gründe für die Bewunderung der protestantischen Kultur ist darin zu sehen, daß die deutsche Aufklärung natürlich das Werk der Protestanten war und die Aufklärung in Deutschland auch als religiöser Diskurs zwischen aufgeklärten Protestanten und Juden interpretiert werden muß.[489]

Die Bewunderung und Identifizierung mit der deutschen Kultur schloß auch eine Paradoxie wie den Wagnerkult nicht aus. Insbesondere die jüngeren Menschen der siebziger und achtziger Jahre waren teilweise fanatische Anhänger des extrem antisemitischen Richard Wagner.

»Während die ›Alten‹ dem Groß-Österreich nachhingen und in ihrem Kulturpessimismus den Verlust des Einflusses der deutschsprachigen Kultur beweinten, zogen die ›Jungen‹ aktiv die Konsequenz daraus und optierten häufig für einen – auch politischen – Anschluß an Deutschland. Eine solche, automatisch von der Zensur niedergeschlagene Forderung kam zuerst in den ästhetischen Kontroversen zum Ausdruck, bevor sie in eigentlich politischen Begriffen formuliert werden sollte. Seit den 70er Jahren spielte Richard Wagner, der Barde der deutschen Werte, die Rolle des Spalters des intellektuellen Milieus von Wien.«[490]

»Einer jener Wiener Juden, die sich besonders für die deutsche Sache engagierten, war Victor Adler. Auch er war ein glühender Verfechter der Idee eines Anschlusses. In seine Bewunderung der deutschen Sache mischte sich allerdings noch etwas anderes, das ihn von anderen Juden unterschied. Karl Kautsky erinnert sich, daß er mit Adler und seinem

Kreis 1892 zusammentraf. Sie waren Sozialdemokraten, und ›durch die Bank‹ Juden, aber: ›Sie waren begeisterte Nationalisten, manche geradezu Chauvinisten ... Wenn sie von den Habsburgern nichts wissen wollten, so begeisterten sie sich umso mehr für die Hohenzollern. Die österreichischen Juden waren damals die feurigsten Vertreter des Anschlußgedankens, den Bismarck entschieden zurückwies.«[491]

Während die erste Generation der Assimilierten dem liberalen Gedankengut des Jahres 1848 anhing und mit ihrer deutschliberalen Einstellung einen Kompromiß mit dem habsburgischen Staat einging, sahen die Söhne darin einen Verrat. Die Jungen glaubten nicht, daß die deutschen Ideale in der Monarchie durchgesetzt werden konnten und lehnten die österreichisch-ungarische Monarchie ab. Sie wandten sich dem radikalen deutschen Irrationalismus zu und forderten den Anschluß an das Deutsche Reich.

»Für den Kreis um Adler trat an dessen Stelle das Gedankengut der deutschen Irrationalisten Schopenhauer, Wagner und Nietzsche. Die Ideen dieser Denker lieferten die philosophische Rechtfertigung für eine radikale, nationalistische und sozialistische Kritik im Geiste des Jahres 1848. Der deutsche Irrationalismus bemühte sich, den Akzent weg von der alten liberalen Betonung von Vernunft, Individualismus und Analyse hin zur Betonung von Synthese, Gesamtheit und Gefühl zu verschieben. Den politischen Ausdruck fanden diese Ideen in der Ideologie des Volkes. Es gab aber auch einen ästhetischen Ausdruck, wie etwa Wagners Gesamtkunstwerk, oder einen ethischen Ausdruck, wie Schopenhauers Überwindung des Willens, oder aber eine Kombination von beidem: Nietzsches Geburt der Tragödie ... Durch die neue Kultur eines Wagners würde eine nationale Gesellschaft wieder geeint, die durch die Angriffe einer rationalen Modernisierung zerstreut wurde. Diese Ideen und die daraus hervorgehende wagnerianische Kultur stießen bei vielen Wiener Juden auf eine begeisterte Aufnahme ... Der Wagnerianismus fiel vor allem bei der assimilierten jüdischen Jugend auf fruchtbarsten Boden.«[492]

Die junge Generation brach mit der Welt ihrer liberalen Väter und wollte

»in Wagner sogar das Symbol einer kulturellen und politischen Erneuerung sehen. Sie fanden sich in national-liberalen Burschenschaften zusammen, die eine den katholischen und loyalistischen Korporationen entgegengesetzte Ausrichtung hatten. Man findet dort etwa Victor Adler, Sigmund Freud, Gustav Mahler, Engelbert Pernersdorfer, später dann Hermann Bahr und Theodor Herzl. Innerhalb des Wagnerianismus der 70er Jahre sah man Schulter an Schulter die zukünftigen Begründer und Führer der Sozialdemokratie, des Zionismus, des Deutschnationalismus und die Kulturerneuerer des Jahrhundertendes. Teilzuhaben an dieser ersten Welle des Wagnerianismus war keineswegs ein Privileg der Rechten.«[493]

Der langsame Zerfall des Liberalismus[494] in den achtziger Jahren des vorigen Jahrhunderts war von dem Aufstieg der Nationalismen und des Antisemitismus begleitet bzw. durch diese mitbedingt. Die Idee einer Vormachtstellung der deutschen Kultur innerhalb der Monarchie, die von den Liberalen gutgeheißen wurde, konnte nur die nationalistischen Tendenzen verstärken. Die nicht mehr zu unterdrückende Forderung nach dem allgemeinen Wahlrecht und die Veränderungen der Wahlbezirke, um die ungerechte Verteilung der Mandate nun zugunsten der slawischen Bevölkerung zu verändern, waren langfristig nicht mehr aufrechtzuerhalten.

Aufgrund der viel zu spät erfolgten Demokratisierung im Reich, bei gleichzeitiger Unfähigkeit des politischen Systems in der Lösung der Nationalitätenfrage, und der neoabsolutistischen Verwaltungspolitiken in den Provinzen, mußte dieses Unterfangen mißlingen. Spätestens nach 1880 fiel der Demokratisierungsprozeß in eine Phase des romantischen Nationalismus und war damit ein Wegbereiter totalitärer Politikformen. Das Zwillingspaar des Nationalismus und des modernen politischen Antisemitismus versetzte dem Liberalismus den Todesstoß und deutete auf das Ende der Assimilation.

Viele assimilierte Juden wollten diese politische Realität nicht anerkennen und forderten eine beschleunigte Assimilierung, um die antisemitischen Angriffe zu unterlaufen.

Der Wiener Kaufmann Sigmund Mayer schrieb in seinen Memoiren über die blinde Fortschrittsgläubigkeit vieler bürgerlicher Juden, indem er sein Erstaunen hinsichtlich der glänzenden Erfolge der Antisemiten zum Ausdruck brachte:

»Ich hatte eigentlich schon vergessen, daß ich Jude war. Jetzt brachten mich die Antisemiten auf diese unangenehme(!) Entdeckung.«[495]

Auf diese Erfahrungen reagierten etliche assimilierte Juden mit ihrem Ruf nach einer forcierten Assimilation bis zur freiwilligen »Entjudung«:

»Vielfach mündete der Ausweg einer forcierten Assimilation und ›Entjudung‹ in ein fatales Wechselspiel zwischen Assimilation und Antisemitismus: Der unter äußerem Druck immer mehr von sich werfende Jude sah sich noch immer als zu ›jüdisch‹ abgelehnt und reagierte darauf mit weiteren ›Entjudungs‹-Bemühungen, die ihn wiederum den Angriffen nicht entzogen: in einer sich gleichsam immer schneller drehenden Spirale wurden viele Juden immer tiefer in die Selbstverleugnung getrieben – und ihnen dann diese Selbstverleugnung als etwas typisch ›Jüdisches‹ angekreidet. Und am Ende des Weges stand nicht selten unverhüllter jüdischer Selbsthaß.«[496]

Als programmatische Gegenschrift zu dem sich abzeichnenden Scheitern der Assimilation kann der Leitartikel der ersten Nummer der Zeitschrift *Selbst-Emanzipation* aus dem Jahre 1885 gelesen werden, der den Titel trug *Erlöschung – Erlösung*:

»Ein Gefühl schmerzlicher Enttäuschung beschleicht uns, wenn wir jetzt sehen müssen, wie eitel und nichtig unsere Hoffnungen auf ein endliches Aufhören der gegen uns herrschenden Vorurtheile, auf eine endliche sociale Gleichstellung mit unseren christlichen Mitbürgern waren. Alle Mittel, die wir anwendeten, um uns in Sitte, Tracht und Sprache den Völkern, unter denen wir lebten, anzupassen, reichten nicht aus, um das Gespenst des Judenhasses zu bannen, ja genügten nicht einmal, um ein Anwachsen dieses dämonischen Dranges in den europäischen Nationen an Intensität und Extensität zu verhindern … Wenn nun aber wirklich alle diese Bemühungen, Ex-Juden zu werden, keinen Erfolg hatten, als daß die Gegensätze gegenwärtig gewissermaßen schärfer sich gegenüberstehen, als je zuvor, so muß sich natürlich die Frage erheben: ›Was nun?‹«[497]

Im weiteren Verlauf der Textes wird der Grund für den Antisemitismus darin gesehen, daß die Juden an der nationalen Größe der christlichen Nationen teilhaben wollten und dadurch erst recht die Abscheu der anderen hervorgerufen hätten:

»Dieser instinctive Ekel vor der moralischen Unselbständigkeit eines Stammes, der von dem Wahne befallen ist, sich selbst vernichten zu wollen, ist der Keim des modernen Antisemitismus.«[498]

Deshalb sollen die Juden ihre Geschicke selbst in die Hand nehmen und die Assimilation durch eine nationale Selbstbestimmung ersetzen:

»Wir müssen demgemäß das Unkraut der Assimilationssucht aus Haus und Schule ausjäten und dorthin den fruchtbaren Samen der Selbstwürdigung verpflanzen. Wir müssen zu diesem Zwecke den jüdischen Geistesproducten eine Stelle in dem Bildungsprogramme unserer Kinder anweisen und die Kenntnis der hebräischen Sprache und der jüdischen Geschichte mit Liebe und Eifer zu verbreiten trachten. Wir müssen endlich jenem gemüthreichen Zuge der Zeit sympathisch entgegenkommen, der unseren Brüdern wieder den ländlichen Pflug oder die Kurbel des Maschinenrades in die Hand drücken, der neues Leben hervorzaubern will in den sandigen Einöden des Landes unserer Väter. Alles das ist jetzt unsere Pflicht; – ihre Vernachlässigung würde zur Erlöschung, ihre Erfüllung zur Erlösung unseres Volkes führen.«[499]

Hier wird die jüdische Antithese zum antisemitisch inspirierten europäischen Nationalismus formuliert: der jüdische Nationalismus, der die antisemitische Argumentation akzeptiert und daraus eine Befreiungsideologie konstruiert. Dabei handelt es sich um die Nationalisierung der jüdischen Kultur zur Schaffung einer modernen jüdischen Nation. Vorweg sei die These der folgenden Argumentation formuliert:

»Was diese postassimilatorische Generation unter dem Dach des Zionismus zusammenführte, war der ›Wille zur Souveränität‹, wobei nicht nur der Zionismus als Nationalstaatsbewegung gemeint, sondern auch kulturell definiert war. Die Angehörigen dieser Generation sahen keinen Sinn darin, sich immer in neuen ›Abwehr‹-Gefechten mit dem Antisemitismus zu verschleißen. Ihr Traum war nicht mehr der vom »deutschen Staatsbürger jüdischen Glaubens.‹«[500]

Einer der Väter des Zionismus war sicherlich Nathan Birnbaum, der sich erstmals 1884 mit seiner Schrift *Die Assimilationssucht – Ein Wort an die sog. Deutschen Slaven, Magyaren usw. mosaischer Konfession von einem Studenten jüdischer Nationalität* an die Öffentlichkeit wandte. Darin forderte er die Juden zur Abkehr von der Assimilation auf und propagierte eine Nationalisierung der Juden.[501] 1893 trat er mit seiner zweiten Schrift an die Öffentlichkeit, in der er seine Ideen eines jüdischen Nationalbewußtseins weiterentwickelte. Birnbaum ging von der These aus, daß die Assimilierung völlig gescheitert war:

»Wie irrtümlich diese Ansicht war und ist, zeigt am besten der Umstand, dass der Antisemitismus gerade in jenen Ländern, wo die Assimilierungsbestrebungen der Juden die stärksten waren und am freudigsten begrüsst wurden, den fettesten Nährboden fand.«[502]

Er stellt fest, daß vielleicht einzelne Juden ein Vaterland haben, sieht aber das Unglück der Juden darin, daß sie kollektiv keine Entsprechung hätten.

»Das jüdische Volk muß wieder sein eigenes Stück Erde unter den Füssen fühlen und aus dem Heimatboden neue materielle und moralische Kräfte ziehen. Doch dies darf nicht so aufgefasst werden, als ob verlangt würde, dass alle Juden ihre jetzigen Wohnstätten verlassen, um ihre erwählte Volksheimat zu bevölkern. So ist es nicht gemeint. Nicht darauf, dass alle Juden in einem Land vereinigt werden, sondern dass für die Judenheit ein nationales Centrum geschaffen werde, zielt die jüdische Nationalität.«[503]

Er will vor allem den Juden, die am meisten den antisemitischen Verfolgungen ausgesetzt sind, in Palästina eine neue Heimat verschaffen.[504]

Kernpunkte seines kolonialen Konzeptes sind im Wesentlichen zwei Themen: die Regeneration des jüdischen Volkes und die Überwindung des Antisemitismus. Zum ersten Punkt schreibt Birnbaum:

»Ein beträchtlicher Theil des Volkes, der sich naturgemäss zunächst meist aus den Ländern der stärksten Judenbedrückung recrutiren wird, soll sich auf dem Boden niederlassen, welcher bestimmt ist, die Heimat Israel zu sein. Durch den Ackerbau wird er daselbst jene Liebe zur Scholle gewinnen, welche einem Volk ein Land erhält, und jene körperliche und sittliche Gesundung finden, welche das eigentliche Ziel aller jüdischen Bestrebungen sein muss.«[505]

Stillschweigend akzeptiert er damit die völkische Theorie der jüdischen »Entartung« und setzt dieser sein Regenerationskonzept entgegen. Er hält Palästina auch deshalb für einen idealen Ort der Kolonisation, da dort nur landwirtschaftliche Tätigkeiten möglich seien und so ein Rückfall in andere kaum denkbar sei.[506]

Zweitens ist er überzeugt, daß mit einer jüdischen Staatsgründung letztlich der Antisemitismus verschwinden würde:

»Das kleinste politische Gemeinwesen hat Sitz und Stimme im Concerte der Völker, es kann protestiren, wenn seine Bürger oder die Connationalen seiner Bürger irgendwo in ihren Rechten gekränkt oder an ihrem Leben bedroht werden. Ein Volk ohne völkerrechtliche Geltung ist vogelfrei. Je rascher und gründlicher die civilisirte Welt diese Vogelfreiheit bezüglich der Juden aufheben will, desto früher und radikaler wird sie von dem Judenhasse, welcher sich wie Mehlthau auf ihre schönsten Blüthen senkt, befreit werden. Land. Land! – Darin liegt also die Lösung der Judenfrage.«[507]

Die Juden sind für Birnbaum eine Nation,

»wenn sie auch nicht ihren vollen nationalen Besitzstand sich erhalten haben, – damit ist die erste Voraussetzung eines Erfolges jüdischnationaler Bestrebungen gegeben.«[508]

Aus dieser historisch unterstellten jüdischen Nationalität leitet Birnbaum einerseits die Ablehnung der Juden durch die anderen Völker ab und behauptet andererseits eine Andersartigkeit der Juden:

»Die Empfindung der Völker, dass sie in einer bestimmten Gemeinschaft eine Nation (die Juden) vor sich haben, ist das beste Argument für die Nationalqualität derselben. Ob eine Rasse oder nicht, – eine eigenthümliche unabstreifbare volkliche Vergangenheit, ein eigenartig gestimmtes Gemüth, ein eigenartiges Temperament, eine eigenartige

Denkweise, welche sich auch dort finden, wo die jüdische Religion längst zu wirken aufgehört hat, lassen die Juden als eine Nation erscheinen. Und es wird bleiben, denn die Juden sind im Ganzen ein zähes Volk, das sich allen extremen Assimilationsgelüsten widersetzt.«[509]

Die Errichtung eines eigenen Territoriums dient in Birnbaums Perspektive nicht nur den Juden, er sieht sie in einer globalen Hinsicht:

»Die Erreichung dieses Ziels bedeutet soviel, als die Herbeiführung einer neuen Aera, in welcher der Antisemitismus endlich ganz jede Daseinsberechtigung verloren hat, und die civilisirte Welt von einer Bewegung verschont bleiben wird, die das Volksgefühl verroht und die Veredelung der Menschheit aufhält. Der Sieg des Zionismus ist gleichbedeutend mit dem Anbruch einer neuen Zeit.«[510]

Den Juden wird dann

»eine Culturaufgabe zufallen, wie sie herrlicher nicht gedacht werden kann ... Im eigenen Heim wird die jüdische Nation wieder ihre gewaltigen sittlichen, d. i. socialen Anlagen entfalten und Kraft derselben die endliche soziale Erlösung des Menschengeschlechtes herbeiführen helfen. Der seiner Ketten ledige jüdische Genius wird den Weg zum allgemeinen Menschheitsglück verkürzen.«[511]

Unter der jüdischen, prophetischen Parole »Ihr seid des zukünftigen Weltalters Triumphbogen« verkündet er die baldige Erlösung der Menschheit:

»Doch nicht bloss direct durch die eminente sociale Befähigung der jüdischen Rasse, sondern auch indirect, wäre die Lösung der Judenfrage im jüdisch-nationalen Sinn gleichbedeutend mit einer Beschleunigung des socialen Entwicklungsprozesses der Menschheit ... Der Antisemitismus ist ja überhaupt keine Erscheinung der Jetztzeit an sich, keine blosse Etappe auf dem Wege vom Capitalismus zum Collektivismus, sondern eine uralte Sache in neuem Kleide. Solange nicht ein nationaler Mittelpunkt für die Juden geschaffen ist, wird die Abneigung gegen den jüdischen Stamm stets eine neue Erscheinungsform zu finden wissen und in diesem Sinne die socialen Instincte der Massen irreführen. Greift der Zionismus nicht durch, so wird nach einem allfälligen, scheinbar völligen Siege der Gleichheitsidee die Judenfrage als ein ungelöstes Residuum, der Judenhass als ein verhängnisvoller Keil im Fleische der neuen Gesellschaft zurückbleiben ... Man mag also die Sache nach welcher Seite immer betrachten, die von den Zionisten vorgeschlagene Art der Lösung der Judenfrage liegt im Interesse der ganzen civilisirten Welt.«[512]

Birnbaum war u. a. auch Delegierter auf dem ersten Zionistenkongreß in Basel im Jahr 1897 und wurde dort zum Sekretär des Aktionskomitees gewählt. Diesen Posten gab er jedoch bald zurück und beendete auch seine Mitarbeit im zionistischen Organ *Die Welt.* Auf dem 4. Kongreß trat er mit einer oppositionellen Gruppe auf und gründete die kurzlebige Zeitschrift *Der Weg* in Wien. Um diese Zeit änderte er seine ideologische Ausrichtung, er wandte sich vom offiziellen Zionismus ab und trat für eine nationaljüdische Politik in der Diaspora ein. Er kandidierte bei den Reichsratswahlen im Jahre 1907 für einen galizischen Wahlkreis und verlor die Wahl nur knapp. Eines seiner Anliegen galt in dieser Zeit vor allem der Pflege der jiddischen Kultur und Sprache. Er gründete 1909 die Zeitung *Das Wochenblatt* und 1910 die Zeitschrift *Das Volk*; 1915 veröffentlicht er seine Broschüre *Den Ostjuden ihr Recht.* Schließlich wendet sich Birnbaum auch von der nationaljüdischen Politik seiner Zeit ab.

Der Hintergrund dieser politischen Wandlung war seine Hinwendung zur religiösen Orthodoxie, die ihm einen weltlichen Nationalismus versagte.

Schon im Jahr 1912 veröffentlicht er seine erste Publikation als Vertreter einer orthodoxen Richtung unter dem Titel *Wir haben gesündigt.* In dieser Schrift klagt er vor allem die Westjuden wegen ihres angeblichen Rationalismus und der Assimilierung an und fordert eine romantische Rückwendung zum jüdischen »Volksgeist« und zur orthodoxen Religiosität.[513]

Im Vorwort begründet er kurz seine neue Weltanschauung und seine Abwendung von einer jüdisch materialistischen Ideologie:

»Aber mein Weg hatte mich eben damals noch nicht von der materialistischen Weltanschauung weg zu bewußter Bejahung des Religiösen und zur Gläubigkeit, noch nicht vom weltlichen Nationalismus zur Erkenntnis der religiösen Bedeutung und Bestimmung des jüdischen Volkes geführt.«[514]

In den weiteren Essays umreißt er vor allem die Gründe und die Konsequenzen seiner Hinwendung zur Religion. Im okzidentalen Rationalismus – »diesem Todfeinde wahrer Jüdischkeit« – sieht er nun den wahren, geistigen Gegner eines authentischen Judentums.[515] Er bleibt ein jüdischer Nationalist, aber im Dienste eines Romantizismus, den er nun als richtungsweisend für die ganze jüdische Intelligenz ansieht:

»Dabei will es mir scheinen, wenn ich meinen ganzen Entwicklungsweg zurückschauend übersehe, als ob die jüdische Intelligenz, soweit sie zu ihrem Volke zurückstrebt, denselben Weg wird wandeln müssen. Nur daß ich ihn in einem Menschenleben bewältigen mußte, während sie mehrere Generationen zur Verfügung hat, um in unbewußter Konsequenz von der notwendigen und zu einem Teil sicherlich auch wohltätigen Jugendsünde eines mechanischen, materialistischen und volksfremden Nationalismus zu organischer Volkstümlichkeit und in deren tieferer Erfassung auch zur Idee des jüdischen Gottesvolkes zu gelangen.«[516]

In den zwanziger Jahren arbeitet Birnbaum seine religiösen und politischen Vorstellungen zu einem mehr oder weniger konsistenten System aus. Ausgangspunkt seiner Betrachtungen ist die Auserwähltheit des jüdischen Volkes:

»Nur wir, wir allein, das Stäubchen unter den Bergen und allen, Morgenländern wie Abendländern, erkannten Gott, ohne ihn gesucht zu haben, uns war er mehr eine philosophische Entdeckung ... Einsam und unerkannt sind wir unter den Heidenvölkern des Altertums geblieben, ein Sonderling mit dem sie nichts anzufangen wußten. Und später, als die Jahrtausende des Zusammenstoßes kamen, blieben wir doch wieder in unserer glänzenden Vereinsamung. Denn wohl gaben wir den Völkern unseren jüdischen Gottesgedanken als ewigen Gärungsstoff in ihre feindliche Welt – so daß insoferne von einer Art geistigen Kolonialjudentums gesprochen werden kann – aber immer und immer wieder setzte ihr zähes Heidentum mit seinen Rebellionen des Menschengeistes ein. Immer häufiger, immer dichter, immer offener wurden ihre Angriffe gegen die Gestaltungen, die der jüdische Geist bei ihnen angenommen hatte.«[517]

Er sieht in der Renaissance den Beginn eines okzidentalen Neuheidentums:

»Namentlich seit den Zeiten der Renaissance wuchs dieser Sturm gegen die jüdische Vorstellung Gottes, gegen die göttliche Bändigung des Menschen immer mächtiger an, suchte sich der ursprüngliche Instinct des Heidenmenschen immer sehnsüchtiger den Weg ins Freie.«[518]

Die seit der Renaissance einsetzende Aufklärung in Europa deutet er deshalb konsequent als »Heidenrebellion« des »freien Geistes«. Den Bildungsbegriff der Aufklärung interpretiert er als den Versuch zur Erlangung menschlicher Gottähnlichkeit.[519]

»Die Heidenrebellen haben ein Wort, das bestimmt zu sein schien, an ein Wirken im Sinne und im Geiste der Gottähnlichkeit zu erinnern – Bildung – zuschanden geschleift. Was sie damit meinen, hat nichts mit der Geisteshoheit des Menschen zu tun. Weil sie Weisheit und Wahrheit nicht mitbringen, sondern – echt heidnisch – glauben sie aus allerhand bunten Mosaiksteinchen zusammenstückeln zu können, ähnlich wie ihre Urahnen die Götzenbilder stückelten, haben sie die Deduktion und Synthese, die Königsformen des Denkens zugunsten des handlangernden Induzierens und Analysierens entthront, haben die Wissenschaft verkrüppelt.«[520]

Juden die sich der Emanzipation verschrieben haben, sind in Birnbaums Augen nichts anderes als jüdische Neuheiden:

»Juden fühlen Gottes Ewigkeit nicht mehr über ihren Häuptern, warfen ihren uralten Gottesadel von sich, um die verbissensten und tätigsten Sendboten der Heidenrebellion zu werden. Keine von deren Albernheiten oder Tollheiten war zu groß, als daß sie sie nicht in den ersten Reihen, oft sogar als Führer, als verführte, mitgerissene Führer, mitmachen sollten ... Die Juden – Kinder des Volkes, das des großartigsten und fruchtbarsten Systems einer ewigkeitlichen Volkszucht, das gewürdigt war, sich in männlicher Demut vor dem allmächtigen Geiste, der allen menschlichen Denkens und Handelns Voraussetzung ist, zu beugen, das die gewaltige Brücke des Einen und Seienden über den Abgrund des vielfältigen Scheins erkannt hat – gehen hin, stampfen mit der Herde mit oder ziehen ihr voraus und rufen am wildesten: ›Freier Geist! Freier Geist‹«[521]

Zu den Heidenjuden zählt er aber nicht nur die Assimilierten:

»Im übrigen möchte ich vor dem Mißverständnis warnen, als würde ich unter Heidenjuden nur lediglich die sogenannten Assimilationsjuden oder Assimilanten begreifen. Ich zweifle ja keinen Augenblick, daß diese, die unbewußten und bewußten, neuen oder erbmäßigen Träger des Gedankens der jüdischen Anpassung an Unjudentum – ganz unabhängig von der Frage, wie weit es ihnen gelang, einen bestimmten fremdnationalen Typus anzunehmen – durchaus Heidenjuden sind. Ist ja die Assimilation nur die Kehrseite der Medaille ›Emanzipation‹ und zusammen mit ihr erste und echteste Prägung der jüdischen Heidenreligion. Aber ich werde mir deshalb nicht einreden lassen, daß nur die Assimilanten Heidenjuden sein können. Nachdem ich einmal vom bloßen Gesinnungsnationalismus zur Forderung weltlichen und dann religiösen Wesensjudentum vorgedrungen bin, kann es mir schließlich nicht verborgen geblieben sein, daß auch Entjudung des Wesens, einmal vorhanden, durch das jüdischnationale Bekenntnis allein nicht gebannt ist … Aber ich sehe, daß sie (die Nationaljuden) im Entscheidendsten, in der Frage Gott und die Welt, nicht anders sind als die von ihnen so verketzerten Assimilanten. Ich spüre in allen ihren Bewegungen, in allen ihren Worten das Rebellenfluidum.«[522]

Birnbaum verdammt geradezu alle Juden, die bürgerlichen Berufen nachgehen:

»Ich sehe journalistische Betriebsamkeit und unfruchtbare Literatenhaftigkeit in ihren Reihen wüten. Ich sehe sie als die anmaßendsten Zeitungsschmierer, berühmte und unberühmte und als die vergnügtesten Zeitungsleser, überall, wo in Hirnen Heidenblech aufgehämmert wird, als die schlimmsten Hämmerer und die geduldigsten Gehämmerten. Ich sehe sie, einer billigen, zu nichts verpflichtenden Gutmütigkeit, eines smarten, kalten Wohltätigkeitsbetriebes beflissen, ihre Armen in die Verlassenheit jagen, wie es im jüdischen Israel nicht möglich war … Und wenn auch alle diese verschiedenen Entartungen nicht gleichmäßig und nicht in gleicher Stärke auf ihre verschiedenen Schichten und einzelnen verteilt sind.«[523]

Die Juden, die sich in der Moderne einrichten und ein säkulares Leben führen, leben in Sünde, da die Moderne nichts anderes als ein »modernes Babel« darstelle.

»Im Westen ist es die ganze Bevölkerung, die sich, teils willig, teils widerwillig, teils wissend, teils ohne es zu wissen, auf verschiedenen Stufen fortschreitender und meist auch fortgeschrittener Verheidung befindet. Im Osten mit seiner großen altjüdischen Masse bröckelt auch diese – dank dem Lebensvorbilde und der in mannigfaltigen Formen auftretenden Werbearbeit der westlichen und heimischen Heidenjuden – nicht unbeträchtlich ab.«[524]

Seine Anklage gegen die assimilierten Juden gipfelt in der Behauptung, daß sie durch ihre Anpassung an ihre Umwelt gerade den modernen Antisemitismus verursachten. Ihr Habitus sei so widerlich,

»daß sie sich den Zorn der Nichtjuden zugezogen haben ist eine witzige Draufgabe der Weltgeschichte. Und daß dann ehrliche Beschränktheit, Haß, der in den Mitteln nicht wählerisch ist, oder gar selbstsüchtiges Interesse aus dem lehrmeisterlichen Zorn die verführte Unschuld des Antisemitismus macht, ist ein Extraergebnis, das als Posten in der den Heidenjuden vorzulegenden Rechnung entschieden auch nicht zu verachten ist.«[525]

So können die Assimilierten nicht verstehen,

»daß ein überlieferungstreuer Jude wohl Tugenden seiner Umgebung – soweit sie solche sind, d. h. vor dem Urteil der Tora bestehen können – sich aneignen, daß er für sich, sein Volk und die Menschheit das Höchste erstreben soll, aber eben deswegen nie und nimmer ein moderner Mensch sein kann.«[526]

Birnbaum setzt deshalb seine orthodoxen Hoffnungen allein auf die Ostjuden, die einzig in einer »verheideten Welt« ein authentisches Judentum leben.

Die Westjuden wähnt er weitgehend als für das Judentum verloren,

»während die Ostjuden, frei vom Taumel der Heidenepigonen, noch immer das auserwählte Volk sind, das mit seinem Gott in die Welt der

Dinge eintritt, das unbekümmert um Lock- und Spottrufe, um Lotter- und Scheltrede, in alter glänzender Vereinsamung durch das Wirrsal der Völker schreitet.«[527]

Birnbaum möchte nun keinesfalls einfach die ostjüdische Lebenswelt der Schtetl verteidigen und romantisieren: Sie sind das Potential der Erlösung. Er wirft den Ostjuden vor, daß sie zu selbstgenügsam lebten und deshalb fordert er von ihnen unerschütterlichen Messiasglauben und die Veränderung ihrer materiellen Verhältnisse.

»Sie vergaßen, daß die Auserwählung mit dem Gottesgeschenk der Lehre nicht abschließt, sondern drei Inhalte umfaßt, den Auserwählungsinhalt der ruhenden Basis, eben die Lehre, den des Weges, die Heiligung, und des Ziels, den Messias.«[528]

Er verlangt von den Ostjuden deshalb eine »heiße Messiassehnsucht, zu freudiger Gewißheit, sich den Messias selber zu verdienen.«[529]

Den geistig seelischen Aufstieg Israels sieht er in der Schaffung jüdischer Siedlungsräume auf dem Land und in einer damit verbundenen Berufsstruktur zugunsten einer bäuerlichen Existenz. In dieser Umgebung könnten die Juden sich den Einflüssen der nichtjüdischen Umwelt und vor allem dem Leben in den verderbten Großstädten entziehen.[530] In den Städten sollen »Zellen der Tugendbeflissenen gegründet werden, die die Abgefallenen wieder zum wahren Judentum zurückbringen sollen«.[531]

In den ländlichen Gebieten soll eine neue Heiligung und damit eine Beschleunigung des Kommens des Messias erreicht werden. Um eine engere Verbindung zwischen den einzelnen Gemeinden zu erlangen, schlägt er die Einrichtung von jüdischen Synoden vor.

»Diese Einrichtung soll Ordnung, Übersicht und gesunde Bewegung, lebendige Autorität und lebendige Disziplin sichern, so ist es die dem jüdischen Volke als Gottesvolk einzig kongeniale, schon lange von ihm entbehrte, Form der Repräsentation und des Gesamtheitstuns: Die internationale, übergemeindliche Allgemeinde unter wohlgegliederter, autoritativer geistlicher Führung, d. h. die endlich wiedergewordene Kneßes Jisroel.«[532]

Nathan Birnbaum will das Judentum somit in eine jüdische Kirche verwandeln und mit einem orthodoxen Gottesstaat messianische Verheißung und Erfüllung erreichen.

»Die Juden bilden im Schosse der Völker, unter denen sie leben, tatsächlich ein heterogenes Element, welches von keiner Nation assimiliert zu werden vermag, demgemäß auch von keiner Nation gut vertragen werden kann«,

schrieb der russische Zionist Leo Pinsker.[533] Er vergleicht die Situation der Juden mit einem Kranken, weil sie keine eigene Nation seien, höchstens eine abgestorbene Nation darstellten, die für Nichtjuden »abstoßend« und für Juden »peinlich« sei:

»Die Juden sind in der traurigen Lage eines solchen Kranken. Auf diesen Punkt müssen wir mit aller Entschiedenheit eingehen. Wir müssen den Beweis führen, dass das Missgeschick der Juden vor allem in ihrem Mangel an Bedürfnis nach nationaler Selbständigkeit begründet ist, dass dieses Bedürfnis aber notwendig in ihnen geweckt werden muss, wenn sie nicht einer ewig schmachvollen Existenz preisgegeben sein wollen; mit einem Wort: dass sie eine Nation werden müssen.«[534]

Diese Voraussetzung bildet für Pinsker die Grundlage des Antisemitismus.

»Die Welt erblickte in diesem Volk die unheimliche Gestalt eines Toten, der unter den Lebenden wandelt. Diese geisterhafte Erscheinung eines wandelnden Toten, eines Volkes ohne Einheit und Gliederung, ohne Land und Band, das nicht mehr lebt und dennoch unter den Lebenden umhergeht, diese sonderbare Gestalt, welche in der Geschichte ihresgleichen kaum wiederfindet, die ohne Vorbild und ohne Abbild ist, konnte nicht verfehlen, in der Einbildung der Völker auch einen eigentümlichen, fremdartigen Eindruck hervorzubringen … Es hat sich eine Scheu vor dem Judengespenst durch Geschlechter und Jahrhunderte vererbt und gefestigt. Die Scheu führte zu einer Voreingenommenheit, welche ihrerseits in Verbindung mit noch anderen Umständen der Judophobie Platz gemacht hat.«[535]

In seinem Denksystem kommt immer wieder seine medizinische Betrachtungsweise historischer Fakten zum Vorschein; so definiert er den Antisemitismus als psychiatrisches Phänomen:

»Ist nun die Judophobie eine dem Menschengeschlechte eigentümliche, heriditäre Dämopathologie und der Judenhass auf einer vererbten Verirrung des menschlichen Geistes beruhend, so müssen wir die für uns wichtige Folgerung ziehen, dass man auf die Bekämpfung dieser feindseligen Strebungen ebenso verzichten muss wie auf die Bekämpfung jeder anderen erblichen Disposition.«[536]

Er sieht in der mangelnden nationalen Identität der Juden das Hauptproblem ihrer Existenz:

»Den Juden aber, um die es uns hier zu tun ist, wird er (der Nichtjude) sagen: Ihr seid doch wahrlich ein törichtes und verächtliches Volk! Töricht sei ihr, weil ihr unbeholfen dasteht und der menschlichen Natur etwas zumutet, was ihr von jeher abging – die Humanität nämlich. Verächtlich seid ihr, weil ihr keine wahre Eigenliebe und kein nationales Selbstgefühl habt.«[537]

Pinsker träumt nicht von der Wiederherstellung eines jüdischen Staates in Palästina, um den Konflikten in der Diaspora auszuweichen:

»Wenn wir nun um eine sichere Heimat besorgt sind, um das ewige Wanderleben aufzugeben und unsere Nation in eigenen und fremden Augen aufzurichten, so dürfen wir vor allem nicht davon träumen, das alte Judäa wieder herzustellen. Unsere Aufgabe, wenn sie einmal gelöst sein soll, sei eine bescheidene. Nicht das ›heilige‹ Land soll jetzt das Ziel unserer Bestrebungen werden, sondern das ›eigene‹. Wir brauchen nichts als ein grosses Stück Landes für unsere armen Brüder, welches unser Eigentum bleiben soll, aus der uns kein fremder Herr verdrängen kann.«[538]

Er verlangt von den Juden einen »Nationalkongress« einzuberufen, der diesen Forderungen Rechnung tragen soll. Zumindest soll ein Direktorium gegründet werden, das die Interessen der Juden vertrete.[539] Pinsker fordert eine Heimstatt vor allem für Juden aus Rußland, Rumänien und Marokko. Ähnlich Birnbaum ging es ihm nicht ausschließlich um eine Besiedlung Palästinas, sondern um eine nationale Eigenständigkeit.

Joseph Bloch ließ sich nicht auf diese ideologische Debatte nationaljüdischer Heilstheologen ein, sondern suchte einen pragmatischen Weg der politischen Lösung des »Judenproblems«. Auch er kritisiert die unkritische Assimilierung vieler Juden:

»Ueberall, in allen civilisirten Ländern, haben sie mit einer geradezu seltenen Anpassungsfähigkeit die ihnen nicht angeborenen Eigenarten derjenigen Völker angenommen, unter die das Schicksal sie geworfen hat, nicht selten ihren Schutzgebern zu Liebe jeder traditionellen Originalität sich gänzlich entäußert, jede Erinnerung an ihre Vergangenheit abgestreift. Jawohl, der Jude war assimilationsfähig bis zum Fanatismus.«[540]

Seine Alternative ist zutiefst demokratisch, er tritt für einen österreichischen Vielvölkerstaat ein, der allen Völkern und Individuen gleiches Recht garantiert:

»So oft es auch gesagt worden ist, es muß immer wiederholt werden: Als Juden können wir nichts anderes als für das Recht aller Volksstämme im Staate, für das gleiche Recht aller Bürger eintreten. Wir können und dürfen weder dem Gesetz noch der Behörde die Befugnis einräumen, die einzelnen Volksstämme, welche dieses große Reich bewohnen, nach ihrem Werth abzuwiegen, nach Sprache oder Confession zu taxiren.«[541]

Bloch geht damit nicht den Weg seiner Zeit und fordert einen jüdischen Nationalstaat oder eine nationalistische Autonomie. Er durchschaut den ideologischen und gefährlichen Charakter der nationalistischen, politischen Religionen. Während Birnbaum und Pinsker den klassischen Weg des Nationalismus einschlagen und im Sinne einer Befreiungsideologie ihr eigenes Volk – trotz gewisser Vorbehalte – idealisieren und somit einer politischen Religion frönen, die chauvinistische Vorurteile gegenüber anderen Ethnien, Konfessionen und Völkern beinhaltet, fordert Bloch den demokratischen Rechtsstaat und die Überwindung des Nationalstaates.

»Der nationale Staat saugt als solcher mit Naturnothwendigkeit die in ihm vorhandenen Minoritäten auf. Er kann und darf im Interesse der nationalen Idee, deren Banner er aufgepflanzt hat, heterogene Elemente neben sich nicht dulden … Der Nationalstaat ist darum unfähig, Rechtsstaat zu werden … Oesterreichs Mission ist es, zum ersten Mal in der Geschichte die Idee des Rechtsstaates voll und ganz zu verwirklichen, eines Staates, welcher die Rechte seiner Bürger schützt, ohne Ansehung der Sprache, Race, Confession und Stammeszugehörigkeit … Eine solche Mission harrt unseres Vaterlandes – Justitia regnorum fundamentum.«[542]

»Wenn ich selbst mir nicht helfe, wer denn? Und wenn nicht heute, wann denn?«
Hillel

Zionismus und nationale jüdische Identität in der Diaspora

»Ich bin ein deutscher Jude aus Ungarn, und kann nichts anderes mehr sein als Deutscher. Jetzt erkennt man mich nicht als Deutschen an. Das wird schon kommen, bis wir erst drüben sind«,

schreibt Theodor Herzl in seinen Tagebüchern.[543]

»Herzls Weg nach ›drüben‹ gleicht Schnitzlers Roman ›Der Weg ins Freie‹ darin, daß beide die Konventionen der herkömmlichen Entwicklungsromane sprengen, denn beide gehen davon aus, daß eine Versöhnung des Individuums mit der bestehenden Gesellschaft nicht mehr möglich ist. Für Schnitzlers jüdische Romanfigur Heinrich Bermann gibt es ›hunderttausende verschiedene Lösungen‹ der ›Wanderungen ins Freie‹, die sich aber nicht gemeinsam unternehmen lassen‹, denn die Straßen dorthin verlaufen ja nicht im Lande draußen, sondern in uns selbst.‹ Nicht verwunderlich ist denn auch das Resultat solcher Wanderungen, wenn Bermann schließlich gestehen muß: ›In mir siehts greulich aus.‹«[544]

Theodor Herzl mag es ähnlich ergangen sein, als er in Paris als Redakteur der *Neuen Freien Presse* über die Dreyfus-Affaire berichtete und mit dem französischen Antisemitismus konfrontiert wurde. In dem Klima eines extremen Antisemitismus wurde der jüdische Generalstabsoffizier Alfred Dreyfus des Hochverrats bezichtigt und zu lebenslanger Haft auf einer französischen Gefangeneninsel verurteilt.[545] Spätestens in Paris wurde Herzl mit einem Antisemitismus konfrontiert, den er selbst in Wien nicht kannte. Die antisemitische Tradition in Frankreich kommt vor allem von der politischen Linken. Die Väter des linken Antisemitismus sind mit den Namen Fourrier, Toussenel, Proudhon und Blanqui verbunden;[546] das Standardwerk der Linken war die Schrift von Alphonse Toussenel *Les juif, rois de l'époche,* die im Jahr 1845 erschien. Diese Schrift ist eine systematische Untersuchung der sozialen und politischen Verhältnisse in Frankreich und versucht,

»den Juden als parasitären Fremdkörper und Herrschenden über das Kapital jene Privilegien zuzuschreiben, die früher die Feudalherren hatten. Eine der Hauptthesen des Buches ist: die Juden verweigern sich der nationalen Assimilation und treiben Mißbrauch mit ihrer Gleichberechtigung, indem sie Schlüsselpositionen besetzen. Der Antisemitismus der Rechten beginnt in den achtziger Jahren und steht im Zusammenhang mit monarchistischen Tendenzen und dem Aufstieg des Kleinbürgertums. 1866 wird der Journalist Edouard Drumont mit seinem Bestseller ›La France Juive‹ zum populärsten Antisemiten. Zu Ende der achtziger Jahre entwickelt sich ein naturwissenschaftlicher Antisemitismus um den Anthropologen George Vacher de Lapouge und vor allem um den Physiologen Jules Soury, den Meisterdenker des rassischen Determinismus. Der Sozialdarwinismus, der dem Antisemitismus, Nationalismus und Rassismus die neue wissenschaftliche Grundlegung lieferte, hatte die ökonomische Theorie Toussenels abgelöst, obgleich dessen Buch noch immer, besonders von Drumont, als antisemitischer Steinbruch ausgebeutet wurde.«[547]

Herzl befürchtet zu Recht, daß dieser rabiate Antisemitismus auch in Österreich Einzug halten wird. Vor allem stürzen seine Erfahrungen mit dem europäischen Antisemitismus ihn in eine Identitätskrise als assimilierter Jude.[548] In dieser Situation, der Suche nach einer Alternative zur fragwürdigen Assimilation, schreibt er Mitte der neunziger Jahre die erste Fassung seines *Judenstaates.*

»Wir haben überall ehrlich versucht, in der uns umgebenden Volksgemeinschaft unterzugehen ... Man läßt es nicht zu ... Die Judenfrage besteht. Es wäre töricht, sie zu leugnen ... Die Judenfrage besteht überall, wo die Juden in merklicher Anzahl leben ... Ich halte die Judenfrage weder für eine soziale, noch für eine religiöse (Frage) ... Sie ist eine nationale Frage, und um sie zu lösen, müssen wir sie vor allem zu einer

Weltfrage machen, die im Rate der Kulturvölker zu regeln sein wird ... Wir sind ein Volk ... Der ganze Plan ist in seiner Grundform unendlich einfach: Man gebe uns die Souveränität eines für unsere gerechten Volksbedürfnisse genügenden Stückes der Erdoberfläche, alles andere werden wir selbst besorgen.«[549]

Der Schriftsteller Herzl gibt seine literarischen Projekte auf und widmet sich der Abfassung des *Judenstaates* als Lösung der »Judenfrage«. Joseph Bloch schreibt in seinen Erinnerungen über seine erste Zusammenkunft mit Herzl im Hause eines Freundes:

»Ein angesehener Schriftsteller hatte sich bei ihm zu Besuch angesagt, der das Manuskript einer Schrift über die Judenfrage ihm vorlegen wolle, und den Wunsch geäußert habe, daß auch ich dabei zugegen sei ... Auf meine Frage nach dem Namen des Wiener Schriftstellers, nannte er mir den Feuilleton-Redakteur Dr. Theodor Herzl.«[550]

Bloch erwartete eher einen nicht unintelligenten Salon-Dandy, zeigte sich jedoch überrascht über die Ernsthaftigkeit von Herzls Ambitionen:

»Es kam anders als ich erwartet hatte. Das Manuskript, das Theodor Herzl uns mit Ernst und einer gewissen Andacht vorlas, war das seiner Schrift: ›Der Judenstaat‹, eine judenstaatliche, aber noch keine zionistische Programmschrift. Die Worte ›Zion‹ und ›Palästina‹ fehlten vollständig in dem vorliegenden Manuskript. Als das Land, auf dessen Boden nach seinem Plane durch eine auf Grund eines Charters zu organisierende Massenübersiedlung der Juden der künftige Judenstaat sich aufbauen sollte, war nicht Palästina gedacht: Die Einwanderer sollten bei ihrer Aufbau-Arbeit durch Konflikte mit alteingesessenen Bevölkerungsschichten, ihren Traditionen, Interessen und Vorurteilen nicht gehindert werden.«[551]

Er schildert Herzl trotzdem als einen dilettierenden Kenner der jüdischen Geschichte und Religion:

»Von der jüdischen Literatur hatte Herzl keine Ahnung. Er hatte nie daran gedacht, daß er Jude war, bis ihn die lohende Flamme des Antisemitismus aus allen Illusionen wach rüttelte. Als ein radikaler Denker wollte er das Uebel mit der Wurzel ausreißen: überlassen wir die Völker ihrem Haß und gründen wir uns ein eigenes Heim auf freien Boden. Von den Palästina-Kolonisations-Vereinen, die in verschiedenen Ländern bestanden, und ihren Tendenzen wußte er nichts, auch die nationaljüdische Bewegung und ihre Literatur war ihm unbekannt.«[552]

Herzl erbat sich nach einer Aufklärung durch Bloch die Überlassung der entsprechenden Literatur und Anfang 1896 erschien Herzls *Judenstaat* in überarbeiteter Form als zionistische Programmschrift.

Herzls Ambitionen erstreckten sich zuerst nur in der Publikation dieses Buches; an eine weiterführende Tätigkeit innerhalb der zionistischen Organisationen dachte er nicht:

»Theodor Herzl dachte zunächst, seine Aufgabe sei mit der Veröffentlichung der Programmschrift erfüllt. Die Ausführung können und sollen andere unternehmen. Im Verein mit Freunden bemühte ich mich, ihm diesen Gedanken auszureden, ihn bei der Stange zu halten. Ich machte ihm klar, daß wenn er nicht selbst Hand ans Werk lege, auch die von seiner Broschüre ausgelöste Wirkung in den Stürmen des Tages verrauschen werde, ohne irgendwelche Spuren zu hinterlassen. Im gleichen Sinne wurde ein öffentlicher Appell an ihn gerichtet. Am 14. März desselben Jahres fand der erste öffentliche Diskussionsabend über Herzls neu erschienene Schrift ›Der Judenstaat‹ statt.«[553]

Herzls Zionismus entsprang nicht einer religiösen und kulturellen Verankerung im traditionellen Judentum, sondern entsprach einer Reaktion auf die »Judennot«, d.h. er reagierte auf die Judenverfolgungen und den Antisemitismus seiner Zeit. Er war sozusagen ein »enttäuschter« jüdischer Assimilant, der nicht mehr auf Aufklärungspotentiale seiner Umwelt vertraute und daraus den Gedanken eines neuen Exodus entwickelte. Zionismus ist für ihn im Grund nichts anderes als postassimilatorischer »Judennot«-Zionismus. In diesem Sinne schrieb er:

»Ich glaube, ich wußte vorher gar nicht mehr, daß ich ein Jude war ... (der Antisemitismus) wirkte auf mich, wie wenn man einen Schlag auf den Kopf bekommen hätte. Und so ist es wohl manchem westlichen Juden ergangen, der sein Volkstum schon völlig vergessen hatte: die Antisemiten haben es in ihm wieder aufgeweckt.«[554]

Durch den Antisemitismus werden viele assimilierte Juden wieder auf ihre Jüdischkeit verwiesen und konstruieren den Mythos einer jüdischen Nation:

»Vielleicht könnten wir überall in der Welt in den uns umgebenden Völkern spurlos aufgehen, wenn man uns nur zwei Generationen hindurch in Ruhe ließe. Man wird uns nicht in Ruhe lassen ... So sind und bleiben wir denn, ob wir wollen oder nicht, eine historische Gruppe von erkennbarer Zusammengehörigkeit. Wir sind ein Volk – der Feind macht uns ohne unseren Willen dazu.«[555]

Herzl unterscheidet sich von den Überlegungen zu den frühen zionistischen Siedlungsprojekten, die auf der Basis organisierter Wohltätigkeit arbeiteten. Die Ansiedlungen in Argentinien werden von Moritz Baron von Hirsch finanziert, die jüdischen Siedlungen in Palästina von Edmond de Rothschild unterstützt. Herzl ist gegen diese philantropischen Projekte, weil sie in seinen Augen die Probleme nicht von Grund auf lösen und den Juden das Ende des Paria-Daseins nicht gewährleisten.

»Alle philantropischen Versuche lösen aber nach Herzls Ansicht nicht das Problem, sondern verlagern und perpetuieren es nur. Die Existenzweisen des armen und reichen Paria bleiben bestehen. Emanzipation bedeutet aber, dem Pariadasein der Juden prinzipiell ein Ende zu bereiten. Herzls Ansichten berühren sich hier in vielen Punkten mit denen von Bernard Lazare, der von sich sagte, er sei während der Dreyfusaffäre eines Morgens als Jude erwacht, ›ohne zu wissen, was das ist, ein Jude‹. Während der sozialistische Zionist Lazare die Lösung in einer Rebellion des armen Paria gegen den reichen Wohltäter-Paria innerhalb des Judentums sieht und diese Rebellion in einen Zusammenhang mit den sozialen Kämpfen Europas sehen will, sucht Herzl ebenfalls eine politisch-soziale Lösung, aber nicht als Rebell, sondern als eine Art liberaler Lazare, oder, wie er sich 1899 in einem Brief an Lazare bezeichnete, als ›Possibilist des Zionismus‹, wobei er offensichtlich Bezug nimmt auf die als ›Possibilisten‹ verspotteten Gruppen der französischen Sozialisten, die ihr Ziel nicht durch Revolution, sondern durch soziale Reformen in kleinen Schritten erreichen wollen.«[556]

Anstelle der philantropischen Bemühungen will der Jurist Herzl eine staatsrechtliche Grundlage für den »Judenstaat« schaffen, um auf dieser Grundlage die Besiedlung Palästinas vorzunehmen.[557]

Herzl übernimmt aus dem römischen Privatrecht das Prinzip der »negotiorum gestio«: Der »Gestor« ist der Führer fremder Geschäfte.

»Er (Herzl) überträgt damit einen vom ›wunderbaren Rechtssinn der Römer‹ geschaffenen Rechtsbegriff vom Privatrecht aufs Staatsrecht. ›Wenn das Gut eines Behinderten in Gefahr ist, dann darf jeder hinzutreten und es retten. Das ist der Gestor, der Führer fremder Geschäfte. Er hat keinen Auftrag, das heißt keinen menschlichen Auftrag. Sein Auftrag ist ihm von einer höheren Notwendigkeit erteilt.‹ ... ›Das Judenvolk‹, schreibt er, ›ist gegenwärtig durch die Diaspora verhindert, seine politischen Geschäfte selbst zu führen. Dabei ist es auf verschiedenen Punkten in schwererer oder leichterer Bedrängnis. Es braucht vor allem einen Gestor. Dieser Gestor darf nun freilich kein einzelnes Individuum sein ... Der Gestor der Juden muß in jedem Sinne eine moralische Person sein. Und das ist die Society of Jews.‹«[558]

Herzl konstituiert das jüdische Volk nicht als soziologische Gruppe bzw. homogene Einheit, sondern aus einer Notstandssituation. Der Antisemitismus ist für ihn der konstituelle Faktor für die Schaffung eines jüdischen Volkes:

»Dieser Volksbegriff ist auf erstaunliche Weise unideologisch, indem er auf alle gängigen definitorischen Merkmale verzichtet. Die ›Judennot‹ allein konstituiert nationale Homogenität und den Willen zu einer Existenz als nationale Gruppe, die sich nicht durch Definition, sondern durch Akte der Anerkennung manifestieren soll. Juristisch bedeutet dieses Konzept auch eine erhebliche Abweichung von der Praxis der damaligen Nationalitätengesetzgebung. Wenn auch aus den Prämissen von Herzls Analyse der Judennot und der Prognose einer katastrophalen Weiterentwicklung des Antisemitismus keine soziale oder Klassenhomogenität im Sinne einer sozialistischen Lösung der Judenfrage folgt, so sollte nicht übersehen werden, daß für Herzl die aus der ›Judennot‹ resultierende nationale Homogenität eine soziale Solidarität einschließt, die aus dem Gegensatz zu den philantropischen Bemühungen der jüdischen Bourgeoisie erwächst.«[559]

Der Kern des zu schaffenden Judenstaates sind für Herzl die Massen des ostjüdischen Proletariats, die den Assimilationsprozeß im Westen in seinen Augen nur stören und die sozialen Gegensätze nur verstärken.[560] Aus diesen Gründen legitimiert Herzl die Staatsidee aus der Not des Volkes, das durch den Gestor vertreten wird.

»Der Gestor ist genügend legitimiert, wenn die allgemeine Sache in Gefahr und der Dominus (das Volk) durch Willensunfähigkeit oder auf andere Art verhindert ist, sich selbst zu helfen. Aber durch Eingreifen wird der Gestor dem Dominus ähnlich wie aus einem Vertrage, quasi ex contractu, verpflichtet. Das ist das vorbestandene oder richtiger: mitentstehende Rechtsverhältnis im Staate.«[561]

Damit lehnt er die klassischen Staatstheorien, die sich auf göttliche Vorsehung oder auf Vertragstheorien im Sinne von Rousseau beziehen, ab. Der Notstand allein ist der »Rechtsgrund« des jüdischen Staates, die »höhere Notwendigkeit« für die Staatsgründung sieht er im Antisemitismus. Im Grunde bedient sich Herzl einer dezisionistischen Staatstheorie, indem er aus einer Notstandssituation das Recht auf die Schaffung eines neuen Staates ableitet:

»Der Staat entsteht durch den Daseinskampf eines Volkes. In diesem Kampfe ist es nicht möglich, erst auf umständliche Weise einen ordentlichen Auftrag einzuholen. Ja, es würde jede Unternehmung für die Gesamtheit von vorneherein scheitern, wenn man zuvor einen regelrechten Mehrheitsbeschluß erzielen wollte. Die innere Parteiung würde das Volk gegen den äusseren Nothstand wehrlos machen. Alle Köpfe sind nicht unter einen Hut zu bringen, wie man gewöhnlich sagt. Darum setzt der Gestor einfach den Hut auf und geht voran.«[562]

Der »Judenstaat« sollte von den mächtigen Ländern von Anfang an anerkannt und unterstützt werden:

»Herzls organisatorische Arbeit bildete die Voraussetzung für seine diplomatischen Aktionen, die in vier Richtungen gingen. Von der Türkei sollte ein Charter für die Besiedlung Palästinas gegen finanzielle Leistungen erwirkt werden. Deutschland sollte für die Übernahme eines Protektorates über ein jüdisches Palästina gewonnen werden.

Die Nahost-Macht England sollte, falls die Verhandlungen mit der Türkei langfristig scheiterten, Gebiete in der Nähe Palästinas überlassen. Rußland sollte in der Türkei intervenieren, außerdem mußten Freiräume für die zionistischen Aktivitäten in Rußland erwirkt werden. Wichtige Kontakte zu Deutschland und der Türkei hatte Herzl schon vor dem Basler Kongreß angeknüpft. Es gelang ihm, den Großherzog von Baden für die zionistischen Gedanken zu erwärmen. Im Juni 1897 hatte Herzl in Konstantinopel Kontakte mit hohen türkischen Beamten aufgenommen. 1898 folgten weitere Unterredungen mit dem Großherzog von Baden, dann mit dem deutschen Gesandten in Wien, Eulenburg, mit dem deutschen Außenminister von Bülow, genannt die ›Silberzunge‹, und mit dem deutschen Reichskanzler Hohenlohe. Die erste Audienz mit Wilhelm II. kommt in Konstantinopel zustande, als sich der Kaiser auf einer Reise nach Palästina befindet. Wilhelm ist dem Gedanken an ein Protektorat nicht abgeneigt und verspricht, sich beim Sultan für diesen Plan einzusetzen. Herzl, der dem Charme des Kaisers sofort erlegen war, sah das deutsche Protektorat schon fast verwirklicht, und die Hoffnungen, die ihm vorher schon durch die Berichte des Großherzogs und Eulenburgs von Wilhelms Förderungswilligkeit gemacht worden waren, verstärkten sich angesichts der blauen Augen des Kaisers. Aber Herzl hatte die Rechnung ohne den Sultan Abd ul-Hamid und ohne Hohenlohe und Bülow gemacht. Er überschätzte des Kaisers Standfestigkeit und wußte nicht, daß Wilhelm leicht in euphorische Zustände geriet. In der zweiten Audienz in Jerusalem vertröstete ihn der Kaiser und teilte ihm mit, daß die zionistische Bewegung ›einen gesunden Gedanken‹ enthielte. Das Protektorat war gestorben.«[563]

Herzls Staatsidee orientierte sich in hohem Maße an der österreichisch-ungarischen Situation: Er plädierte für einen multinationalen, multilinguistischen und multikonfessionellen Staat. Er sagte voraus, daß die Juden in Zion eine multinationale Gesellschaft bilden würden, in der natürlich auch Araber und Christen lebten. Ihm schwebte ein supranationaler Rechtsstaat vor, der zwar die jüdischen Interessen schützen sollte, aber gleichzeitig allen Bürgern und Nationalitäten bzw. Ethnien gleiche Rechte garantieren würde. Herzl widersetzt sich somit der damaligen Vorstellung einer nationbuilding, für die homogene Nationen und Gesellschaften die Vorbedingung darstellten. Er sieht in einem jüdischen Nationalismus keine Voraussetzung für eine jüdische Nation und steht damit in der liberalen Tradition der Aufklärung. Eine jüdische Identität ist somit nicht an eine gemeinsame Sprache und Kultur gebunden. Herzl bleibt auch als Zionist ein Vertreter der deutschen Aufklärung und steht damit in der Tradition der liberalen Wiener Juden.[564] Er hält an der Utopie der »Veredelung« des Menschen durch Erziehung fest und sucht den neuen »Menschenadel« in Zion. Damit transportiert Herzl die Idee einer fortschreitenden Aufklärung durch »Verjudung« in den nahen Osten.[565] Am Ende der Assimilationsepoche hielten nur noch die liberalen Juden an der Idee einer neuen Menschheit fest, während die Majorität der Gesellschaft sich von der Aufklärung abwandte und den Nationalismen frönte.[566]

An diese jüdische Idee – die Juden als liberale Erzieher der Menschheit – glaubt Herzl nicht, ohne jedoch die Hoffnung auf die Möglichkeit der Aufklärung aufzugeben. Im »Judenstaat« bemerkt er dazu:

»Ich glaube an das Aufsteigen der Menschen zu immer höheren Graden der Gesittung, nur halte ich es für ein verzweifelt langsames. Wollten wir warten, bis sich der Sinn auch der mittleren Menschen zur Milde abklärt, die Lessing hatte, als er den Nathan schrieb, so könnte darüber unser Leben und das unserer Söhne, Enkel, Urenkel vergehen. Da kommt uns der Weltgeist von einer anderen Seite zu Hilfe.«[567]

Anstatt die übrige Menschheit mühsam durch »Verjudung« zu zivilisieren, geht er auf Utopien der Renaissance zurück, die er mit den Idealen der Aufklärung füllt. Er will einen utopischen Staat außerhalb Europas gründen, in dem er nichts dem Zufall überläßt. Er plant nicht nur die Auswanderung, sondern er arbeitet die Struktur der Gesellschaft, ihre Verfassung, die Länge des Arbeitstages und vieles mehr heraus. In diesem Sinn steht der »Judenstaat« den europäischen Idealen der Renaissance, des Humanismus und der Aufklärung viel näher als der alten jüdischen Idee der Rückkehr ins gelobte Land.

Herzl nimmt die Idee der Aufklärung als »Verjudung« auf, indem er Ostjuden in Zion an die europäische Kultur assimilieren will. Sie sollen moderne Europäer mit einer jüdischen Identität werden.[568]

Herzl definiert die Juden ex negatione:

»Nur der Druck presst uns wieder an den alten Stamm, nur der Hass unserer Umgebung macht uns wieder zu Fremden. So sind und bleiben wir denn, ob wir es wollen oder nicht, eine historische Gruppe von erkennbarer Zusammengehörigkeit. Wir sind ein Volk – der Feind macht uns ohne unseren Willen dazu, wie das immer in der Geschichte so war.«[569]

Insofern sind die Juden für ihn eine Nation, die aber nicht durch »Rasse«, sondern durch Geschichte und Glauben konstituiert ist. In der nicht vorhandenen Homogenität der Juden sieht er einen Vorteil, keinen klassischen Nationalstaat nach europäischem Muster gründen zu müssen.[570] Als Vorbild dient ihm nicht nur die Donaumonarchie, sondern auch die föderalistische Schweiz, in der keine einheitliche Sprache als Nationalsprache vorhanden ist.[571] Deshalb benötigt er für den »Judenstaat« keine einheitliche Sprache, Religion oder Kultur, sondern der Staat garantiert darüber hinaus die völlige Freiheit des religiösen Bekenntnisses und die ethnisch-kulturelle Vielfalt. Der »Judenstaat« kann nichts anderes sein als ein liberaler Rechtsstaat, wenn er sowohl Juden als auch Nichtjuden die gleichen Rechte garantieren will.[572]

Trotz dieser liberalen Offenheit hinsichtlich einer »multikulturellen« Gesellschaft ist Herzl überzeugt, daß sich das Deutschtum im »Judenstaat« durchsetzen wird. Er kann sich nicht vorstellen, daß die jiddische Sprache noch eine Zukunft hat:

»Die verkümmerten und verdrückten Jargons, deren wir uns jetzt noch bedienen, diese Ghettosprachen werden wir uns abgewöhnen. Es waren die verstohlenen Sprachen von Gefangenen.«[573]

Er schreibt in seinen Tagebüchern:

»Die Sprache wird für uns kein Hindernis sein ... Übrigens dürfte, par la force des choses, die deutsche Sprache – Amtssprache werden … Ich habe nichts gegen Französisch oder Englisch!«[574]

Indem Herzl einen spezifischen jüdischen Charakter des »Judenstaates« ablehnt, zeigt er kein Interesse in der Erschaffung einer distinkt jüdischen Nation, die gleichsam ein Ausdruck der jüdischen Kultur darstellt. Deshalb fürchtet er sich vor einem »sprachlichen Ghetto«: Zion ist für ihn zwar eine Heimstätte für Juden, aber er ist nicht daran interessiert, einen ausschließlichen Judenstaat zu etablieren. Insofern ist er kein jüdischer Nationalist, der »Judenstaat« ist kein Ausdruck eines jüdischen Nationalismus und der jüdischen Kultur. Zion bedeutet für ihn einen Mikrokosmos unterschiedlichster Nationalitäten und der Nachweis, daß die verschiedensten nationalen und religiösen Gruppierungen friedlich und tolerant in einem Gemeinwesen zusammenleben können. Seine Vorstellungen von einem jüdischen Staat entsprechen der kosmopolitischen und aufklärerischen Idee einer »offenen Gesellschaft«.

Obwohl Herzl sich für einen sprachlichen Pluralismus aussprach, glaubte er, daß sich letztlich die deutsche Sprache in Palästina durchsetzen würde. In diesem Punkt zeigte er sich als Anhänger Joseph II., der im späten 18. Jahrhundert Deutsch als Amtssprache in der gesamten Monarchie einführte und damit die Germanisierung Mitteleuropas vorantreiben wollte.[575] Herzl will in Palästina einen Vorposten der deutschen Kultur schaffen, einen idealen deutschen Staat von Bismarckscher Ordnung und Goetheschem Geist.[576]

In seinem Roman *Altneuland*[577], den er 1902 publizierte, beschreibt Herzl seine utopische Gesellschaft zwanzig Jahre nach ihrer Gründung. Zwei Männer kommen nach einem zwanzigjährigen, selbst gewählten Exil aus der Süd-See zurück nach Palästina: Herr Kingscourt, ein aus Deutschland stammender amerikanischer Unternehmer, der die humanistischen Ideen aufgegeben hatte, und Dr. Friedrich Loewenberg, ein nichtgläubiger Jude, den er zwanzig Jahre früher in Wien als gebildeten Rechtsanwaltsgehilfen kennengelernt hatte. Nun treffen sie einander wieder auf einem Zwischenstop in Palästina, bevor sie ihre Reise in die Süd-See fortsetzen.

Inzwischen entwickelte sich Palästina zu einer technologischen und kreativen Utopie. Altneuland ist eine multinationale, multisprachliche und multikonfessionelle Gesellschaft, in der Juden, Christen und Araber in Frieden und Harmonie zusammenleben. Herzl beschreibt detailliert die friedfertige Zusammenarbeit von Juden und Arabern in der Erzählung des erfolgreichen Arabers Reschid Bey, der mit dem Zionisten David Littwak befreundet ist. Auf die Frage Kingscourts nach den arabisch-jüdischen Beziehungen antwortet Bey, daß sie brüderlich zusammenlebten. Er erklärt ihm, daß der Wohlstand und die Toleranz dazu führe, daß die Araber keine Ressentiments gegenüber den Siedlern hätten. Bey bezeichnet Zion als das gemeinsame Vaterland, in dem der materielle Erfolg und die Toleranz die beiden Völker trotz unterschiedlicher Religion und Nationalität verbinde.[578] David Littwak behauptet, daß die Ingenieure die wirklichen Gründer von Altneuland seien.[579]

Herzl spricht in seinem Roman jedoch auch die Befürchtung eines irrationalen Nationalismus aus: Der Rabbiner Geyer ist der politische Führer einer intoleranten Partei, die den Juden höhere Rechte einräumen will. In einem intoleranten, religiösen Zionismus zeichnet Herzl die Konturen eines illiberalen, orthoxen religiösen Staates, der natürlich in der Konsequenz einen irrationalen Nationalismus erzeugt. Der Roman endet jedoch im Sinne der Herzlschen Utopie: David Littwak, der ideale Zionist, bekämpft die Ziele des Rabbiners und kann sich politisch durchsetzen, weil die überwältigende Mehrheit der Juden hinter ihm steht.[580]

Herzl glaubt somit an die Möglichkeit einer multinationalen und multireligiösen Gesellschaft, in der verschiedene Nationalismen sich gegenseitig dulden können und friedfertig miteinander leben können. Er predigt einen toleranten jüdischen Nationalismus, der keine homogene Gesellschaft schaffen will.[581] Sein Traum besteht in dem Glauben, daß eine ideale Gesellschaft für verschiedene Religionen, Ethnien und Kulturen ein gemeinsames Vaterland sein könnte. Seine Vision einer pluralistischen und offenen Gesellschaft, in der traditionelle Identitäten gleichsam weiterleben können und Menschen sich mit verschiedensten kulturellen Merkmalen gegenseitig akzeptieren, ist der alte Traum der jüdischen Aufklärung, den er nach Zion transformiert.

Herzls Vision eines »Judenstaates« war innerhalb des Zionismus immer umstritten. Viele seiner Kritiker warfen ihm vor, daß sein Programm zu wenig »jüdisch« sei.

»In Rußland war Ascher Ginsburg, der sich als Schriftsteller Achad Ha'am (›einer aus dem Volke‹) nannte und sich mit seiner Zeitschrift ›Haschiloach‹ als Hüter des Judentums verstand, Herzls schärfster Kritiker. Der von Achad Ha'am inspirierte Kulturzionismus, der auf den Kongressen von der ›Demokratischen Fraktion‹ um Martin Buber und Chaim Weizmann repräsentiert wurde, verstand sich ... als eine jüdische Erinnerungsbewegung, die, wie Buber es ausdrückte, ›alles umfaßt was sich an bewußt Jüdischem aus dem Dunkel zum Lichte, zur Freiheit, zum Schaffen bewegt.‹ ... Im Nationalismus sieht er 1900 ›eine Selbstbesinnung der Völkerseelen‹, und die ›Wiedergeburt des Judentums ist nur ein Teil der neuen Menschheitsrenaissance.‹«[582]

Buber spricht einer neuen jüdischen Volkskultur das Wort und muß Herzls Begründung des »Judenstaates« ablehnen, da Herzl sich in den Augen der kulturzionistischen Kritiker immer noch auf der Ebene assimilatorischer Vorstellungen unter geänderten Bedingungen bewege.

»Am bösartigsten reagierte Achad Ha'am. Er sah in Herzls Vorstellungen der ›neuen Gesellschaft‹, mit der die Formen des europäischen chauvinistischen Nationalismus verabschiedet wurden, eine Anbiederung an die Nichtjuden, denen man zeigen wolle, daß man ›tolerant ist, tolerant bis zum Ekel‹ und stellte sich den ›Zionistenführer‹ schon an der Spitze einer ›Negerbewegung‹ vor.«[583]

Viele Reaktionen romantisch-völkischer Zionisten ließen Herzl die Erfahrung machen, zum zweiten Mal aus einem Volk verbannt zu werden, weil er sich zu seiner österreichischen und jüdischen Identität bekannte. Herzls juristisch begründete nationbuilding mußte auf den Widerstand von Kulturzionisten stoßen; Franz Rosenzweig drückte den Vorwurf pathetisch aus:

»Herzls Schrei nach dem Volk bleibt unerfüllt – er wird selbst kein Glied des Volkes, er redet seine Sprache nicht.«[584]

Indem die romantischen Kulturzionisten »im Namen« des Volkes sprachen, konnten sie andere Vorstellungen über Juden, die Notwendigkeit einer Staatsgründung, über jüdische Politik verwerfen.[585] Während die Kulturzionisten in Herzl einen verkappten Assimilanten sahen, der seine Ideale nun in Palästina realisieren wollte, warfen ihm die klassisch orthodoxen Juden und die Reformjuden eine illegitime Wiederbelebung des Messianismus vor.

»Während die Orthodoxen zwar am persönlichen Messiasglauben festhielten, sich aber dessen gewiß waren, daß mitnichten ›ein Herr Dr. Herzl‹ von der ›Neuen Freien Presse‹ die Juden heimführen werde, meinten die Reformierten, daß die Versuche, in partikularistischem Geist einen um Zion zentrierten Staat zu gründen, dem universalistischen Gedanken des Messianismus widersprächen, demzufolge Zion ein Symbol für die Menschheitszukunft war.«[586]

Die Genialität Herzls bestand einfach darin, daß er sich gegen alle Vorwürfe – gleichgültig, ob rational oder irrational begründet – hinwegsetzt und an seinen Ideen festhält. Er will den gescheiterten Versuch der Wiener Moderne nicht akzeptieren und entschließt sich, ein Café-Haus-Moses zu werden:

»Dabei gedachte er die Wiener Gründerzeit ›drüben‹ zu wiederholen, samt den Umzügen à la Makart, die diese Zeit repräsentierten. Aber auch Wiener Menschen will er mitnehmen, Schnitzler als Theaterautor und (den Rabbiner) Güdemann als ›Bischof‹«.[587]

Joseph Samuel Bloch war in allen Belangen das Gegenteil von Theodor Herzl: Er entstammte einer armen Familie, hatte niemals Gelegenheit, Zutritt zur europäischen Bourgeoisie zu finden, ihm war eine akademische Laufbahn auf Grund seiner Herkunft verwehrt und somit konnte er niemals den Verlockungen der Assimilation erliegen. Die Welt der Aufklärung, der Salons, der Dekadenz jüdisch-bürgerlicher Parvenüs und Intellektueller waren ihm nicht nur fremd, sondern fremder als der scheinbar unüberwindbare Gegensatz zwischen Juden und Christen in osteuropäischen Ländern.[588] Bloch konnte keinen anderen Weg seines Lebens finden als in der Bekämpfung des religiösen und politischen Antijudaismus. Trotz aller Demütigungen, die er von christlicher und jüdischer Seite erfuhr, erlag er niemals den unter Umständen verständlichen Gegenreaktionen eines jüdischen Romantizismus. Er war realistisch genug, weder in eine romantische Renaissance eines wieder erwachten Judentums in biblischen Reminiszenzen zu verfallen, noch den unrealistischen Aufklärungshoffnungen der assimilierten Juden des ausgehenden 19. Jahrhunderts Glauben zu schenken. Er bekämpfte deshalb den Antisemitismus sein ganzes Leben lang, weil er in ihm – neben dem Nationalismus – die größte Gefahr sah. Er war von der Überzeugung getragen, daß Antisemitismus durch drei Faktoren geprägt war: rassischen Haß, religiösen Haß und Klassenhaß.[589] Er sieht den Zusammenhang zwischen Nationalismus und Antisemitismus sehr klar:

»Wer über die antisemitische Zeitkrankheit nach ihren Ursachen und Ausgängen ernst nachdenkt, der erkennt sie als das naturgemäße, wenn auch betrübende Resultat aller jener Stimmungen und Strebungen, welche im Volksleben dermaßen treibend vorhanden sind, das gesamte öffentliche Denken beherrschen.«[590]

Bloch konstatiert, daß der Chauvinismus den damaligen Generationen »in Fleisch und Blut eingeprägt« sei:

»So erblickt der wahntrunkene Nationalismus im Hasse gegen das vermeintlich Fremde und den Fremden das Kennzeichen echten Patriotismus. Gleich den frommen, zum Kampfe wider die ›Türkenhunde‹ ausgezogenen Scharen mittelalterlicher Kreuzzügler, die zunächst und zu aller Anfang über die einheimischen wehrlosen Juden herfielen, so wenden sich die nationalen Kreuzbrüder zuerst gegen die Semiten, die ›Fremdlinge‹ im eigenen Lager.«[591]

Er ist sich im klaren, daß der moderne Judenhaß, einen politischen und religiösen Charakter trägt und vergleicht ihn zu Recht mit Exzessen des Mittelalters.[592]

Viele Juden der Monarchie, insbesondere die Wiener Juden, glaubten daß sie durch die Assimilation an die deutsche Kultur der Welle der nationalistischen Intoleranz entgehen könnten und viele Juden wurden selbst zu deutschen Nationalisten bzw. waren von der deutschen Kultur fasziniert. In diesem Punkt widersprach Bloch den jüdischen Liberalen und Deutschnationalen, was nicht heißt, daß er die Kultur und Aufklärung in Deutschland ablehnte. Er war jedoch der Meinung, daß die politische Emanzipation der Juden noch keineswegs ihre gesellschaftliche Akzeptanz bedeutete.[593]

»Eines ist klar, die Emancipation der Juden war den Regierungen von einer günstigen Zeitströmung abgerungen worden und eine ungünstige kann sie ebenso wieder rückgängig machen! Vertrauen wir nur nicht zu viel auf papierene Gesetze; sie wechseln nach den Launen und Leiden der Menge.«[594]

Aus diesen Befürchtungen spricht die völlige Skepsis gegenüber den Chancen der Assimilation in jener Zeit.

»Die krankhaften Zuckungen des nationalen Körpers, welchen in den letzten Jahrzehnten alle Völker Europas unterworfen waren, haben ohnehin dessen Verdauungsorgane geschwächt, den nationalen Hochmuth, den Fremdenhaß gesteigert; je rapider wir uns zu amalgieren streben, ein desto größeres Unbehagen empfinden jene Nationalitäten, in deren Rachen wir hineinspringen ... Je mehr wir den Prozeß der Assimilation beschleunigen wollen, desto illusorischer werden alle unsere Bestrebungen.«[595]

Bloch ist deshalb gegen jede Beteiligung von Juden an nationalen Bewegungen:

»Ob wir noch so laut unser Deutschthum oder Polenthum betonen und reclamiren, wir bringen es nie dahin, daß man in uns den Juden vergißt.«[596]

Da aus diesen Gründen den Juden die Teilhabe an einem ethnischen Nationalismus verwehrt war, schließt er, daß die »Kohns und Jeiteles« niemals akzeptiert werden.[597] Deshalb ist er der Meinung,

»weder den Deutschen noch den Czechen sind wir ›Stammesgenossen‹ und brauchen nach solcher Ehre gar nicht zu geizen. Wir sind weder Germanen noch Slawen, sondern österreichische Juden oder jüdische Österreicher! Ohne zur lächerlichen Caricatur herabzusinken, können wir uns weder ›deutschnational‹ noch ›czechisch-national‹ geberden, und für unsere Stammmesgenossen in Böhmen ergibt sich als Logik der Thatsachen sowohl wie als Gebot der politischen Klugheit und Pflicht der Selbsterhaltung, außerhalb beider nationalen Parteien Stellung zu nehmen.«[598]

Damit widersprach Bloch entschieden jenen Juden, die glaubten, durch die Unterstützung nationaler Parteien als assimilierte Nationalisten akzeptiert zu werden. Für derartige Bemühungen hat er nur Spott übrig:

»Unsere Feinde witzeln über die ›Urgermanen Löwi, Kohn, Spitz‹, uns hat es die Brust zusammengeschnürt, daß wir so töricht sind, die Gluth zu schüren, welche unfehlbar uns selber verzehren wird ... Es war eine arge Täuschung, als man glaubte, der nationale Bacillus sei ein guter Impfstoff zum Schutze gegen die antisemitische Cholera; durch die Verbreitung des Giftstoffes ist die Pest erst recht hereingebrochen. Man hat der Krankheit die Wege gebahnt, die Gemüther für die geistige Verirrung gehörig präparirt. Sobald das Volk endlich dazu gelangt, nur den deutschen Stammesgenossen Geltung und Rechtsachtung zu gewähren, dann wird der künftige Toleranzprediger es nicht zuwege bringen, den Jeiteles und den Kohn als ›Stammesgenossen‹ dem Volke anzumuthen.«[599]

Bloch sah sehr klar den Konflikt zwischen Deutschen und Slawen und zeigte dieses Problem am Beispiel der Juden in der Monarchie auf:

»›Assimilire Dich‹, herrschte man ihn (den Juden) an, und er seinerseits that das Möglichste, die Vergangenheit mit ihren Idealen abzustreifen, sein bestes Selbst opferte er dem ›Zeitgeist‹, um den Prozeß der Verschmelzung zu beschleunigen – eine schmerzhafte Assimilirungs-Operation, die oft mit einer Tracht Prügel verbunden war. Der

Jude in Böhmen, Mähren und Galizien weiß ein Lied davon zu singen. Unter ›Assimilation‹ verstand man zunächst politische und nationale Hörigkeit, und zweien Göttern kann man nicht dienen. ›Verbrüderte‹ er sich mit den Deutschen oder den Ruthenen, dann hatte der czechische Janhagel die Fenster ihm eingeschlagen und der Pole faßte ihn an der Gurgel; ›assimilirte‹ er sich mit den Czechen, dann regnete es ›deutsche Hiebe‹.«[600]

Bloch schließt daraus, daß Juden sich in den nationalistischen Bewegungen nicht engagieren dürfen, da sie letztlich immer gegen ihre eigenen Interessen handeln, und kritisiert vor allem die deutschnationalen Juden.[601] Bloch warnte die Juden in Böhmen davor, sich in den Nationalitätenkonflikt einzumischen und für eine Seite zu votieren, und empfahl ihnen, sich um einen Ausgleich zwischen den Kontrahenten zu kümmern.[602] Die Parteinahme der Juden in nationalen Auseinandersetzungen kommentiert er folgendermaßen:

»Ohne zur lächerlichen Karikatur herabzusinken, können wir weder deutschnational noch tschechischnational uns gebärden und als Logik der Tatsachen und als Gebot politischer Klugheit ergibt sich für uns – außerhalb aller nationaler Parteiungen Stellung zu nehmen.«[603]

Wenn jüdische Politiker sich – in deutschnationaler Tradition – als Nachfahren der Griechen fühlten und eine völlige Germanisierung der Juden forderten,[604] dann ruft ihnen Bloch die Tradition der Griechen gegenüber Fremden ins Gedächtnis und verweist auf die jüdischen Traditionen gegenüber den Fremden.[605] Er stellt den fremdenfeindlichen Einstellungen der griechischen Kultur die kosmopolitischen Ideen des Judentums gegenüber.[606]

Bloch kann auf biblische Traditionen verweisen, wenn er eine Alternative zum Nationalstaat entwickeln will und somit einen Bogen von der hebräischen Bibel und den heiligen Schriften zum kosmopolitischen Aufklärungsgut spannen.[607] Er vermag auf eine lange jüdische Tradition eines Humanismus zu verweisen, der weit vor der Aufklärung Ideale pries, die im Zeitalter der Nationalstaaten unterzugehen drohten. Er sieht die

Aufgabe der österreichisch-ungarischen Juden nicht in der Beteiligung an den nationalen Auseinandersetzungen, sondern definiert ihre Rolle als supranationale Kraft, die einer Staatsidee das Wort sprechen solle, die jenseits des nationalen Staates liegt. Er sieht sich als Nachfolger Adolf Fischhofs, den er in seinen Memoiren folgendermaßen charakterisiert: Ein Mann

»von antikem Zuschnitt, der prophetischen Geistes das endliche Geschick dieses Völkerstaates vorausgeahnt und abzuwenden unablässsig bemüht war – immerwährend und immer eindringlicher mahnend, Österreich zu einem freiheitlichen Völkerstaat umzugestalten«.[608]

Bloch sah Fischhofs letzten Versuch, Österreich-Ungarn in einen föderalistischen Staat nach dem Schweizer Vorbild umzuwandeln, als einzige Lösung an. Im Unterschied zu Fischhof spielten die Juden in seinen Überlegungen in Hinblick auf ein multinationales Österreich eine wichtige Rolle. Er sah die Möglichkeit, unter bestimmten Bedingungen das Problem des Antisemitismus zu lösen. Die Juden sollten sich in diesem Rahmen keiner Nationalität anschließen und damit die Assimilation in dem oben beschriebenen Sinne ablehnen.

»Die nationalen Parteien, die mit der Empfindung des Rassenhasses einander gegenüberstehen, die keine andere Parole kennen als Hammer oder Ambos, lassen uns keine andere Wahl als – wieder Juden zu werden, österreichische Juden.«[609]

In der Rückbesinnung auf die jüdische Identität und in der Forderung nach einer eigenen Nationalität innerhalb eines föderalen Vielvölkerstaates sieht Bloch den besten Schutz gegen den Antisemitismus.[610] Da die Juden kein eigenes Territorium in der Monarchie besitzen, sondern in verschiedenen Landesteilen wohnen, können sie schon aus diesem Grund keinen eigenen Staat fordern. Daraus folgert er, daß keine andere Möglichkeit offensteht als Österreicher »sans phrase, d. h. ohne ein zweites nationales Adjektiv« zu sein.[611]

Daraus schließt Bloch, daß die Juden das eigentliche Staatsvolk eines multinationalen Österreichs sind:

»Wenn eine specifische österreichische Nationalität construiert werden könnte, so würden die Juden ihren Grundstock bilden.«[612]

Die Interessen des Staates und der Juden sind demnach identisch, sowohl der Vielvölkerstaat als auch die Juden können nur auf der Grundlage des friedlichen Zusammenlebens verschiedener Völker, die unterschiedliche Sprachen haben und deren religiöse Bekenntnisse sich unterscheiden, überleben.[613] Daraus zieht Bloch den Schluß, daß gerade die Juden aktiv an der Umgestaltung der Monarchie beteiligt sein müßten:

»Als Juden können wir nicht anders als für das Recht aller Volksstämme im Staate, für das gleiche Recht aller Bürger eintreten ... Das Schicksal wollte es haben, daß indem wir für das Judenthum kämpfen, wir zugleich nicht bloss für göttliches und menschliches Recht, für die Freiheit des Geistes, sondern auch für jene grundlegenden Ideen kämpfen, ohne welche der Bestand des österreichischen Kaiserstaates undenkbar ist.«[614]

Blochs Vision eines nicht-ethnischen Nationenstaates setzt die Überwindung des Nationalstaates voraus. Da in Österreich-Ungarn kein Volk oder eine Ethnie stark genug ist, die anderen Völker zu absorbieren im Sinne einer nationalen Homogenisierung, bleibt in Blochs Augen nur eine supranationale Lösung als einzige Möglichkeit. Staat und Nationalität können in der Monarchie niemals deckungsgleich werden; in diesem Sinne unterscheidet sie sich fundamental von den übrigen europäischen Staaten. Der Nationenstaat ist

»der vielgesuchte ›Oesterreichische Staatsgedanke‹: der ›Staats‹-Gedanke überhaupt, der ohne nationale und confessionelle Beimengung, die ihn naturgemäß trübt und verdunkelt, in der Geschichte zur Bethätigung noch nicht gelangt ist.«[615]

Da der Nationalstaat dazu neigt, Minoritäten zu unterdrücken, unterstellt ihm Bloch, unfähig zu sein, ein wirklicher Rechtsstaat zu werden.[616] Erst der Nationenstaat ist fähig, im umfassenden Sinne volle Rechtsstaatlichkeit zu verbürgen. In dieser Staatsidee erblickt er die Mission Österreichs überhaupt, denn:

»Allein Österreich kann nur bestehen und gedeihen, wenn die verschiedenen Stämme und Nationalitäten, Confessionen, Sprachen und Racen, die auf seinem Territorium nebeneinander leben, auch einander die Hand reichen, zur Milderung der gegensätzlichen politischen, nationalen und religiösen Interessen.«[617]

In dieser Perspektive sieht er ein Österreich,

»dessen gesamte Bevölkerung nicht anders als aus nationalen Minoritäten sich zusammenfügt, dem die Vorsehung die Mission erteilt hat, ein Hort freier und brüderlich vereinter Völker zu sein.«[618]

Die Mission Österreichs besteht letztlich darin, die Menschheit vom Nationalismus zu erlösen, in ihm erfüllt sich die Idee der Aufklärung. Da die Juden eine wichtige Rolle in der Gestaltung des Nationenstaates Österreich spielen sollen, kommt die Idee der Aufklärung durch »Verjudung« wieder zum Vorschein. In den Blochschen Vorstellungen über die Aufklärung und ihre Verwirklichung im alten Österreich triumphiert schließlich der Nationenstaat über seine Widersacher. In seiner Vision einer supranationalen Welt vereinigt sich auf eigentümliche Weise die jüdische Orthodoxie mit einem postmodernen Kosmopolitismus. Indem er gleichsam die klassische Moderne mit ihrem Ideal des Nationalstaates überspringt, kann er zu seinen orthodoxen Wurzeln zurückfinden.

»Daß dein Herz faulte,
ließ Krieg und Gewalt los.
Weil du nicht wachtest,
entstieg deinem Schoße
geifernd der Urfeind!«
Franz Theodor Csokor

Die Mitteleuropa-Idee im Zerrbild der Geschichte

Franz Csokor schrieb im Vorwort zu seinem Theaterstück *November 1918*, einem Abgesang auf den österreichischen Vielvölkerstaat, dieser sei »das Abendbrot des römischen Imperiums auf der Erde Mitteleuropas« gewesen.[619] Der Untergang der Donaumonarchie bedeutete nicht nur den Verlust einer großen Nation in Europa, sondern eine in ihrer Konsequenz nicht erahnte Destabilisierung des europäischen Gleichgewichtes.[620] Die konservative Ordnung des Wiener Kongresses wurde zerstört, ohne ein politisches Gleichgewicht an ihre Stelle zu setzen. Der Zerfall der Donaumonarchie bedeutete nun keineswegs die Lösung der Nationalitätenprobleme, sondern ihre Verschärfung in den neuen nicht-homogenen Nationalstaaten. In keinem der Nachfolgestaaten der Monarchie handelte es sich um ethnisch einheitliche Bevölkerungen und deshalb kam es nach den Staatsgründungen zu ethnischen und nationalen Problemen.[621]

»Die Monarchie war nicht nur eine Versuchsstation des Weltuntergangs, sondern auch – vielleicht sogar wider Willen – eine für die Möglichkeiten und Chancen eines anderen Europa jenseits der Nationalitäten gewesen,«

schreibt Konrad Liessmann.[622] Das augenscheinlichste Merkmal des Fin de siècle war, daß der zunehmende Nationalismus in den verschiedenen Teilen der Monarchie von einem künstlerischen Bestreben zum Kosmopolitismus begleitet war.

»Gegen Ende des Jahrhunderts fiel das außerordentliche künstlerische und intellektuelle Aufwallen in Wien mit den letzten Versuchen einer politischen Erneuerung des Reiches zusammen. Zumindest teilweise wurde der Aufschwung in der Kunst von einer Kulturpolitik getragen, die in einer entschlossen modernen und kosmopolitischen Kunst symbolischen Zement zu finden hoffte, einen einigenden Diskurs für ein Reich, in dessen Innern die nationalen künstlerischen Traditionen die zentrifugalen Kräfte verstärkten. In dem Maße, in dem die Ästhetik des L'art pour l'art in Wien Teil eines Entwurfs der patriotischen Erneuerung wurde, wurde die Frage nach der Möglichkeit einer Verbindung zwischen dem Gefühl künstlerischer und nationaler Identität und dem einer übernationalen Identität aufgeworfen ... Diese Verbindung zwischen künstlerischer und nationaler Identität blieb jedoch höchst brüchig ... Zum Jahrhundertende hin erreichte diese zunehmende Auseinanderentwicklung ihren Höhepunkt. Eine kosmopolitische ›österreichische‹ Kunst entstand in dem Augenblick, in dem das multinationale Österreich sich auf sein politisches Verschwinden vorbereitete.«[623]

Doch das Aufbäumen der Kunst und der Literatur des »Jung Wien« war nicht von einer gemeinsamen politischen Idee getragen, so daß am Ende der Rückzug in eine Neoromantik stand. Damit gaben jedoch die Intellektuellen jegliche Möglichkeit, die politische Entwicklung mitzugestalten, aus der Hand. Die Literatur des »Jung-Wien« wendet sich oft nur noch der romantischen Ästhetik zu bzw. beschreibt den schleichenden Untergang des Vielvölkerstaates.

Der Begriff »Mitteleuropa« ist historisch ein ungenau bestimmter Raum und es gibt im 19. und 20. Jahrhundert unzählige Konzeptionen und politische Bewegungen in der Diskussion um die Errichtung einer mitteleuropäischen Föderation. Historisch sind diese Ideen eng verknüpft mit der Vorstellung einer deutschen Mission im slawischen Raum.

»Diese tiefverwurzelte Überzeugung von der besonderen Rolle der Deutschen und der Österreicher im Osten Europas, die über weite Strecken mit der ›Ostsiedlung‹ der Deutschen im Mittelalter und ihren

Spätfolgen bis heute sowie mit den nachfolgenden Bewegungsrichtungen deutscher Siedler in Osteuropa zusammenhängt, hat in der Idee eines an die deutsche Wirtschaft angeschlossenen ›Gemeinsamen Marktes‹ in Ostmitteleuropa eine pragmatische Variante ausgeprägt. Aber auch dieser heute so besonders aktuelle Aspekt der deutschen Beziehungen zu Mitteleuropa hat eine alte Geschichte. So hatte das Aushängeschild der Liberalen, Friedrich List, schon in den vierziger Jahren des 19. Jahrhunderts einen ›mitteleuropäischen Zollverein‹ als Gegenwehr gegen die britische Finanzmacht propagiert. Nach 1848 wurde vom österreichischen Wirtschaftsminister Karl Ritter von Bruck projektiert, den Donauraum in eine große Freihandelszone umzuwandeln, um damit dem 1834 unter preußischer Führung geschaffenen deutschen ›Zollverein‹ den Wind aus den Segeln zu nehmen. Friedrich Naumanns ›Mitteleuropa‹-Konzeption von 1915 war eine Antwort auf die Kontinentalsperre der Alliierten gegen die Mittelmächte des Ersten Weltkrieges, und zur gleichen Zeit hat der österreichische Sozialdemokrat Karl Renner eine Mitteleuropäische Wirtschaftsgemeinschaft als mögliches Zentrum eines sozialistischen Internationalismus ins Gespräch gebracht.«[624]

Im 17. Jahrhundert entsteht das Gefüge Mitteleuropas: Während im Westen die großen und mächtigen Staaten Frankreich, Großbritannien, Spanien, Portugal und Holland entstehen und mit einiger Verzögerung schließlich Deutschland und Italien Nationalstaaten werden, zerstörte das Eindringen des Osmanischen Reiches die alten nationalen Zusammenhänge in Ostmitteleuropa.[625] Die Eingliederung dieser Gebiete in die Donaumonarchie konnte nicht auf der Grundlage einer nation-building im westeuropäischen Sinne erfolgen. Die dynastische und absolutistische Struktur der Habsburg-Monarchie konnte keine Homogenisierung der unterschiedlichen Gesellschaften herbeiführen und schürte mit seiner Privilegierung des deutschen Elementes die nationalen Auseinandersetzungen im 19. Jahrhundert. Eine ›habsburgische oder österreichische Identität‹ zeichnete sich erst hundert Jahre später, zu Ende des 18. Jahrhunderts ab. Als die alten historischen Nationen Mitteleuropas – die Polen, Ungarn und Tschechen – im 19. Jahrhundert erwachten, hat die Habsburger-Monarchie erneut die Ausbildung moderner Staaten verhindert Der Mitteleuropa-Mythos verdankt sich auch Ideen der Romantik, die von der vorreformatorischen Einheit eines einheitlichen geistigen und politischen Europa träumten.

»Novalis (*Europa und die Christen*, 1799), aber auch Friedrich Schlegel in seinen Philosophischen Vorlesungen (1804–1806) brachten dieses Thema wieder auf. Mit der Romantik wird die religiöse Dimension der Mitteleuropa-Idee besonders deutlich, aus der teils ökumenische Vorstellungen von der Wiederversöhnung der christlichen Konfessionen, teils aber auch eine rein katholische Ideologie hervorgegangen sind. Die napoleonischen Kriege hatten in Österreich eine nationale Bewußtwerdung rund um die ›habsburgische Mission‹ in Ostmitteleuropa hervorgerufen. Die zu diesem Zeitpunkt erfolgte Übersiedlung der Brüder Schlegel nach Wien wurde vom katholischen Teil der Romantiker-Generation durchaus als ein Symbol für das hohe Prestige der österreichischen Hauptstadt gewertet. Selbst in Kleists *Hermannsschlacht* erscheinen die Habsburger als die Retter des deutschen Reiches.«[626]

Die Romantiker wollen das Heilige Römische Reich deutscher Nation, das 1806 aufhörte zu existieren, neu beleben. Im Fin de siècle wurden diese romantischen Ideen wiederbelebt und wieder diskutiert.[627] Ein Exponent der Mitteleuropa-Diskussion war Hugo von Hofmannsthal, der die Idee eines deutschsprachigen Reichs entwickelte.

»Hofmannsthal hegt nie einen Zweifel daran, daß die Habsburgermonarchie die direkte Erbin des Heiligen Römischen Reichs sei, durch ihre Verbindungen mit Italien und dem Mittelmeerraum vielleicht sogar des Römischen Imperiums. Österreich-Ungarn komme daher eine umfassende Vermittlerrolle im Europa der Mitte zu, ebenso als Wehr gegen Rußland ... Diese ›österreichische Idee‹, die auf dem ›Ausgleich‹ und der Vermittlung zwischen der lateinisch-germanischen und der slawischen Zivilisation aufgebaut sei, hätten die Europäer zwischen 1848 und 1914 verdrängt.«

Am Schluß seines Aufsatzes über die »Österreichische Idee« aus dem Jahr 1917 schreibt Hofmannsthal:

»Dies Europa, das sich neu formen will, bedarf eines Österreich: eines Gebildes von ungekünstelter Elastizität, aber eines Gebildes, eines wahren Organismus, durchströmt von der inneren Religion zu sich selbst, ohne welche keine Bindungen lebender Gewalten möglich sind; es bedarf seiner, um den polymorphen Osten zu fassen. Mitteleuropa ist ein Begriff der Praxis und des Tages, aber in der höchsten Sphäre, für Europa, wofern Europa nun bestehen soll, in der Sphäre der obersten geistigen Werte und der Entscheidungen über die Kultur der Jahrtausende ist Österreich nicht zu entbehren. Von hier unser Selbstbewußtsein, von hier die tiefe Sammlung und Ruhe in uns, während wir eine Welt gegen uns in Aufruhr sahen.«[628]

Hofmannsthals Mitteleuropa-Idee erneuert somit den altösterreichischen Reichsgedanken, die zivilisatorische Mission der Deutschen im osteuropäischen und slawischen Raum. Er sieht die Gefahren, die von den nationalen Bewegungen ausgehen, aber er übersieht, daß auch der kulturelle Hegemonieanspruch der deutschen Kultur gegenüber den slawischen Kulturen die nationalen Gegensätze verschärften. Er will zurück in ein vornationales Europa und fordert deshalb eine konservative Revolution. In diesem Punkt steht er aber weit hinter den Einsichten der Theoretiker eines multinationalen Österreichs. Sie wußten, daß der Nationalismus nicht mit historisch überkommenen Modellen überwunden werden kann, sondern höchstens in einem »postmodernen« Österreich der Nationen.[629] Nachdem Hofmannsthal im Jahre 1917 anläßlich einer Reise nach Prag mit dem tschechischen Nationalismus konfrontiert wurde, war er schockiert.

»Sein am 15. November 1917 in französischer Sprache publizierter Aufsatz ›La vocation de L'Autriche‹ (Österreichs Berufung) propagierte zwar nochmals die Idee eines föderalistischen und multinationalen Reiches in Mitteleuropa, doch was bisher als politisches Argument gegolten hatte, bekam nun schon den Stellenwert einer wirklichkeitsfremden Utopie.«[630]

Wie weit die unzähligen Entwürfe zu einer Umgestaltung der Donaumonarchie in eine mitteleuropäische Föderation während eines Zeitalters virulenter Nationalismen realistisch waren, läßt sich nachträglich sicher nicht mehr entscheiden. Trotzdem waren sich die verschiedenen nationalen Strömungen bis 1914 nicht in dem Ziel einig, das Kaiserreich zu zerschlagen. Die Angst vor den deutschen und russischen Expansionsgelüsten wog zu stark, deshalb zogen die meisten Exponenten dieser Bewegungen den Verbleib in der Donaumonarchie vor – unter der Bedingung politischer Veränderungen. Ein klassisches Beispiel ist der Alttscheche Franz PalackΩ, der 1866 in Prag die Schrift *Österreichs Staatsidee* veröffentlichte. Der Anwalt der tschechischen nationalen Idee forderte einen multinationalen Habsburgerstaat, der den kleinen Nationen einen Schutz gegenüber dem großdeutschen, russischen und ungarischen Expansionsdrang biete. 1848 wurde PalackΩ als Vertreter Böhmens nach Frankfurt zur Versammlung in die Paulskirche eingeladen, da Böhmen ein Teil Deutschlands werden sollte. Er weigerte sich, diesem Ansinnen Folge zu leisten:

»Sie wissen, daß der Süd-Osten von Europa, die Grenzen des russischen Reiches entlang, von mehreren in Abstammung, Sprache, Geschichte und Gesittung merklich verschiedenen Völkern bewohnt wird, – Slawen, Walachen, Magyaren und Deutschen, um der Griechen, Türken und Schkipetaren nicht zu gedenken, – von welchen keines für sich mächtig genug ist, dem übermächtigen Nachbar im Osten in alle Zukunft erfolgreichen Widerstand zu leisten; das können sie nur dann, wenn ein einiges und festes Band sie alle mit einander vereinigt. Die wahre Lebensader dieses nothwendigen Völkervereins ist die Donau: seine Centralgewalt darf sich daher von diesem Strome nicht weit entfernen, wenn sie sein und bleiben will. Wahrlich, existierte der österreichische Kaiserstaat nicht schon längst, man müßte im Interesse Europas, im Interesse der Humanität selbst sich beeilen, ihn zu schaffen.«[631]

In Sinne ihrer Selbsterhaltung waren die kleineren Völker der Monarchie geradezu verurteilt, an ihrer Erhaltung festzuhalten.[632] Obwohl der Erste Weltkrieg die nationalistischen Forderungen der einzelnen Völker und ihrer politischen Köpfe radikalisierte, ist der Zusammenbruch nicht ausschließlich einer inneren Notwendigkeit zuzuschreiben. Der Historiker Francois Fejtö schreibt:

»Das jahrhundertelange Überleben der Monarchie, die auf Grund ihres ausgedehnten Territoriums und ihrer Völkervielfalt stets vom Zerfall bedroht war, beruhte nämlich nicht allein auf ihren eigenen Kräften, sondern auch auf der Beschaffenheit des internationalen Systems. Dafür waren die Prinzipien des ›Gleichgewichts der Kräfte‹, die mindestens seit dem Westfälischen Frieden in Europa herrschten und nur durch die Napoleonischen Kriege erschüttert worden waren, die Garanten. Die Napoleonischen Siege hätten leicht zum Zerfall der Monarchie führen können, wenn deren Völker – besonders das ungarische, das nach dem Tod Josephs II. nahe daran gewesen war, sich von ihr zu trennen –, die Gelegenheit ergriffen hätten, ihre Unabhängigkeit durchzusetzen.«[633]

Der Zusammenbruch der Monarchie kann nicht nur als Konsequenz der immanenten politischen Entwicklung interpretiert werden. Neben den nationalistischen Bestrebungen – vor allem in Böhmen – waren die Siegermächte ebenso für die Zerschlagung der Donaumonarchie. Im Verlauf des Ersten Weltkrieges schlug sich der Nationalismus auch auf die Kriegsführung nieder. Aus einem klassischen Krieg wurde im weiteren Verlauf ein totaler Krieg:

»Doch im Lauf des Krieges tauchte eine unerhörte Idee auf: die des totalen Sieges um jeden Preis. Es ging nicht mehr darum, den Feind zu zwingen, daß er nachgab, zurückwich, sondern darum, ihm unheilbare Wunden zu schlagen: nicht nur darum, ihn zu schwächen, sondern ihn zu vernichten. Diese Idee vom totalen Sieg verurteilte von vornherein jeden Versuch zum Scheitern, das unnötige Massaker durch einen Kompromiß zu beenden. Sie veränderte den Krieg nicht nur quantitativ, sondern, um den hegelianischen Begriff zu verwenden, auch qualitativ. Die Idee war nicht nur eine Folge der Erbitterung der Militärs angesichts von Schlachten, die keine Entscheidung brachten. Sie war auch nicht in den Kabinetten der Diplomaten oder in den Ministerien entstanden. Sie schien aus der Tiefe der Volksseele zu kommen und hatte beinahe etwas Mystisches an sich. Sie war ideologischer

Natur und bestand darin, daß man den Feind verteufelte, daß man aus dem Krieg einen metaphysischen Krieg, einen Kampf zwischen Gut und Böse, einen Kreuzzug machte.«[634]

Fejtös Charakterisierung des modernen Krieges im 20. Jahrhundert sollte auf dem Hintergrund der europäischen Nationalismen – den politischen Religionen – gesehen werden.[635] Ebenso wie die politischen Kulturen sich extrem radikalisierten, fand nicht nur in der Kriegsideologie oft eine Monsterisierung der Gegner statt, sondern auch in der Kriegsführung wurden alle vorangegangenen Bemühungen zu einer Humanisierung des Krieges mit Füßen getreten.[636]

Fejtö weist darauf hin, daß gerade in Frankreich die Bemühungen von Kaiser Karl um einen Separatfrieden massiv torpediert und letztlich verhindert wurden.

»Hier kommen wir zu dem … zweifellos tieferen Grund, warum man aus Österreich-Ungarn den Sündenbock machen und es zerstören wollte (während das Deutsche Reich, der Hauptfeind nicht zerstückelt wurde).«

Er gibt die Schuld den republikanischen Linken in ihrem Kampf gegen

»den Klerikalismus, gegen die ›vatikanische Brut‹, für die ›Republikanisierung Europas‹, für die ›Befreiung der unterdrückten Nationen‹ und für ›Vollendung der Französischen Revolution.‹«[637]

Daneben sieht er in den Politikern Masaryk und Benes äußerst erfolgreiche Vertreter des tschechischen Nationalismus:

»Der brillante Philosoph Masaryk verbarg geschickt seinen zur fixen Idee gewordenen Nationalismus hinter seiner philantropischen Fassade … In Frankreich war gerade die nationalistische und republikanische Ideologie in Mode, die das Terrain, auf dem Masaryk und Benes für den tschechischen Separatismus und später für die unabhängige Tschechoslowakei agierten, gut vorbereitet hatte.«[638]

Der Untergang der Donau-Monarchie hatte somit verschiedene Totengräber, trotzdem konnte die Aufteilung des Kaiserreiches auf dem Hintergrund seiner Nationalismen und Irredentismen einfacher erfolgen, da der Wille zu einem gemeinsamen Staat und dessen Bedeutung für die europäische Gleichgewichtspolitik nicht mehr vorhanden war.[639] Keine der an diesem Konflikt beteiligten Parteien war noch in der Lage, verantwortungsethisch zu handeln; hier wurden die Weichen für die kommenden europäischen Totalitarismen gelegt, die sich zu den größten politischen Katastrophen der Geschichte Europas ausweiten sollten.[640] Die Zerschlagung der Donau-Monarchie konnte auf Dauer kein neues Gleichgewicht der Kräfte in Europa schaffen; deshalb war die Entscheidung des deutschsprachigen Österreich, sich dem Deutschen Reich anschließen zu wollen, aufgrund des historischen Selbstverständnisses und der Konsequenzen des Ersten Weltkrieges nicht überraschend.

In Österreich hatte der Erste Weltkrieg eine weitere Spaltung und völlige Polarisierung der politischen Sphäre zur Folge. Die politischen Auseinandersetzungen führten dahin, daß sich die Parteien immer mehr zu Bürgerkriegsparteien entwickelten. Auf dieser Grundlage hatte die Erste Republik eigentlich von Beginn an keine wirkliche Überlebensmöglichkeit, da die politischen Gegner einander vernichten wollten und so gut wie niemand ein souveränes demokratisches Gemeinwesen anstrebte.

»Die Niederlage Österreich-Ungarns und die Auflösung der Doppelmonarchie hatten für die deutschsprachigen Österreicher einen augenscheinlichen Vorteil: Sie schienen die Frage zu entscheiden, die sie seit 1848 beschäftigt hatte: Waren sie eher Österreicher oder Deutsche? Nun waren alle Loyalitätsgründe vorübergehend weggeschwemmt. Die Republik Österreich wurde vom Großteil ihrer Bürger nur als Überbleibsel des alten Kaiserreiches betrachtet, als künstliche Schöpfung ... Der Anschluß (an Deutschland) bot die Möglichkeit, sowohl den früheren Wohlstand als auch das verlorene Prestige wiederherzustellen. Die Anschlußbewegung wurde in den ersten Nachkriegsjahren von der österreichischen Sozialdemokratischen Partei (SDAP) geführt, unterstützt von verschiedenen großdeutschen Gruppen. Bis Anfang 1918 hatten die Sozialisten die österreichisch-ungarische Monarchie unterstützt; da sie annahmen, die wirtschaftliche Entwicklung des industriellen Proletariats könnte durch ein großes Freihandelsgebiet gesteigert werden. Als dann die Novemberrevolution in Deutschland die Hohenzollern-Dynastie stürzte und durch eine sozialistische Regierung ersetzte, drängte die österreichische Sozialdemokratische Partei auf die Vereinigung der beiden Länder ... Und die konservative Christsoziale Partei (CSP) gab sich den Anschein, die Anschlußidee zu unterstützen, insofern sie sich nicht aktiv widersetzte ... Ironischerweise aber übernahm nur die winzige Kommunistische Partei Österreichs uneingeschränkt die Idee einer völlig losgelösten österreichischen Nationalität und eines österreichischen Staates.«[641]

Diese Forderungen nach einem Anschluß wiesen jedoch sowohl der amerikanische Präsident Wilson als auch der französische Premier Clemenceau mit dem Argument zurück, daß Deutschland nicht für die Niederlage damit belohnt werden dürfe, daß es mehr Gebiete bekomme als es verliere. Wenn auch die Begeisterung für den Anschluß in den zwanziger Jahren zeitweise etwas nachließ, blieb der Anschlußgedanke im Prinzip das einzige außenpolitische Ziel Österreichs bis ins Jahr 1933.

Innenpolitisch radikalisierten sich in der Ersten Republik die politischen Auseinandersetzungen:

»Die österreichische Politik war durchsetzt von religiöser Glut. Auf der einen Seite gab es die Christlichsozialen mit ihrer römisch-katholischen Weltanschauung, auf der anderen Seite die Sozialdemokraten, die beharrlich an ihrer marxistischen Ideologie festhielten ... Die Erfolgsaussichten der neuen österreichischen Demokratie waren, alles in allem, bestenfalls dürftig. Sie entstand in einer Atmosphäre der militärischen Niederlage, der politischen Katastrophe und der patriotischen Demütigung ... Die Mehrheit der Staatsbürger zog die Beständigkeit und Lebensfähigkeit des Staates in Zweifel. In den grundlegenden Fragen über soziale Wohlfahrt, die Beziehungen zur Kirche und über den Anschluß konnten die rivalisierenden Parteien keine Einigung erzielen. Extremisten betrachteten ihre Rivalen als Ketzer, die auf die eine oder andere Weise ausgeschlossen gehörten. Als Höhepunkt traf die Weltwirtschaftskrise Österreich im Jahr 1930 mit besonderer Härte. In den frühen dreißiger Jahren waren daher viele Österreicher der Meinung, Demokratie sei korrupt, leistungsunfähig und zum Scheitern verurteilt. Ihre Heimat könne nur durch ein faschistisches oder halbfaschistisches System, durch einen Anschluß an Deutschland oder durch beides gerettet werden.«[642]

Die Radikalisierung der Politik in der Ersten Republik, das mangelnde Vertrauen in den eigenen Staat und die zunehmende Pauperisierung breiter Bevölkerungsschichten verstärkten den politischen Antisemitismus. Die traditionell antisemitischen Parteien bekamen in der im April 1918 in Österreich gegründeten »Deutschen Nationalsozialistischen Arbeiterpartei« (DNSAP) einen Konkurrenten, der sich dem Antisemitismus verschrieben hatte.[643] Zwar gibt es keine direkten Hinweise, daß Hitler mit den österreichischen Nationalsozialisten in Verbindung stand, aber

»auf jeden Fall bestehen bestimmte Ähnlichkeiten zwischen den österreichischen Nationalsozialisten der Vorkriegszeit und den deutschen Nationalsozialisten nach dem Kriege. Beide waren antiliberal, antikapitalistisch, antimarxistisch, und beide waren natürlich antisemitisch.«[644]

Die österreichischen Nationalsozialisten spielten in den zwanziger Jahren keine Rolle in der Politik, sie hatten keinen Führer, der das Charisma eines Schönerer oder Hitler hätte aufweisen können. Darüber hinaus hatte Hitler nicht das geringste Interessse, einen starken österreichischen nationalsozialistischen Führer neben sich zu sehen. Trotzdem erlangte nach der »Machtergreifung« der Nazis in Deutschland die österreichische nationalsozialistische Partei einen starken Zulauf.[645]

1933 wurde die nationalsozialistische Partei aufgrund ständiger Terroranschläge verboten, ihre Führer wurden verhaftet oder ins nationalsozialistische Deutschland abgeschoben. Indem der österreichische Bundeskanzler Engelbert Dollfuß die Demokratie in einen »Ständestaat« umwandelte,[646] versuchte er den drohenden Anschluß an das nationalsozialistische Deutschland zu verhindern.

Dollfuß und – nach seiner Ermordung durch die Nationalsozialisten im Jahr 1934 – Kurt von Schuschnigg wollten die österreichische Nation auf einer ständischen Grundlage erhalten und somit dem Zugriff Nazi-Deutschlands entziehen. Die außenpolitische Hinwendung zum faschistischen Italien entsprach diesen Absichten; Italien übernahm damit eine Art Schutzfunktion über Österreich. Hitler und die Nationalsozialisten konnten aus unterschiedlichen Gründen nicht auf den »Anschluß« Österreichs verzichten, entscheidend war jedoch die Schlüsselstellung Österreichs in dem Herrschaftsanspruch auf Mitteleuropa.[647]

Mit dem Einmarsch der deutschen Truppen in Österreich im März 1938 war das Schicksal Mitteleuropas entschieden; die kleinen Nachfolgestaaten der Monarchie konnten der Aggression Deutschlands nicht standhalten und verloren damit ihre eigene Souveränität. Sofern sie nicht annektiert oder besetzt wurden, waren sie dazu verurteilt, zu Satellitenstaaten Deutschlands zu degenerieren. Die Nationalsozialisten verwirklichten damit einen alten großdeutschen Traum: die Germanisierung Mitteleuropas.[648]

Im Nationalsozialismus erlebte der extreme Nationalismus und Antisemitismus seinen Höhepunkt. Die politischen Religionen bzw. politischen Theologien des Antisemitismus und Nationalismus hatten in dem Österreicher Adolf Hitler und seinem ideologischen Vorläufer – dem von Hitler unterschlagenen Lehrer Adolf Lanz – ihre perversesten Auswüchse.

»Christus war der größte Pionier im Kampf gegen den jüdischen Weltfeind. Christus war die größte Kämpfernatur, die es je auf Erden gegeben hat ... Die Aufgabe, mit der Christus begann, die er aber nicht zu Ende führte, werde ich vollenden«, sagte Adolf Hitler in einer Rede im Jahr 1926.[649] Hitlers Erlösungswahn darf nicht ausschließlich auf eine individuelle Psychopathologie reduziert werden.

Diese knappen Ausführungen sollten die Umrisse der mentalitätsgeschichtlichen Verankerung der nationalsozialistischen und Hitlers Weltanschauung verdeutlichen. Die ideologisch-religiösen Einflüsse auf dieses Gedankengut sind überaus vielfältig und in sich widersprüchlich. Das einigende Gedankengut der konservativen Revolutionäre bestand jedoch im Antisemitismus, in der Interpretation der Moderne als Verfallsgeschichte und der apokalyptischen Vision einer arischen Erlösungsreligion. In der wissenschaftlichen Beschäftigung mit diesen Fragen wird jedoch eine Person meist übergangen, die Hitlers geistige Entwicklung während seiner Wiener Jahre nachhaltig beinflußt haben dürfte: der ehemalige Zisterziensermönch des Stiftes Heiligenkreuz bei Wien, Jörg Lanz.

Ähnlich Martin Luther sieht sich Lanz als Endzeitprophet des Christentums. Während Luther den Antichrist in der katholischen Kirche, im Judentum und im Islam ausmacht, sieht Lanz in allen nicht arisch-christlichen und nicht-blonden Rassen den Feind. Lanz interpretiert die Bibel allegorisch, für ihn enthält sie noch eine Geheimlehre: Die blonde Rasse, die von Gott geschaffen wurde, repräsentieren die Arioheroiker. Solange sie in Rassenreinheit lebte, befand sich die Welt in einem paradiesischen Zustand. Erst die Sodomie der Edelrassigen mit niederen Rassen habe die menschliche Gegen- oder Unterrasse geschaffen: die Tschandalen, die er auch Schrättlinge oder gelegentlich Äfflinge nennt. Die Rassenmischung verursache die Erbsünde; dadurch entstünden alle Übel der Welt: Krankheit, Kulturverfall und wirtschaftliche Krisen usw.[650] In seiner Schrift *Theozoologie* aus dem Jahre 1904 entwickelte Lanz eine an die Gnosis gemahnende Götter- und Dämonenlehre, in der sich Eva mit einem Teufel einläßt und damit ein Mischwesen zeugt, aus dem die niederen Rassen sich entwickeln. Hinter den Niederrassigen steht also der Teufel, deshalb sind sie von einer unbezwingbaren Zerstörungswut besessen. Besonders die Juden verköpern diese Gegenrasse:

»Die Juden als ein von allen historischen und vorhistorischen Rassen und aus den Schlacken aller untergegangenen Kulturvölker zusammengemischtes Tschandalenvolk sind die lebendigen Zeugen und Zeichen der Leiden Fraujas (gemeint ist Christus) der alten heldischen Völker im Urmenschentum.«[651]

Die von Lanz entwickelte Ariosophie ist eine auf rassischer Grundlage und christlicher Apokalyptik basierende Religion. Für ihn hatte Christus die Aufgabe, alle Höherrassigen zu erlösen. Mit ihm beginnt die Höherentwicklung, die Aufgabe zur Rassenreinheit und damit zur Voraussetzung der endgültigen Erlösung. Die Entmischung der Rassen bildet somit den wichtigsten Grundstein zur Erlösung.

Bevor der Messias wiedererscheint, kommt es zum Wiedererstarken des Fürsten dieser Welt – des Teufels bzw. dessen irdischer Vertreter: der Tschandalen – und zu dem bekannten letzten Gefecht. Deshalb kommt der Einhaltung der Rassenreinheit höchste Bedeutung zu. Diesem Verständnis zufolge ist die Kirche Christi eine Kirche der Rassenreinheit und die blonde, reine Rasse ist göttlich. Die Weltgeschichte ist deshalb der Ausdruck eines gigantischen Rassenkampfes, der von den Arioheroikern nur gewonnen werden kann, wenn sie rassenpolitische Maßnahmen gegen die Tschandalen unternehmen. Diese erstrecken sich über Kastration, Sterilisation, Zwangsarbeit und Deportation bis zur direkten Vernichtung beim letzten Entscheidungskampf.[652] Dazu ist in einer Broschüre der Ariosophen folgendes zu lesen:

»Dann soll der Schrättling dein Altar sein.«

Lanz schrieb ebenfalls in diesem Sinne:

»Bringt Frauja (Christus) Opfer dar, ihr Göttersöhne. Auf, auf und bringt ihm dar die Schrättlingskinder.«[653]

An anderer Stelle stellt er fest, daß die »Niedermenschheit« abgeschafft werden müsse.[654] Auf arioheroischer Seite verlangt Lanz ein Aufzuchtprogramm, das Reinzuchtkolonien, Zuchtmutterklöster, Besamensrecht des blonden Mannes bei mehreren Frauen, ariosophische Ehehelfer im Falle sexueller Gebrechlichkeit seitens des Ehemannes u. ä. umfaßt.

Lanz sah seine Religion als eine »Rassenkultreligion« an:

»Deswegen muß unsere Religion aus einer zu unserer Knebelung in

Altruismus umgefälschten Religion wieder zu einer Herren-Religion, einer ariosophischen Rassenkultreligion werden, die sie von allem Anbeginn war. Reinzucht, Rassenzucht kann nicht staatlich, behördlich, ›ministeriell‹, sondern nur als Religion und ›sakral‹ betrieben werden.« [655]

Jörg Lanz, der sich später Jörg Lanz von Liebenfels nannte, gründete zu Beginn dieses Jahrhunderts den Neutemplerorden und war der Herausgeber der *Ostara-Hefte*, des Organs seiner Bewegung. Er kaufte die Ruine Werfenstein an der Donau, wo kultische Veranstaltungen abgehalten wurden und im Jahre 1907 zum ersten Mal die Hakenkreuz-Fahne gehißt wurde. Zu seinem Orden gehörten unter anderem auch die Schriftsteller August Strindberg und Guido von List. Von Adolf Hitler ist überliefert, daß er einmal Lanz aufsuchte, um zwei vergriffene Exemplare der Ostara-Hefte zu bekommen.

Die Rassenfrage steht auch im Zentrum von Hitlers Weltanschauung:

»Ohne starke Erkenntnis des Rassenproblems, und damit der Judenfrage, wird ein Wiederaufstieg der deutschen Nation nicht erfolgen können. Die Rassenfrage gibt nicht nur den Schlüssel zur Weltgeschichte, sondern auch zur menschlichen Kultur überhaupt.«[656]

Im Gegensatz zu Lanz kannte Hitler aber nur eine »Rasse«, die er restlos vernichten wollte: die Juden. In *Mein Kampf* schrieb er:

»Siegt der Jude mit Hilfe seines marxistischen Glaubensbekenntnisses über die Völker dieser Welt, dann wird seine Krone der Totentanz der Menschheit sein, dann wird dieser Planet wieder wie einst vor Jahrmillionen menschenleer durch den Äther ziehen ... So glaube ich im Sinne des allmächtigen Schöpfers zu handeln, indem ich mich des Juden erwehre, kämpfe ich für das Werk des Herrn.«[657]

Die Struktur der Weltanschauung Hitlers weist ein gnostisch-duales Grundprinzip auf:

»Hitler ging a priori von der Unvermeidlichkeit eines Menschheitskrieges gegen die Juden aus, in denen er die irdischen Vertreter der

Mächte der Dunkelheit und das ›auserwählte Volk‹ eines fremden Gottes sah, das er endgültig ausmerzen wollte. In dieser Beziehung stand Hitler den gnostischen Häretikern des frühen Christentums näher als den europäischen Staatsmännern seiner eigenen Epoche, sein Denken und sein politisches Temperament hatten mehr mit Martin Luthers Endzeitvisionen gemein als mit dem aristokratischen und bürgerlichen Antisemitismus des späten 19. und des frühen 20. Jahrhunderts.«[658]

Hitler sieht sich in einen gewaltigen Kampf verstrickt, dessen Dimensionen kosmische Züge aufweisen. Die Juden sind der Antichrist, der die Welt vollständig beherrschen will. Deshalb steht ein apokalyptischer Endkampf bevor, zwischen den Söhnen der Finsternis und den Söhnen des Lichtes. Er sieht die Juden als Unheilsbringer in diesem apokalyptischen Drama:

»So geht er (der Jude) seinen verhängnisvollen Weg weiter, bis ihm eine andere Macht entgegentritt und in gewaltigem Ringen den Himmelsstürmer wieder zum Luzifer zurückwirft.«[659]

Hier zeigen sich die christlich-apokalyptischen Züge seiner Weltanschauung. Bevor die Welt erlöst wird, kommt es zu einem gewaltigen Endkampf. Erst der Sieg über den »Antichrist« ermöglicht die Schaffung des »Reiches des Heiligen Geistes«, des »Dritten Reiches«.

»Auch die nationalsozialistische Apokalypse brachte die verheißene Erneuerung als ›Reinigung‹ und identifizierte den Feind mit ›Schmutz‹. Hitler versprach Erlösung durch ›Reinhaltung des Blutes‹, die Verwirklichung dieses Zieles sah er als die dem deutschen Volk ›vom Schöpfer des Universums zugewiesene Mission‹«.[660]

Die antijüdischen Gesetze der Nationalsozialisten haben jedoch ihre Vorläufer im kanonischen Recht der katholischen Kirche. Wesentliche Bestandteile dieser Gesetze haben ihre Entsprechung in den über Jahrhunderte gesetzten antijüdischen Maßnahmen des Kirchenrechts. Raul Hilberg umschreibt das Verhältnis der nationalsozialistischen Rassengesetze zum kanonischen Recht im Hinblick auf antijüdische Diskriminierungen folgendermaßen:

»Das Judenbild, dem wir in der Nazipropaganda und -korrespondenz begegnen, war bereits einige Jahrhunderte zuvor entstanden.«[661]

So findet sich das Gesetz zum Schutze des Deutschen Volkes und der Deutschen Ehre – mutatis mutandis – im kanonischen Recht wieder: Auf der Synode von Elvira im Jahre 306 wurden die Ehe und der Geschlechtsverkehr zwischen Christen und Juden verboten. Die Synode von Clermont im Jahre 535 erlaubt nicht mehr, daß Juden öffentliche Ämter bekleiden. Das nationalsozialistische Gesetz des Berufsbeamtentums aus dem Jahr 1937 hatte das gleiche Ziel. Den Bücherverbrennungen der Nazis entspricht der Beschluß der Synode von Toledo im Jahre 681, den Talmud und andere jüdische Schriften zu verbrennen. Das vierte Laterankonzil im Jahr 1215 verlangt, daß Juden einen gelben Stern tragen müssen. Die Synode von Wien im Jahr 1267 verbietet Christen, freundschaftliche Beziehungen zu Juden zu unterhalten. Eine Gestapo-Verordnung aus dem Jahr 1941 untersagt freundschaftliche Beziehungen zu Juden.[662] Diese wenigen Beispiele sollen den Kontext der nationalsozialistischen Rassengesetze deutlich machen. Die nationalsozialistische Definition des »Juden« wird an der Religionszugehörigkeit der Großeltern gemessen. Diese Definition der Jüdischkeit zeigt eindeutig, daß sie auf einer religiösen Grundlage erfolgte. Der Geschlechtsverkehr war Deutschen nur mit Juden verboten. Einzelne Ausführungen des »Blutschutzgesetzes« betonen ausdrücklich, daß diese Gesetze nicht für den Geschlechtsverkehr mit »Negern«, »Zigeunern« und »Indianern« gelten.

Die Grundlage der nationalsozialistischen Heilstheologie war nicht ein etwaiger Rassimus, sondern christlicher, apokalyptischer Antijudaismus. Die Deutschen waren das neue auserwählte Volk. Hitler bemerkte dazu:

»Wie die Juden erst aus der Zerstreuung werden konnten, was sie heute sind, so werden wir heute als das wahre Volk Gottes aus der Zerstreuung in alle Welt zu der allgegenwärtigen Macht werden, zum Herrenvolk der Erde.«[663]

Hitler sieht sich als den Messias militans, nicht als leidenden Messias. Ganz in der Tradition Joachim di Fiores ist die Zeit der Kirchen mit dem Beginn des Milleneums abgelaufen. Die nationalsozialistische Religion ersetzt die Kirchenreligion. Ganz in der Tradition der christlichen Apokalyptik sehen die Nationalsozialisten die Heilsrelevanz der christlichen Kirchen an ihrem Ende und leiten als die neuen Priester das Milleneum ein. Die in der Forschung vertretene Behauptung, daß sich Hitler in den dreißiger Jahren vom christlichen Glauben abgewandt und eine distinkt antichristliche Einstellung vertreten hätte,[664] beruht auf mangelnder Kenntnis der europäischen Religionsgeschichte. Hitler ist der neue Messias, deshalb haben die Kirchen keine Heilsfunktion mehr und müssen verschwinden.

In dieser Hinsicht ist der Nationalsozialismus mit den millenaristischen Bewegungen des Mittelalters vergleichbar bzw. deren neuzeitliche Fortsetzung. Beide Bewegungen interpretieren soziale Konflikte transzendental und heilsgeschichtlich:

»Die christliche Reichsapokalyptik und der Symbolismus des Spätmittelalters bilden den geschichtlichen Hintergrund der apokalyptischen Dynamik in den modernen politischen Religionen.«[665]

Innerhalb dieses Verständnisses der Geschichte als Heilsgeschichte bekommt die Vernichtung des Antichrist eine heilige Aura. »Endlösung« enthält ein apokalyptisches Versprechen, beschwört jüngstes Gericht, Weltende – die letzte Vernichtung vor der Erlösung.

»Die ›Endlösung‹ der Judenfrage war ein Teil einer Erlösungsstrategie, die den Himmel anstrebte, indem sie die Hölle auf die Erde brachte«,

schreibt Lucie Dawidowicz.[666] Das »Tausendjährige Reich« ist dadurch definiert, daß das Problem des Teufels gelöst ist, entweder durch Konversion oder durch Tötung. Aufgrund der nationalsozialistischen Definition der Juden gibt es keine Alternative zum Genozid. Der Nationalsozialismus vollzieht den christlichen Mythos der Erlösung und exekutiert somit von neuem den Ritus des Menschenopfers. Adolf Hitler ist der triumphierende, nicht der leidende Heiland. Er ist der »Heilige Schlächter«, wie er in menschen- und tieropfernden Gesellschaften bekannt ist.[667] Der apokalyptische Messianismus war im 19. und im 20. Jahrhundert nicht neu, neu war hingegen seine radikale Realisierung. Die Vernichtung der Juden erhält die Aura einer sakralen Tat, diese sakrale Tötung ist die religiöse und politische Theologie der nationalsozialistischen Weltanschauung. Hitlers Vernichtungsphantasien reichen ins Jahr 1919 zurück, als er in einem Brief schrieb:

»Der Antisemitismus der Vernunft muß jedoch führen zur planmäßigen Bekämpfung und Beseitigung der Vorrechte des Juden, die er zum Unterschied der anderen zwischen uns lebenden Fremden besitzt (Fremdengesetzgebung). Sein letztes Ziel aber muss die Entfernung der Juden überhaupt sein.«[668]

In einer Rede im Jahr 1919 versprach er, die Juden mit »Stumpf« und »Stiel« auszurotten.[669]

Schon Friedrich Heer interpretierte den Holocaust wörtlich als Ganzbrandopfer:

»1945 legt Adolf Hitler als ›Sprecher Großdeutschlands gegenüber dem Allmächtigen das feierliche Gelöbnis ab, dass wir uns treu und unerschütterlich unsere Pflicht auch im neuen Jahr erfüllen werden, des festen Glaubens, dass die Stunde kommt, in der sich der Sieg endgültig demjenigen zuneigen wird, der seiner am würdigsten ist: dem Großdeutschen Reich.‹ Diese Neujahrsbeschwörungen zeigen, daß mit der Last des Krieges die Last des Glaubens von Jahr zu Jahr schwerer geworden ist. Dieser Glaube fordert immer größere Opfer. Adolf Hitler ist entschlossen, als Gegengewicht gegen die Opfer seines Volkes dem Herrgott ein Brandopfer zu entrichten durch die Vernichtung des Gegenvolkes der Christenheit, der arisch-schlichten Menschheit. Durch die Vernichtung der Juden.«[670]

Es ist deshalb konsequent, daß die Opferung der Juden mit der sich verschlechternden Kriegslage zunahm; so wurden nach der Niederlage von Stalingrad die Transporte in die Vernichtungslager verstärkt, obwohl sie dringend für den militärischen Nachschub gebraucht worden wären. Die Opferung ist aber nicht aus der Kriegssituation heraus zu erklären, obwohl in Opfergesellschaften in schwierigen Kriegslagen vermehrt geopfert wird.[671] Die Opferung des europäischen Judentums war jedoch schon viel früher beschlossen worden. Im Mai 1939 war im *Stürmer* zu lesen:

»Es muss eine Strafexpedition über die Juden kommen. Eine Strafexpedition, die ihnen dasselbe bereitet, wie es jeder Mörder und Verbrecher verdient. Das Todesurteil, die Hinrichtung! Die Juden in Russland müssen getötet werden. Sie müssen ausgerottet werden mit Stumpf und Stiel.«[672]

Lucie Dawidowicz interpretiert überzeugend Hitlers Religion:

»Antisemitismus war der Kern von Hitlers Glaubenssystem und die zentrale Motivation für seine Politik. Er glaubte selbst der Retter zu sein, der dem deutschen Volk durch die Vernichtung der Juden das Heil bringen würde – dieses Volk, das in seinen Augen die Heerscharen Satans verkörperte. Wenn er von seiner ›heiligen Mission‹ sprach oder schrieb, verwendete er Wörter, die mit chiliastischen Prophezeiungen in Verbindung standen ... wie ›Weihe‹, ›Erlösung‹, ›Auferstehung‹, ›Gotteswille‹. Die Ermordung der Juden war in seinen Phantasien von der göttlichen Vorsehung befohlen, und er war das für diese Aufgabe auserwählte Werkzeug.«[673]

Die Vernichtungslager sind die heiligen Kultstätten des Nationalsozialismus, in denen der heilige Ritus des Menschenopfers vollzogen wurde. Der Nationalsozialismus und der Mythos haben eines gemeinsam: den Opferkult. Das Menschenopfer ist das versöhnende Prinzip mit Gott.[674]

Dieses Menschenopfer sollte den Beginn eines neuen Äons, eines Milleneums besiegeln. Im Mythos werden durch sakrale Tötungen von Menschen neue Ordnungen begründet. Auch in der christlichen Apokalypse werden die Gegner Gottes mit dem Beginn des Tausendjährigen Reiches getötet.

Die Ermordung des europäischen Judentums war in den Augen Hitlers und seiner gläubigen Anhänger die notwendige heilstheologische Voraussetzung für das »Tausendjährige Reich«. Diese apokalyptische Theologie ist der Kern der politischen Apokalypse des Nationalsozialismus. Auschwitz markiert den vollständigen Bruch mit einem zwar fragwürdigen, doch vorhandenen Zivilisationsprozeß in der okzidentalen Entwicklung.

Mit dem Zusammenbruch des Nationalsozialismus und des italienischen Faschismus glaubten viele Sozialwissenschaftler und Historiker, daß der Nationalismus seine Kraft eingebüßt habe und sprachen von einem gesellschaftlichen Funktionsverlust des Nationalismus.[675] Die Einbindung der europäischen Staaten in zwei Militär- und Wirtschaftsblöcke verhinderte einen Nationalismus größeren Ausmaßes. In Westeuropa wurde die europäische Integration seit den fünfziger Jahren vorangetrieben. Die schrecklichen Erfahrungen des Nationalsozialismus und die Furcht vor dem Kommunismus waren wesentliche Voraussetzungen des Integrationsprozesses. Die günstigen Konjunkturentwicklungen seit den fünfziger Jahren waren überdies ein weiterer Grund, daß schwere soziale Spannungen – mit wenigen Ausnahmen – ausblieben und nationalistische Parteien in den meisten Ländern zu politischen Sekten wurden. Nur Italien wies in Westeuropa eine nennenswerte faschistische Partei auf. Der Nationalismusforscher Peter Alter schrieb im Jahre 1985 in seiner Studie über den Nationalismus vorsichtig optimistisch über dessen Entwicklung:

»Rückblickend waren die Bemühungen um eine wirtschaftliche und letztlich auch politische Integration der westeuropäischen Staaten, die nach den großen Fortschritten in den fünfziger und sechziger Jahren inzwischen allerdings ihre anfängliche Dynamik eingebüßt haben, das sichtbarste Ergebnis der gewandelten Haltung der Europäer zum Nationalismus. Der irredentistische Nationalismus, der in der Geschichte Europas seit dem späten 19. Jahrhundert und vor allem in der Zwischenkriegszeit eine so brisante Rolle gespielt hatte, war nach 1945 zu einer Ausnahmeerscheinung geworden. Das hing zu einem guten Teil damit zusammen, daß die Nationalitätenprobleme in Ostmitteleuropa während und nach dem Krieg durch gewaltsame Vertreibung zwar nicht vollständig beseitigt, aber doch vereinfacht worden sind.

Die meisten west- und osteuropäischen Staaten wurden zudem in die großen Bündnissysteme einbezogen, die irredentistischen Forderungen aus übergeordneten politischen Gesichtspunkten nur wenig Raum gewährten.«[676]

Der Zusammenbruch der ehemaligen Sowjetunion und ihrer Vasallenstaaten wie auch Jugoslawiens ließ alle Hoffnungen auf eine evolutionäre Überwindung des Nationalismus platzen. Die Ursachen des neuen Nationalismus in Ost- und Südosteuropa sind vielfältig und entziehen sich einer einheitlichen Erklärung.

Soziologisch erinnert der Neonationalismus im Osten an die gesellschaftlichen Verhältnisse der zwanziger und dreißiger Jahre. Da der Sozialismus eine Modernisierung weitgehend blokkierte, entstand nach dem Zusammenbruch des politischen und ökonomischen Systems ein *Basarkapitalismus*[677], der in vielen Punkten an die Situation nach dem Ersten Weltkrieg erinnert.

Mit dem Zerfall der sozialistischen Staaten wurde klar, daß in allen Ländern die Nationenbildung unvollständig war. Mit Ausnahme von Rußland und Ungarn weist kein osteuropäisches Land eine staatliche Kontinuität auf. Diese Entwicklung ließ in den meisten Fällen die ethnischen Formen von Identität weiterbestehen und verhinderte eine Entwicklung zu einer nationalen Identität. In diesem Sinne war in diesen Gesellschaften die Nationenbildung nur fragmentiert. Der Sozialismus fror durch totalitäre Unterdrückung nationale Stimmungen nicht nur ein, sondern produzierte latent einen neuen Nationalismus. In der Sowjetunion selbst wurde schon früh der erfolglose Internationalismus durch einen Sowjetpatriotismus ersetzt, der in den dreißiger Jahren vom russischen Patriotismus abgelöst wurde. Spätestens in den sechziger Jahren entstand der Kult »des älteren« bzw. »großen Bruders«. Dagegen entstanden in Randrepubliken nationale Gegenströmungen. Einige kommunistische Staaten bedienten sich eigener Nationalmythen, um den schleichenden Verlust ihrer Herrschaftsideologie zu kompensieren. Hier wurde versucht, den herrschenden Marxismus durch einen Nationalismus zu festigen.

»Die verstärkte Hinwendung zu den nationalen Werten in allen ›real-sozialistischen‹ Gesellschaften seit den siebziger Jahren brachte die schleichende Identitätskrise breiter Kreise und zumal der Intelligencija zum Ausdruck. Schon lange vor den Revolutionen wurde offenbar, daß die Mobilisierungskampagnen alten Stils zwecks Legitimations- und Leistungssteigerungen keine Wirkung mehr zeitigten. Der Identitätsverlust ließ sich offenkundig am ehesten durch Aktivierung nationaler, zum Teil auch religiöser Traditionen kompensieren. Insofern konnte es nicht überraschen, dass sich im Zuge des Systemwandels und der Befreiung der Menschen von staatlicher Bevormundung starke nationale Bewegungen herausbildeten. Dies traf vor allem auf die Vielvölkerstaaten zu. Hier vollzog sich die Identitätssuche der einzelnen Nationen und Völkerschaften nicht zuletzt im Widerstreit mit Nachbarethnien, in kultureller und religiöser Abgrenzung, in der Behauptung von Gebietsansprüchen und in Konfrontation mit dem staatlichen Herrschaftszentrum.«[678]

Diese neuen Nationalismen haben jedoch eine lang währende Geschichte gesellschaftlicher Probleme, die durch die kommunistische Herrschaft niemals gelöst, sondern höchstens modifiziert wurden.

»Ohnehin ist es nötig, bei der politisch-praktischen Auseinandersetzung mit den gegenwärtigen Nationalismen im Osten Europas deren langfristige Vorbereitung zu thematisieren. Außerdem ist eine nationalhistorische Betrachtungsweise zu vermeiden.«[679]

Die Nationalismen in Osteuropa haben historisch kein einheitliches Erscheinungsbild und weisen historische Besonderheiten auf, die in Westeuropa in dieser Art und Weise nicht von Bedeutung sind:

»Das kaum übersehbare Spektrum einschlägiger Erscheinungen seit dem frühen 19. Jahrhundert, in mancher Hinsicht seit dem Mittelalter – es handelt sich um ein ostmitteleuropäisches und ostslawisch-russisches, um ein südöstliches-donauländisches und ein balkanisch-türkisches Regionennetz – ist nicht durch eine knappe Formel wie »Nationalismus« auf den Begriff zu bringen.«[680]

Die unterschiedlichen historischen Entwicklungen in diesem Raum erklären bis zu einem gewissen Grad deren heutige Verlaufsformen nationaler Identitätsfindung. Die friedliche Trennung von Tschechen und Slowaken und der Völkerkrieg im ehemaligen Jugoslawien oder in der ehemaligen Sowjetunion markieren die Bandbreite der nationalen Auseinandersetzungen. Mit dem Zusammenbruch der Sowjetunion und Jugoslawiens erfolgte der letzte Untergang größerer Vielvölkerstaaten nach dem Habsburgerreich und dem Osmanischen Reich in Europa. Die osteuropäischen Staaten und Ethnien schlagen am Ende des 20. Jahrhunderts den zu Westeuropa umgekehrten Weg der Bildung von Nationalstaaten ein.

Einer der wesentlichen Faktoren des neuen Nationalismus in Osteuropa besteht in der Tendenz, die Homogenisierung der Gesellschaften weiter zu betreiben. Die Politik der Vertreibung nach dem Zweiten Weltkrieg findet in einigen Nationen ihre Fortsetzung. Das exemplarische Beispiel ist natürlich das ehemalige Jugoslawien.

Obwohl sich der Nationalismus nicht ausschließlich auf »objektive« gesellschaftliche Notwendigkeiten gründet, basieren die Homogenisierungsbemühungen nicht auf kulturellen Machtbedürfnissen. Auf diesen Punkt weist Ernest Gellner zu Recht hin:

> »Im Nationalismus findet vielmehr umgekehrt die objektive Notwendigkeit kultureller Homogenität ihren Ausdruck ... Wir wissen, daß einigermaßen homogene Kulturen mit jeweils einem eigenen politischen Dach und eigenen politischen Institutionen zur Norm werden und sich – von ein paar Ausnahmen abgesehen – weitgehend durchsetzen ... Aber der Nationalismus ist nicht das Erwachen einer uralten, latenten, schlafenden Kraft, wenn er auch sich gerne so darstellt. Er ist in Wirklichkeit die Konsequenz einer neuen Form der sozialen Organisation, die sich auf zutiefst verinnerlichte, von schulischer Ausbildung abhängige Hochkulturen gründet, von denen jede von ihrem eigenen Staat beschützt wird. Er benutzt einige der bestehenden Hochkulturen und wandelt sie in diesem Prozeß um, aber er kann sie nicht alle benutzen: Es gibt einfach zu viele.«[681]

In diesem Sinne müssen viele minderheitenfeindliche Maßnahmen gesehen werden. Da die Regionen Osteuropas im Vergleich mit dem Westen einen geringeren Grad von Homogenität aufweisen,[682] ist die nationalistische und minderheitenfeindliche Politik vieler Staaten als Versuch zu bewerten, durch Homogenisierung eine Modernisierung der Gesellschaften zu erreichen. Während Westeuropa Homogenisierungs- und durch Kriege unterbrochene Demokratisierungsschübe bereits durchlaufen hat, stehen diese den osteuropäischen Gesellschaften noch bevor. Damit soll nicht gesagt werden, daß die Entwicklungen in den östlichen Regionen ein einfacher Nachvollzug des westlichen Weges darstellen. Die zeitlichen und gesellschaftlichen Bedingungen sind zu different, um diese Schritte einfach nachzuholen.

Ein »gemäßigter« Nationalismus kann Modernisierung begünstigen, da er gesellschaftliche Kräfte binden kann, um neue Institutionen zu errichten und um in dem entstandenen politischen Vakuum gemeinschaftliche Lösungen zu finden. Gerade der Glaube an eine Zukunft innerhalb eines neuen Staatswesens kann unter Umständen den negativen Auswirkungen eines Basarkapitalismus, der wenig mit Einkommens- und Verteilungsgerechtigkeit zu tun hat, gegensteuern. Ohne eine der Gesellschaft übergeordnete Idee sind die vielfachen Probleme dieser Gesellschaften nicht zu lösen. Unter diesen Aspekten kann ein gemäßigter Nationalismus auf lange Sicht Modernisierung und auch Demokratisierung bedeuten:

»Es handelt sich hierbei sicherlich nicht in erster Linie um eine ›Renaissance‹ von Nationalismen als Erneuerung irgendeiner älteren Gestaltung oder als nachgeholter Abschluß einer bestimmten – nur begrenzt zu verzögernden – Phasenfolge kollektiver ›Persönlichkeitsbildung‹, die eben jede entstehende Nation durchlaufen müsse ... Nationalismus wäre demnach weiterhin ein Element modernisierender Massenmobilisierung, zugleich ein Mittel sozialer Orientierung und Stabilisierung – insgesamt trotz überkommener Inhalte und älterer Konflikte doch ein Instrument des Modernisierungsprozesses ... Weder notwendige Voraussetzung noch sinnverwandte Alternative der Systemtransformation, kann das Nationale immerhin, wenn es auch nur begrenzt rationalisier- und funktionalisierbar erscheint, als zusätzlicher Antrieb von Modernisierung und Mittel zur massenpsychischen Ausbalancierung überzogener Verwestlichung genutzt werden.«[683]

Es gibt somit keinen vorgezeichneten Plan für diese Gesellschaften in dem Transformationsprozeß im Sinne eines Nachvollzugs westlicher Erfahrungen. Dieser Reformprozeß verläuft auch nicht nur nach Maßgabe ökonomischer und bürokratischer Vernunft, sondern orientiert sich wesentlich im Auffinden neuer kollektiver Identitäten. Solange der neue Nationalismus nur Versatzstücke aus dem alten Nationalismus übernimmt, um daraus identitätsstiftende Handlungsspielräume – soziale Kommunikationssysteme – zu gestalten, kann er keine sinnvolle Systemtransformation gewährleisten.

Sollten sich einige Völker in ihrer überwiegenden Mehrheit kollektiv als Verlierer im Modernisierungsprozeß verstehen, besteht die Gefahr eines Rückfalls in einen aggressiven, historisch allzu bekannten Nationalismus. Ein extremer Nationalismus würde wiederum nur einen Rückfall in regressive Heilserwartungen bringen, die im Ergebnis nichts anderes als eine erneute Blockierung der Modernisierung darstellen würde. Es entstünde ein Antimodernismus, der in den westlichen Gesellschaften und deren Werten nur eine Bedrohung sähe. In diesem Fall träten an Stelle eines Reformprozesses nationalistischer und kollektiver Haß – als Beispiel darf sicherlich derzeit Serbien genannt werden. Unter diesen Bedingungen werden alte Irredentismen neu belebt, die politischen und kulturellen Belange unterdrückt und politische, gesellschaftliche und kulturelle Konflikte festgeschrieben.[684]

Die damit verbundenen Transformationsdefizite würden den Abstand zu westlichen und erfolgreichen Reformstaaten vergrößern und die binnen- und zwischenstaatlichen Probleme erheblich verschärfen.

Ein nicht zu unterschätzender Faktor beim neuen Nationalismus ist der Identitätsverlust sowohl auf kollektiver wie auf individueller Ebene. Die Jahrzehnte – in unterschiedlichen Formen

– dauernde totalitäre Unterdrückung der Bevölkerungen bedeutet oft eine psychische Devastation. Dies gilt nicht nur für Gebiete, die vom Krieg heimgesucht wurden, sondern auch dort, wo eine friedliche Transformation der politischen Verhältnisse stattfand. Menschen, deren Identität nachhaltig gestört ist, werden verstärkt im Nationalismus eine stabilisierende Verankerung suchen. Die Nationalisten versprechen eine Kompensation für die Folgen psychischer Entfremdung und ökonomischer Krisen. Deshalb werden Individuen mit starken Zukunftsängsten, die oft mit einem schlechten Ausbildungsniveau korrelieren, eher nationalistischen Parteien zuneigen.

Ein zentrales Problem fast aller osteuropäischen Gesellschaften besteht darin, daß im Vergleich zu Westeuropa eine Zivilgesellschaft im größeren Umfang fehlt. Die realsozialistische Diktatur vernichtete die klassische Mittelschicht, aus deren Reihen sich die intellektuellen Vertreter der civil society normalerweise rekrutieren. Paradoxerweise fällt es in solchen Situationen dann oft dem Staat zu, demokratische Verhältnisse, wirtschaftlichen Liberalismus und Minderheitenrechte zu schaffen, sofern dessen Vertreter daran interessiert sind.

Die laufende Diskussion um eine civil society in Österreich und in den Reformstaaten des ehemaligen Ostblocks nimmt unter geänderten politischen und gesellschaftlichen Bedingungen die Diskussion der schon vor über hundert Jahren aufgeworfenen Frage der Zukunft der Donau-Monarchie wieder auf.[685]

Die Integration ehemaliger Ostblockstaaten in die Europäische Union darf nicht den Fehler der Monarchie und des sowjetischen Imperiums wiederholen: die bestehenden Nationalitätenfragen zu »lösen«, indem man sie ignoriert. Die heutigen Nationalstaaten sind jedoch – ähnlich der Monarchie – in hohem Maße multinational, jedoch als Folge von Kriegen und Vertreibungen in sich homogener.

Ein supranationales Europa darf keinesfalls zentralistisch regiert werden, andernfalls entstünden ähnliche Entwicklungen wie in der zentralistisch regierten Monarchie: die Mißachtung der sozialen und nationalen Konflikte führte zur Erosion des politischen Systems.[686] Ein zentralistisches Regierungssystem bietet gerade populistischen und nationalistischen Demagogen die Möglichkeit, für alle gesellschaftlichen und politischen Probleme den Zentralismus verantwortlich zu machen.

Eine um Mitteleuropa erweiterte Europäische Union wäre nicht nur eine wirtschaftliche und kulturelle Ergänzung, sondern würde die seit 1918 verlorene Balance im europäischen Staatensystem wieder herstellen.[687] Von nicht zu unterschätzender Wichtigkeit ist die Rolle Deutschlands in der Mitteleuropafrage.[688] Trotz seines begrenzten wirtschaftlichen und politischen Einflusses müßte sich Österreich von seiner fast ausschließlichen Fixierung auf Deutschland und Westeuropa lösen und die Initiative mit anderen mitteleuropäischen Staaten ergreifen, um eine eigenständige Mitteleuropapolitik innerhalb der Europäischen Union zu betreiben.[689]

Wie schwierig die Voraussetzungen für eine Änderung des politischen Selbstverständnisses in Österreich dafür sind, beschreibt Emil Brix:

> »Selbst wenn wir nur das 20. Jahrhundert betrachten, besteht die Geschichte Österreichs aus einer Abfolge von fundamentalen Veränderungen (von der Monarchie zur Republik, Phasen autoritärer, totalitärer und demokratischer Herrschaft, Verlust von Territorium bis zur Auflösung des Staates, Beteiligung an zwei Weltkriegen, ein Bürgerkrieg, Okkupations- und Besatzungserfahrungen, unterschiedliche nationale Identitätsvorstellungen, Währungsumstellungen, staatliche Wirtschaftslenkung und Marktwirtschaft). Dennoch scheinen sich die gesellschaftlichen Einstellungen der Österreicher kaum zu ändern. Konfliktvermeidung, Konsens und Stabilität sind von einer breiten Mehrheit getragene Ziele.«[690]

Die Erfahrungen eines neutralen und kleinen Staates nach 1945 führten zu dem Ergebnis, daß die historischen Traditionen einer mitteleuropäischen Nation nicht mehr zur kollektiven Erinnerung gehören.

Doch die politischen und gesellschaftlichen Veränderungen in Europa zeigen, daß die Zukunft der mitteleuropäischen Staaten wahrscheinlich in der Rückbesinnung auf eine gemeinsame Vergangenheit liegt, deren »postmoderne« Potentiale durch Nationalismus, Antisemitismus, Nationalsozialismus und Kommunismus zerstört wurden.

Anmerkungen

1 Musil, R., Der Mann ohne Eigenschaften, Reinbek bei Hamburg 1981, S. 32ff.

2 »Kunst und Kultur sind Surrogate für jene deutschen Bürger geworden, die politisch nicht aktiv werden konnten, weil die Liberalen – ohnehin nur durch die Niederlagen der Monarchie an die Macht gekommen – zu sehr einerseits von der Aristokratie, andererseits von den Massenparteien bedrängt worden sind.« Fischer, K., Zur Theorie des Wiener Fin de siècle, in: Nautz, J., Vahrenkamp, R., Hg., Die Wiener Jahrhundertwende, Wien u. a. 1993, S. 114.

3 Als politische Religion werden politische Bewegungen verstanden, die – verkürzt ausgedrückt – die neuzeitliche Trennung von Religion und Politik aufheben zu Gunsten einer Politisierung religiöser Endzeithoffnungen im politischen Alltag. Siehe Kap. VII.

4 Der religiöse Antijudaismus der christlich-sozialen Partei und der Rassenantisemitismus der deutschnationalen Partei waren in der politischen Praxis und in ihrer Herkunft nicht so eindeutig zu trennen: »Die beiden Antisemitismen können und müssen, nachdem sie unterschieden worden sind, wieder zueinander in Beziehung gesetzt werden. Ohne ihre Verwandtschaft und Kontinuität, ohne daß vielfach hinter und unter dem religiösen Antisemitismus ohnehin der Rassenantisemitismus steckte, hätte es den bodenständigen Antisemitismus Österreichs, der als Straßenantisemitismus nach 1938 Höhepunkte erreichte, die selbst das Altreich in den Schatten stellten, kaum geben können. Dies bedeutet übrigens keineswegs, daß man bei tiefschürfender Betrachtung nicht wieder religiöse Wurzeln des Rassenantisemitismus finden kann.« Fischer, S. 113.

5 Damit wird nicht bestritten, daß in der Philosophie, der Nationalökonomie, der Psychoanalyse und in anderen Disziplinen enorme wissenschaftliche Innovationen vom Wiener Fin de siècle ausgegangen sind.

6 Vgl. Schorske, C., Wien – Geist und Gesellschaft im Fin de siècle, Frankfurt/M. 1980, S. 195ff.

7 Vgl. Le Rider, J., Das Ende der Illusion, Wien 1990, S. 409ff.

8 Vgl, Pollak, M., Wien 1900 – Eine verletzte Identität, Konstanz 1997, S. 153ff.

9 Vgl. Girard, R., Ausstoßung und Verfolgung, Frankfurt/M. 1992, S. 23ff.

10 Vgl. Cohen, H., Religion der Vernunft aus den Quellen des Judentums (1928), Darmstadt 1966, S. 5ff. »Sehr bedeutsam ist es jedoch anzuerkenen, daß diese Identität zwischen Aufklärung, Liberalismus und Judentum ab Mitte des Jahrhunderts der ›Glauben‹ der führenden Schichten Wiens war und eine gleichsam selbständige ›Tradition‹ darstellte: die Tradition der emanzipierten mitteleuropäischen jüdischen Bourgeoisie ... Die Juden haben sich nicht hauptsächlich in die österreichischen Gesellschaften integriert, sondern zuerst in die deutsche Kultur der Aufklärung und auch der Haskala (jüdische Aufklärung).« Beller, St., Die Position der jüdischen Intelligenz in der Wiener Moderne, in: Nautz, J., Vahrenkamp, R., S. 714.

11 Etliche Juden beteiligten sich an vorderster Front in den deutschnationalen Gruppierungen.

12 Heute ein Wiener Gemeindebezirk.

13 Bisher wurden so gut wie immer nur die verschiedenen Faschismen, der Nationalsozialismus und die kommunistischen Regime zur Analyse als politische Religionen herangezogen.

14 Anläßlich einer Reise nach Palästina, die er 1921 unternahm, schrieb er: »Man muß unter Verzicht auf die politische Phantasterei eines ›Judenstaates‹ auf ein mohamedanisch-jüdisches Bündnis hinarbeiten, um ein jüdisches Gemeinwesen in Palästina zu sichern.« Erinnerungen aus meinem Leben Bd. III, herausgegeben von Bloch, M., Wien 1933, S. 284.

15 In den Schriften Karl Renners ist an einigen Stellen eine antijüdische Einstellung nicht zu verkennen.

16 De facto waren damit die Nationalitätenkonflikte keineswegs gelöst, sondern auf verschiedene kleine Staaten verteilt und somit vergrößert.

17 Das verbliebene Österreich wurde in seinem Anschlußgedanken an Deutschland bis 1938 bestärkt und vor allem die alte »österreichische Idee«, ein mitteleuropäisches Zentrum zu sein, verschüttet.

18 Vgl. Wistrich, R., The Jews of Vienna in the Age of Franz Joseph, Oxford 1989, S. 209.

19 Pollak, M., Kulturelle Innovation und soziale Identität im Wien

des Fin de siècle, in: Botz, G. et alter, Hg., Eine zerstörte Kultur, Buchloe 1990, S. 86.

20 Schorske, C., Wien – Geist und Gesellschaft im Fin de siècle, Frankfurt/M. 1982, S. 112.

21 Pollak, M., S. 93.

22 Hofmannsthal, H. von, Das Buch der Freunde, Aufzeichnungen, Frankfurt/M.1968, S. 59.

23 »So wurden die Bourgeoisien in welthistorischem Maßstab die ersten Klassen, die Solidarität auf einer wesentlich vorgestellten Grundlage herzustellen vermochten.« Anderson, B., Die Erfindung der Nation, New York u. a. 1993, S. 82.

24 Schorske, S. 287.

25 Ebd., S. 199f.

26 Ebd., S. 201.

27 Vgl. ebd., S. 216.

28 Ebd., S. 250.

29 Nietzsche F., Schopenhauer als Erzieher, in: Werke Bd.1, München 1980, S. 312.

30 Pollak, M., Wien 1900 – Eine verletzte Identität, Konstanz 1997, S. 100.

31 Bahr, H., Prophet der Moderne, Tagebücher 1888/1904, Wien 1987, S. 69.

32 Vgl. Benedikt, M., Die Stellung Otto Weiningers im Rahmen der Geschichte der Philosophie, in: Le Rider, J., Leser, N., Hg., Otto Weininger. Werk und Wirkung, Wien 1984, S. 156.

33 Hofmannsthal, H. von, Ein Brief, in: Erzählungen, Frankfurt/M. 1986, S. 126ff.

»Die Ahnung und die Angst, über die im Chandos-Brief immerhin wortreich berichtet wird, lag um die Jahrhundertwende spürbar in der Luft und wurde vor dem Weltkrieg schon lange nicht mehr nur als Angst vor der individuellen Auflösung registriert. Es war das die Ahnung einer Unvermeidbarkeit, unter die eine Gesellschaft geraten mußte, die sich, entschlossen zur Endlichkeit, zur umfassenden wissenschaftlichen Analyse und technischen Installation einer endlichen Welt, eifrig bemühte, die Konsequenzen ihrer Entschlossenheit zu verdrängen ... Diese neue Wahrheit ist die Verflüssigung aller Strukturen, die ehemals dem Denken, Fühlen und Handeln Halt gegeben hatten.« Piel, E., Die Schrecken der ›wahren‹ Wirklichkeit, München 1978, S. 117f.

34 Hofmannsthal, H. von, Das Schrifttum als geistiger Raum der Nation, in: Reden und Aufsätze III, Gesammelte Werke, Frankfurt/M. 1979/80, S. 40.

35 Karl Kraus bezeichnete zu Recht den radikalen Expressionismus als »zelebrale« Leidenschaft. Das wichtigste Organ dieser Bewegung war die von Ludwig von Ficker herausgegebene Zeitschrift *Der Brenner*.

36 Schorske, C., S. 318.

37 Weininger, O., Geschlecht und Charakter, Wien und Leipzig 1905, S. 418ff.

38 Freud, S., Analyse der Phobie eines fünfjährigen Knaben, in: Gesammelte Werke Bd. 12, Frankfurt/M. 1978, S. 271.

39 Schorske, C., S. 118f.

40 Ebd., S. 127.

41 Bein, A., Theodor Herzl, Wien 1974, S. 60.

42 Herzl, Th., Tagebücher, Bd. 1, Berlin 1922, S. 8.

43 Vgl. Wistrich, R., Sozialdemokratie, Antisemitismus und die Wiener Juden, in: Botz, G. et alter, Hg., Eine zerstörte Kultur, Buchloe 1990, S. 179f.

44 Vgl. Weinzierl, E., Der Österreichisch-Ungarische Raum, in: Rengstorf, H., Kortzfleisch, S. von, Hg., Kirche und Synagoge, München 1988, S. 499f.

45 Weitzmann, W. R., Die Politik der jüdischen Gemeinde Wiens zwischen 1890 und 1914, in: Botz, G., et alter, S. 200f.

46 Beller, St., Wien und die Juden, Wien u. a. 1993, S. 86.

47 Le Rider, J., Das Ende der Illusion, Wien 1990, S. 263.

48 Ebd., S. 262.

49 Beller, St., S. 180.

50 Schon 1871 kam es fast zu einer Spaltung der Wiener Gemeinde: Eine Delegation Wiener Juden besuchte eine Reformersynode in Augsburg, die eine Angleichung des Judentums an die nichtjüdische Welt vollziehen wollte. Die Notwendigkeit der koscheren Küche wurde angezweifelt, die Beschneidung in Frage gestellt, die Rückkehr nach Jerusalem und der Glaube an einen persönlichen Messias angezweifelt. Die Orthodoxen reagierten mit Empörung und wollten eine zweite, orthodoxe Kultusgemeinde gründen. Das zuständige Ministerium lehnte das Ansuchen jedoch ab. Vgl. Andics, H., Die Juden in Wien, Wien 1988, S. 328f. und Tietze, H., Die Juden Wiens (1933), Wien 1987, S. 221ff.

51 Vgl.Trinks, U., Protestantismus in Österreich, in: Rengstorf, K. H., Kortzfleich, S. von, Hg., Kirche und Synagoge, München 1988, S. 541.

52 Le Rider, J., S. 273.

53 Vgl. Daim, W., Der Mann, der Hitler die Ideen gab, Wien u. a. 1985, S. 201.

54 Zitiert nach a.o.O. S. 196.

55 Zitiert nach a.o.O. S. 204.

56 Vogelsang, K. Freiherr von, zitiert nach Heer, F., Gottes erste Liebe, Frankfurt/M. 1986, S. 352.

57 Heer, F., Der Glaube des Adolf Hitler, Frankfurt/M. 1989, S. 71.

58 Lueger, K., zitiert nach Heer, F., Gottes erste Liebe, S. 352.

59 Wistrich, R., Sozialdemokratie, Antisemitismus und die Wiener Juden, S. 169.

60 Adler, V., zitiert nach ebd., S. 178.

61 Antisemitismus wird ausschließlich als Teil des Klassenkampfes interpretiert, der sich schließlich nützlich für den Kampf und Sieg der sozialistischen Ideologie erweisen sollte. Es war eine eklatante Fehleinschätzung, die nationalistischen und antisemitischen Parteien für »nützliche Idioten« eines siegreichen proletarischen Internationalismus zu halten.

62 Bauer, O., Die Nationalitätenfrage und die Sozialdemokratie, Wien 1907, S. 377.

63 Vgl. Le Rider, J., S. 346.

64 Vgl. Herzl, Th., Der Judenstaat (1886), Augsburg 1986, S.115.

65 Bloch, J., Der nationale Zwist und die Juden in Oesterreich, Wien 1886, S. 32.

66 Ebd., S. 48.

67 Hofmannsthal, H. von, Andrian, L. von, Briefwechsel, Frankfurt/M. 1968, S. 206f.

68 Pollak, M., Wien 1900 – Eine verletzte Identität, Konstanz 1997, S. 187.

69 Le Rider, J., S. 412.

70 Ebd., S. 198.

71 Bloch, J., S. 20ff.

72 Bloch, J., Erinnerungen aus meinem Leben Bd. 1, Wien und Leipzig 1922, S. 1.

73 Ebd., S. 3. »Das Beth-Ha-Midrasch hatte zahlreiche Besucher. Männer verschiedensten Alters, man kann sagen aller Berufsschich-

ten, saßen hier über Talmudfolianten viele Stunden des Tages und jeden Donnerstag auch die Nacht hindurch.«

74 Ebd., S. 16f.

75 Vgl. Bloch, J., Ursprung und Entstehungszeit des Buches Koholet, Bamberg 1872.

76 Vgl. Bloch, J., Studien zur geschichtlichen Sammlung der alttestamentlichen Literatur, Leipzig 1875.

77 Vgl. Bloch, J., Die Juden in Spanien, Leipzig 1876.

78 Bloch, J., Hellenistische Bestandteile im biblischen Schriftthum, Wien 1880, S. 6.

79 Ebd., S. 7.

80 Ebd., S. 9.

81 Ebd., S. 10.

82 Ebd., S. 11.

83 Ebd., S. 12.

84 Ebd., S. 22. Die Geschichte der Esther läßt sich jedoch nicht wirklich datieren, sie paßt weder in die persische noch in die hebräische Chronologie: »Weist die Kritik nach, daß der Verfasser nicht Ereignisse einer hinter ihm liegenden Vergangenheit gezeichnet hat, so bestätigt die Geschichte, daß er mit prophetischem Sinne die Zukunft vorausgeschaut und sie seinen Lesern vorgeführt hat.«

85 Ebd., S. 35.

86 Ebd., S. 59.

87 Vgl. Bloch, J., Der nationale Zwist und die Juden in Oesterreich, Wien 1886, S. 21.

88 Ebd., S. 20.

89 Bloch, J., Erinnerungen aus meinem Leben Bd. I, S. 22.

90 Ebd., S. 24f.

91 Ebd., S. 25.

92 Ebd., S. 29.

93 Ebd., S. 38f.

94 Ebd., S. 39.

95 Ebd., S. 43f.

96 Ebd., S. 48.

97 Adolf Fischhof, ein führender Revolutionär des Jahres 1848, wurde über die Broschüre auf Bloch aufmerksam und nahm Kontakt zu ihm auf. Fischhof blieb bis zu seinem Tod für Bloch ein wichtiger Berater und väterlicher Freund.

98 »Als der Plan greifbare Formen annahm, erhob sich in der ge-

samten polnischen Presse ein gewaltiger Lärm über den versuchten Verrat am Polentum und drohte den drei Städten mit nationalem Bann. Die Polen betrachteten jedes Mandat als ein Geschenk, das sie für Gegenleistungen beliebig verteilen konnten. Der verstorbene Krakauer Rabbiner war Präsident des Vereins Machzike Hadath und hatte durch den Einfluß des Vereins, gemeinsam mit dem Rabbi von Belz, bei verschiedenen Wahlen den Polen wesentliche Dienste geleistet. Da er sich an Debatten nie beteiligt, der Partei aber immer treu gestimmt hatte, überließ man der jüdischen Orthodoxie dieses Mandat ... Als Redner konnte er jedoch aus Mangel an Sprachkenntnis nicht auftreten und Vertreter der Intelligenz in den Wahlstädten wünschten nunmehr einen Abgeordneten, der für das Judentum auch öffentlich das Wort zu führen vermag.« Ebd., S. 77f.

99 Bloch versprach, in den Polenklub im Parlament einzutreten und bei einem eventuellen Austritt sein Mandat zurückzulegen.

100 »Faktisch haben die Juden in West-Österreich zur Verbreitung und Vertiefung der deutschnationalen Stimmung und Gesinnung, die schließlich zu ihrem eigenen Schaden ausschlug, viel beigetragen. Erst als der deutsche Antisemitismus immer mehr und mehr verheerende Formen angenommen hatte, hat man allmählich – es vergingen Jahre – begonnen, mein politisches Verhalten zu verstehen.« Ebd., S. 80.

101 Documente zur Aufklärung. Nr. 3. Talmud und Judenthum in der Oesterreichischen Volksvertretung. Dr. Bloch's Parlamentsreden, Wien 1900 S. 27ff. Bloch bemerkt in seinen »Erinnerungen« zu dieser Rede: »Zum ersten Mal in der Geschichte der jüdischen Diaspora hatte ein Jude in einem katholischen Staate vor fünfhundert Vertretern christlicher Völker über den Talmud gesprochen. Alles horchte auf, geistliche und bäuerliche Abgeordnete drängten sich um mich, als ich den staunenden Hörern erzählte, daß die katholischen Kirchenväter zu Füßen der Talmudisten saßen; von Minute zu Minute stieg die Spannung, als ich dazu überging, die Geschichte des Talmudstudiums unter den Christen zu schildern und die Urteile dieser hervorragenden Vertreter christlicher Gelehrsamkeit über den Talmud vorzulesen ... Der antisemitische Abgeordnete, der nach mir hätte sprechen sollen, trat das Wort an Dr. Lueger ab, damit er mir erwidere und die Wirkung meiner Ausführungen abschwäche. Indes auch er

hatte an jenem Tage kein sonderliches Glück. Er überhäufte die Juden mit Anklagen der sonderbarsten Art. Juden sind Schuld an der Errichtung eines Denkmals für Giordano Bruno in Rom, was eine Beleidigung war für den Papst und die katholische Kirche. An dem Kampfe Österreichs gegen Napoleon haben Juden bloß als Lieferanten und Kriegsgewinner sich beteiligt. Ausführlich verweilte er bei den betrügerischen Insolvenzen der galizischen Juden.« Ebd., S. 265ff.

102 »Die Stimmung im Polenklub änderte sich jedoch und schlug um, als aus Rom der Segen des Papstes für (den antisemitischen Abgeordneten) Prinz Liechtenstein eintraf, die Kurie gegen die österreichischen Bischöfe zugunsten des antisemitischen Radikalismus offen Partei ergriff.« Ebd., S. 274.

103 Ebd., S. 240ff.

104 Vgl. ebd., S. 240ff.

105 Vgl. ebd., S. 359ff. Blochs politisches Scheitern im parlamentarischen Kampf gegen Nationalismus und Antisemitismus war vorgezeichnet durch die ebenso erfolglose Politik des Ministerpräsidenten Taaffe. »Graf Taaffe hatte als Ministerpräsident die Kraft und die Möglichkeit, dem um sich greifenden Antisemitismus in Österreich schon in den Anfängen Einhalt zu gebieten. Zweimal war er an die deutsch-liberale Partei herangetreten mit der Aufforderung, sie möge gemeinsam mit ihm Maßregeln zur Bekämpfung der Judenhetze beraten. Die Sache scheiterte an der schroffen oppositionellen Haltung, welche die Verfassungspartei damals einnahm. So blieb er passiv, um so mehr als auch die Juden sich zu seinen schärfsten politischen Gegnern schlugen und jeden Versuch, den slawischen Völkern irgendwelche Konzessionen zu gewähren, als eine Schädigung der deutscher Interessen verurteilten. Die Haltung der Wiener Kultusvorsteher, die beeinflußt durch die von Juden geleitete Großpresse, jede Berührung mit ihm und den anderen Ministern streng vermieden, hatte in ihm die Überzeugung festgelegt, daß die Wiener Juden seine unversöhnlichen Gegner sind.« Ebd., S. 157.

106 »Der Judenhaß war bereits zu einer zerstörungswütigen Leidenschaft geworden, die sich in grauenhafter Brutalität der Instinkte offenbarte, einer Leidenschaft, die mit lautem Gebrüll ihr Opfer fordert und auf den Augenblick lauert, das blutige Sinnen in grausige Tat zu verwandeln.« Ebd., S. 186.

107 Ebd., S. 186f.

108 Nach der Publikation eines kritischen Artikels über den politischen Zionismus in der Zeitung kam es zum Bruch zwischen Herzl und Bloch: »Seitdem war der Draht zwischen uns beiden gerissen, gegen ›Bloch's Wochenschrift‹ wurde der Bann verhängt, vertrauliche Weisungen in diesem Sinne ergingen an Parteigenossen nah und fern ... Verboten wurde auch, für die ›Wochenschrift‹ literarische Beiträge zu liefern; man konnte aber nach wie vor aus der Feder zionistischer Parteigänger im Blatte Artikel lesen. Der Name der Einsender durfte allerdings nicht bekannt werden.« Bloch, J., Erinnerungen aus meinem Leben Bd. III, herausgegeben von Bloch, M., Wien 1933, S. 106.

109 »Bemerkenswert ist in diesem Zusammenhang die Rede des vorläufigen Obmanns Dr. Zins bei der konstituierenden Generalversammlung, in der er bemerkte: »Wenn der Antisemitismus bekämpft werden soll, muß beim ›jüdischen Antisemitismus‹ begonnen werden. Unsere Aufgabe ist zunächst die Hebung des Judentums in fremden und in den eigenen Augen, der Kampf nach Innen gegen die schmachvolle Selbstpreisgebung und Erniedrigung und die Wiedergewinnung der beinahe uns ganz entfremdeten jüngeren Generation für unsere ruhmreiche vieltausendjährige Vergangenheit, ferner eine Abwehr der Agitation, welche gegen uns und gegen Toleranz und Humanität geführt wird.« Zitiert nach Bloch, J., Erinnerungen aus meinem Leben Bd. I, S. 201.

110 Ebd., S. 203.

111 Bloch, J., Der nationale Zwist und die Juden in Oesterreich, S. 41.

112 »Rohling, der wohl mit Recht als der bedeutendste Vertreter des religiös begründeten Antisemitismus im Zeitalter der Emanzipation gilt, wurde im Jahre 1839 in Neukirchen geboren. Nach erfolgreicher Absolvierung des Theologiestudiums wurde er in verhältnismäßig jungen Jahren als außerordentlicher Professor an die königliche Akademie und als Regulent der Theologie an das bischöfliche Priesterseminar zu Münster berufen ... Einer Intervention österreichischer Judenfeinde, besonders dem Kreis um Zerboni, verdankte Rohling seine Berufung an die deutsche Universität in Prag.« Hellwing, I. A., Religiös motivierter Antisemitismus, phil. Diss., Wien 1966, S. 97.

113 Rohling, A., Meine Antworten an die Rabbiner oder Fünf Briefe

über den Talmudismus und das Blutritual der Juden, Prag 1883, S. 4.

114 Ebd., S. 11.

115 Rohling, A., zitiert nach Hellwing, S. 101f.

116 Zitiert nach Hellwing, S. 102.

117 Rohling, A., Talmud-Jude, Stuttgart 1924, S.82.

118 Vgl. Eisenmenger; J. A.-, Entdecktes Judentum oder Gründlicher und Wahrhaftiger Bericht/ Welchergestalt/ Die verstockten Juden die Hochheilige Drey-Einigkeit/ Gott Vater/ Sohn und Heiligen Geist/ erschrecklicherweise lästern und verunehren/ die heilige Mutter Christi verschmähen/ das Neue Testament/ die Evangelisten und Aposteln/ die Christliche Religion spöttisch durchziehen/ und die ganze Christenheit auff das äusserste verachten und verfluchen; dabei noch viel andere/ bishero unter den Christen entweder gar nicht/ oder nur zum Theil bekannt gewesene Dinge und grosse Irrthümer der Jüdischen Religion und Theologie/ wie auch viel lächerliche und kurzweilige Fabeln/ und andere ungereimte Sachen an den Tag kommen.
Alles aus ihrem eigenen/ zwar sehr vielen mit grosser Mühe und unverdrossenem Fleiß durchlesenen Büchern/ mit Ausziehung der Hebräischen Worte/ und derer treuen Übersetzung in die Teutsche Sprach/ kräfftiglich erwiesen/ Und in zwei Theilen verfasset/ Deren jeder seine behörige/ allemal von einer gewissen Materie außführlich-handelnde Capitel enthält. Allen Christen zur treuherzigen Nachricht verfertigt/ und mit vollkommenen Registern versehen. Mit Seiner Königlichen Majestät in Preussen Allergnädigsten-Special-Provilegio, Königsberg 1711.

119 Rohling, A., Die Polemik und das Menschenopfer des Rabbinismus, Paderborn 1883, S. 5.

120 Zur Problematik der Überwindung des Menschenopfers in der jüdischen Religion: Ley, M., Genozid und Heilserwartung, Wien 1993, S. 49ff.

121 Rohling, Die Polemik und das Menschenopfer des Rabbinismus, S. 43.

122 Ebd., S. 43f.

123 Ebd., S. 44.

124 Ebd., S. 44f.

125 Ebd., S. 52f.

126 Ebd., S. 28.

127 Vgl. Hellwing, I. A., S. 157.
128 Rohling, Der Talmud-Jude, S. 105.
129 Ebd., S. 78
130 Ebd., S. 79.
131 Ebd., S. 32.
132 Ebd., S. 26.
133 Ebd., S. 41.
134 Ebd., S. 43.
135 Rohling, Die Polemik und das Menschenopfer des Rabbinismus, S. 15.
136 Ebd., S. 16.
137 Ebd., S. 17.
138 Vgl. ebd., S. 17.
139 Ebd., S. 23f.
140 Vgl. Rohling, Der Talmud-Jude, S. 122.
141 Rohling, Die Polemik und das Menschenopfer des Rabbinismus, S. 30.
142 Ebd., S. 72.
143 Ebd., S. 68.
144 Rohling, Der Talmud-Jude, S. 91.
145 Ebd., S. 91.
146 Ebd., S. 83.
147 Ebd., S. 122.
148 Ebd., S. 122.
149 Ebd., S. 86f.
150 Ebd., S. 122.
151 Rohling, Die Polemik und das Menschenopfer des Rabbinismus, S. 72.
152 Ebd., S. 77.
153 Ebd., S. 73.
154 Ebd., S. 87.
155 Ebd., S. 58.
156 Ebd., S. 95.
157 Ebd., S. 78.
158 Ebd., S. 78f.
159 Ebd., S. 82f.
160 Ebd., S. 100f.
161 Ebd., S. 104f.
162 Ebd., S. 64f.

163 Ebd., S. 107f.

164 Die »Rassengesetze« der Nationalsozialisten vom 15. September 1935 machen genau diese Unterscheidung zwischen »Ariern« und Juden. Vgl. Ley, M., »Zum Schutze des deutschen Blutes ...« – »Rassenschande-Gesetze« im Nationalsozialismus, Bodenheim bei Mainz 1997, S. 72ff.

165 Rohling, Der Talmud-Jude, S. 123.

166 Ebd., S. 28. Rohling zieht hier ziemlich genau die Grenze zwischen einem extremen katholischen Antijudaismus und dem extremen politischen Antisemitismus. Da er jedoch die vierte Auflage des »Talmud-Juden« im nationalsozialistischen »Deutschvölkischen Verlag« publizieren ließ, war für ihn die politische Entscheidung gefallen. Viele Christen verhielten sich vor und nach 1933 ähnlich.

167 Vgl. Rohling, A., Der Zukunftsstaat, St. Pölten 1894, S. 3ff.

168 Ebd., S. 7.

169 Ebd., S. 7.

170 Ebd., S. 7.

171 Ebd., S.13ff.

172 Ebd., S. 48f.

173 Ebd., S. 74.

174 Ebd., S. 86.

175 Ebd., S. 93.

176 Ebd., S. 93f.

177 Ebd., S. 106.

178 Ebd., S. 123.

179 Ebd., S. 136f.

180 In diesem Sinne muß der Holokaust ebenfalls als Opfer interpretiert werden, die Nationalsozialisten sahen sich von der »Vorsehung« bestimmt, das »Sühneopfer« zu vollziehen. Im Vergleich zum christlichen Antijudaismus warten sie aber nicht mehr auf den klassischen Messias, sondern maßen sich diese Rolle selbst an. Darauf läuft letztlich die genuine Unterscheidung zwischen christlichen und völkischen bzw. nationalsozialistischen Antisemitismen hinaus.

181 Vgl. Hellwing, S. 100.

182 Vgl. ebd., S. 141f. »Johann Andreas Eisenmenger wurde 1654 in Mannheim als Sohn eines Steuereintreibers geboren. Er genoß eine ausgezeichnete Erziehung und erregte schon früh durch sein

Interesse für die hebräische Sprache und für Fragen der Religion Aufsehen. Auf Betreiben des Kurfürsten Karl Ludwig setzt er seine Studien in England und Holland fort. In Amsterdam unterhielt er sich des öfteren mit dem Rabbiner der aschkenasischen Gemeinde, David Lido, und als er 1681 Augenzeuge der Konversion dreier Christen geworden war, reift in ihm der Entschluß, in einem umfassenden Werk der Öffentlichkeit die ›Wahrheit‹ über das Judentum mitzuteilen. Jüdischen Gelehrten in Frankfurt und Heidelberg machte er weis, er wolle zum Judentum übertreten und deshalb mit den talmudischen und midrasischen Werken vertraut gemacht werden. Nach 19 Jahren eifrigen Studiums gab er, um die Verderbtheit der Juden unter Beweis zu stellen, im Jahre 1700 sein zweibändiges Werk ›Entdecktes Judenthum‹ heraus, eine Kollektion aus dem Zusammenhang gerissener und willkürlich aneinander gereihter Zitate aus dem Talmud und der rabbinischen Literatur.« Hellwing, S. 271f.

183 Ebd., S. 160.

184 Ebd., S. 160.

185 Ursprünglich war das der Amtstitel des Leiters einer hohen rabbinischen Schule im babylonischen Exil, später war es ein Ehrentitel.

186 Hellwing, S. 161.

187 Ebd., S. 161.

188 Vgl. Bloch, S. Erinnerungen aus meinem Leben Bd. 1, Wien und Leipzig 1922, S. 109.

189 Ebd., S. 109.

190 Rohling, A., Franz Delitzsch und die Judenfrage, Prag 1881, S. 3.

191 Hellwing, S. 111.

192 Diese Erklärung war in allen Wiener Tageblättern abgedruckt: »In der am 28. des Monats hier stattgehabten Schwurgerichtsverhandlung ist auf Grund der von Rohling verfaßten Schrift ›Der Talmud-Jude‹ behauptet worden, das Citat, ›dass die Christen Hunde, Schweine und Esel seien‹, sei im Talmud enthalten. Demgegenüber erklären die Unterzeichneten auf das Entschiedenste, dass die Äusserung Rohling's, welche übrigens aus Eisenmenger's ›entdecktes Judenthum‹ abgeschrieben ist, auf Unwahrheit beruht, indem eine solche Stelle im Talmud sich nirgends findet. Bei dieser Gelegenheit geben wir die Erklärung ab, dass der Talmud überhaupt nichts Feindseliges gegen Christen enthält.« Hellwing, S. 111f.

193 Ebd., S. 109f.

194 Vgl. Bloch, S., Erinnerungen aus meinem Leben Bd. 1, Wien und Leipzig 1922, S. 62.

195 »Bei einer am 23. Juli 1883 in Prag durchgeführten Einspruchsverhandlung gegen die Konfiskation gab Rohling zu Protokoll, daß bereits mehr als 200 000 Exenplare dieses ›Geistesproduktes‹ in der Öffentlichkeit im Umlauf seien. An allen Straßenecken sorgten rote Plakate für die Verbreitung der Broschüre ... Die Folgen blieben nicht aus: In Wien trauten sich Juden nicht, öffentliche Lokale zu besuchen, der Richterstand begegnete jüdischen Aussagen mit Mißtrauen.« Hellwing, I. A., S. 112f.

196 Zitiert nach ebd., S. 113.

197 Zitiert nach ebd., S. 115.

198 Bloch, S., S. 64.

199 Wiener Allgemeine Zeitung vom 22.12.1882, Beilage S. 13.

200 Ebd., S. 13.

201 Ebd., S. 13.

202 Ebd., S. 114f.

203 Bloch vermerkt dazu in seinen Erinnerungen: »Aus der ›Talmudfrage‹, welche noch vor Wochen die öffentliche Aufmerksamkeit in außerordentlichem Grade gefangengenommen und die Gemüter in steter Spannung gehalten (hatte), war eine ›Rohling-Frage‹ geworden! Die philosophischen und antiquarischen Untersuchungen über Sinn und Inhalt der einzelnen Talmudzitate hatten alles und jedes Interesse verloren. Die antisemitischen Agitatoren beeilten sich, der neuen Strömung zu folgen und die Rassentheorie in den Vordergrund der Propaganda zu rücken.« Erinnerungen Bd. I, S. 72. An anderer Stelle wird zu zeigen sein, daß der Rassenantisemitismus aus dem Versagen des theologischen Antisemitismus entsteht. Die Rassentheorie ist nur die Fortsetzung des Judenhasses mit einer anderen Begrifflichkeit, die inhaltlichen Aussagen über Juden und ihre ›bösartigen‹ Absichten bleiben dieselben.

204 Zitiert nach Hellwing, S 132.

205 Bloch, S. 81f.

206 Ebd., S. 82.

207 »In Erkenntnis der hohen Verantwortlichkeit eines Entschlusses in dieser Frage, reiste ich nach Emmersdorf bei Klagenfurt zu dem greisen Dr. Adolf Fischhof, um seinen Rat, betreffend der

Wahl den mir angetragenen Advokaten, einzuholen. Fischhof sagte mir damals: ›Ich warne Sie vor Dr. Karl Lueger! Er geht jetzt mit Ihnen, aber ich bin nicht sicher, daß er Sie nicht schließlich im Stiche läßt und vielleicht gar vor den Geschworenen in Gefahr bringt.‹ So hat Adolf Fischhof die spätere Wandlung in der Gesinnung, in dem Charakter und in der politischen Haltung Luegers vorausgesehen.« Ebd., S. 88.

208 Wilhelm von Gutmann, ebenfalls Abgeordneter des niederösterreichischen Landtages und ein liberaler Parteifreund von Kopp, schaffte es in wenigen Jahrzehnten von einem armen Migranten aus Mähren zum größten und einflußreichsten Kohlengrubenbesitzer der Monarchie. Bloch beschreibt ihn so: »Als er an Dr. Kopp herantrat, im Prozesse kontra Rohling mein Anwalt zu werden, glaubte er seiner Parteitreue die Erklärung schuldig zu sein, daß ihn mein persönliches Geschick völlig gleichgültig lasse; es seien aber in diesem Prozeß leider Interessen der jüdischen Gesamtheit in Mitleidenschaft gezogen und die Wahrung dieser Interessen wolle er dem Kollegen Kopp anvertrauen. Für die Kosten werde er allein, persönlich aufkommen.« Ebd., S. 89.

209 Kopp war Reichsrats- und niederösterreichischer Landtagsabgeordneter, war Katholik und hatte überall ein untadeliges Ansehen.

210 Paul de Lagarde war einer der schlimmsten Antisemiten in Deutschland. So schrieb er in seinen »Ausgewählten Schriften« folgendes über Juden: »Es gehört ein Herz von der Härte einer Krokodilshaut dazu, um mit den armen, ausgesogenen Deutschen nicht Mitleid zu empfinden, und was dasselbe ist – um die Juden nicht zu hassen, um diejenigen nicht zu verachten, die – aus Humanität – diesen Juden das Wort reden, oder zu feige sind, dies wuchernde Ungeziefer zu zertreten. Mit Trichinen und Bazillen wird nicht verhandelt. Trichinen und Bazillen werden nicht erzogen, sie werden so rasch und so gründlich wie möglich vernichtet.« Lagarde, P. de, Ausgewählte Schriften, München 1924, S. 209.

211 Vgl. Bloch, S., S. 99.

212 Zitiert in: Kopp, J., Zur Judenfrage nach den Akten des Prozesses Rohling-Bloch, Leipzig 1886, S. 26.

213 Vgl. Ebd., S. 24.

214 Zitiert in: Bloch ebd., S.104.

215 Tribüne, Nr. 53, 24. 2. 1883.

216 Tribüne, Nr. 38, 9. 2. 1883.
217 Vgl. Bloch, S. 112.
218 Zitiert nach: Ebd., S. 113.
219 Zitiert nach: Ebd., S. 115. Briman hatte in Österreich sehr viele obskure Kontakte; er war mit dem schon genannten Rektor Zschokke befreundet und wohnte zeitweise in dessen Haus. Darüber hinaus verkaufte er aus dessen Bibliothek wertvolle Bücher zu Schleuderpreisen. In dieser Zeit publizierte er ein Buch über die »Kabbala«, das sich als Plagiat herausstellte. In Innsbruck überredete er einen Buchhändler zu einer vollständigen Talmudübersetzung, für die die österreichische Regierung eine hohe Subvention gewähren sollte. Er lieferte dem Buchhändler die gleichen Übersetzungen mehrmals, um mehr Geld für geleistete Arbeit zu bekommen. Andere Übersetzungen waren wiederum reine Abschriften anderer Autoren.
220 Ebd., S. 116f.
221 Zitiert nach ebd., S. 118f.
222 Ebd., S. 118f.
223 Österreichische Wochenschrift, Nr. 45, 27.11.1885.
224 Zitiert nach Bloch, S. 145.
225 Ebd., S. 145.
226 Ebd., S. 146f. Rodkinssohns äußerst fragwürdige Biographie ist in einer Ausgabe der »Österreichischen Wochenschrift« nachzulesen: »Er (Rodkinssohn) sei ehemals in kleinen russischen Städten und Ortschaften als Wunderrabbi herumgereist, um kinderlose Frauen von ihrer Unfruchtbarkeit zu heilen, derart, daß er oft als Belohnung für seine erfolgreiche Kuren eine tüchtige Tracht Prügel erhalten hat; er habe chassidische Schriften publicirt über jüdische Heilige und deren Wundertaten, sei aber schließlich wegen Betrug und Wechselfälschung am 1. September 1875 von dem Schwurgerichte zu Petersburg zu einer einjährigen Zuchthausstrafe, zu dreijährigem Ehrenverlust und zu Schadenersatz von 1800 Rubel verurtheilt worden. Der Abbüßung dieser Strafe entzog er sich durch Flucht. Am 31. August folgenden Jahres hat der Staatsanwalt von Wilna in den officiellen Zeitungen einen Steckbrief gegen ihn erlassen.«
227 Zitiert nach Hellwing, S. 168.
228 Zitiert nach ebd., S. 169.
229 Zitiert nach ebd., S. 170. Rodkinssohn publizierte u. a. ein Buch

mit dem Titel »Der Charakter des israelischen Volksgeistes«, in dem er die Erzväter als Schacherjuden und Ausbeuter charakterisierte.

230 Bloch, S. 122.

231 Kopp, S. 30f.

232 Vgl. ebd., S. 31.

233 Die scheinbare Wissenschaftlichkeit war auch eines der Geheimnisse des unglaublichen Erfolges seiner Bücher: »Unter zehntausend Lesern ist höchstens einer im Stande, die Citate auf ihre Richtigkeit zu prüfen ... Der Heißhunger, mit dem die Rohling'schen Schriften von Hunderttausenden verschlungen werden, beweist, daß die confessionelle Begründung ein Bedürfnis der antisemitischen Strömung ist, und daß die Rohling'schen Schriften dieses Bedürfnis befriedigen.« Kopp, S. 5f..

234 Vgl. Kopp, S 27.

235 Vgl. Bloch, S. 127ff.

236 Bloch, J., Erinnerungen aus meinem Leben Bd. 2, Wien und Leipzig 1922, S. 3.

237 Zitiert nach ebd., S. 2.

238 Weinzierl, E., Der Österreichisch-Ungarische Raum, in: Rengstorf, K.H., Kortzfleisch, S. von, Hg., Kirche und Synagoge Bd.2, München 1988, S. 499.

239 Vgl. Peter, K., Die politische Romantik in Deutschland, Stuttgart 1985, S. 38ff.

240 Zitiert nach: Klopp, W., Hg., Die sozialen Lehren des Freiherrn Karl von Vogelsang, St. Pölten 1894, S. 126.

241 Vgl. Weinzierl, E., Der Österreichische-Ungarische Raum, in: Rengstorff, K. H. , Kortzfleisch, S. von, Hg., Kirche und Synagoge Bd. 2, München 1988, S. 499.

242 Zitiert nach ebd., S. 499f.

243 Vgl. ebd., S. 500.

244 Ebd., S. 501f.

245 Ebd., S. 502.

246 Zitiert nach ebd., S. 503.

247 Heer, F., Der Glaube des Adolf Hitler, Frankfurt/M., Berlin 1989, S. 71.

248 Deckert, J., Vier Tiroler Kinder – Opfer des chassidischen Fanatismus, Wien 1893, S. III.

249 Ebd., S. VI.

250 Ebd., S. 2f.

251 Ebd., S. 43.

252 Ebd., S. 45. Deckert macht sich auch Gedanken darüber, wieviel Blut die Juden für das Ritual brauchen: »Wenn die Juden Christenblut zu rituellen Zwecken gebrauchen, woher sollen sie soviel Blut nehmen? – Ach, es behauptet ja Niemand, daß jeder Jude mit vollen Zügen Christenblut trinke, etwa aus großen Humpen, wie unsere deutschen Vorfahren das Bier; es genügt eine homöopathische Dosis.« Ebd., S. 53.

253 Ebd., S. 73ff.

254 Ebd., S. 88f.

255 Ebd., S. 101ff.

256 Ebd., S. 129.

257 Deckert, J., Das Christentum im Talmud der Juden oder Die Geheimnisse der rabbinischen Lehre über die Christen. Enthüllt von J. B. Pranaitis. Übersetzt und erweitert von Dr. Joseph Deckert, Wien 1894, S. VI.

258 Vgl. ebd., S. 34ff.

259 Ebd., S. 67. Deckert verwendet die gleiche Methode wie Rohling, auf den er sich teilweise beruft, indem er entsprechende Quellen angibt und so eine wissenschaftliche Argumentation vortäuscht.

260 Ebd., S. 71.

261 Ebd., S. 78.

262 Ebd., S. 79.

263 Ebd., S. 81.

264 Ebd., S. 82.

265 Ebd., S. 82.

266 Ebd., S 84.

267 Ebd., S. 88.

268 Ebd., S. 88f.

269 Ebd., S. 93.

270 Ebd., S. 97f.

271 Ebd., S. 100f.

272 Vgl. ebd., S. 107.

273 Ebd., S. 107.

274 Ebd., S. 112.

275 Ebd., S. 116.

276 Ebd., S. 122.

277 Vgl. ebd., S. 124. Deckert behauptet, daß Juden die »Geheimnis-

se« des Talmud auf keinen Fall preisgeben dürfen. Wer diesem Verbot zuwiderhandle, dem drohe ebenfalls die Tötung.

278 Vgl. ebd., S. 126.

279 Ebd., S. 128f.

280 Ebd., S. 129f.

281 Ebd., S. 131f.

282 Ebd., S. 134. In einer Fußnote versucht Deckert, seine Thesen zu begründen: »Der Hinweis, solche Ritualmorde seien bei den Juden unmöglich, weil im Gesetze Mosis der Mord und der Blutgenuß verboten sei, ist geradezu sinnlos, denn die Juden sind vor Uebertretung der Gebote nicht gefeit; auch ist es eine ganz falsche Vorstellung, als seien die Juden seit der Zerstörung Jerusalems noch Mosaisten. Der Rabbinismus hat sich seit Akiba von der Thora losgelöst; das Kulturleben gründet sich seitdem nicht mehr auf die Bibel, sondern auf Mischnah und Gemara, also auf den Talmud. Der Rabbinismus erklärt aber den Hass gegen die Nichtjuden, besonders gegen Christen, als religiöse Pflicht und deren Tödtung, wie wir gesehen haben, als ein Gott gefälliges Werk, als ein Opfer; ja die Juden haben seit der Zerstörung kein anderes Opfer als die Wegschaffung der ›unreinen Seite‹.« S. 139.

283 Ebd., S. 141.

284 Ebd., S. 142f. In einem Nachwort beschreibt Deckert, unter welchen Bedingungen er diese Schrift verfaßt habe: »Alle, die von der Veröffentlichung dieses Buches hörten, sagten mir einstimmig voraus, dass ich von den Juden werde umgebracht werden. Andere suchten mich von meinem Vorhaben abzubringen, indem sie mich das Schicksal des Professors Chiarini zu erwägen baten, der plötzlich starb, als er die Uebersetzung des Talmud unternehmen wollte; andere erinnerten mich an den Vilnaer Mönch Didacus, einen jüdischen Convertiten, der auf greuliche Weise getödtet wurde.« S. 149f.

285 Deckert, J., Rassenantisemitismus! auch ein Situationsbild; Wien 1895, S. 5.

286 Ebd., S. 6.

287 Ebd., S. 6.

288 Vgl. Deckert, J., Türkennoth und Judenherrschaft, Wien 1894, S. 11.

289 Vgl. ebd., S. 24.

290 Deckert, Rassenantisemitismus, S. 9.

291 Ebd., S. 18f.
292 Ebd., S. 19.
293 Ebd., S. 20.
294 Ebd., S. 20.
295 Ebd., S. 22.
296 Ebd., S. 22.
297 Ebd., S 23.
298 Ebd., S. 30.
299 Ebd., S. 25ff.
300 Ebd., S. 28.
301 Vgl. ebd., S. 32f.
302 Deckert, Türkennoth und Judenherrschaft, S. 9.
303 Ebd., S. 4.
304 Deckert, Rassenantisemitimus, S. 38f.
305 Deckert, Türkennoth und Judenherrschaft, S. 24f.
306 Vgl. Deckert, J., Juden 'raus?, Wien 1896, S. 9.
307 Ebd., S. 29.
308 Ebd., S. 41ff.
309 Ebd., S. 59ff.
310 Vgl. Deckert, J., Ein Ritualmord, aktenmäßig nachgewiesen, Dresden 1893.
311 Vgl. Österreichische Wochenschrift, Nr. 14, 7. April 1893.
312 Vgl. Bloch, J., Erinnerungen aus meinem Leben, Bd. 2, Wien und Leipzig 1922, S. 17.
313 In einem Brief an Deckert im März 1893 empfiehlt Rohling seinen Schützling: »Leipziger Gelehrte sagten mir, daß sie in Paulus Meyer einen großen Hebräisten fanden, mit dem kein Lebender zu vergleichen sei. Was ich von ihm las, bestätigt dieses Urteil. Meyer will nun ein großes Werk, hebräisch und deutsch, über das Blutritual schreiben, welches durch bisher unbekannte zahlreiche Texte aus Talmud, Kabbala und Zubehör die Sache erledigen soll. Ich möchte nun, daß er nach Wien gehe, wo er in der Stille sein Werk schreiben würde und dort mit guter Leute Hilfe den Unterhalt fände; denn er ist ganz arm.«
314 Bloch, Erinnerungen S. 19.
315 Ebd., S. 141.
316 Das Vaterland, Nr. 123, 5. Mai 1893.
317 Das Vaterland, Nr. 129, 11. Mai 1893.
318 Vgl. Bloch, J., S. 222ff.

319 Neue Freie Presse, 17. September 1893.

320 Wistrich, R., The Jews of Vienna in the Age of Franz Josef, Oxford 1989, S. 205f.

321 Vgl. Arendt, H., Elemente und Ursprünge totaler Herrschaft, Frankfurt/M. u. a. 1980, S. 17f.

322 Vgl. Maier, H., Politische Religionen, Freiburg i. Br. 1995, S. 13.

323 Holl, A., Zwischen Teufel und Thanatos, in: Kohn-Ley, Ch., Ley, M., Hg., Auschwitz – Versuche einer Annäherung, Wien 1996, S. 138f.

324 Poliakov, L., Der arische Mythos, Wien 1977, S.27.

325 Interessanterweise betont er nachdrücklich, daß er nicht symbolisch argumentiere, sondern von »reellen Dingen« spreche.

326 Sein beliebtester Zeuge war der ehemalige Kardinal und Fürstbischof von Olmütz, Theodor Kohn, der jüdischer Abstammung war. Kohn war für seine antijüdische Einstellung bekannt, trotzdem mußte er aufgrund seines jüdischen Hintergrundes sein Amt aufgegeben. Für Deckert hingegen war er ein »anständiger« Jude, der die wahre Heilslehre erkannte und sich deshalb vom Judentum entfernte. Er schreibt über ihn: »Es ist ein schlechter Spaß, den hochwürdigsten Erzbischof von Olmütz trotz seiner jüdischen Abkunft einen ›Juden‹ zu nennen. Er hat sich als Kirchenrechtslehrer als ›Antisemiten‹ bekannt; was kann er dafür, daß er ein Judensprosse ist?« Rassenantisemitismus, S. 23. Deckerts Vorstellung über die »Erlösung« der Juden ist mit Richard Wagners Idee der Selbstauslöschung der Juden als Vorbedingung des »Heils« identisch.

327 Vgl. Deckert, Rassenantisemitismus, S. 28.

328 Vgl. Vondung, K., Die Apokalypse in Deutschland, München 1988, S. 85ff.

329 Ebd., S. 87.

330 Vgl. Rohling, A., Der Zukunftsstaat, St. Pölten 1884, S. 7.

331 Deckert, J., Türkennoth und Judenherrschaft, Wien 1894, S. 25.

332 Delumeau, J., Angst im Abendland Bd. 1, Reinbek bei Hamburg, S. 21f.

333 Küenzlen, G., Der neue Mensch, München 1994, S. 75.

334 Tenbruck, F., Die unbewältigten Sozialwissenschaften oder die Abschaffung des Menschen, Graz u. a. 1984, S. 79f.

335 Vgl. Rohrmoser, G., Religion und Politik in der Krise der Moderne, Graz u. a.1989, S. 40.

336 Weber, M., Der Beruf zur Wissenschaft, in: Soziologie, Universalgeschichtliche Analysen, Politik, Stuttgart 1979, S. 330.

337 Voegelin, E., Politische Religionen, München 1993, S. 12.

338 Ebd., S. 14.

339 Ebd., S. 12.

340 Ebd., S. 63. Peter J. Opitz interpretiert in einem Nachwort Voegelins Politikbegriff folgendermaßen: »Der von Voegelin in den Politischen Religionen neugefaßte und mit religiösen Elementen angereicherte Politik-Begriff korrigiert jene Verkürzungen, bezieht psychische Tiefenstrukturen mit ein und ermöglicht so – das zeigt auch seine anschließende Analyse der ›politischen Religionen‹ – realitätsgerechtere Gesellschaftsanalysen als jene sich empirisch-analytisch gerierende positivistischen Politikansätze, in denen religiöse Aspekte bestenfalls noch als Residualkategorien einen Platz finden, zumeist jedoch völlig ausgegrenzt werden.« Ebd., S 78.

341 »Anhänger von Bewegungen, die religionsfeindlich und atheistisch sein wollen, sträuben sich dagegen, daß auf Grund ihrer fanatischen Haltung religiöse Erlebnisse zu finden sein sollen, nur anders als heilig verehrend als die Religion, die sie bekämpfen.« Ebd., S. 17.

342 Ebd., S. 17.

343 Herz, D., Der Begriff der »politischen Religion« im Denken Eric Voegelins, in: Maier, H., Hg., Totalitarismus und Politische Religionen, Paderborn u. a. 1996, S. 194.

344 Voegelin, E., Das Volk Gottes, München 1994, s. 24.

345 Löwith, K., Weltgeschichte und Heilsgeschehen, Stuttgart u. a. 1979, S.137.

346 Zitiert ebd., S. 138.

347 Ebd., S. 140.

348 Ebd., S. 141.

349 Cohn, N., Das neue irdische Reich, Reinbek bei Hamburg 1988, S. 121.

350 Ebd., S. 129.

351 Löwith, K., S. 148f.

352 Voegelin, E., Die Neue Wissenschaft der Politik, Freiburg/München 1991, S. 174.

353 Voegelin, E., Politische Religionen, S. 49.

354 Ebd., S 177.

355 Ebd., S. 181ff. Dietmar Herz bemerkt zu Voegelins Analyse der

Moderne: »Als Archäologie der Moderne, die auch freilegt, was verdrängt und nicht immer gern gesehen wird, ist diese Analyse wohl kaum zu überbieten. Voegelin ist radikal in seiner Deutung: Die Entwicklung der politischen Religionen aus der selbstzerstörerischen Kraft des Christentums – verwirklicht in radikalen Sekten – wird als gesichert und hierarchisch hinreichend belegt gesehen. Der Verlauf der Geschichte wird eindeutig, die Erklärung monokausal. Die Bedeutung der Dissidentenbewegung des 16. und 17. Jahrhunderts für die Entwicklung des modernen Republikanismus und den Gedanken der Menschenrechte und der Toleranz bleibt unberücksichtigt.« Herz,, D., S. 209.

356 »Andere Resultate des Voegelinschen Nachdenkens über die Zusammenhänge von Religion und Politik allerdings dürfen durchaus gegenwärtig bleiben – und darüber hinaus von höchstem aktuellen Interesse sein. Darunter vor allem sein Nachweis der unmittelbar politischen Bedeutung von Emotionen religiöser Art. Die Unterscheidung zwischen den institutionalisierten überweltlichen Religionen einerseits und den innerweltlichen religiösen Bewegungen gnostischen und revolutionären Charakters andererseits kann als treffende Beschreibung auch noch einer gegenwärtigen Problemlage aufgefaßt werden: Wie anders sollte man etwa die Bedeutung religiös-fundamentalistischer Bewegungen überall auf der Welt und vor allem die Gefahren, die von radikalchiliastischen Sekten gegenwärtig ausgehen analysieren können?« Kraus, H.-Ch., Voegelin redivivus? – Politische Wissenschaft als Politische Theologie, in: Ley, M., Schoeps, J. H., Hg., Der Nationalsozialismus als politische Religion, Bodenheim bei Mainz 1997, S. 88.

357 Behrens, M., »Politische Religion« – eine Religion? Bemerkungen zum Religionsbegriff, in: Maier, H., Schäfer, M., Hg., Totalitarismus und Politische Religionen Bd. II, Paderborn u. a. 1997, S. 254f.

358 Ebd., S. 255f.

359 »Politische Religionen versuchen mit den existierenden Religionen zu konkurrieren, sie zu ersetzen und, wenn möglich, sie zu zerstören. Aus der Perspektive existierender religiöser Traditionen sind sie tief anti-religiös. Da sie jeglichen Bezug auf die Transzendenz und auf religiöse, kulturelle Traditionen ablehnen, sind sie aus der Perspektive existierender Religionen nicht noch eine

weitere Religion, sondern sie sind ›Nicht-Religion‹. Somit sind sie ein Teil eines Säkularisierungsprozesses.« Linz, J., Politik und Religion, in: Maier, H., Hg., Totalitarismus und Politische Religionen, S. 131f.. Einschränkend muß angemerkt werden, daß politische Religionen oft bewußt auf religiöse Traditionen setzen, jedoch offiziell jeglichen Zusammenhang leugnen. Im kulturellen Bereich werden häufig kulturelle Traditionen betont, um eine historische Legitimation zu begründen.

360 Linz, S. 130.

361 Behrens, S. 257.

362 Ebd., S. 259f.

363 Ebd., S. 260f.

364 Vgl. Maier, Politische Religionen, S. 19.

365 Ebd., S. 41f.

366 Ebd., S. 43.

367 »Der politische Feind braucht nicht moralisch böse, er braucht nicht ästhetisch häßlich zu sein; er muß nicht als wirtschaftlicher Konkurrent auftreten, und es kann vielleicht sogar vorteilhaft erscheinen, mit ihm Geschäfte zu machen. Er ist eben der andere, der Fremde, und es genügt zu seinem Wesen, daß er in einem besonders intensiven Sinne existentiell etwas anderes und Fremdes ist, so daß im extremen Fall Konflikte mit ihm möglich sind, die weder durch eine im voraus getroffene generelle Normierung, noch durch den Spruch eines ›unbeteiligten‹ und daher ›unparteiischen‹ Dritten entschieden werden können.« Schmitt, C., Der Begriff des Politischen, Berlin 1991, S. 27..

368 Vgl. Friedländer, S., Kitsch und Tod, München u. a. 1984, S. 103ff.

369 Häusler, W., Toleranz, Emanzipation und Antisemitismus, in: Drabek, A. u. a., Hg., Das Österreichische Judentum, Wien 1988, S. 110f.

370 Diese Tatsache ist jedoch nicht spezifisch für die österreich-ungarische Situation; in Deutschland war der Hofprediger Adolf Stöcker einer der Hauptakteure des christlichen modernen Antisemitismus um die Jahrhundertwende.

371 Vgl. Ley, M., Genozid und Heilserwartung. Zum nationalsozialistischen Mord am europäischen Judentum, Wien 1993, S. 129ff.

372 Vgl. Novalis, Werke, Hamburg o. J., S. 301.

373 Schelling, F. W. J., Sämtliche Werke, Band I/8, Stuttgart 1856–1861, S. 388.

374 Vgl. Meyer, M., Romantische Religion, in. Taubes, J., Hg., Der Fürst dieser Welt, München u. a. 1983, S. 181ff.

375 Vgl. Frank, M., Der kommende Gott, Frankfurt/M. 1982, S. 13f.

376 Vgl. ebd., S. 327.

377 Vgl. Frank, M., Gott im Exil, Frankfurt/M. 1988, S. 105.

378 Vgl. Peter, K., Hg., Die politische Romantik in Deutschland, Stuttgart 1985, S. 27.

379 Lukács, G., Die Zerstörung der Vernunft, Bd. 1, Darmstadt 1984, S. 10.

380 Vgl. Katz, J., Aus dem Ghetto in die bürgerliche Gesellschaft, Frankfurt/M. 1986, S. 104ff.

381 Vgl. Dantine, W., Frühromantik – Romantik – Idealismus, in: Rengstorf, K.-H-, Kortzfleisch, S. von, Hg., Kirche und Synagoge, Band 2, München 1988, S. 214f.

382 Vgl. Poliakov, L., Der arische Mythos, Wien 1977, S. 214.

383 Vgl. Fichte J. G., Reden an die deutsche Nation, Leipzig 1808, S. 110.

384 Vgl. ebd., S. 233.

385 Vgl. Eicher, P., Die Politik der absoluten Religion. Fichtes Beitrag zur Gnosis der Deutschen, in. Taubes, J., Hg., Gnosis und Politik, München u. a. 1984, S. 210.

386 Vgl. Fichte, J. G., Anweisung zum seligen Leben, Hamburg 1983, S. 100.

387 Fichte, Reden an die deutsche Nation, S. 233.

388 Ebd., S. 109.

389 Ebd., S. 34.

390 Ebd., S. 41.

391 Zitiert nach Dantine, S. 188f.

392 Vgl. ebd., S. 189.

393 Arndt, E. M., Der Blick aus der Zeit in die Zeit, Frankfurt 1814, S. 188ff.

394 Zitiert nach Poliakov, L., Geschichte des Antisemitismus, Bd. IV, Worms 1987, S. 97.

395 Herder, J. G., Ideen zur Philosophie der Geschichte der Menschheit, Riga u. a. 1787, S. 98.

396 Müller, A., Elemente der Staatskunst, Jena 1922, S. 229ff.

397 Vgl. Dantine, S. 190.

398 Vgl. a.a. S.191.

399 Zitiert nach ebd., S.187.

400 Zitiert nach ebd., S. 194. Vgl. ebd., S.189.
401 Schmitt, C., Politische Romantik, Berlin 1991, S. 51.
402 Fischhof, A., Oesterreich und die Bürgschaften seines Bestandes, Wien 1869, S. 2.
403 Ebd., S. 4.
404 Ebd., S. 5.
405 Ebd., S. 6.
406 Renner, K., Staat und Nation; Wien 1899, S. 20. Seit dem Ausgleich mit Ungarn im Jahre 1867 war das Habsburgerreich eine Doppelmonarchie.
407 Auch im Artikel 19 des Staatsgrundgesetzes findet sich dieser Paragraph wieder.
408 Der Bestand und Umfang der k.k. Kronländer war sicherlich nicht identisch mit den »Volksstämmen«.
409 Gumplowicz, L., zitiert nach Renner, K., S. 3f.
410 Zitiert nach Anin, M., Die Nationalitätenprobleme der Gegenwart, Riga 1910, S. 38.
411 Anin, S. 30.
412 Fischhof, S. 1.
413 Ebd., S. 63.
414 Bauer, S. 170.
415 Ebd., S. 168. Vgl. auch Hoensch, J. K., Geschichte Böhmens, München 1997, S. 114ff.
416 Anin, S. 37.
417 Bauer, S. 170ff.
418 Die Bezeichnung »Deutsche« wird deshalb verwendet, da sie dem damaligen Selbstverständnis der deutschsprachigen Einwohner der Monarchie entsprach.
419 Fischhof, S. 12.
420 Pollak, S. 61ff.
421 Ebd., S. 103.
422 Fischhof, S. 37. Er spricht in diesem Zusammenhang auch von einer »slavischen Race«.
423 Zitiert nach Pollak, S. 96f.
424 Vgl. ebd., S. 98.
425 Inwieweit es eine rassistische Entsprechung von Seiten tschechischer und anderer »slawischer« Intellektueller und Politiker gab, kann an dieser Stelle nicht hinreichend beantwortet werden.
426 Fischhof, S. 41.

427 Vgl. Klim, A., The Czechs, in: Teich, M., Porter, R., Hg., The National Question in Europe in Historical Context, Cambridge 1993, S. 238f.

428 »Der ordentliche Reichsrath wurde einberufen; die Neuwahlen in Böhmen und Mähren, bei denen durch große Anstrengungen und hohe Einflüsse einige aristokratische Stimmen den Deutschen zugeführt wurden, brachten die Tzechen wieder in die Minorität. Sie zogen sich grollend in ihr Lager zurück. Der Ausgleich mit Ungarn ward vom Reichsrathe gutgeheißen und die Verfassung vom 21. Dezember legte davon Zeugnis ab, daß die Deutschen auf der ganzen Linie Sieger blieben.« Fischhof, S. 47.

429 Urban, O., Die tschechische Gesellschaft 1848–1918, Wien 1994, S. 680.

430 Vgl. S. 681.

431 In Mähren, Nordungarn und in der Bukowina lebten darüber hinaus kleine polnische Minderheiten.

432 Vgl. Kobylinska, F., Der polnische Nationalsozialismus, in: Nationalsozialismus – Nationalismus, Frankfurt/M. 1990, S. 73.

433 Dem Verzicht auf Venetien entsprach innenpolitisch die langsame Aufgabe des Neoabsolutismus.

434 Fejtö, F., Requiem für eine Monarchie, Wien 1991, S. 127f.

435 Vgl. ebd., S 128.

436 Ebd., S. 118.

437 Hanisch, E., Der lange Schatten des Staates, Wien 1994, S. 231.

438 Anin, S. 41. »Trotz des allgemeinen Männerwahlrechts blieben die Deutschen dank der Wahlkreisgeometrie zwar privilegiert – die Ruthenen brauchten für ein Mandat 95.000 Stimmen, die Deutschen nur 37.000 Stimmen –, dennoch nahm die Zahl der slawischen Abgeordneten ständig zu.« Hanisch, E., S., 230.

439 Fischhof, S. 59.

440 Ebd., S. 63.

441 Anin, S. 34.

442 Ebd., S. 40.

443 Ebd., S. 44.

444 Renner, S. 20f.

445 Bauer, S. Vff.

446 Ebd., S. 332.

447 Fischhof, S. 61.

448 Ebd., S. 65f.

449 Ebd., S. 70f.
450 Ebd., S. 218.
451 Renner, S. 12.
452 Ebd., S. 20.
453 Renner, S. 20f.
454 Ebd., S. 27.
455 Vgl. Bauer, S. 458.
456 Vgl. ebd., S. 457.
457 Vgl. Anin, S. 43.
458 »Was man durch den Dualismus erreicht hat, ist die Verdoppelung des Nationalitätenstaates und somit die Verschärfung und Vervielfältigung des Nationalitätenkampfes. Die vierzig Jahre seit dem Ausgleiche 1867 sind von erbittertsten Kämpfen in Österreich und Ungarn erfüllt, von Kämpfen, die das Land an den Abgrund der Auflösung geführt haben.« Anin, S. 4.
459 Ebd., S. 44f.
460 Ebd., S. 61f.
461 Ebd., S. 55ff.
462 Ebd., S. 90f.
463 Güdemann, M., Nationaljudenthum, Leipzig und Wien 1897, S. 36f.
464 »Darin besteht die von uns aufgezeigte jüdische Anerkenntnis, nämlich den christlichen Zeugnissen Glauben zu schenken, daß außerhalb des Israelbundes und seiner Offenbarung Gott mit der Welt gehandelt und neue Offenbarung stattgefunden habe.« Schoeps, H.-J., Jüdisch-christliches Religionsgespräch in neunzehn Jahrhunderten, Königstein/Ts. 1984, S. 192.
465 Vgl. ebd., S. 4.
466 »Ab sofort wird, um dem Missverständniss vorzubeugen, als ob es sich für Israel je darum handeln könnte, seinen Lebenszweck vom Landbesitz abhängig zu machen, und es an die Scholle zu binden, hinzugefügt. ›Denn des Ewigen Theil ist sein Volk, Jacob das Los seines Besitzes (Moses 6, 9).‹« Ebd., S.18.
467 Ebd., S. 18.
468 »Ein Fremdling bin ich bei dir, ein Beisasse, wie alle meine Väter«. (Psalmen 39, 13).
469 Ebd., S. 19.
470 Ebd., S. 20f. Historisch verschwand so der Boden unter den Füßen des Judentums.

471 Ebd., S. 22f.

472 Ebd., S. 24.

473 »Wenn man denjenigen Juden, welchen in ihrer bisherigen Heimat der Kampf ums Dasein allzusehr erschwert wird, Gelegenheit bietet, sich anderwärts anzusiedeln, so ist dies in hohem Maß löblich und verdienstlich. Man kann nur wünschen und hoffen, dass die jüdischen Colonien, wo immer solche bereits bestehen oder künftig angelegt werden, sei es nun im heiligen Lande, oder anderwärts, ihr gedeihliches Fortkommen finden, aber es ist durchaus verkehrt, und streitet wider den Geist des Judenthums und seiner Geschichte, wenn diese an sich der höchsten Anerkennung würdige Colonisationsthätigkeit mit nationalen Bestrebungen und als die Einlösung prophetischer Verheißung hingestellt wird.« Ebd., S. 39.

474 »Die Assimilation kann nur durch Uebertreibung, welche einer Selbstaufgebung des Judenthums und seiner Principien gleichkommt, gerechten Tadel auf sich ziehen.« Ebd., S. 37.

475 Ebd., S. 35.

476 Bloch, J., Das Problem des Antisemitismus, in: Österreichische Wochenschrift, 2. Jänner 1885, S. 3.

477 Beller, St., Wien und die Juden, Wien u. a. 1993, S. 132.

478 Ebd., S. 106f.

479 Ebd., S. 142.

480 Häusler, W., Toleranz, Emanzipation und Antisemitismus, in Drabek, A. u. a., Das österreichische Judentum, Wien 1988, S. 106f.

481 Was Gottfried Küenzlen über Säkularisierung des Christentums schreibt, gilt natürlich auch für die entsprechenden jüdischen Vorstellungen: »Dies neue Geschichtsdenken, das wesentlich im Horizont immanent-diesseitigen Fortschrittsbewußtseins sich formulierte, läßt sich noch einmal zusammenfassen: Als der christliche Glaube an die Heilsgeschichte und Schöpfungsordnung, in denen der einzelne sich aufgehoben wissen konnte, im Laufe der säkularen Diesseitsorientierung seine Kraft zunehmend verlor, blieb übrig die reine Profangeschichte, die nun selbst zum Ort säkularreligiöser Hoffnungen, Erlösungssehnsüchte und Heilserwartungen wurde.« Der Neue Mensch, München 1994, S. 75.

482 Beller, S. 137.

483 Ebd., S. 155.

484 Das Vorhandensein anglo- und frankophiler Tendenzen in der

Wiener Gesellschaft ändert grundsätzlich an diesem Sachverhalt nichts.

485 Le Rider, J., Das Ende der Illusion, Wien 1990, S. 263.

486 Dabei wurde häufig geflissentlich übersehen, wie oft Autoren des deutschen Idealismus antisemitische Einstellungen aufwiesen.

487 Beller, S. 166f.

488 Viele Juden interpretierten den deutschen Protestantismus im Sinne des Calvinismus und übersahen bestehende Unterschiede zwischen den zwei Denominationen. In diesem Sinne waren nicht wenige Wiener Juden ideologische »Calvinisten«. Vor allem in den böhmischen Kronländern waren viele Juden preußenfreundlich eingestellt und hegten Vorbehalte gegen das Haus Habsburg.

489 »Zu den berühmtesten Konvertiten zum Protestantismus zählten Victor Adler, Alfred Adler, Peter Altenberg, Egon Friedell, Arnold Schönberg und Otto Weininger. Daß es so zahlreiche Übertritte zum Protestantismus gab, lag nicht so sehr, wie häufig behauptet, in dem Umstand, daß eine Konversion zum Protestantismus vermutlich einfacher war als zum Katholizismus, sondern war auch ein Zeichen der Identifikation mit den Traditionen Norddeutschlands.« Beller, St., S. 168.

490 Pollak, S. 100.

491 Beller, S. 171.

492 Ebd., S. 172f.

493 Pollak, S. 102.

494 Karl Kraus beschrieb in der *Fackel* diese Entwicklung folgendermaßen: daß sich der »Wirkungskreis des Wiener Liberalismus auf ein Premierenpublikum beschränkt hat.«

495 Mayer, S., Ein jüdischer Kaufmann 1831–1911, Wien 1926, S. 381.

496 Gaisbauer, A., Davidstern und Doppeladler, Wien 1988, S. 23.

497 Selbst-Emanzipation, Nr. 1, Wien 1. Februar 1885, S. 2.

498 Ebd., S. 2.

499 Ebd., S. 2.

500 Hackerschmidt, J., Von Kurt Blumenfeld zu Norbert Elias. Die Erfindung einer jüdischen Nation, Hamburg 1997, S. 263f. Diese auf die deutsche zionistische Bewegung gemünzte Behauptung trifft natürlich um so mehr auf die österreichische zu, da die Wurzeln des frühen Zionismus in Mitteleuropa und Rußland zu finden sind. Die Auseinandersetzung zwischen den jüdischen Aufklärern, den Maskilim, und den Chassidim in Osteuropa wird

für die Wiener Moderne als Quantité négligeable aufgefaßt und nicht weiter thematisiert. Die anderen traditionellen orthodoxen Gruppierungen spielen historisch und ebenso politisch in Wien keine wirklich entscheidende Rolle: »Die Orthodoxen (die ›Gesetzestreuen‹) aber kämpften nicht allein gegen die Preisgabe und Herabwürdigung des ›Gesetzes‹: Sie sahen in großer Sorge und ohnmächtigem Zorn (vielfach auch im bitteren Bewußtsein der eigenen Impotenz, der Unfähigkeit, mit dem emanzipatorisch-reformerischen Traum von Gleichberechtigung und Würde zu konkurrieren) auf jeden Reformschritt, ersahen in jedem einen Auflösungsschritt ... Die Reform erschien ihnen als eine selbstmörderische Reduktion des Judentums, als dessen Selbst-Liquidation.« Gaisbauer, A., S. 17.

501 »Nathan Birnbaum (Pseud. Mathias Acher) wurde 1864 in Wien als Sohn eines Kaufmannes geboren, besuchte hier die Universität, lebte später vorübergehend in Berlin und Czernowitz und starb 1937 in Scheveningen (Holland) ... Birnbaum stieg zur führenden Persönlickeit des österreichischen Frühzionismus auf: Anreger und Vorstandsmitglied des 1885 in Wien gegründeten jüdisch-nationalen Vereins ›Zukunft‹, Mitbegründer und Vorstandsmitglied des 1885 geschaffenen Kolonisationsvereins ›Admath Jeruschun‹ ... Das Auftreten Herzls verdrängte Birnbaum aus seiner führenden Position: Persönliche und ideologische Momente führten rasch zum totalen Bruch zwischen den beiden ›Zionistenführern.‹« Ebd., S. 44.

502 Birnbaum, N., Die nationale Wiedergeburt des jüdischen Volkes, Wien 1893, S. 10.

503 Ebd., S. 12.

504 Es sei daran erinnert, daß vor allem – neben dem um sich greifenden Antisemitismus in Westeuropa – die mörderischen Pogrome in Rußland Anfang der achtziger Jahre, die von der Regierung angezettelt wurden, und die antisemitischen Ausschreitungen in Rumänien den Glauben an eine gesellschaftliche Emanzipation nachhaltig erschüttert hatten. Vgl. Poliakov, L., Geschichte des Antisemitismus Bd. VII, Frankfurt/M. S. 85ff.

505 Ebd., S. 12.

506 »Spricht schon der Umstand dafür, dass dieses Land mit den Volkstraditionen und Volkshoffnungen auf das innigste verwoben ist, so dass eine jüdisch-nationale Bewegung nur dann Aussicht hat,

die ganze Judenheit mit elementarer Gewalt zu erfassen und zu begeistern, wenn sie ›Zion‹ auf ihre Fahne schreibt – so gibt es auch viele andere Gründe, welche Palästina empfehlen, ja als das einzig und allein für die Errichtung eines neuen jüdischen Gemeinwesens sinnvoll erscheinen lasse. Zunächst bietet dasselbe die relativ grössten Garantien gegen den Abfall vom Ackerbau. Der für Leib und Seele gleich beschwerliche Uebergang von städtischer zu ländlicher Arbeit, ist nur dann zu ermöglichen, wenn einerseits allzureichliche Gelegenheit zur Rückkehr in die alten gewohnten Berufe fehlt, und andererseits ein kräftiges moralisches Agens vorhanden ist, welches der Entmuthigung entgegenarbeitet.« Ebd., S. 13.

507 Ebd., S. 13.

508 Ebd., S. 15.

509 Ebd., S. 16. Birnbaum beklagt zwar die extreme Assimilationssucht – zumindest der Westjuden –, unterstellt jedoch den Juden insgesamt einen »völkischen« Charakter.

510 Ebd., S. 18.

511 Ebd., S. 21f.

512 Ebd., S. 22f. Es ist interessant, wie Birnbaum den gesellschaftlichen Optimismus der marxistischen Linken mitträgt, die im Antisemitismus nur einen »verblendet« wahrgenommenen Klassenantagonismus und die bewußte Manipulation der herrschenden Schichten sahen. Vgl Bebel, A., in: Bahr, H., Der Antisemitismus – Ein internationales Interview (1894), Königstein/Ts. 1979, S. 23ff.

513 Vgl. Birnbaum, N., in: Um die Ewigkeit – Jüdische Essays, Berlin 1920, S. 9ff.

514 Ebd., S. 5.

515 Vgl. ebd., S. 135.

516 Ebd., S. 24.

517 Birnbaum, N., Gottes Volk, Wien und Berlin 1921, S. 7f.

518 Ebd., S. 8.

519 Vgl. ebd., S. 9.

520 Ebd., S. 9.

521 Ebd., S. 8.

522 Ebd., S. 19f.

523 Ebd., S. 18.

524 Ebd., S. 22.

525 Ebd., S. 19.

526 Birnbaum, N., Im Dienste der Verheissung, Frankfurt/M. 1927, S. 20f.

527 Birnbaum, Gottes Volk, S. 24.

528 Ebd., S. 32.

529 Ebd., S. 36.

530 Die Judenheit muß alles tun, um »die Widerstandskraft gegen die Versuchung der Welt und der Zeit zu stärken, dann muß sie diese Wehren jetzt errichten, dann muß sie, Gottes tiefsten Willen erfüllend, alles, was sie in ihrer Jüdischkeit und Heiligungsfähigkeit schwächen kann, als religionsgesetzlich verboten erklären ... Sünde muß ihr die Großstadt werden, diese ergiebigste Quelle der Verheidung.« Ebd., S. 36.

531 »Die Männer und Frauen in diesem Bunde müssen in den Stadtwüsten selbst, gegen deren bedrängendste Gewalten Stand halten, Oasen eines reineren Lebens schaffen. Und sie müssen ihre Bereitesten und Geeignetsten aus den Städten hinausschicken, um Stätten zu begründen, auf denen Gemeinschaften jüdischer Menschen durch gott- und naturnahe Arbeit und unter frommer Führung zu Mustern für die Erfüllung des Sinns jüdischen Seins heranreifen.« Birnbaum, N., Im Dienste der Verheissung, S. 81.

532 Ebd., S. 74.

533 Pinsker, L., Autoemanzipation (1892), Brünn 1902, S. 7. Leo Pinsker (1821–1919) war Arzt in Odessa, er entstammte einer aufgeklärten Familie und war als Student ein glühender Anhänger der Assimilation. Unter dem Eindruck der russischen Pogrome 1881 wandte er sich von den Ideen der jüdischen Emanzipation ab und wurde einer der frühen Zionisten.

534 Ebd., S. 9.

535 Ebd., S. 9f.

536 Ebd., S. 11. Die narzistische Kränkung ist für Pinsker unerträglich, weil die Juden »ungleich den Negern, einer edlen Rasse angehören und, ungleich den Frauen, nicht allein bedeutende Frauen, sondern auch Männer, ja sogar grosse Männer aufzuweisen haben.« Ebd., S. 12.

537 Ebd., S. 11f. Seine abstruse Anklage gegen die Juden mündet deshalb in der Aussage: »So wenig wir das Recht haben, alle anderen für unser nationales Unglück verantwortlich zu machen, ebensowenig sind wir berechtigt, unser nationales Glück einzig und allein in ihre Hände zu legen.« Ebd., S . 20.

538 Ebd., S. 22.

539 Vgl. S. 25.

540 Bloch, J,. Der nationale Zwist und die Juden in Oesterreich, Wien 1886, S. 31.

541 Ebd., S. 42.

542 Ebd., S. 48.

543 Zitiert nach Dethloff, K., Hg., Theodor Herzl oder Der Moses des Fin de siècle, Wien u. a. 1986, S. 30.

544 Ebd., S. 30.

545 Vgl. Arendt, H., Elemente und Ursprünge totaler Herrschaft Bd. 1, Frankfurt/M. u. a. 1980, S. 157ff.

546 Vgl. Ley, M., Genozid und Heilserwartung. Zum nationalsozialistischen Mord am europäischen Judentum, Wien 1993, S. 122ff.

547 Dethloff, S. 18.

548 »Theodoer Herzl (1860–1904): Ein eleganter, kultivierter, ehrgeizig-unsicher-melancholischer Wiener Feuilletonist, Verfasser seichter Konventions-Lustspiele, aufmerksam sensibler Berichterstatter und Korrespondent – mit einem Wort: ein geradezu ›typischer‹ deutsch-jüdischer Literat der ›zweiten Generation‹! Und dann: ein kaum minder typischer aufgeschreckter, zutiefst verwundeter, von einer höhnenden und aggressiven Umwelt auf ein trotzig-stolzes Bekenntnis zum Jude-Sein zurückgeworfener, der Judenfrage‹ ausgesetzter Assimilant.
In einer deutsch geprägten Pester Judenfamilie aufgewachsen, als Student in Wien Mitglied einer deutschen Verbindung (die 1883 ›judenrein‹ wurde), a-religiös, dem Judentum weitgehend entfremdet, nicht ganz frei von einem weitverbreiteten assimilatorischen jüdischen Selbsthaß, Pariser Korrespondent und dann – Traum vieler Wiener Literaten! – Feuilletonredakteur der deutsch-›jüdischen‹ Zeitung der Monarchie, der ›Neuen Freien Presse‹, begann in ihm – angesichts des zunehmenden Judenhasses in Frankreich und Österreich die ›Judenfrage‹ zu schwären.« Gaisbauer, S. 82.

549 Herzl, Th., Zionistische Schriften, Berlin 1920, S. 26ff.

550 Bloch, J., Erinnerungen aus meinem Leben Bd. III, Wien 1933, S. 76.

551 Ebd., S. 76. Bloch schildert Herzls Persönlichkeit an anderer Stelle so: »Theodor Herzl war die stärkste Persönlickeit, der ich auf meiner Laufbahn begegnete, die mich anzog, der ich wärmste

Sympathien widmete, ohne daß sie erwidert wurden. Meine Person, die Wertung, die ich in vielen Kreisen geniesse, war ihm unverständlich. Nicht allein vom Judentum, seiner Geschichte und Literatur wußte er wenig, auch von den Kampfmethoden des Judenhasses waren ihm nur die französischen Formen vertraut, die er gelegentlich der Polemiken aus Anlaß des Dreyfusprozesses kennen gelernt hatte. Er war deshalb nicht in der Lage, die Abwehr und ihre Methoden zu würdigen. Von den Verheerungen, die Professor Rohlings ›Talmudjude‹ und Pfarrer Deckerts Hetzschriften angerichtet hatten, hatte er nicht die leiseste Ahnung.« Ebd., S. 81.

552 Ebd., S. 77

553 Ebd., S. 80.

554 Herzl, Zionistische Schriften, S. 256f.

555 Ebd., S. 38.

556 Dethloff, S. 27f.

557 Ursprünglich war Herzl nicht auf Palästina fixiert, sondern konnte sich auch Südamerika, die Türkei oder Uganda als Heimstätte der Juden vorstellen. Auf dem sechsten Zionistenkongreß unterbreitete er das Ugandaprojekt, das die britische Regierung 1903 angeboten hatte; die Mehrheit der Anwesenden sprach sich jedoch dagegen aus und plädierte für Palästina. Noch kurz vor seinem Tod bemühte sich Herzl beim Papst um eine Unterstützung für die Etablierung des »Judenstaates« in Palästina: »Papst Pius X. gewährte Herzl eine Audienz, wollte aber, wie seinerzeit Joseph Deckert, Jerusalem wegen der heiligen Stätten keineswegs in Judenhand fallen lassen und drohte, sollten die Juden einwandern, sie mit allen im Land verfügbaren Priestern zu taufen. Was die Anerkennung betraf, so biß Herzl hier auf Granit: Die Juden haben Christus nicht anerkannt, also kann die Kirche die Juden nicht anerkennen.« Vgl. Dethloff, S. 47.

558 Bein, A., Theodor Herzl, Wien 1974, S. 252f. »Als Herzl den ›Judenstaat‹ schrieb, stellte er sich die Society of Jews noch ›aus dem Kreise der wackeren englischen Juden, denen ich in London den Plan mitteilte‹ vor. Ein Jahr später, nach dem ersten Zionistenkongreß, hatte sich die Society schon anders konkretisiert: ›Der Basler Kongreß bedeutete die Bildung der Society of Jews gemäß Judenstaat‹, schrieb er damals in sein Tagebuch. Aber auch 1917 ist der Adressat der Balfour-Deklaration ebenfalls so

etwas wie die Society of Jews ›gemäß Judenstaat‹, wenn sich jetzt die englische Regierung, auf dem Weg über Lord Rothschild, an die ›Zionist Federation‹ wendet. Der Entwurf Herzls hatte standgehalten.« Dethloff, S. 33.

559 Ebd., S. 37

560 »Erst die Verzweifelten, dann die Armen, dann die Reichen. Die Vorangegangenen erheben sich in die höhere Schichte, bis letztere ihre Angehörigen nachschickt. Die Wanderung ist zugleich eine aufsteigende Klassenbewegung.« Herzl, Th., Der Judenstaat, Augsburg 1986, S. 56. Der Exodus der Juden soll aber nicht nur die soziale Lage der notleidenden Juden lösen, sondern auch den Antisemitismus überwinden: »Und hinter den abziehenden Juden entstehen keine wirthschaftlichen Störungen, keine Krisen und Verfolgungen, sondern es beginnt eine Periode der Wohlfahrt für die verlassenen Länder. Es tritt eine innere Wanderung der christlichen Staatsbürger in die aufgegebenen Positionen der Juden ein. Der Abfluss ist ein allmäliger, ohne jede Erschütterung, und schon sein Beginn ist das Ende des Antisemitismus.« Ebd., S. 56.

561 Ebd., S. 109.

562 »Herzl ist der Ansicht, daß die Gründung eines Judenstaates ›nur mit vollkommen gesetzlichen Mitteln einzuleiten‹ sei. Andererseits aber heißt es: ›Der Staat entsteht durch den Daseinskampf eines Volkes.‹ Der Anlaß für diesen Daseinskampf ist der ›äußere Notstand‹, durch den das Handeln des ›Staatsgestors genügend legitimiert‹ wird. Man hat gemeint, Herzl vorhalten zu können, er habe eine juristische Theorie, die der negotiorum gestio, unzulässigerweise mit einer soziologischen, der am Daseinskampf und am Notstand orientierten Theorie, vermengt. Das Problem einer politischen Lösung der Judenfrage ist jedoch zu komplex, als daß es mit dem Schema der einfachen Dichotomie zwischen ›normativ‹ und ›faktisch‹ gelöst werden könnte. Das staatsbildende Handeln des Gestors, der sich auf den Notstand beruft, ist zwar dem Prinzip der negotiorum gestio subsumierbar. Eine andere Frage ist jedoch die der Entscheidung über den Notstand – die Frage, ob überhaupt ein Notstand vorliegt oder ob er groß genug ist, ein Eingreifen des Gestors zu rechtfertigen. Dieses Problem ist durch Subsumtion prinzipiell nicht zu lösen, sondern nur durch Urteilskraft und enthält insofern ein dezisionistisches Element,

dessen sich Herzl durchaus bewußt war ... Der Staatsgestor setzt sich ja nicht als bloßen Gestor mit Urteilskraft und Entscheidungsgewalt, sondern er ist als Gestor vor allem eine moralische Person, d. h. er ist potentielles Subjekt des Völkerrechts und will die völkerrechtlichen Anerkennungsakte zwar erringen, aber nicht erzwingen.« Ebd., S. 38.

563 Ebd., S. 44f.

564 »Die assimilationswilligen jüdischen Familien, die einen Teil der kulturellen Elite Wiens bildeten, wählten den Zugang zur westlichen Gesellschaft nicht über die österreichische, sondern über die deutsche Kultur ... Die Juden wurden so zum Staatsvolk der Monarchie, solange diese eine Bastion der deutschen Kultur blieb.« Beller, S. 159ff.

565 »Die Juden sahen sich von nun an als die wahren Träger der Aufklärung. Hatten sie anfänglich geglaubt, Zugang zu einer Kultur zu finden, in der die Ziele ihrer jüdischen Gebote für alle verwirklicht werden könnten, erkannten sie gegen Ende der Periode der Assimilation, als die Bedrohung der zukünftigen Gesellschaft durch den Antisemitismus immer augenscheinlicher wurde, daß sie allein die Fahne der Aufklärung hochhielten. 1902 sagte Solomon Ehrmann in einer Rede an die B'nai B'rith: Eine ›glorreiche Zeit‹ für die Menschheit ist immer noch möglich, aber statt einer liberalen Zukunft, an der Juden teilhaben dürfen, ist es nun eine jüdische Zukunft. Mit der Schaffung eines neuen Zeitalters werde ›nicht nur die B'nai B'rith, sondern das gesamte Judentum seine Aufgabe erfüllt haben. Sie werden als unabhängige Gemeinde verschwinden, denn die gesamte Menschheit wird verjudet sein und sich mit den B'nai B'rith zusammentun.‹ Hier wurde der Triumph des Gedankenguts der Aufklärung einzig als Triumph der Lehren des Judentums gesehen, Verjudung bedeutete Aufklärung.« Ebd., S. 158.

566 »Mit der Idee vom Menschen wurde eine Aktionsebene eingeführt, die über jener der absoluten Wahrheiten der Religion, oder wenn schon nicht darüber, so zumindest außer deren Kontrolle lag. Diese keineswegs rein fiktive Vorstellung bot den Juden im 19. Jahrhundert jedenfalls eine reale Möglichkeit, in einer Gesellschaft zu leben, in der sie unabhängig von Rasse und Konfession ›einfach als Menschen‹ galten. Der Einfluß solcher Ideen scheint in den Ländern der böhmischen Krone besonders stark

gewesen zu sein, in den Gebieten also, in denen sowohl die gebildeteren jüdischen Einwanderer nach Wien als auch jene Strömung beheimatet war, die William Johnston als Böhmischen Reformkatholizismus bezeichnete. Hier machten die Juden die unmittelbare Erfahrung einer toleranten, menschlichen und humanistischen Gesinnung – selbst seitens der katholischen Kirche.« Ebd., S. 152f.

567 Herzl, Der Judenstaat, S. 50.

568 Herzl definiert die jüdisch-zionistische Identität unterschiedlich: In einer Tagebucheintragung am 28. Oktober 1895 ist er der Meinung, daß die österreichischen Juden auch in Palästina Österreicher bleiben, während er nach einer Unterredung in Paris am 16. November in seinem Tagebuch vermerkt: »Ja, man muß wählen zwischen Zion und Frankreich.« Herzl, Th., Tagebücher Bd. 1, Berlin 1922, S. 312.

569 Herzl, Der Judenstaat, S. 66.

570 Natürlich kommen ihm seine Erfahrungen im österreich-ungarischen Vielvölkerstaat zu Hilfe.

571 Vgl. Herzl, Tagebücher Bd. 1, S. 64. »Vielleicht denkt jemand, es werde eine Schwierigkeit sein, dass wir keine gemeinsame Sprache haben. Wir können doch nicht Hebräisch miteinander sprechen. Wer von uns weiss genug hebräisch, um in dieser Sprache ein Bahnbillet zu verlangen? Das gibt es nicht. Dennoch ist die Sache sehr einfach. Jeder behält seine Sprache, welche die liebe Heimat seiner Gedanken ist … Wir werden auch drüben bleiben, was wir jetzt sind, so wie wir nie aufhören werden, unsere Vaterländer, aus denen wir verdrängt wurden, mit Wehmuth zu lieben.« Herzl, Der Judenstaat, S. 115.

572 Jeder ist in seinem Bekenntnis oder in seinem Unglauben so frei und unbeschränkt, wie in seiner Nationalität. Und fügt es sich, dass auch Andersgläubige, Andersnationale unter uns wohnen, so werden wir ihnen einen ehrenvollen Schutz und die Rechtsgleichheit gewähren.« Ebd., S. 115.

573 Ebd., S. 115.

574 Herzl, Tagebücher, Bd. 1, S. 64.

575 Herzls Vorbild bei der Staatsgründung ist das Deutschland Bismarcks; gegenüber dem jüdischen Philantropen Baron Hirsch bemerkte er: »Glauben Sie mir, die Politik eines ganzen Volkes – besonders, wenn es so in aller Welt zerstreut ist – macht man nur

mit Imponderabilien, die hoch in der Luft schweben. Wissen Sie, woraus das Deutsche Reich entstanden ist? Aus Träumereien, Liedern, Phantasien und schwarz-rot-goldenen Bändern ... Bismarck hat nur den Baum geschüttelt, den die Phantasten pflanzten.« Tagebücher Bd. 1, S. 33. Nike Wagner bemerkt zu Herzls Deutschtümelei: »Herzl, Schönerer, Lueger sind Äpfel vom selben Stamm, Erben der Schäden, die der Liberalismus hinterlassen hatte und die der großdeutsche Gedanke nun retten soll. Sind die Söhne der liberalen Generation Künstler, so regredieren sie in Ästhetizismus, Psychologie und Ich-Kult, so die Wiener Moderne: eine Schwärmerei für Bismarck und für den Anschluß an den ›Kulturstaat Deutschland.‹« In: Herzl, Der Judenstaat, S. 31.

576 »Nichts hindert uns, die Träger des Menschheitsgedankens auch auf unserem eigenen Grund und Boden zu sein und zu bleiben. Wir müssen zu diesem Zweck nicht tatsächlich unter den Völkern, die uns hassen und verachten, wohnen bleiben. Wollen wir in unseren jetzigen Zuständen den Universalgedanken der grenzenlosen Menschheit verwirklichen, so müßten wir mit der Vaterlandsidee kämpfen. Die ist aber noch für unabsehbare Zeit stärker als wir.« Herzl, Tagebücher, Bd. 1, S. 264f.

577 Herzl, Th., Altneuland, Leipzig 1902.

578 Herzl erweist sich hier als technologischer Utopist, indem er die Technologie zur Zivilisationskraft überhöht.

579 Schon im »Judenstaat« schreibt Herzl über die moderne Technik und ihre humanistischen Wirkungen: »Die Gestaltung der socialen Frage hängt nur von der Entwicklung der technischen Mittel ab ... Jedenfalls werden die technischen Erfinder die wahren Wohltäter der Menschheit.« S. 119.

580 Herzl unterscheidet sich von anderen Nationalisten dadurch, daß er den Nationalismus nicht romantisch und völkisch begründet, sondern ihn auf einer technischen Utopie aufbaut.

581 Herzl übersieht in seiner Konzeption, daß jeder »erfolgreiche« Nationalismus die Homogenisierung der Gesellschaft vorantreiben muß. Erst die Homogenität macht die Gesellschaft zum Subjekt eines kollektiven politischen Willens. Heterogene Gesellschaften können nur als nicht-nationalistische Kollektive funktionieren. Vgl. Nationalismus als politische Religion der Moderne, in: Ley, M., Apokalypse und Moderne. Aufsätze zu politischen Religionen, Wien 1997, S. 188ff.

582 Dethloff, S. 48.

583 Ebd., S. 49.

584 Zitiert nach ebd., S. 49.

585 »Herzl hat niemals die rein juristisch motivierte ›Volkspersönlichkeit‹ gegen eine ›Völkerseele‹ eingetauscht. Eine Volksseele hatte er schon in Frankreich bei Barrès kennengelernt und sie im Zusammenhang mit dessen Antinominismus analysiert. Die antinomistische Ansicht von der Lebensfeindlichkeit des Gesetzes in einem von der Halacha geprägten Judentum und in einem gesamteuropäischen Rahmen ist aber auch der Hintergrund von Bubers Theorie der ›Völkerseelen‹. Bezeichnend für Bubers Antinominismus ist, daß er sich im Namen eines ›Urjudentums‹ nicht nur gegen Herzls politisch-juristischen Zionismus kehren konnte, sondern später, unter dem Firmenbild der ›Gesinnung der Verwirklichung‹, auch gegen Hermann Cohens normativistisch begründeten Antizionismus, den Buber als ›Gesinnung des Vertrags‹ bekämpfte.« Ebd., S. 50.

586 Ebd., S. 53.

587 Ebd., S. 57.

588 Die in der Literatur oft genannten unterschiedlichen Äußerungen über die Lage der Juden in der Bukowina und Galizien seien damit dahingestellt und anderen Ansichten überlassen.

589 »Der leidenschaftliche Haß, von dem wir reden, ist nicht wie jeder andere; er ist grauenhaft verwickelt. Er ist dreifach und doch nur einfach: beides zugleich. Er ist zusammengesetzt aus dem Rassenhasse, welcher den angeblich fremden Volksstamm aus dem Lande zu drängen strebt, aus dem Religionshasse, dem die Anrufung des einzigen Adonai ein Pfahl im Fleische ist und der diese Bekenner vom Erdboden vertilgen möchte, und aus jenem socialistischem Hasse, der es auf Beraubung der Individuen, auf Vernichtung ihres Wohlstandes abgesehen hat. Das hat dem Hasse jene Weite, jene Ausdehnung unserer Zeit gestempelt. Die nationalen, die confessionellen und die wirthschaftlichen Parteien sind gleichmäßig von ihm vergiftet.« Bloch, J., Der nationale Zwist und die Juden in Oesterreich, Wien 1886, S. 8.

590 Ebd., S. 20.

591 Ebd., S. 21.

592 »In dem Schmelztiegel des nationalen Feuereifers, wie ihn der deutsch-französische Krieg entzündet hatte, in der Fieberglut des

leidenschaftlichen Culturkampfes, dem die Herstellung einer deutschen Nationalkirche als Ziel gesteckt war, mußten die zarten Empfindungen der Toleranz sich auflösen und verflüchtigen.« Ebd., S. 21.

593 Bloch ruft in Erinnerung, daß alle Formen der Assimilation die Ablehnung der Juden nicht überwinden konnten. »Sein bestes Selbst, die heiligsten Heiligthümer seiner Ahnen, die ruhmreichsten Traditionen seiner Geschichte hat er (der Jude) preisgegeben, um die Volksgunst einzutauschen, oder wie er sich ausdrückte, dem ›Zeitgeist‹ zu huldigen. Seine Synagogen hat er in Kirchen umgewandelt, seine Rabbinen sind Geistliche geworden, aus seinen Gebeten hat er die erhebendsten Erinnerungen an die Tage der Leiden und Drangsale ausgemerzt, und er verschmähte selbst die gesellschaftlichen Untugenden nicht, nur um jede Besonderheit abzustreifen und eine Gleichförmigkeit mit den Sitten und Gewohnheiten der christlichen Bevölkerung herbeizuführen. Trotzdem wird er von der Gesellschaft als Fremder betrachtet, nicht als Einheimischer. Er ist das Stiefkind, das Aschenbrödel, oder wie ein jüdischer Patriot es bezeichnete: das Adoptivkind, dessen Rechte bestritten werden, und welches die älteren Brüder von Zeit zu Zeit vor die Türe setzen; er gilt nie als legitimes Kind des Vaterlandes.« Ebd., S. 31f.

594 Bloch, J. Gegen die Antisemiten, Wien 1982, S. 3f. »Unsere Gegner wissen, wohin sie steuern; sie wissen, daß auch die stärkste Regierung auf die Dauer einer mächtigen Volksbewegung nachgeben muß. Sie verfügen über große und reiche Mittel, die ihnen von allen Seiten offen und geheim zufließen, über eine wohlorganisirte Presse mit großen Journalen, die täglich erscheinen und ausschließlich ihr dienstbar sind. Will indeß ein jüdischer Gelehrter, auf die empörenden Erdichtungen und Verleumdungen, welche jene Schmutzpresse täglich gegen den Talmud und die jüdischen Religionsschriften in die Öffentlichkeit schleudert, einmal antworten, so verschließen ihm die ›liberalen‹ Journale ihre Spalten: sie wollen nicht Judenblätter heißen! Ebd., S. 1.

595 Bloch, Der nationale Zwist und die Juden in Oesterreich, S. 33.

596 Ebd., S. 32. Er hebt diesen Punkt an einer anderen Stelle nochmals hervor, wenn er schreibt: »Ja wohl, es war eine arge Täuschung, als man glaubte, der nationale Bacillus sei ein guter Impfstoff zum Schutz gegen die antisemitische Cholera: durch die Ver-

breitung des Giftstoffes ist die Pest erst recht hereingebrochen. Man hat der Krankheit die Wege gebahnt, die Gemüther für die geistige Verirrung gehörig präparirt.« Ebd., S. 38.

597 »Die ›Assimilatoren‹, die so oft so widerlich zudringlich speziell dem deutschen Volke sich trotz aller erfahrenen herben Zurückweisung als ›Stammesgenossen‹ anmuthen und aufdrängen, diese eigentlich haben die starke Reaction des Antisemitismus in den deutschen Kreisen geweckt und genährt.« Ebd., S. 38f.

598 Ebd., S. 40.

599 Ebd., S. 37f. In seinen *Erinnerungen* schreibt Bloch über den Versuch von Adolf Fischhof, den Konflikt zwischen Tschechen und Deutschen durch die Gründung einer Volkspartei, in der alle Demokraten des Vielvölkerstaates vertreten sein sollten, die ethnischen Auseinandersetzungen zu überwinden. Am 16. August 1882 wurde ein Aktionskomitee einberufen: »Auch ich befand mich unter den Anwesenden und ich erinnere mich mit Wehmut und Trauer, wie die für alle Völker Österreichs nur Segen verheißende Versammlung gewaltsam gesprengt wurde – durch sogenannte jungdeutsche Parteimänner und großenteils jüdische Studenten unter der Führung Heinrich Friedjungs, damals der Herausgeber der *Deutschen Wochenschrift.* Nicht bloß die führenden deutsch-liberalen Tagesblätter, auch die gesamte Wiener jüdische Bevölkerung sprach in den feindseligsten Ausdrücken von diesem Versuch Fischhofs, angeblich die bevorrechtete Stellung der Deutschen in Österreich zu schädigen ... Fischhof, über die Angriffe gerade jüdischerseits ebenso verwundert wie verärgert, bemerkte in einem Gespräch mit dem Schreiber dieser Erinnerungen: ›Die Wiener Juden ahnen kaum welch bösartige Reaktion in Begleitung eines rasenden Antisemitismus hereinbrechen wird; mein Versuch zur Gründung der Volkspartei hätte das voraussichtlich vermieden. Nun haben die Juden selber den Rettungsversuch verhindert.‹« Bloch, Erinnerungen aus meinem Leben Bd. 1, S. 57.

600 Bloch, Der nationale Zwist und die Juden in Oesterreich, S.26f.

601 »Antisemitische Parteiführer jüdischer Abstammung waren auch in Wien nicht selten. So der Obmann des Katholischen Schulvereins Dr. Kaspar Schwarz ... Judenstämmling war auch Dr. Porzer, der hervorragende einflußreiche katholische Führer und antisemitische Vizebürgermeister von Wien.« Bloch, Erinnerungen ... Bd. 1., S. 175.

602 Über die nationalen Kämpfe in Böhmen schreibt er, »daß an den meisten aufreizenden Demonstrationen und leidenschaftlichen Enunciationen, durch welche die deutsch-nationale Bevölkerung Nordböhmens sich selbst in die Verbitterung hineinredete, auch Männer jüdischen Stammes und jüdischer Confession in hervorragender Weise activ theilgenommen haben. Pflicht und Aufgabe der Juden, als einer winzigen, ohnmächtigen und stets angefeindeten Minderheit war es, auf eine Verständigung, oder wenigstens Milderung der bestehenden Gegensätze, auf eine Abkühlung der erhitzten Leidenschaften, eine Ernüchterung der berauschten Köpfe hinzuarbeiten, um ein friedliches Zusammenleben der Nationalitäten, Volksstämme und Confessionen des Landes anzubahnen. Nur die weiseste nationale Toleranz kann den Juden Schutz bieten gegen die schlummernden Antipathien und den heimlich lauernden Haß. Statt dessen sah man in allen deutschnationalen Versammlungen speciell die Juden als die kühnsten Bannerträger der nationalen Exclusivität, als die maßlosesten Propagandisten der politischen Intoleranz.« Bloch, J., Der nationale Zwist und die Juden in Oesterreich, S. 36f.

603 Bloch, Erinnerungen ... Bd. 1, S. 166.

604 Der oben erwähnte Heinrich Friedjung war ein Anhänger dieser Ideologie. Bloch zitiert einen Artikel aus dessen *Deutscher Wochenschrift*; dort ist über die Assimilation der Juden zu lesen: »Christen und Juden haben die Aufgabe, die nothwendige Germanisation eines zähen, fremdartigen Volkselementes zu vollenden, zumal die Juden müssen sich darum bemühen, durch unablässige strenge innere Arbeit; sie dürfen nicht sofort empfindlich werden, wenn ihnen diese Pflicht auch in ernster, selbst rauher Weise ins Bewußtsein gerufen wird.« Bloch, Der nationale Zwist und die Juden in Oesterreich, S. 52.

605 »Die Vorliebe des deutsch-nationalen Oberpublicisten (Friedjung) für die ›angeborene Humanität des Griechenthums‹ ist gleichwohl nicht unerklärlich. Der nationale Chauvinismus, die elende Menschenmäkelei, welche die einzelnen Volksstämme zur gegenseitigen Ueberhebung und zum Unfrieden treibt, hat in Griechenland seine Urheimat. Der nationale Hochmut, bis zur Barbarei entartet, der in Oesterreich in der Gestalt des widerwärtigen Zwistes der Nationalitäten, in Deutschland in der unbarmherzigen Ausweisung aller Fremdländer in Erscheinung tritt, ist echt

griechisch. Athen, nicht humaner als Sparta, sah in dem Fremden den Barbaren, den Halbmenschen, den Feind ... Der Fremde in Palästina war nicht bloss im Genuß der ihm gesetzlich garantirten vollen Gleichberechtigung, es standen ihm auch alle Aemter und Würden des Staates offen ... ›Du sollst den Fremdling lieben wie dich selber‹, lautet wörtlich das Gesetz.« Ebd., S. 83f.

606 »Die jüdischen Maulhelden des nationalen Chauvinismus sind lebendige Zeugen dafür, daß die moderne antisemitische Barbarei lediglich in der nationalen Intoleranz den Urgrund hat. Geschieht es doch, daß selbst Juden, getaufte und ungetaufte, so dieser Zeitverwirrung anheimfallen, dem Judenhaß Heeresfolge leisten. Losgelöst von dem jüdischen Geist, ohne Pietät für die altehrwürdige Geschichte ihres Volkes, ohne Herz für dessen Geschick, kämpfen sie ohne Scheu in den Reihen unserer Gegner.« Ebd., S. 51.

607 »Und wenn das Judenthum gar keine andere Mission in der Völkergeschichte mehr zu erfüllen hätte, als gegen die wiedererwachte heidnische Barbarei des Nationalhasses stets und unablässig zu protestieren, angesichts der wilden Befehdung und Selbstzerfleischung, dahin der wahntrunkene Chauvinismus alle Volksstämme und Nationalitäten, ja die Gesamtvölker Europas geführt hat – An das Menschenthum zu mahnen, an die Zusammengehörigkeit zu einer Menschenfamilie.« Ebd., S. 91.

608 Bloch, Erinnerungen ... Bd. 1. S. 53f.

609 Bloch, Der Nationale Zwist und die Juden in Oesterreich, S. 27f.

610 Er untermauert sein Argument mit der Lage der Juden in Galizien, und der Bukowina, die dort eine mehr oder weniger geschlossene ethnische Gruppe bildeten. Der Antisemitismus war in diesen Ländern weniger ausgeprägt als in den übrigen Teilen der Monarchie, was er auf geringere Assimilation und auf die Beibehaltung einer eigenen jüdischen Identität und Ethnizität zurückführte. Ebd., S. 31.

611 Vgl. ebd., S. 41.

612 Ebd., S. 41.

613 »Wer in Österreich die Fahne des Racenhasses aufpflanzt, die confessionellen und nationalen Gegensätze statt mit patriotischer Hingebung zu mildern, in ihrer ganzen Schroffheit hervorkehrt, die Bürger gegeneinander reitzt und hetzt, der unterwühlt die Fundamente, auf denen der Staat ruht.« Ebd., S. 42.

614 Ebd., S. 42.

615 Ebd., S. 47.

616 Vgl. S. 48.

617 Ebd., S. 41.

618 Ebd., S.45f. Hier zeigt sich die religiöse Dimension in Blochs idealem Staat; an anderer Stelle nimmt er diese Gedanken wieder auf: »Wenn wir diese Mission scharf in's Auge fassen, so durchzittert uns, wie vor Anbruch des Lenzes, da ein unnennbares Sehnen die erwachende Natur durchzieht, die stille Freude das Herz im Angesicht dessen, daß in ihr die Idee des Judenthums ihren schönsten und höchsten Triumph feiert. In der Mission Oesterreichs erfüllt sich die Sendung jenes großen, gottbegabten Geistesheros, welcher zugleich mit dem Monotheismus den kategorischen Imperativ – »Einerlei Gesetz für den Alteingesessenen und Fremden« – eingeführt hat; die Sendung des Mannes, welchem Gott in dem brennenden Dornbusche erschienen ist. Und die Moral hievon? An Oesterreich, an's theure schließe dich. Das Judenthum stelle sich und sein reiches Arsenal in den Dienst des österreichischen Staatsgedankens.« Ebd., S. 49.

619 »Als das Werk 1937 im Burgtheater uraufgeführt wurde, war – Zeichen der Zeit – die wichtigste Passage gestrichen worden, wo der jüdische Militärarzt auf den Sarg des toten Kameraden, der Wert und Eigenart der alten Monarchie verkörperte, ›Erde aus Österreich‹ wirft.« Früh, E., Franz Csokor, ein Frondeur, in: Franz Theodor Csokor, 3. November, Der verlorene Sohn, Gottes General, Wien 1993, S. 252.

620 »In der Beurteilung der letzten Phase der Monarchie wird man, im Bewußtsein der Entwicklungen seit 1989, vielleicht etwas vorsichtiger sein müssen. Bisher galt nahezu uneingeschränkt die These, daß ein dem Untergang geweihtes staatliches und gesellschaftliches Gebilde, das sich längst überlebt hatte, vor seinem Zusammenbruch noch wie eine geistige Supernova eine kulturelle Explosion produziert hatte, die Wien zu einem Zentrum der europäischen Kultur des Fin de siècle hatte werden lassen, und daß es allein diese Kultur sei, die auch weiterhin als Dokument österreichisch-europäischen Geistes gepflegt und tradiert werden sollte: Mahler, Freud, Hofmannsthal und Klimt als das angenommene europäische Erbe der Monarchie. Unter gewandelten historischen Bedingungen läßt sich vielleicht aber, gerade aus euro-

päischer Perspektive, auch ein gewandelter Blick auf das Musilsche Kakanien werfen.« Liessmann, K., Der Aufgang des Abendlandes, Wien 1994, S. 110f.

621 »Die Vernichtung des österreichisch-ungarischen Staates fand zu einer Zeit statt, da die Entwicklung der Weltwirtschaft die Bildung größerer Einheiten begünstigte. Ein relativ gut eingespieltes Ganzes wurde durch ein Mosaik von kleinen Staaten ersetzt, die weder homogen noch weniger multinational waren als das Reich, das man unter dem Vorwand seines Multinationalismus zerstört hatte.« Fejtö, F., Requiem für eine Monarchie, Wien 1991, S. 12.

622 Ebd., S. 112.

623 Pollak, M., Wien 1900, Konstanz 1997, S. 153f.

624 Le Rider, J., Mitteleuropa, Wien 1994, S. 13.

625 Vgl. Ebd., S. 18.

626 Ebd., S. 49f

627 »Im Fin de siècle wurde der Reichsbegriff schließlich nach unzähligen Amalgamierungen und propagandistischen Manipulationen für so gut wie alles brauchbar. Vom christlichen Universalismus der Romantiker katholisch-habsburgischer Herkunft bis zum preußischen Protestantismus, einer konservativen, neoaristokratischen Strömung und dem modernitätsbewußten Liberalismus fanden alle politischen Strömungen des deutschsprachigen Mitteleuropa in der Reichsidee ein wichtiges Stichwort.« Ebd., S. 53.

628 Hofmannsthal, H. von, in: Oesterreichische Aufsätze und Reden, Wien 1956, S. 108. Seine religiöse Überhöhung der mitteleuropäischen Idee ist eine konservative Version im Bereich der politischen Religionen, wenn er an anderer Stelle schreibt: »Österreich ist die besondere Aufgabe, die dem deutschen Geist in Europa gestellt wurde. Es ist das vom Geschick zugewiesene Feld eines rein geistigen Imperialismus ... Österreich muß als die deutsche Aufgabe in Europa wieder und wieder erkannt werden. Denn Österreich bedarf ohne Unterlaß des Einströmens des deutschen Geistes: Deutschland ist ihm Europa ... Das Höchste deutschen Lebens, unter einer hohen Spannung gegeben und genommen, ist auch für unsere Slawen, ob sie es in verworrenen und getrübten Zeiten wahr haben oder nicht, Leben des Lebens. Und dies an sie zu geben, sind wir ihnen schuldig.« Ebd., S. 121.

629 Gleichzeitig hat Hofmannsthal zukunftsweisende Ansichten, die seinen vorher zitierten Passagen zuwiderlaufen, wenn er schreibt:

»Aber zugleich ist in unserem Volkstum, dem deutschen wie dem slawischen, unmeßbar viel Junges und Unverbrauchtes, und hier wieder klingt der Begriff eines europäischen Amerika an. Im besondersten Sinne schreibe sich der deutsche Geist, der kühn und erobernd ist, zu Taten erwacht und doch an alten Träumen hängend, über jedes Tor, das nach Österreich führt: ›Hier oder nirgends ist Amerika.‹« Ebd., S. 121f.

630 Le Rider, S. 61.

631 Zitiert nach ebd., S. 89f.

632 Die früher oft geäußerte Einschätzung der Monarchie als »Völkerkerker« kann sicherlich nicht aufrechterhalten werden, insbesondere nicht für den zisleithanischen Teil der Monarchie.

633 Fejtö, S. 11. Nach der Niederlage Napoleons wäre andererseits niemand auf dem Wiener Kongreß auf die Idee gekommen, Frankreich zu zerstückeln.

634 Ebd., S. 307.

635 Ein französisches Beispiel mag diesen Sachverhalt erläutern: Unter dem Druck der Auseinandersetzung mit dem Deutschen Reich am Vorabend des Ersten Weltkriegs entstand ein politischer Konsens zwischen den ansonsten im Klassenkampf stehenden erbitterten Feinden, der stärker war als die früheren sozialen Auseinandersetzungen. Die Arbeiterorganisationen stimmten der Bildung der »Union Sacrée« zu, um das Land zu einigen und auf den bevorstehenden Krieg vorzubereiten.
Klaus Theweleit beschreibt sehr genau die Aspekte totalitärer Sichtweisen im Ersten Weltkrieg anhand von Kriegsschriften und Selbstzeugnissen deutscher Soldaten und insbesondere von Offizieren. Vgl. Männerphantasien, Reinbek bei Hamburg 1980.

636 »Die Nutzlosigkeit der Bestrebungen zur Kriegshumanisierung zeigte sich im Ersten Weltkrieg mit eruptiver Deutlichkeit ... Dies gilt von den ›völkerrechtswidrigen‹ Kriegsmethoden, deren Anwendung durch den Feind mit stürmischer moralischer Entrüstung aufgenommen, die aber in beiden Lagern unentwegt durchgeführt wurden.« Hirschfeld, K., Sittengeschichte des Ersten Weltkrieges, Hanau o. J, S.492.

637 Ebd., S: 372. Er charakterisiert den französischen Premier Clemenceau folgendermaßen: »Clemenceau war ein leidenschaftlicher Mann der Linken, aber vor allem Nationalist und ... Chauvinist. Ebd., S. 269.

638 Ebd., S. 356f.

639 »Wir entdecken eine Kultur wieder, die aus heutiger Sicht nicht auf den Untergang unserer Zivilisation, sondern auf das Ende der Einheit Europas hindeutete; nicht seine Zerstückelung ankündigte – das war die Folge eines absurden, von einem größenwahnsinnig gewordenen Deutschland 1914 vom Zaun gebrochenen Krieges –, sondern seine zukünftige multinationale Einheit.« Ebd., S. 157.

640 »Es klingt fast banal, wenn man heute feststellt, daß der totale Sieg von 1918 und die daraus resultierenden Friedensverträge den grauenhaften Neoimperialismus Hitlers und den Expansionismus der Sowjetunion ermöglicht haben. Letztere konnte als Dank für ihre Unterstützung bei der Niederwerfung Hitlers fast ganz Mitteleuropa einstecken.« Ebd., S. 12.

641 Pauly, B., Der Weg in den Nationalsozialismus, Wien 1988, S. 22.

642 Ebd., S. 26ff.

643 Nach der Auflösung der »Alldeutschen Partei« Schönerers entstand in den Jahren 1903/04 die »Deutsche Arbeiterpartei«, der unmittelbare Vorläufer der »Nationalsozialistischen Partei« in Österreich. Im Gegensatz zu Schönerer unterstützte die Partei die Habsburg-Monarchie bis zu ihrem Untergang. Gleichzeitig befürwortete sie ein Bündnis mit Deutschland; sie verlangte vage formulierte radikale soziale und wirtschaftliche Reformen und propagierte eine »deutsche Volksgemeinschaft«. 1918 wurde die politische Losung Schönerers einer Angliederung Deutsch-Österreichs an Deutschland wieder aufgegriffen und eine Gebietserweiterung um »Deutsch-Böhmen« gefordert.

644 Ebd., S. 39.

645 »Die österreichische nationalsozialistische Partei hatte während des ersten Halbjahres 1933 vermutlich den Gipfel ihrer Stärke und Popularität erreicht, als sie wirklich für sich beanspruchen konnte, eine Massenbewegung zu sein. Über ein Drittel der Bevölkerung unterschrieb zumindest einen Teil ihres Programms … Der nationalsozialistische Propagandasturm schuf bei lokalen Wahlen im Frühjahr 1933 einen ihrer größten Wahlerfolge und veranlaßte Dollfuß, alle weiteren Wahlen abzusagen.« Ebd., S. 104.

646 Vgl. ebd., S. 105ff.

647 Theo Habicht, nationalsozialistischer Reichstagsabgeordneter und gleichzeitig Landesinspekteur der österreichischen NSDAP for-

mulierte dieses im Jahr 1932 klar: »Österreich ist die Schlüsselstellung im Herzen Europas. Wer Österreich besitzt, beherrscht Mitteleuropa.« Zitiert nach Hanisch, E., Der lange Schatten des Staates, Wien 1994, S. 319.

648 Durch den Machtantritt der Nationalsozialisten in Deutschland wurde die alte Bedrohung des mitteleuropäischen Raumes durch den deutschen und den russischen bzw. sowjetischen Imperialismus zur blutigen Realität: »Nach der ›Kriegszieldiskussion‹ des Ersten Weltkrieges wurden die ehemaligen ›Mittelmächte‹ Deutschland und Österreich in den Jahren nach dem Kriegsende und den Gebietsverlusten bei den Verträgen von Versailles und Saint-Germain zunehmend von einer Friedenszieldebatte erfaßt, die auf die Revision der Grenzziehungen in den Friedensverträgen drängte. Die Deutschnationalen und die Großdeutschen wurden dabei mehr oder weniger unfreiwillig zu Verbündeten der Sowjetunion, die nach den gleichfalls einschneidenden Gebietsverlusten am Ende des Ersten Weltkriegs zur anderen Großmacht der Zwischenkriegszeit aufstieg und ebenfalls die ›Revision‹ der von den westlichen Alliierten beschlossenen Neuordnung förderte. Der deutsche Generalstab, vor allem General von Seeckt, und die deutsche Großindustrie sahen bald ein Bündnis mit der UdSSR als begrüßenswertes Gegengewicht gegen die Beschränkung aus dem Versailler Vertrag an, während die Regierenden in der Sowjetunion nach dem Scheitern der deutschen rätekommunistischen Novemberrevolutionen und dem Mißlingen der bolschewistischen Machtübernahme in Polen und den baltischen Staaten zu einer ›realpolitischen‹ Haltung in der Außenpolitik zurückkehrten.« Le Rider, S. 131.

649 Zitiert nach Wistrich, R., Der antisemitische Wahn, Ismaning bei München 1987, S. 372.

650 Daim, W., Der Mann, der Hitler die Ideen gab, Wien 1985, S.195.

651 Zitiert nach ebd., S. 196.

652 Vgl. ebd., S. 201.

653 Ebd., S. 204.

654 Vgl. ebd., S. 197.

655 Ebd., S. 198.

656 Hitler, A., Mein Kampf, München 1934, S. 372.

657 Ebd., S. 69f.

658 Wistrich, R., S. 21.

659 Hitler, S. 751.

660 Vondung, K., Die Apokalypse in Deutschland, München 1988, S. 279.

661 Hillberg, R., Die Vernichtung des europäischen Judentums, Berlin 1982, S. 18.

662 Vgl. ebd., S. 15.

663 Zitiert nach Heer, F., Der Glaube des Adolf Hitler, Frankfurt/M. u. a. 1989, S. 300.

664 Vgl. Zitelmann, R., Hitler, Hamburg u. a. 1987, S. 342.

665 Voegelin, E.,. Die politischen Religionen, Stockholm 1939, S. 41.

666 Dawidowicz, L., Der Krieg gegen die Juden, München 1979, S. 8.

667 Maccoby, The Sacred Executioner, New York 1982, S. 7.

668 Hitler, A., Sämtliche Aufzeichnungen, herausgegeben von Jäckel, E., Stuttgart 1980, S. 88f.

669 Ebd., S. 119.

670 Heer, S. 365.

671 Davis, N., Human Sacrifice, New York 1981, S. 21.

672 Zitiert nach Stern, J. P., Hitler, München u. a. 1978, S. 195.

673 Dawidowicz, S. 152.

674 Girard, Das Heilige und die Gewalt, Zürich 1987, S. 390.

675 Vgl. Winckler, H. A., Einleitende Bemerkungen, in: Winckler, H. A., und Kaeble, H., Hg., Nationalismus, Nationalitäten, Supranationalität, Stuttgart 1993, S. 9f.

676 Alter, P., Nationalismus, Frankfurt/M. 1985, S. 131.

677 Vgl. Beyme, K. von, Systemwechsel in Osteuropa, Frankfurt/M. 1994, S. 76.

678 Mommsen, M., Einleitung, in: Mommsen, M., Hg., Nationalismus in Osteuropa, München 1992, S. 12.

679 Schödl, G., Die Dauer des Nationalen, in: Winckler, H. A. und Kaeble, H., S. 141.

680 Ebd., S. 129.

681 Gellner, E., Nationalismus und Moderne, Berlin 1991, S. 73ff.

682 Beyme, K. von, S. 149.

683 Schödl. G., S. 152ff.

684 Die wiedererscheinenden Irredentismen zeigen, wie weit deren Protagonisten noch dem Denken des 19. Jahrhunderts verhaftet sind. Territoriale Erweiterungen dienen im 20. Jahrhundert nicht mehr einer größeren Machtentfaltung. Macht wird durch ökonomische Stärke erzielt und nicht mehr über größere Gebiete.

685 Vgl. Brix, E., Hg., Civil Society in Österreich, Wien 1998. »Die Widersprüchlichkeit des ›Nachlasses‹ der Habsburgermonarchie für ein heutiges Nachdenken über die politische Identität Mitteleuropas findet ihre Verkörperung in der Gegensätzlichkeit zweier wahrhaft antithetischer Personen, Richard N. Coudenhove-Kalergi und Ludwig Gumplowicz. Coudenhove-Kalergi schlug 1924 in seinem Buch ›Pan Europa‹ eine Neuorganisation der Weltordnung rund um ein kontinentales Pan-Europa vor, aus dem das britische Reich und das russisch-sowjetische Reich ausgeschlossen bleiben sollten … Diese paneuropäische Vision wird von einem Vertrauen liberaler Herkunft in den kulturellen, wissenschaftlichen und technischen Fortschritt getragen, das sich von vier Feinden bedroht sah: den chauvinistischen Nationalisten, den Kommunisten, den Militaristen und den protektionistischen Industriekartellen. Der Entwurf ist zweifellos von der großen Idee inspiriert, die von der österreichisch-ungarischen Monarchie verkörpert worden war und die sich, als eine Art rationeller Mythos, erst nach dem Zusammenbruch des multinationalen Habsburgischen Staates zu entfalten begann … Ludwig Gumplowicz dagegen zeigt uns die habsburgische Welt in einem ganz anderen Licht. Die Geschichte der Menschheit besteht für ihn aus dem Rassenkampf und aus den Kriegen … Wenn ich Gumplowicz nicht außer Acht lassen wollte, so um zu unterstreichen, daß das Projekt Mitteleuropa, wie es sich vor 1914 entfaltet hat, ohne eine eingehende Kritik keinesfalls als Bezugsrahmen der Gegenwart dienen kann.« Le Rider, J., S. 75ff.

686 »Hätte man Österreich als einen von seinen Völkern frei gesetzten Staat gebildet, wie es 1848 vorgeschlagen wurde, so hätte man dieses bedeutende Staatsgebilde in der Mitte Europas vielleicht retten können, denn das hätte die Möglichkeit geboten, die Bevölkerung zu überzeugen – einschließlich der Nationalisten –, daß sowohl sie als auch ihre Interessen durch diesen Staat vertreten sind.« Beller, St., Brüssel darf nie Wien werden!, in: Die Presse vom 8. 8. 1998 , S. IV.

687 »Es gibt eigentlich nichts, das gegen den Versuch einer Festigung Mitteleuropas durch eine Vielzahl von bilateralen, regionalen und gesamteuropäischen Verträge spräche, die zum Zusammenwachsen der beiden – fast ein halbes Jahrhundert lang getrennten und unterschiedlichen Gesellschaftssystemen ausgesetzten – europäischen Hemisphären beitragen könnte.« Le Rider, J., S. 161.

688 Die ökonomische Vormachtstellung Deutschlands in diesem Raum wird sicherlich sich weiter fortsetzen; ob aber Mitteleuropa nach Jahrhunderten kriegerischer und imperialistischer Expansionen nun gleichsam ökonomisch beherrscht wird, wird die entscheidende Frage sein.

689 »Weil aber die Vorstellung, Europa könne in zwei Hälften geteilt werden – hier eine europäische Gemeinschaft, dort ein unter deutschem Einfluß stehendes Ostmitteleuropa – gewiß noch über einige Lebensfähigkeit verfügt, ergibt sich für Österreich trotz seiner bescheidenen wirtschaftlichen und politischen Macht die Chance, für die ›andere‹ Mitteleuropa-Idee einzustehen: jene einer gleichberechtigten Organisation der Völker dieses Raumes auf der Grundlage der Ideen von 1848 und jenes ›Mythos‹ des verständnisvollen Zusammenlebens, den Joseph Roth beschrieben hat. Ebd., S. 159.

690 Brix, E., Verspätungen und Sonderformen der österreichischen Zivilgesellschaft, in: Brix, E., S. 121.

Literaturverzeichnis

Alter, P., Nationalismus, Frankfurt/M. 1985.

Anderson, B., Die Erfindung der Nation, New York u. a. 1993.

Anin, M., Die Nationalitätenprobleme der Gegenwart, Riga 1910.

Arendt, H., Elemente und Ursprünge totaler Herrschaft, Band 1 (1951), Frankfurt/M.–Berlin–Wien 1980.

Arndt, E. M., Der Blick aus der Zeit in die Zeit, Frankfurt/M. 1814.

Bahr, H., Der Antisemitismus, Ein internationales Interview, Berlin 1894.

Bahr, H., Prophet der Moderne, Tagebücher 1888–1904, Wien u. a. 1987.

Baron, S., Die Judenfrage auf dem Wiener Kongress, Wien u. a. 1920.

Baron, S., A Social and Religious History of the Jews, New York 1957.

Bato, L., Die Juden im alten Wien, Wien 1928.

Bauer, O., Die Nationalitätenfrage und die Sozialdemokratie, Wien 1907.

Behrens, M., »Politische Religion« – eine Religion? Bemerkungen zum Religionsbegriff, in: Maier, H., Schäfer, M., Hg., Totalitarismus und Politische Religionen Bd. II, Paderborn 1997.

Bein, A., Theodor Herzl, Wien 1974.

Bein, A., Die Judenfrage, 2 Bände, Stuttgart 1980.

Beller, St., Wien und die Juden, Wien u. a. 1993.

Beller, St., Die Position der jüdischen Intelligenz in der Wiener Moderne, in: Nautz, J, Vahrenkamp, R., Hg., Die Wiener Jahrhundertwende, Wien u. a. 1993

Beller, St., Brüssel darf nie Wien werden, in: *Die Presse* vom 8. August 1998.

Benedikt, H., Die wirtschaftliche Entwicklung in der Franz-Joseph-Zeit, Wien 1958.

Benedikt, M., Aus meinem Leben. Erinnerungen und Erörterungen, Wien 1906.

Benedikt, M., Die Stellung Otto Weiningers im Rahmen der Geschichte der Philosophie, in: Le Rider, J., Leser, N., Hg., Otto Weininger. Werk und Wirkung, Wien 1984.

Berding, H., Moderner Antisemitismus in Deutschland, Frankfurt/M. 1988.
Beyme, K. von, Systemwechsel in Osteuropa, Frankfurt/M. 1994.
Bihl, W., »Die Juden in der Habsburgmonarchie 1848–1918«, in: Studia Judaica Austriaca 8, Eisenstadt 1980.
Birnbaum, N., Selbstemanzipation Nr. 1, Wien 1885.
Birnbaum, N., Die nationale Wiedergeburt des jüdischen Volkes in seinem Lande als Mittel zur Lösung der Judenfrage, Wien 1893.
Birnbaum, N., Den Ostjuden ihr Recht!, Wien 1915.
Birnbaum, N., Um die Ewigkeit – Jüdische Essays, Berlin 1920.
Birnbaum, N., Gottes Volk, Wien u. a. 1921.
Birnbaum, N., Im Dienste der Verheißung, Frankfurt/M. 1927.
Blumenberg, H., Säkularisierung und Selbstbehauptung, Frankfurt/M. 1974.
Blumenberg, H., Arbeit am Mythos, Frankfurt/M. 1979.
Blumenkranz, B., Juden und Judentum in der mittelalterlichen Kunst, Stuttgart 1965.
Bleuel, H. P., Deutschlands Bekenner, Bern–München–Wien 1968.
Bloch, E., Erbschaft dieser Zeit (1935), Frankfurt/M. 1977.
Bloch, E., Atheismus im Christentum, Reinbek bei Hamburg 1970.
Bloch, J., Ursprung und Entstehung des Buches Koholet, Bamberg 1872.
Bloch, J., Zur agadischen Hermeneutik, Bamberg 1873.
Bloch, J., Studien zur Geschichte der Sammlung der alttestamentlichen Literatur, Leipzig 1875.
Bloch, J., Die Juden in Spanien, Leipzig 1876.
Bloch, J., Hellenistische Bestandteile im biblischen Schrifttum, Wien 1880.
Bloch, J., Gegen die Antisemiten, Wien 1882.
Bloch, J., Die Arbeiter bei Griechen, Römer und in Palästina, Wien 1882.
Bloch, J., Aus der Vergangenheit für die Gegenwart, Wien 1886.
Bloch, J., Der nationale Zwist und die Juden Oesterreichs, Wien 1886.
Bloch, J., Akte und Gutachten im Prozesse Rohling–Bloch, Wien 1892.
Bloch, J., Talmud und Judentum in der österreichischen Volksvertretung: Dr. Blochs Parlamentsreden, Wien 1900.
Bloch, J., Kol Nidre und seine Entstehungsgeschichte, Wien 1920.
Bloch, J., Israel und die Völker, Berlin 1922.
Bloch, J.. Erinnerungen aus meinem Leben Bd. 1 und 2, Wien 1922.

Bloch, J., Erinnerungen aus meinem Leben Bd: 3, herausgegeben von Bloch, M., Wien 1933.
Boehlich, W., Hg., Der Berliner Antisemitismusstreit (1965), Frankfurt/M. 1988.
Bohn, V., Das romantische Interesse am Mythos, in: Kemper, P., Hg., Macht des Mythos – Ohnmacht der Vernunft, Frankfurt/M. 1989.
Borochov, B., Die Grundlagen des Poale-Zionismus, Frankfurt/M. 1960.
Botstein, L., Judentum und Modernität, Wien u. a. 1991.
Botz, G., Österreich und die NS-Vergangenheit, in: Diner, D., Hg., Ist der Nationalsozialismus Geschichte?, Frankfurt/M. 1987.
Botz, G. et alter, Hg., Eine zerstörte Kultur, Buchloe 1990.
Boyer, J., Political Radicalism in late Imperial Vienna, Chicago u. a. 1981.
Böhm, A., Die zionistische Bewegung, Tel Aviv 1935–37.
Braunthal, J. Victor und Friedrich Adler: Zwei Generationen, Wien 1965.
Brentano, F., Vom Ursprung sittlicher Erkenntnis, Wien 1893.
Brix, E., Werkner, P., Hg., Die Wiener Moderne, Wien 1990.
Brix, E., Hg., Civil Society in Österreich, Wien 1998.
Broch, H., Hofmannsthal und seine Zeit, München 1964.
Brunner, S., Zwei Buschmänner, Paderborn 1891.
Bunzl, J., Zur Geschichte des Antisemitismus in Österreich, in: Bunzl, J., Marin, B., Antisemitismus in Österreich, Innsbruck 1983.
Busek, E., Stourzh, G. Hg., Nationale Vielfalt und gemeinsames Erbe in Mitteleuropa, Wien 1990.
Carnap, R., Logische Syntax der Sprache, Wien 1934.
Caro, G., Sozial- und Wirtschaftsgeschichte der Juden, Zürich 1908.
Cassirer, E., Der Mythus des Staates (1949), Frankfurt/M. 1980.
Chamberlain, H. St., Die Grundlagen des 19. Jahrhunderts, 21. Auflage, München 1915.
Clair, J., »Das Dritte Reich als Gesamtkunstwerk des Abendlandes«, in: Der Hang zum Gesamtkunstwerk, Aarau 1983.
Clair, J., Hg., Vienne 1880–1938. L'apocalypse joyeuse, Paris 1986.
Clauss, M., Geschichte Israels, München 1986.
Claussen, D., Grenzen der Aufklärung, Frankfurt/M. 1987.
Coudenhove-Kalergi, R., Pan-Europa, Wien 1923.
Coudenhove-Kalergi, R., Das Wesen des Antisemitismus, Wien 1932.
Coudenhove-Kalergi, R., Weltmacht Europa, Stuttgart 1977.
Cohn, N., Das neue irdische Reich (1961), Reinbek bei Hamburg 1988.

Csokor, Franz, 3. November 1918, Der verlorene Sohn, Gottes General, Wien 1993.

Czermak, G., Christen gegen Juden, Nördlingen 1988.

Czoemig K. von Czernhausen, Ethnographie der oesterreichischen Monarchie, Wien 1857.

Daim, W., Der Mann, der Hitler die Ideen gab, Wien–Köln–Graz 1985.

Dantine, W., Frühromantik–Romantik–Idealismus, in: Rengstorf, K. H., von Kortzfleisch, S., Hg., Kirche und Synagoge, München 1988.

»Das Vaterland« vom 5. und 11. Mai, Wien 1893.

Davis, N., Human Sacrifice, New York 1981.

Dawidowicz, L., Der Krieg gegen die Juden, München 1979.

Deckert, J., Türkennot und Judenherrschaft, Wien 1894.

Deckert, J., Der wahre Israelite vor den Wiener Geschworenen, Wien 1896.

Deckert, J., Des jüdischen Talmuds Auslegung und Widerlegung, Wien 1895.

Deckert, J., Die ältesten und gefährlichsten Feinde des Christentums, Wien 1895.

Deckert, J., Ein Ritualmord, aktenmäßig nachgewiesen, Dresden 1893.

Deckert, J., Vier Tirolerkinder, Wien 1893.

Deckert, J., Rassenantisemitismus, auch ein Situationsbild, Wien 1895.

Deckert, J., Semitische und antisemitische Schlagworte in Doppelbedeutung, Wien 1897.

Delumeau, J., Angst im Abendland, Reinbek bei Hamburg 1985.

Deschner, K., Kriminalgeschichte des Christentums, Reinbek bei Hamburg 1986.

Deschner, K., Mit Gott und dem Führer, Köln 1988.

Dethkloff, K., Hg., Theodor Herzl oder der Moses des Fin de siècle, Wien u. a. 1986.

Drabek, A., u. a., Das österreichische Judentum, Wien 1988.

Dubnow, S., Grundlagen des Nationaljudentums, Berlin 1905.

Dubnow, S., Weltgeschichte des jüdischen Volkes, Berlin 1929.

Dülffler, J., Einleitung: Disposition zum Krieg im Wilhelminischen Deutschland, in: Dülffler, J., Holl, K., Hg., Bereit zum Krieg, Göttingen 1986.

Dülmen, R. von, Religion und Gesellschaft, Frankfurt/M. 1989.

Dubrovic, M., Veruntreute Geschichte. Die Wiener Salons und Literatencafés, Wien 1985.

Eicher, P., Die Politik der absoluten Religion, in: Taubes, J., Hg., Gnosis und Politik, München 1984.
Eisenmenger, J. A., Entdecktes Judentum, Königsberg 1711.
Eisenstadt, S. N., Tradition, Wandel und Modernität, Frankfurt/M. 1979.
Ehalt, H., Heiss, G., Stekl, H., Hg., Glücklich ist, wer vergißt ... ?, Das andere Wien um 1900, Wien 1986.
Elbogen, J., Sterling, E., Die Geschichte der Juden in Deutschland (1935), Frankfurt/M. 1988.
Eliade, M., Kosmos und Geschichte (1949), Frankfurt/M. 1984.
Eliade, M., Die Religionen und das Heilige (1949), Frankfurt/M. 1986.
Eliade, M., Das Heilige und das Profane (1957), Frankfurt/M. 1983.
Eötvös, J. von, Über die Gleichberechtigung der Nationalitäten in Österreich, Wien 1851.
Fall, G., Die rechtliche Stellung der Juden in Österreich, Wien 1892.
Fest, J., Hitler, Frankfurt/M. 1973.
Festschrift anläßlich des fünfundzwanzigjährigen Bestandes des israelischen Humanitätsvereines »Eintracht«, Wien 1928.
Festschrift zur Feier des 100. Semesters der akademischen Verbindung Kadimah, Wien u. a. 1937.
Festschrift zur Feier des 50-jährigen Bestandes der Union Österreichischer Juden, Wien 1937.
Fejtö, F., Requiem für eine Monarchie, Wien 1991.
Fichte, J.J., Reden an die deutsche Nation, Leipzig 1808.
Fichte, J.J., Die Anweisung zum seligen Leben, Hamburg 1994.
Fischer, K., Zur Theorie des Wiener Fin de siècle, in: Nautz, J., Vahrenkamp, R., Hg., Die Wiener Jahrhundertwende, Wien u. a. 1993.
Fischer, K., Das goldene Zeitalter der österreichischen Philosophie, Wien 1995.
Fischhof, A., Oesterreich und die Bürgschaften seines Bestandes, Wien 1869.
Fleming, G., Hitler und die Endlösung, Wiesbaden–München 1982.
Forsthoff, E., Der totale Staat, Hamburg 1933.
Frank, M., Der kommende Gott, Frankfurt/M. 1982.
Frank, M., Gott im Exil, Frankfurt/M. 1988.
Fraenkel J., The Jews of Austria, London 1967.
Frei, B., Jüdisches Elend in Wien, Wien 1920.
Friedländer, S., Kitsch und Tod, München–Wien 1984.

Friedländer, S., From Antisemitism to Extermination, in: Yad Vashem Studies, Jerusalem 1984, siehe auch in: Jäckel, E., Rohwer, J., Hg., Der Mord an den Juden im Zweiten Weltkrieg, Stuttgart 1985.

Freud, S., Der Mann Moses und die monotheistische Religion, in: Studienausgabe Band 9, Frankfurt/M. 1974.

Freud, S., Das Unbehagen in der Kultur, in: Studienausgabe Band 9, Frankfurt/M. 1974.

Freud, S., Analyse der Phobie eines fünfjährigen Knaben, in: Gesammelte Werke Bd. 12., Frankfurt/M. 1978.

Frühwald, W., Wandlungen eines Nationalmythos, in: Borchmeyer, D., Hg., München 1987.

Fuchs, A., Geistige Strömungen in Österreich 1867–1918, Wien 1949.

Gaisbauer, A., Davidstern und Doppeladler, Wien 1988.

Gay, P., Freud, Juden und andere Deutsche, Hamburg 1986.

Geiss, I., Geschichte des Rassismus, Frankfurt/M. 1988.

Gellner, E., Nationalismus und Moderne, Berlin 1991.

Gelber, N., Aus zwei Jahrhunderten. Beiträge zur neueren Geschichte der Juden, Wien u. a. 1924.

Girard, R., Das Heilige und die Gewalt, Zürich 1987.

Girard, R., Ausstoßung und Verfolgung, Frankfurt/M.1992.

Glaser, E., Im Umfeld des Austromarxismus, Wien 1981.

Gold, H., Die Juden und Judengemeinden Mährens in Vergangenheit und Gegenwart, Brünn 1929.

Gold, H., Die Geschichte der Juden in Wien, Tel Aviv 1966.

Goldhagen, D., Hitlers willige Vollstrecker, Berlin 1996.

Goldhammer, L., Die Juden Wiens: Eine statistische Studie, Wien u. a. 1927.

Grab, W., Hg., Jüdische Integration und Identität in Deutschland und Österreich, Tel Aviv 1983.

Graus, F., Pest, Geisler, Judenmorde, Göttingen 1985.

Greiffenhagen, M., Das Dilemma des Konservativismus in Deutschland, Frankfurt/M. 1986.

Greive, H., Theologie und Ideologie. Katholizismus und Judentum in Deutschland und Österreich 1918–1935, Heidelberg 1969.

Greive, H., Geschichte des modernen Antisemitismus in Deutschland, Darmstadt 1983.

Grünwald, M., Geschichte der Wiener Juden bis 1914, Wien 1926.

Güdemann, M., Nationaljudenthum, Wien 1897.

Güdemann, M., Jüdische Apologetik, Glogau 1906.

Haller, R., Studien zur österreichischen Philosophie, Amsterdam 1979.
Hanisch, E., Der lange Arm des Staates. Österreichische Geschichte 1890–1990, Wien 1994.
Hirschfeld, K., Sittengeschichte des Ersten Weltkriegs, Hanau o. J.
Häusler, W., Das galizische Judentum in der Habsburgmonarchie im Lichte der zeitgenössischen Publizistik und Reiseliteratur von 1772–1848, Wien 1979.
Häusler, W., Toleranz, Emanzipation und Antisemitismus, in: Drabek, A., u. a., Hg., Das Österreichische Judentum, Wien 1988.
Heer, F., Gottes erste Liebe (1967), Frankfurt/M.–Berlin 1986.
Heer, F., Der Glaube des Adolf Hitler (1968), Frankfurt/M.–Berlin 1989.
Hein, R., Studentischer Antisemitismus in Österreich, Wien 1984.
Hegel, G. W. F., Grundlinien des Rechts (1821), Frankfurt/M. 1986.
Hegel, G. W. F., Vorlesungen über die Philosophie der Weltgeschichte (1830), Hamburg 1980.
Heller, O., Der Untergang des Judentums, Wien 1931.
Hellwing, I., Religiös motivierter Antisemitismus, phil. Diss., Wien 1966.
Heinsohn, G., Was ist Antisemitismus, Frankfurt/M. 1984.
Herder, J. G., Ideen zur Philosophie der Geschichte der Menschheit, Riga u. a. 1787.
Herf, J., Reactionary Modernism, Cambridge 1984.
Hermand, J., Der alte Traum vom neuen Reich, Frankfurt/M. 1988.
Hertzka, Th., Freiland: Ein soziales Zukunftsbild, Leipzig 1890.
Herz, D., Der Begriff der »politischen Religion« im Denken Eric Voegelins, in: Maier, H., Totalitarismus und politische Religionen, Paderborn u. a. 1996.
Herzl, Th., Der Judenstaat (1896), Augsburg 1986.
Herzl, Th., Das Neue Ghetto, Wien 1897.
Herzl, Th., Zionistische Schriften, Berlin 1920.
Herzl, Th., Tagebücher, Berlin 1922.
Herzl, Th., Altneuland, Leipzig 1902.
Hess, M., Rom und Jerusalem. Die letzte Nationalitätenfrage, Leipzig 1862.
Hilberg, R., Die Vernichtung der europäischen Juden (1961), Berlin 1982.
Hilberg, R., Sonderzüge nach Auschwitz, Frankfurt/M.–Berlin 1987.
Hirsch, R., Schuder, R., Der gelbe Fleck, Berlin 1987.
Hitler, A., Mein Kampf, München 1934.

Hobsbawm, E., Nationen und Nationalismus, Frankfurt/M.1992.
Hobsbawm, E., Das imperiale Zeitalter 1875–1914, Frankfurt/M. 1989.
Hoensch, J. K., Geschichte Böhmens, München 1997.
Hofmannsthal, H. von, Das Buch der Freunde, Aufzeichnungen, Frankfurt/M. 1968.
Hofmannsthal, H. von, Andrian, L., Briefwechsel, Frankfurt/M. 1968.
Hofmannsthal, H. von, Das Schrifttum als geistiger Raum der Nation, in: Reden und Aufsätze III, Gesammelte Werke, Frankfurt/M. 1979/80.
Hofmannsthal, H. von, Ein Brief, in: Erzählungen, Frankfurt/M. 1986.
Holl, A., Zwischen Teufel und Thanatos, in: Kohn-Ley, Ch., Ley, M., Hg., Auschwitz – Versuche einer Annäherung, Wien 1996.
Horch, O., Hg., Judentum, Antisemitismus und europäische Kultur, Tübingen 1988.
Horkheimer, M., Die Juden und Europa, in: Zeitschrift für Sozialforschung 8 (1939).
Horkheimer, M., Adorno, Th. W., Dialektik der Aufklärung (1947), Frankfurt/M. 1984.
Isaac, J., Genesis des Antisemitismus, Wien 1969.
Janik, A., Toulmin, St., Wittgensteins Wien, München 1989.
Jászi, O., The Dissolution of the Habsburg Monarchy (1929), Chicago u. a. 1961.
Jellinek, A., Der Talmudjude: Vier Reden, Wien 1882.
Jellinek, A., Aus der Zeit: Tagesfragen und Tagesbegebenheiten, Budapest 1896.
Jeiteles, I., Die Kultusgemeinde der Israeliten unter Benützung des statistischen Volkszählungsapparates v. J. 1869, Wien 1873.
Jochmann, W., Struktur und Funktion des deutschen Antisemitismus (1887/1914), in: Strauss, H. A., Kampe, N., Hg., Antisemitismus, Frankfurt/M.–New York 1985.
Jochmann, W., Gesellschaftskrise und Judenfeindschaft in: Deutschland 1870–1945, Hamburg 1988.
Johnston, W., Österreichische Kultur- und Geistesgeschichte, Wien 1974.
Jüdischer Almanach 5670, herausgegeben aus Anlaß des 25-semestrigen Jubiläums von der Vereinigung jüdischer Hochschüler aus Galizien, Bar Kochba, Wien 1910.
Kadisch, H., Jung-Juden und Jung-Österreich, Wien 1912.
Kampmann, W., Deutsche und Juden (1969), Frankfurt/M. 1986.

Kann, R., The Multinational Empire: Nationalism and National Reform in the Habsburg Monarchy 1848–1918, New York 1964.
Kannengieser, A., Die Juden und Katholiken in Österreich-Ungarn, Trier 1896.
Kant, J., Metaphysik der Sitten (1797), Frankfurt/M. 1977.
Karniel, J., Die Toleranzpolitik Kaiser Joseph II., Gerlingen 1985.
Katz, J., Richard Wagner, Frankfurt/M. 1985.
Katz, J., Aus dem Ghetto in die bürgerliche Gesellschaft, Frankfurt/M. 1986.
Katz, J., Vom Vorurteil bis zur Vernichtung, München 1989.
Kassner, S., Die Juden in der Bukowina, Wien u. a. 1917.
Kiesewetter, H., Von Hegel zu Hitler, Hamburg 1974.
Klein, T., Losemann, V., Mai, G., Hg., Judentum und Antisemitismus von der Antike bis zur Gegenwart, Düsseldorf 1984.
Klemperer, V. von., LTI, Leipzig 1980.
Klim, A., The Czechs, in: Teich, M., Porter, R., Hg., The National Question in Europe in Historical Context, Cambridge 1993.
Klopp, W., Hg., Die socialen Lehren des Freiherrn von Vogelsang, St. Pölten 1894.
Knoll, R., Zur Tradition der christlichsozialen Partei, Wien u. a. 1973.
Kobylinska, F., Der polnische Nationalismus, in: Nationalismus – Nationalsozialismus, Frankfurt/M. 1990.
Koch, K., Schmidt, J. M., Hg., Apokalyptik, Darmstadt 1982.
Kohn, H., Karl Kraus, Arthur Schnitzler, Otto Weininger: Aus dem jüdischen Wien der Jahrhundertwende, Tübingen 1962.
Konrad, H., Nationalismus und Internationalismus. Die österreichische Arbeiterbewegung vor dem Ersten Weltkrieg, Wien 1976.
Kopp, J., Zur Judenfrage nach den Akten des Prozesses Rohling–Bloch, Leipzig 1886.
Kraus, H.-Ch., Voegelin redivivus? – Politische Wissenschaften als Politische Theologie, in: Ley, M., Schoeps, J. H., Hg., Der Nationalsozialismus als politische Religion; Bodenheim bei Mainz 1997.
Kraus, K., Die chinesische Mauer, München 1910.
Kraus, K., Die Fackel (1899–1936), München 1968–1976.
Kraus, K., Die letzten Tage der Menschheit (1918/19), München 1976.
Kraus, K., Grimassen (1902–1914), Gütersloh o. J.
Kraus, K., In dieser großen Zeit (1914–1925), Gütersloh o. J.
Kraus, K., Vor der Walpurgisnacht (1925–1933), Gütersloh o. J.
Küenzlen, G., Der neue Mensch, München 1994.

Lagarde, P. de, Ausgewählte Schriften (1887), München 1924.
Landau, S., Der Polenklub und seine Hausjuden, Wien 1907.
Le Rider, J., Leser, N., Hg., Otto Weininger. Werk und Wirkung, Wien 1984.
Le Rider, J., Der Fall Otto Weininger, Wien 1985.
Le Rider, J., Das Ende der Illusion, Wien 1990.
Le Rider, J., Mitteleuropa, Wien 1994.
Leser, N., Hg., Die Wiener Schule der Nationalökonomie, Wien 1986.
Ley, M., Die Wurzeln des Antisemitismus, in: Wiehn, E. R., Hg. Judenfeindschaft, Konstanz 1989.
Ley, M., Emil Julius Gumbel: Akademischer Antisemitismus und antidemokratische Traditionen vor 1933, in: Wiehn, E. R., Hg., Juden in der Soziologie, Konstanz 1989.
Ley, M., Genozid und Heilserwartung. Zum nationalsozialistischen Mord am europäischen Judentum, zweite Aufl. Wien 1995.
Ley, M., Bettelheim, P., Hg., Ist jetzt hier die »wahre« Heimat? Ostjüdische Einwanderung nach Wien, Wien 1993.
Ley, M., Prolegomena zu einer nationalsozialistischen Rechtsphilosophie, in: Korotin, I., Hg., »Die besten Geister der Nation«. Philosophie und Nationalsozialismus, Wien 1994.
Ley, M., Die Zeit heilt keine Wunden. Gespräche mit jüdischen KZ-Überlebenden, Wien 1995.
Ley, M:, Genozid und Heilserwartung, in: Geldbach, E., Vom Vorurteil zur Vernichtung, Münster 1995.
Ley, M., Kohn-Ley, Ch., Hg., Auschwitz – Versuche einer Annäherung, Wien 1996.
Ley, M., Gehmacher, E., Hg., Das Ende des Nationalismus, Wien 1996.
Ley, M., Schoeps, J. H., Hg., Der Nationalsozialismus als politische Religion, Bodenheim bei Mainz 1997.
Ley, M., Apokalypse und Moderne. Aufsätze zu politischen Religionen, Wien 1997.
Ley, M., Bemerkungen zu Marc Adrians Feature »Nachfilm«, in: Marc Adrian: Das filmische Werk, Wien 1998.
Ley, M., Hg., MenschenAngst, Bodenheim bei Mainz 1999.
Ley, M., Genozid und Heilserwartung: Die religiösen Aspekte ethnischer Säuberungen, in: Szanya, A., Hg., Durch Reinheit zur Einheit. Psychoanalyse der Rechten, Innsbruck 1999.
Liebeschütz, H., Synagoge und Ecclesia, Heidelberg 1983.
Lill, R., Die deutschen Katholiken und die Juden in der Zeit von 1850

bis zur Machtübernahme Hitlers, in: Rengstorf, K. H., Kortzfleisch, S. von, Hg., Kirche und Synagoge, München 1988.
Liessmann, P., Der Aufgang des Abendlandes, Wien 1994.
Linz, J., Politik und Religion, in: Maier, H., Totalitarismus und Politische Religionen, Paderborn 1996.
Loewenstein, R., Psychoanalyse des Antisemitismus, Frankfurt/M., 3. Auflage, 1971.
Lohrmann, K., Hg., 1000 Jahre österreichisches Judentum, Eisenstadt 1982.
Lohrmann, K., Judenrecht und Judenpolitik im mittelalterlichen Österreich, Wien 1990.
Losemann, V., Mai, G., Hg., Juden und Antisemitismus von der Antike bis zur Gegenwart, Düsseldorf 1984.
Lowe, H.-D., Antisemitismus und reaktionäre Utopie, Hamburg 1978.
Löwith, K., Weltgeschichte und Heilsgeschehen (1953), Stuttgart 1979.
Lukács, G., Die Zerstörung der Vernunft Bd. 1, Darmstadt 1983.
Lübbe, H., Politische Philosophie in Deutschland, München 1974.
Maccoby, H., The Sacred Executioner, New York 1982.
Maderthaner, W., Hg., Sozialdemokratie und Habsburgerstaat, Wien 1988.
Magris, C., Der Habsburgische Mythos in der österreichischen Literatur, Salzburg 1966.
Macartney, C., The Habsburg Empire 1790–1900, New York 1969.
Maier, H., Politische Religionen, Freiburg im Breisgau 1995.
Maier, H., Hg., Totalitarismus und Politische Religionen, Paderborn 1996.
Maier, H., Schäfer, M., Hg., Totalitarismus und Politische Religionen Bd. II, Paderborn 1997.
Maier, H., Voraussetzungen und Durchbruch totalitärer Politik im 20. Jahrhundert, in: Die Verführungskraft des Totalitären, Henke, K.-D., Hg., Dresden 1997.
Martin, B., Schuler, E., Hg., Juden als Minderheit in der Geschichte, München, 2. Auflage, 1982.
Marr, W., Der Sieg des Judenthums über das Germanenthum, Bern 1879.
Marramao, G., Die Säkularisierung der westlichen Welt, Frankfurt/M. 1996.
Massing, P., Vorgeschichte des politischen Antisemitismus, Frankfurt/M. 1986.

Mayer, A.J., Adelsmacht und Bürgertum, München 1984.
Mayer, S., Die Wiener Juden. 1700–1900. Kommerz, Kultur, Politik, Wien 1917.
McGrath, W., Dionysian Art and Politics in Austria, New Haven 1974.
Mendlewitsch, D., Volk und Heil, Rheda-Wiedenbrück 1988.
Meyer, M., The Origins of the modern Jew, Detroit 1967.
Meyer, M., Romantische Religion, in: Taubes, J., Hg., Der Fürst der Welt, München–Paderborn–Wien–Zürich 1983.
Mommsen, H., Arbeiterbewegung und nationale Frage: Ausgewählte Aufsätze, Göttingen 1979.
Mommsen, M., Hg., Nationalismus in Osteuropa, München 1992.
Moser, J., Von der Emanzipation zur antisemitischen Bewegung, Wien 1962.
Moser, J. Die Apokalypse der Wiener Juden, in: Wien 1938, Katalog des Historischen Museums Wien, Wien 1988.
Moses, L., Die Juden in Niederösterreich, Wien 1935.
Mosse, G. L., The Crisis of German Ideology, New York 1964.
Mosse, G. L., Germans and Jews, New York 1970.
Mosse, G. L., The Nationalisation of the Masses, New York 1975.
Mosse, G. L., Nationalismus und Sexualität, Müchen–Wien 1985.
Musil, R., Der Mann ohne Eigenschaften, Reinbek bei Hamburg 1978.
Müller, A., Elemente der Staatskunst, Jena 1922.
Nautz, J., Vahrenkap, R., Hg., Die Wiener Jahrhundertwende, Wien u. a. 1993
Nietzsche, F., Schopenhauer als Erzieher, in: Werke Bd. 1, München 1980.
Nipperdey, Th., Deutsche Geschichte 1800 bis 1866, München, 2. Auflage, 1984.
Nipperdey, Th., Der Mythos im Zeitalter der Revolution, in: Borchmeyer, D., Hg., Wege des Mythos in der Moderne, München 1987.
Nipperdey, Th., Nachdenken über die deutsche Geschichte, München 1990.
Novalis, Schriften 3 Bände, Darmstadt 1960ff.
Oberman, H., Wurzeln des Antisemitismus, Berlin 1981.
Oberman, H., Die Reformation, Göttingen 1986.
»Österreichische Wochenschrift«, Wien 1884–1914.
Pauley, B.F., Der Weg in den Nationalsozialismus, Wien 1988.
Pelinka, A., Weinzierl, E., Hg., Das große Tabu. Österreichs Umgang mit der Vergangenheit, Wien 1987.

Philipp, F.-H., Protestantismus nach 1848, in: Rengstorf, K. H., Kortzfleisch, S. von, Hg., Kirche und Synagoge, München 1988.
Pfabigan, A., Hg., Ornament und Askese, Wien 1985.
Philipp, F.-H., Spätbarock und Aufklärung, in: Rengstorf, K. H., Kortzfleisch, S. von, Hg., Kirche und Synagoge, München 1988.
Picker, H., Hitlers Tischgespräche (1951), Frankfurt/M.–Berlin 1986.
Piel, E., Die Schrecken der »wahren« Wirklichkeit, München 1978.
Pikulik, L., Romantik als Ungenügen an der Normalität, Frankfurt/M. 1979.
Pinsker, L., Hg., Selbstemanzipation, Nr. 1, Wien 1885.
Pinsker, L., Autoemanzipation, Brünn 1903.
Poliakov, L., Geschichte des Antisemitismus, 8 Bände, Worms 1977ff, ab Band 7 Frankfurt/M. 1988.
Poliakov, L., Der arische Mythos, Wien 1977.
Poliakov, L., Vom Antizionismus zum Antisemitismus, Freiburg i. Br. 1992.
Pollak, M., Kulturelle Innovation und soziale Identität im Wien des Fin de siècle, in: Botz, G. et alter, Hg., Eine zerstörte Kultur, Buchloe 1990.
Pollak, M., Wien 1900, Konstanz 1997.
Prager, D., Telushkin, J., Why the Jews, New York 1983.
Pulzer, P. G. J., The Crisis of Political Antisemitism in Germany and Austria, New York 1964.
Pribam, F., Urkunden und Akten zur Geschichte der Juden in Wien, Wien u. a. 1918.
Reik, Th., Der eigene und der fremde Gott (1923), Frankfurt/M. 1972.
Rengstorf, K.H., Der Kampf um die Emanzipation, in: Rengstorf, K. H., Kortzfleisch, S. von, Hg., Kirche und Synagoge, München 1988.
Renner, K., Staat und Nation, Wien 1899.
Renner, K., Der Kampf der deutschen Nationen um den Staat, Wien 1918.
Rohling, A., Der Talmudjude (1871), Stuttgart 1924.
Rohling, A., Franz Delitsch und die Judenfrage, Prag 1881.
Rohling, A., Meine Antworten an die Rabbiner oder Fünf Briefe über den Talmudismus und das Blutritual der Juden, Prag 1883.
Rohling, A., Die Polemik und das Menschenopfer des Rabbinismus, Paderborn 1884.
Rohling, A., Die Wirthschaft der guten Juden und die Weltnoth der Gegenwart, Wien 1892.

Rohling, A., Der Zukunftsstaat, St. Pölten 1894.
Rohling, A., Auf nach Zion oder die große Hoffnung Israels und aller Menschen, Kempten 1901.
Rohling, A., Das Judentum nach neurabbinischer Darstellung der Hochfinanz Israels, München 1903.
Rohls, J., Der Mythos nach dem Tode Gottes, in: Borchmeyer, D., Hg., Wege des Mythos in der Moderne, München 1984.
Rohrmoser, G., Religion und Politik in der Krise der Moderne, Graz u. a., 1989.
Rosenberg, A., Der Mythos des 20. Jahrhunderts, München, 148. Auflage, 1939.
Rosenfeld, M., Nationale Autonomie der Juden in Österreich, Czernowitz 1912.
Rosenfeld, M., Die polnische Judenfrage: Problem und Lösung, Wien 1918.
Rotter, H., Schmieger, A., Das Ghetto der Wiener Leopoldstadt, Wien 1926.
Rozenblit, M. The Jews of Vienna, Albany 1983.
Rumpler, H., Das Völkermanifest Kaiser Karls vom 16. Oktober 1918, Wien 1966.
Ruppin, A., Die Juden der Gegenwart, Berlin 1920.
Ruppin, A., Soziologie der Juden, Berlin 1930.
Rürup, R., Emanzipation und Antisemitismus, Göttingen 1975.
Sartre, J. P., Betrachtungen zur Judenfrage, in: Drei Essays, Frankfurt/M. 1985.
Schelling, F., Philosophie der Offenbarung (1841/42), Frankfurt/M. 1977.
Schelling, F. W. J., Sämtliche Werke, Bd. I/8, Stuttgart 1856–1861.
Schlick, M., Allgemeine Erkenntnislehre, Berlin 1918.
Schmidt, H. P., Zur Tradition des Antisemitismus in Deutschland, in: Bosch, M., Hg., Antisemitismus, Nationalismus und Neunationalismus, Düsseldorf 1977.
Schmidtbauer, P., »Zur sozialen Situation der Wiener Juden im Jahre 1857«, Studia Austriaca 6, Eisenstadt 1978.
Schmitt, C., Politische Theologie (1934), Berlin 1985.
Schmitt, C., Politische Theologie II, Berlin 1994.
Schmitt, C., Der Begriff des Politischen, Berlin 1991.
Schmitt, C., Politische Romantik, Berlin 1991.
Schnitzler, A., Jugend in Wien: Eine Autobiographie, Wien u. a. 1968.

Schoeps, H. J., Zionismus – Texte zu seiner Entwicklung, Wiesbaden 1983.
Schoeps, H.-J., Jüdisch-christliches Religionsgespräch in neunzehn Jahrhunderten, Königstein, Ts. 1984.
Schoeps, J. H., Erlösungswahn und Vernichtungswille, in: Ley, M., Schoeps, J. H., Hg., Der Nationalsozialismus als politische Religion, Bodenheim bei Mainz 1997.
Scholem, G., Judaica I–V, Frankfurt/M. 1963ff.
Scholem, G., Von Berlin nach Jerusalem, Frankfurt/M. 1977.
Schödl, G., Die Dauer des Nationalen. Zur Entwicklungsgeschichte des »neuen« Nationalismus im östlichen Europa, in: Winckler, H. A. Kaeble, H., Hg., Nationalismus, Nationalitäten, Supranationalität, Stuttgart 1994.
Schorske, C., Geist und Gesellschaft im Fin de Siècle, Frankfurt/M. 1982.
Schreckenberg, H., Die christlichen Adversus-Judaeos-Texte und ihr literarisches Umfeld, Frankfurt/M.–Bern 1982.
Sievers, L., Juden in Deutschland, Hamburg 1981.
Silbermann, A., Der ungeliebte Jude. Zur Soziologie des Antisemitismus, Zürich 1981.
Simmel, E., Antisemitismus und Massen-Psychopathologie, in: Dahmer, H., Hg., Analytische Sozialpsychologie, Band 1, Frankfurt/M. 1980.
Solé, J., Christliche Mythen, Berlin–Wien 1982.
Sterling, E., Die Anfänge des politischen Antisemitismus in Deutschland (1815–1850), Frankfurt/M. 1960.
Stern, F., Kulturpessimismus als politische Gefahr, Bern–Stuttgart 1963.
Stern, J. P., Hitler, München–Wien 1978.
Stillschweig, K., Die Juden Osteuropas in den Minderheitsverträgen, Berlin 1936.
Strauss, H. A., Der Holocaust, in: Strauss, H. A., Kampe, N., Hg., Antisemitismus, Frankfurt/M.–New York 1985.
Strauss, H. A., Akkulturation als Schicksal, in: Strauss, H. A., Hoffman, Ch., Juden und Judentum in der Literatur, München 1985.
Strauss, R., Die Juden in Wirtschaft und Gesellschaft, Frankfurt/M. 1964.
Stricker, R.., Reden und Aufsätze, Wien u. a. 1929.
Tal, U., Germans and Jews in Germany, Ithaca–London 1975.
Tenbruck, F., Die unbewältigten Sozialwissenschaften oder die Abschaffung des Menschen, Graz u. a. 1984.

Tietze, H., Die Juden Wiens (1939), Wien 1987.
Theweleit, K., Männerphantasien, Frankfurt/M. 1977.
Thon, J., Die Juden in Österreich, Berlin 1908.
Topitsch, E., Die Sozialphilosophie Hegels als Heilslehre und Herrschaftsideologie, Darmstadt 1967.
Topitsch, E., Studien zur Weltanschauungsanalyse, Wien 1996.
Trinks, U, Protestantismus in Österreich, in: Rengstorf, K. H., Kortzfleisch, S. von, Hg., Kirche und Synagoge; München 1988.
Toury, J., Josef Samuel Bloch und die jüdische Identität im österreichischen Kaiserreich 1802–1918, in: Grab, W., Hg., Jüdische Integration und Identität in Deutschland und Österreich, Tel Aviv 1983.
Trachtenberg, J., The Devil and the Jews (1943), Philadelphia 1983.
Vital, D., Zionism: The Formative Years, Oxford 1982.
Urban, O., Die tschechische Gesellschaft 1848–1918, Wien 1994.
Voegelin, E., Die politischen Religionen (1938), München 1993.
Voegelin, E., Die neue Wissenschaft der Politik, Freiburg/München 1991.
Voegelin, E., Das Volk Gottes, München 1994.
Voegelin, E., Autobiographische Reflexionen, München 1994.
Vogelsang, K. von, Gesammelte Aufsätze über socialpolitische und verwandte Themen, Augsburg 1886.
Vondung, K., Magie und Manipulation, Göttingen 1971.
Vondung, K., Die Apokalypse in Deutschland, München 1988.
Wagner, N., Geist und Geschlecht. Karl Kraus und die Erotik der Wiener Moderne, Frankfurt/M. 1987.
Weber, M., Wirtschaft und Gesellschaft (1922), Tübingen 1980.
Weber, M., Gesammelte Aufsätze zur Religionssoziologie (1920), Tübingen 1980.
Weber, M., Der Beruf zur Wissenschaft, in: Soziologie, Universalgeschichtliche Analysen, Politik, Stuttgart 1979.
Weininger, O., Geschlecht und Charakter, Wien u. a. 1902.
Weinzierl, E., Der Österreich-Ungarische Raum, in: Rengstorf, K. H., Kortzfleisch, S von, Hg., Kirche und Synagoge, München 1988.
»Wiener Allgemeine Zeitung« vom 12. Dezember, Wien 1882.
Wistrich, R., The Jews of Vienna In The Age Of Franz Joseph, New York 1989.
Wistrich, R., Sozialdemokratie, Antisemitismus und die Wiener Juden, in: Botz, G. et alter., Hg., Eine zerstörte Kultur, Buchloe 1990.
Wolf, G., Die Juden, Wien 1883.

Wolf, G., Vom ersten bis zum zweiten Tempel: Geschichte der Israelitischen Cultusgemeinde in Wien (1820–1860), Wien 1861.

Worbs, M., Nervenkunst – Literatur und Psychoanalyse im Wien der Jahrhundertwende, Frankfurt/M. 1983.

Wunberg, G., Hg., Die Wiener Moderne, Stuttgart 1981.

Zitelmann, D., Hitler, Hamburg u. a. 1987.

Zemlinsky, A. von, Geschichte der Türkisch-Israelitischen Gemeinde zu Wien, Wien 1888.

Zohn, H., Österreichische Juden in der Literatur, Tel Aviv 1969.

Zöllner, E., Geschichte Österreichs. Von den Anfängen bis zur Gegenwart, Wien u. a. 1974.

Zweig, St., Die Welt von gestern, Frankfurt/M. 1960.